EDDA MUSSOLINI

CAROLINE MOOREHEAD

EDDA MUSSOLINI

A MULHER MAIS PERIGOSA DA EUROPA

Tradução
Claudio Carina

Revisão técnica
João Fabio Bertonha

CRÍTICA

Copyright © Caroline Moorehead, 2022
Copyright © Editora Planeta do Brasil, 2025
Copyright da tradução © Claudio Carina, 2025
Todos os direitos reservados.
Título original: *Edda Mussolini: The most dangerous Woman in Europe*

Preparação: Mariana Geiger
Revisão: Gleice Couto e Valquíria Matiolli
Diagramação: Negrito Produção Editorial
Capa: Luciana Facchini
Imagem de capa: Fototeca Gilardi/akg-images/Album/Fotoarena

Dados Internacionais de Catalogação na Publicação (CIP)
Angélica Ilacqua CRB-8/7057

Moorehad, Caroline
   Edda Mussolini : a mulher mais perigosa da Europa / Caroline Moorehad ; tradução de Claudio Carina. – São Paulo : Planeta do Brasil, 2025.
   432 p. : il.

Bibliografia
ISBN 978-85-422-3320-9
Título original: Edda Mussolini: The most dangerous Woman in Europe

1. Mussolini, Edda, 1910-1995 – Biografia 2. Fascismo I. Título II. Carina, Claudio

25-0683   CDD 920.72

Índice para catálogo sistemático:
1. Mussolini, Edda, 1910-1995 – Biografia

Ao escolher este livro, você está apoiando o manejo responsável das florestas do mundo, e outras fontes controladas

2025
Todos os direitos desta edição reservados à
EDITORA PLANETA DO BRASIL LTDA.
Rua Bela Cintra 986, 4º andar – Consolação
São Paulo – SP CEP 01415-002
www.planetadelivros.com.br
faleconosco@editoraplaneta.com.br

Para Wolf e Basil

Os deuses agem muito rapidamente quando causam a ruína de homens desencaminhados.
Sófocles, *Antígona*

SUMÁRIO

Principais personagens 11
Mapa da Roma fascista................................... 13
Introdução 15

PARTE UM: PRÓLOGO

CAPÍTULO 1 *La cavallina matta*.......................... 23
CAPÍTULO 2 Um país desgovernado e ingovernável........... 37
CAPÍTULO 3 Um caminho cheio de armadilhas............... 55
CAPÍTULO 4 Os tentáculos de um polvo.................... 75
CAPÍTULO 5 A virago 89
CAPÍTULO 6 *La prima signora di Shanghai*................ 103

PARTE DOIS: EPISÓDIOS

CAPÍTULO 7 O culto ao Duce.............................. 125
CAPÍTULO 8 Na corte de Ciano 145
CAPÍTULO 9 Leoas sem juba 159
CAPÍTULO 10 A mulher mais influente da Europa 173
CAPÍTULO 11 Os fascistas em ação 193
CAPÍTULO 12 A morte chega a Roma 215
CAPÍTULO 13 Hesitação 229
CAPÍTULO 14 A espera 249
CAPÍTULO 15 Dançando de festa em festa................... 267
CAPÍTULO 16 O complô..................................... 277

PARTE TRÊS: ÊXODO

CAPÍTULO 17 A morte anda pelo telhado 297
CAPÍTULO 18 No que nos tornamos? 317
CAPÍTULO 19 Cumprindo com seu dever 327
CAPÍTULO 20 A namorada de um gângster em fuga 347
CAPÍTULO 21 Edda está de boa vontade 359
CAPÍTULO 22 O ajuste de contas 373
CAPÍTULO 23 *L'Aquilaccia*. 389

Epílogo. 397
Agradecimentos 405
Bibliografia selecionada 407
Notas 417

PRINCIPAIS PERSONAGENS

A família Mussolini
Benito Mussolini, ditador, 28 de outubro 1922-25 julho de 1943, líder
    da República de Salò, outubro de 1943-25 de abril de 1945
Alessandro e Rosa, seus pais
Rachele, sua esposa
Arnaldo, seu irmão
Edvige, sua irmã
Edda, sua filha, casada com Galeazzo Ciano
Vittorio, Bruno e Romano, seus filhos
Anna Maria, sua filha
Claretta Petacci, sua última amante

A família Ciano
Costanzo Ciano, patriarca e apoiador de Mussolini
Carolina, sua esposa
Galeazzo, seu filho único
Maria, sua filha
Frabrizio, Raimonda e Marzio, filhos de Edda e Galeazzo

Os *gerarchi*
Roberto Farinacci, vulgar, corrupto e cínico, *ras* de Cremona
Augusto Turati, brando líder partidário

Achille Starace, dedicado acólito de Mussolini e responsável pela aplicação das leis relativas ao comportamento fascista
Giuseppe Bottai, o mais culto dos *gerarchi*
Dino Grandi, embaixador em Londres

Outros personagens
Eugen Dollmann, oficial da SS e intérprete
Curzio Malaparte, escritor e amigo de Galeazzo
Emilio Pucci, dedicado companheiro de Edda
Leonida Buongiorno, amante de Edda em Lipari
Isabella Colonna, decana da sociedade romana

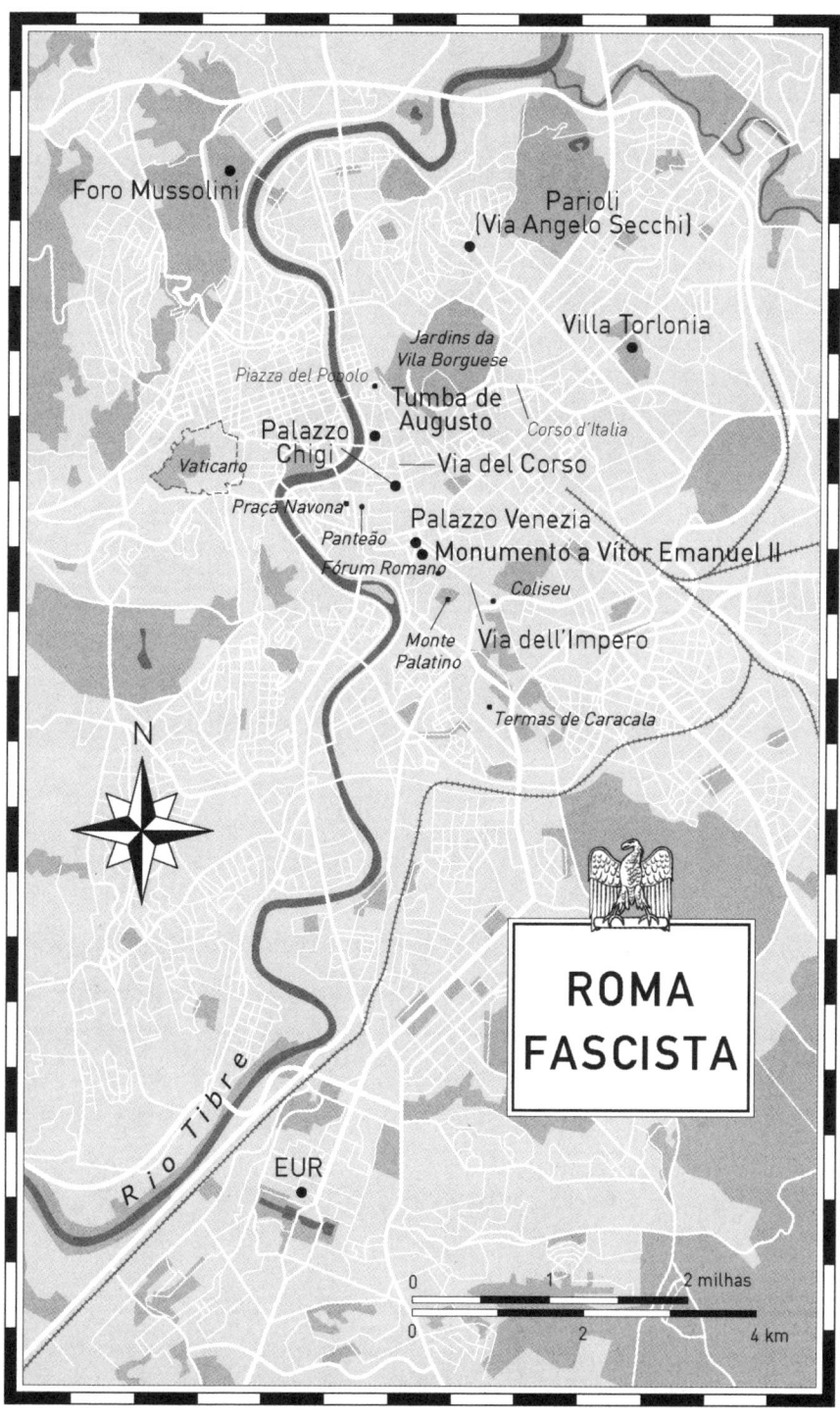

INTRODUÇÃO

A Villa Carpena era a casa da família Mussolini. Uma casa quadrada de estuque ocre, atrás de portões de ferro, com duas imensas águias de bronze de asas abertas, perto de Forlì, em Emilia Romagna, no norte da Itália, não muito longe da aldeia de Predappio, onde Mussolini nasceu e cresceu. Rachele, a esposa do Duce, morou nessa vila até sua morte, em 1979. Agora é um museu, com uma espécie de estacionamento de carros usados em seus arredores, pois ao longo dos anos os pertences da família foram descobertos e trazidos de volta: carros e bicicletas enferrujados, o trator que Mussolini se orgulhava de dirigir durante suas férias ocasionais quando fora de Roma, até mesmo um pequeno avião que certa vez pilotou.

O jardim descuidado é percorrido por trilhas, demarcadas por linhas de pequenas pedras brancas, cada uma com o nome de um dos fascistas mais notáveis de Mussolini, e no meio há estátuas em tamanho real no estilo clássico. Há uma cabana de pedra, construída em miniatura, onde seus filhos brincavam; os bancos em que Mussolini e Rachele se sentavam; as lápides dos muitos cães e gatos pertencentes à família. A loja de presentes vende suvenires de Mussolini: canecas, pratos, aventais, facas e até bules com insígnias fascistas gravadas; bustos do Duce em uma centena de diferentes poses heroicas; réplicas dos bonés e chapéus usados por ele; livros e quadros emoldurados; facas. No nicho perto da porta da frente há a estátua de uma matrona romana, segurando um feixe de milho e, ademais, nua. Um casal de pavões foi introduzido há alguns anos e seus muitos descendentes, alguns imaculadamente brancos, emitem seus gritos estridentes e sinistros de algum lugar atrás das árvores.

Mas a vila em si é o verdadeiro templo a um culto que já resiste há quase um século. Quando permitiram que Rachele voltasse ao local, nos anos 1950, ela se dedicou a recuperar muitas posses saqueadas da casa nos últimos meses da guerra. Posicionou uma cadeira perto do portão, sentou-se e ficou esperando; timidamente, vizinhos apareceram com uma bandeja, uma máquina de costura, uma xícara. A motocicleta de Mussolini fica no corredor estreito, ao lado da antiga central telefônica, de onde seus assistentes faziam suas ligações. Seu pequeno e escuro escritório abriga seus quepes, medalhas, troféus, canetas, tinteiros. Na modesta cozinha de Rachele, restaurada ao estado em que se encontrava nos anos em que ela enrolava massa à mão na mesa de mármore, há panelas de cobre reluzente alinhadas nas paredes. Tudo é escuro acanhado, coberto por uma espessa camada de pó, com muito pouca luz entrando pelas pequenas janelas envidraçadas.

No primeiro andar ficam os quartos, com o nome de cada filho de Mussolini nas portas. Na cama do quarto de Mussolini e Rachele, estende-se um de seus muitos uniformes cáqui completos, com fez e adaga, como se esperasse seu retorno. Edda, sua filha mais velha e a favorita, ocupava o quarto da frente, com vista para o pátio. A cama é forrada com uma colcha de algodão branco, e, sobre o travesseiro, há uma boneca com o rosto de cerâmica desgastado e vestido de babados. O armário art déco dos anos 1930 contém alguns dos vestidos com estampas ousadas, ombros largos e cintura marcada que ela usava quando adulta, quando suas roupas serviam de modelos para mulheres fascistas chiques. Na penteadeira, pequenas bugigangas e quinquilharias que podem ter vindo de feiras de aldeias.

Em todas as paredes da casa fria e mofada, em cada cômodo, corredor e escada, penduradas muito próximas umas das outras, veem-se fotografias: a família em banquetes, nas ruas, praticando esportes, em bicicletas, a cavalo e em carros velozes; os meninos mais velhos ostentando seus uniformes de piloto, as meninas recatadas em vestidos estampados. Rachele praticando tiro ao pombo. Os Mussolinis sorriem, franzem a testa, ficam sérios, riem; eles se casam, vão a festas, erguem os braços na saudação fascista. O retrato de Edda com vinte e poucos anos lhe confere uma aparência bonita, severa e assertiva.

A Villa Carpena não é o único local de peregrinação para os interessados em Mussolini e sua família. Na vizinha Predappio, transformada de um vilarejo agrícola pobre e remoto em um centro turístico movimentado, a sala de aula da mãe de Mussolini, Rosa, também é um museu, e os visitantes podem inspecionar os quartos esquálidos da *Casa Natale* em que o Duce nasceu. Perto dali, no cemitério de San Cassiano, fica a cripta da família. Todos os anos, no dia 28 de outubro, os italianos nostálgicos do passado fascista vêm aqui para lembrar e comemorar o aniversário do fascismo, antes de desfilarem com bandeiras e faixas pela rua principal de Predappio. A loja de presentes da vila, que vende muitas das mesmas coisas que a Villa Carpena, faz bons negócios; ao lado dos bustos e das facas há cópias do *Mein Kampf* e de insígnias nazistas. Nada disso é ilegal na Itália atual, onde esses locais de peregrinação passaram a ser vistos como parte integrante da herança cultural e política do país. Milhares de pessoas chegam a Predappio todos os anos, algumas de lugares tão distantes como Japão e Austrália, outras trazidas de ônibus de toda a Itália. O dia 28 de outubro de 2022 marcou a data do centésimo aniversário da Marcha sobre Roma.

Um século depois, não é fácil, na Itália, esquecer os anos fascistas. Mussolini dedicou muito tempo e muitos recursos para gravar a ideologia fascista na paisagem, marcando sua nova era de nacionalismo e um retorno à grandeza da Roma antiga em edifícios, arenas esportivas, escritórios e até em cidades inteiras. Livrar o país desses edifícios monumentais e intimidadores feitos de calcário, travertino e mármore, com suas superfícies planas e linhas afiadas, foi considerado impraticável após a Segunda Guerra Mundial, quando a Conselho de Controle Aliado recomendou a remoção apenas dos edifícios mais "antiestéticos" e a destruição dos bustos e estátuas do ditador. Eles estavam mais interessados em investir suas energias em limitar os poderes do Partido Comunista; de todo modo, o bloco interpartidário democrata-cristão que assumiu o governo incluía entre seus membros muitos ex-fascistas. Nos anos que se seguiram, a arquitetura fascista passou a ser considerada uma forma atraente de modernismo. Em 2015, a casa de moda Fendi mudou sua sede global para o que antes era o Palazzo della Civiltà Italiana em Esposizione Universale Romano, o subúrbio fascista carregado de significado, situado entre Roma e Óstia. Seus arcos brancos cintilantes e fileiras de estátuas nuas de mármore em tamanho real se destacam.

Durante os dezenove meses da República de Salò de Mussolini no lago de Garda, entre a queda de Mussolini, a rendição da Itália aos Aliados em outubro de 1943 e a libertação da Itália em abril de 1945, Mussolini e sua família moraram na Villa Feltrinelli, do final do século XIX, em uma casa rosada com torres e ameias na beira do lago. Clareta Petacci, sua última amante, ocupou a bela Villa Fiordaliso, não muito distante, entre pomares de oliveiras e limoeiros. Tendo preservado seus vitrais venezianos, pisos de mosaico e paredes de terra de siena queimada, essas vilas são hoje hotéis cinco estrelas, e consta que os quartos de Mussolini e Clareta são reservados com muitos anos de antecipação.

O culto em torno de Mussolini que o sustentou durante seus anos de poder persistiu nesses lugares. Suas palavras e imagens continuam a reverberar entre as pessoas insatisfeitas com a instabilidade dos 66 governos – que duraram em média 1,4 ano cada – que administraram a Itália desde a guerra. E, além do próprio Mussolini, ninguém é mais lembrado que sua filha mais velha, Edda, que tinha 12 anos quando ele chegou ao poder, casou-se com seu ministro das Relações Exteriores, Galeazzo Ciano, e, durante os anos 1930 e durante a guerra, assumiu o lugar de sua relutante mãe como a imagem do que uma verdadeira menina e mulher fascista deveria ser. Mas foi, como se vê, uma imagem enganosa.

Fui em busca de Edda. Encontrei-a em cinejornais, em artigos de revistas de fotografia muito apreciadas pelos italianos, em arquivos e bibliotecas, em memórias e autobiografias, inclusive dela própria e de muitos membros do clã Mussolini. Um dia, segui seus passos até uma estalagem do século XVII em Cantale, na fronteira entre a Itália e a Suíça. Chama-se Madonnina, e dizem que Garibaldi trocou de cavalo aqui quando partiu para o exílio depois de ser condenado à morte por sua participação no levante de Piemonte.

No primeiro andar, em um corredor escuro, vi uma placa que não esperava: a suíte Edda Ciano. Lá dentro ficavam os quartos que Edda ocupou na noite de 9 de janeiro de 1944, enquanto fugia dos nazistas que estavam a caminho para prendê-la. O grande quarto e o *salotto* contíguo foram deixados como eram então, com seus móveis art déco em estilo egípcio: a cama tem colunas em mogno claro e as paredes são pintadas de azul e vermelho-escuro. No fundo do aposento há uma imensa banheira de ferro. A suíte de Edda é muito disputada. Custa o dobro dos outros quartos da pousada.

Edda não era apenas a filha favorita de Mussolini e a estrela mais exótica do fascismo. Era a que mais se parecia com o pai, com seus olhos fixos e hipnóticos, e também excêntrica, inteligente, volúvel e com um ímpeto fortíssimo. Ganhou proeminência aos 19 anos e, durante os treze anos em que esteve na vanguarda da ditadura, às vezes era a confidente mais próxima e única amiga do pai. Mas a cultura misógina em que cresceu, e que se tornou mais pronunciada a cada ano fascista, era algo que ela nunca esteve disposta a aceitar. O poder a intrigava, mas ela o tratava como um brinquedo, como fazia com a maioria das coisas, erraticamente, com pouca compreensão da sua própria força.

Todos os ditadores deixam mitos em seu rastro. O que tornava Mussolini diferente era que, mesmo antes de chegar ao poder, ele já estava estabelecendo e fomentando seu próprio culto, e, assim que se tornou ditador, o culto passou a obcecar a Itália. A aparência do Duce, o que ele dizia, escrevia, pensava e fazia eram conhecidos em toda a Itália.

Edda não é tão fácil de definir. O mito que envolveu seu pai se espalhou para toda a família Mussolini, especialmente para a mais inteligente e enigmática de seus filhos. Mesmo durante sua vida, suas palavras e ações foram embelezadas, distorcidas, romantizadas e frequentemente imaginadas, e eles próprios contribuíram para uma reinterpretação às vezes fantasiosa dos eventos. Separar os fatos da ficção transmitida por sucessivas gerações de seguidores, parentes, jornalistas e historiadores é uma tarefa difícil, ainda mais pelos mitos que giravam em torno de Edda, e é certo que nem todos os incidentes ou citações deste livro são verdadeiros. Mas o que se segue é o mais próximo da verdade a que pude chegar.

Edda está intrinsecamente ligada ao pai e é uma verdadeira representante do que o fascismo fez – e não fez – com os italianos. Às vezes, o infortúnio acontecia tão rapidamente que sua vida parecia seguir o enredo de uma tragédia grega. Mussolini e o fascismo fizeram de Edda o que ela foi: para entendê-la, é preciso compreender o que os italianos chamam de *il ventennio fascista*, os vinte anos de governo fascista, quando a visão e a vontade de Mussolini dominaram todas as facetas da vida italiana – no esporte, na educação, no lazer, na saúde, na cultura, no trabalho – e principalmente em Edda, que amou, admirou e, por algum tempo, o odiou.

PARTE UM
PRÓLOGO

CAPÍTULO I

LA CAVALLINA MATTA

Quando Edda Mussolini era menina, liderando um bando de crianças pequenas pelos terrenos baldios atrás dos altos prédios de apartamentos de Milão, era conhecida como "*la cavallina matta*", a cavalinha louca. Obstinada, ousada, desdenhosa da autoridade, o apelido ficou com ela. Mesmo nos anos em que o fascismo era servil à família Mussolini, quando falar depreciativamente de qualquer um de seus membros era um convite à investigação policial e a própria Edda se tornara uma jovem desajeitada e caprichosa, os italianos repetiam isso para si mesmos em voz baixa. Segundo eles, Edda nunca foi domesticada, e sua natureza inquieta e estridente a tornava temida. Mas eles não a esqueceram. "Nunca me senti querida", disse ela no final de sua vida. "Eu não tinha capacidade de agradar. Faltava-me constância em todas as coisas."[1]

Embora Edda tenha nascido em 1º de setembro de 1910, em Forlì, uma pequena cidade na Emilia Romagna, a aldeia vizinha de Predappio foi o verdadeiro berço dos Mussolinis, "nossa Galileia", como diriam os historiadores fascistas mais tarde, "pois foi lá que começou nossa nova história". Seus pais nasceram em Predappio: Mussolini em 1883, treze anos depois de Roma se tornar a capital da recém-unificada Itália, e Rachele Guidi em 1890. Emilia Romagna, uma das regiões mais pobres, era uma terra de trabalhadores e meeiros em dívida com o Vaticano e proprietários de terras feudais distantes. Suas aldeias, no sopé dos Apeninos de Romagnola, eram acessadas por trilhas estreitas e rochosas, ladeadas de choupos. O vinho Sangiovese local, produzido em centenas de pequenos vinhedos ao longo dos vales, era forte e ácido demais para viajar. Era uma paisagem cinzenta e vazia, com ciprestes e fortalezas medievais em ruínas empoleiradas em rochedos, que lembravam a Toscana, porém mais pobre, mais áspera, com cores mais pálidas. Entre os milharais passava o rio Rabbi, correndo rápido no inverno, com uma série de pequenas lagoas no verão, onde as crianças da aldeia brincavam. Poucas delas sabiam ler ou escrever.

Emilia Romagna havia cedido seus homens para a causa de Garibaldi, e mesmo após a unificação continuaram litigiosos, conspiratórios, e anticlericais impacientes por reformas – "*mangiapreti sovversivi*", anticlericais subversivos. Quase todas as famílias tinham um pai ou marido que passou algum tempo na prisão, sob custódia preventiva ou em prisão domiciliar. A superstição era alimentada pelas bruxas da aldeia. Roma ficava bem ao sul, um lugar de incompetência e domínio estrangeiro. Quando as colheitas fracassavam, as pessoas passavam fome. No ano do nascimento de Edda, muitas centenas de milhares de romagnolos tinham emigrado para a França e a Áustria ou, mais longe, para os Estados Unidos, e pequenas e tristes famílias podiam ser vistas andando pelas estradas e pelas aldeias a caminho da costa.

O avô de Edda, Alessandro, era o ferreiro local, um homem rude de rosto comprido e bigode espesso, que mais tarde na vida passou a beber muito. Era quase totalmente autodidata, com uma paixão ardente pelo anarquismo internacional, e seu jeito belicoso e brigão o levou várias vezes à prisão. Luigi, pai de Alessandro, cumpriu pena em uma prisão papal, quando a Emilia Romagna ainda fazia parte dos estados papais. Como Mussolini diria mais tarde, tendo ele próprio cumprido várias sentenças de prisão, sua linhagem rebelde era impecável, e todo revolucionário que se prezasse deveria ter passado por uma cadeia. Com o tempo, Alessandro tornou-se vereador e vice-prefeito; também formou uma banda de instrumentos de sopro na aldeia.

A avó de Edda, Rosa Maltoni, era professora, uma mulher religiosa e parcimoniosa, com um rosto quadrado e olhos fundos, mas determinada a ponto de fazer os pais a mandarem à escola, a única entre as seis filhas do casal.[2] Em 1887, formada como professora do ensino básico, foi alocada em Dovia, aldeia-irmã de Predappio, onde a sala de aula, em um palazzo dilapidado, mas ainda bonito, era tão escura que era difícil ler um livro. Um pequeno vinhedo produzia algumas uvas e havia também três figueiras. O jantar costumava não ser nada mais que uma sopa, rabanetes silvestres e pão. A mãe de Rosa colhia verduras silvestres e as fervia com algumas gotas de azeite.[3]

Rosa deu à luz Mussolini em 1883; depois vieram Arnaldo em 1885, um garoto tímido que puxou à mãe, e Edvige, que nasceu em 1888. Os garotos dividiam uma cama de ferro nos cômodos em cima do prédio da escola. Conversavam em dialeto, pois o idioma nacional italiano, nascido com a unificação, ainda era desconhecido para muitos romagnolos, e iam para a escola descalços, carregando os sapatos. Sentado nos degraus de sua oficina nas noites de verão, Alessandro lia Marx e Bakunin para os filhos. Guardava uma grande bandeira revolucionária vermelha num buraco no celeiro. Os três filhos tinham os mesmos rostos quadrados, queixos fortes e sobrancelhas espessas.

Temperamental, obstinado e avesso a qualquer tipo de disciplina, Mussolini ficava um pouco mais rebelde a cada ano, confrontando outros meninos, zombando dos professores. Nunca chorava. Quando tinha 9 anos, seu pai se desesperou e o levou a uma escola ligada à Igreja em Faenza, esperando que isso o subjugasse. Mussolini se sentiu humilhado e odiou tudo: os sermões, as regras, os monges, os meninos ricos que comiam melhor em mesas separadas no refeitório. Os professores notaram que ele gostava de causar medo em outros meninos.

No início do seu segundo ano, foi expulso por esfaquear um menino com um canivete, tendo primeiro sido trancado no escuro com os cachorros e ouvido que sua alma era negra como carvão. Mas os padres salesianos o deixaram terminar o ano: o que ficou claro para eles é que, apesar de toda sua grosseria e desobediência, Mussolini era um menino extraordinariamente inteligente e com uma memória prodigiosa. De lá, foi para o Colégio Giosuè Carducci, em Forlimpopoli. Seus contemporâneos afirmaram mais tarde que ele adorava teatro, espetáculos violentos, sagas épicas. Tocava corneta e cultivava um pequeno bigode. Em janeiro de 1901 morreu Verdi, o último grande herói do *Risorgimento*, e é revelador que Mussolini tenha sido o convidado a fazer um discurso fúnebre no colégio: estava descobrindo a oratória, o poder de deslumbrar o público, usando cadências rítmicas, metáforas inesperadas e uma interpretação apaixonada, e aproveitou a oportunidade para atacar a classe governante da Itália. Aos 18 anos – um jovem desgrenhado, com a barba por fazer, violento, não muito alto, olhos negros penetrantes, rosto pálido e uma gravata preta frouxa – saiu da escola com um diploma de professor, mas poucos amigos. Teria deixado escrito na lousa: "A mais nobre vocação do homem é ser um líder".

Seu primeiro trabalho, como professor substituto, foi em Pieve di Saliceto, a cem quilômetros de Predappio. Mostrou-se muito autocentrado, distraído demais e muito propenso a se irritar para ser um bom professor, e não gostava nem das crianças nem do barulho que elas faziam. No final do ano, seu contrato não foi renovado, mas isso pode ter sido em parte por conta de um caso com a mulher de um soldado ausente. Sexo, cujo primeiro contato foi com uma prostituta quando tinha 16 anos, era uma obsessão; gostava de sexo rápido e casual, uma conquista sem exigências. Roubava dinheiro de Edvige para pagar por sexo.

Em 1902, pediu um pouco de dinheiro emprestado à mãe e resolveu tentar a sorte na Suíça, onde vagou, sem rumo e muitas vezes com fome, conseguindo empregos aqui e ali como garçom, pedreiro, menino de recados e ajudante de açougueiro. Certo dia, quase estrangulou uma turista inglesa ao tentar roubar seu piquenique. Começou a explorar a arte da propaganda e escreveu artigos impetuosos, descobrindo que o jornalismo combinava com seu estilo exortatório.[4] Em uma conferência socialista, conheceu Angelica Balabanoff, filha de um rico proprietário de terras ucraniano, cinco anos mais velha que ele, que falava seis línguas e era amiga de muitos dos líderes revolucionários da Europa.

Quase todos os emigrados eram pobres e se vestiam de maneira excêntrica, mas o que chamou a atenção de Angelica em Mussolini foi o quanto ele parecia sujo e obviamente faminto, seus ralos cabelos pretos, os olhos pesados e sombreados. Achou que, quando aprendesse mais, certamente perderia seu ego avassalador. Angelica gostou dele, apesar de suas bravatas arrogantes e blasfemas, e o recomendou para o cargo de secretário de uma organização socialista em Trento e editor do seu jornal, *L'Avvenire del Lavoratore*. No mundo tempestuoso e dado a rivalidades da política de esquerda europeia, em que cada facção tinha sua própria claque, o radicalismo acalorado de Mussolini encontrou muitos ouvintes. Ele gostava de se ver como "*vivere pericolosamente*", vivendo perigosamente.[5]

Mussolini fugiu do serviço militar na Itália. Foi considerado um desertor e condenado à revelia a um ano de prisão. Mas em 1904, quando o rei Victor Emanuel decretou uma anistia em homenagem a seu novo filho Umberto, Mussolini pôde voltar para casa. Apresentou-se voluntariamente aos militares e estava servindo no 10º regimento Bersaglieri, em Verona – com surpreendente docilidade e espírito de equipe –, quando sua mãe Rosa adoeceu com o que provavelmente era tifo. Parecia estar se recuperando, mas contraiu uma pneumonia e morreu. A morte da mãe perturbou Mussolini profundamente; pelo resto da sua vida, iria se referir a isso como o mais triste dos seus dias.

Mussolini passou os anos seguintes vociferando contra a monarquia e a Igreja, transitando entre a Itália e a Suíça, escrevendo, lecionando, convocando a guerra entre classes, apoiando greves, escrevendo artigos irados para jornais de pequeno porte. A violência, afirmava, era "útil, frutífera e decisiva"; o Vaticano era "um cadáver" e uma "gangue de ladrões"; e os líderes políticos de Roma eram "idiotas, mentirosos, parasitas". As autoridades o mantinham sob vigília, e quando ia longe demais punham-no na cadeia. Estava sempre amarrotado, com roupas surradas e usando de linguagem abusiva, e no seu tempo livre lia Nietzsche e Sorel, tocava violino e escrevia contos. Raramente saía de casa sem uma faca.

Mussolini estava se mostrando um excelente jornalista. Seu estilo era simples, seu tom raivoso, com uma imaginação selvagem e um talento para concisão e análise. Também não lhe faltavam ironia e humor. Ele voltou para Forlì, onde Alessandro, tendo sido forçado a desistir dos quartos acima da escola em Predappio após a morte de Rosa, agora administrava Il Bersagliere, uma pousada perto da estação ferroviária. Sua nova companheira era Anna Guidi, uma viúva que ficou desamparada com cinco filhas devido à morte prematura do marido. A filha mais nova era Rachele, de 15 anos. A exemplo de Rosa, Rachele lutou muito para conseguir estudar e acabou sendo autorizada a frequentar a mesma escola de Rosa. Reza a tradição familiar que, numa das ocasiões em que Mussolini ocupava o lugar da mãe na sala de aula, notou a menininha loiríssima, de olhos quase turquesa e mãos delicadas, que não parava de fazer perguntas. Voltou a encontrá-la durante uma visita à Suíça, sentiu-se atraído por seus cachos claros e sua aparência bonita e ousada e pediu que esperasse por ele: disse que voltaria para se casar com ela.

Rachele esperou. O namoro foi breve, um pretendente importuno foi despachado e, diante da considerável desaprovação da família dela, Mussolini levou Rachele para Forlì. Uma das muitas histórias ligadas ao mito da família é que Mussolini, impaciente com a relutância dos pais dela, sacou um revólver e ameaçou matar a todos, a menos que deixassem a filha ir. Rachele já estava grávida. Não se falava em casamento. Na Itália intensamente católica e moralista do início dos anos 1900, foi uma jogada ousada da parte dela. "*Il matto*", o louco, como os locais o chamavam, não tinha renda e dispunha de poucas perspectivas. O casal levou consigo quatro lençóis, quatro pratos e seis facas, colheres e garfos e andou os cinco quilômetros até Forlì em silêncio, sob forte chuva. Mais tarde, Rachele disse que só teve medo da tempestade e das cobras.

Era janeiro de 1910. A primeira casa de Mussolini e Rachele, dois cômodos mal mobiliados no decaído Palazzo Merenda, com vista para um pátio escuro, e acessados por escadas íngremes. Também era cheia de pulgas. Usavam caixas de frutas como mesa e cadeiras. Como Mussolini tendia a se cortar, Rachele o barbeava. Ele acabara de arranjar um emprego como secretário do Partido Socialista de Forlì e editor do jornal *La Lotta di Classe*. Chamando a si mesmo de *"il vero eretico"*, o verdadeiro herege, Mussolini escrevia pessoalmente muitos dos artigos sobre maçonaria, Vaticano, assassinato político, qualquer coisa que chamasse a sua atenção, enquanto também editava, corrigia provas e organizava as páginas. Era implacável com seu lápis vermelho.[6] Seus artigos combinavam fervor revolucionário e política socialista, e, apesar de muitos o considerarem um mero agitador político, ele era lido e ouvido.[7] Nas reuniões, mobilizava o público com sua miscelânea de Hegel, Sorel e os bolcheviques, fundindo teorias aparentemente desconexas em diatribes eletrizantes para provocar a plateia. Sua voz oscilava entre áspera e calorosa, intimidadora e lisonjeira, jogando com os ouvintes, oferecendo algo em que acreditar.[8] Com suas roupas boêmias e desmazeladas, falando muito depressa, era impossível ignorá-lo.

Sete meses e meio após sua chegada a Forlì, em 1º de setembro de 1910, nasceu Edda. Mussolini já havia decidido que seria uma menina e o nome Edda pode ter vindo da peça teatral *Hedda Gabler*. Na certidão de nascimento, o nome do pai foi dado como Mussolini, mas o da mãe ficou em branco, pois eles não eram casados. O primeiro ato de Mussolini, como se gabou mais tarde a família, foi gastar metade do seu salário em um belo berço de madeira. A bebê herdou claramente os genes do pai: era esperta e exigente, e o pai se orgulhava da filha vivaz, levando-a consigo a toda parte: para o escritório, para os bares, às suas intermináveis reuniões políticas. O nascimento de Edda pareceu desencadear em Mussolini uma explosão de energia frenética. Rachele, por sua vez, não sendo dada a afeições físicas, achava a filha difícil. Edda era muito inquieta, muito destemida; quando aprendeu a andar, não havia mais paz. Quando a menina se recusava a dormir à noite, Mussolini tocava seu violino para ela, alto e erraticamente. Depois de si mesmo, Edda era a pessoa mais importante da família. "No fundo", dizia, "não reconheço ninguém superior a mim mesmo."

A saúde de Alessandro vinha se debilitando.[9] Ele sofreu um derrame, ficou paralisado e morreu aos 56 anos. Não tinha quase nada de bens materiais para deixar aos filhos, mas, como Mussolini escreveu mais tarde, "de posses espirituais, ele nos deixou um tesouro: ideias". A mãe de Rachele, Anna, "macia como um bolo doce", veio morar nos dois cômodos de Forlì. Mussolini costumava chegar tarde e bêbado em casa. Quando Rachele ameaça deixá-lo, levando Edda junto, ele promete parar; e quanto a isso manteve em grande parte sua palavra. Ele dormia muito pouco. Quando as cafeterias fechavam à noite, sentava-se à mesa da cozinha, escrevendo à luz de uma vela. A falta de comida era frequente. Anos depois, quando sua sorte mudou, ele se referiria a Edda como "*la figlia della povertà*", a filha da pobreza.

No final de setembro de 1911, quando Edda tinha pouco mais de um ano, o governo de Giovanni Giolitti, sem qualquer declaração formal de guerra, despachou tropas para Tripolitânia e Cirenaica – que mais tarde se tornaram a Líbia – alegadamente para proteger os interesses italianos, mas na realidade para substituir a Turquia como país ocupante. Houve protestos por toda a Itália, alguns deles violentos. Um dos manifestantes era um jovem republicano chamado Pietro Nenni, com quem Mussolini foi preso e acusado de incitar a rebelião durante um ataque a um trem que transportava tropas para a costa.

No julgamento, em 18 de novembro, os dois tiveram de pagar multas altíssimas e foram condenados a um ano de prisão, posteriormente reduzida na apelação para cinco meses e meio. Eles passavam os dias juntos, jogando baralho e discutindo política. Mussolini estudou alemão. Sentia falta da filha e do violino. Conseguiu um empréstimo para dar a Rachele, mas o dinheiro foi confiscado e a vida na casa no Palazzo Merenda ficou difícil. Para sustentar a família, Mussolini escrevia artigos para o jornal socialista *La Lotta di Classe*. Foi dito mais tarde que Edda, ainda começando a andar, foi treinada pela mãe para abraçar e se agarrar ao pai para ele enfiar as páginas dobradas de suas colunas no bolso do seu avental para serem contrabandeadas para fora da prisão. Rachele teve um eczema e Mussolini a aconselhou a raspar a cabeça.

Em 1912, o liberal Giolitti já estava no poder durante a maior parte dos últimos vinte anos, à frente de coalizões que tentavam preservar a ordem social existente e isolar os extremistas, tanto da esquerda quanto da direita. O Partido Socialista Italiano, que até então se abstivera de se opor a Giolitti, estava agora dividido em três seções: os revolucionários ou maximalistas, que favoreciam a ação militante; os reformistas, que pediam o sufrágio universal e a reforma do Parlamento; e os sindicalistas, que queriam mudanças radicais na economia. Os instintos de Mussolini estavam firmemente com os revolucionários. Ao sair da prisão, em 12 de março de 1912 como uma espécie de herói local e homenageado com um banquete dos socialistas de Forlì, Mussolini compareceu ao 13º Congresso Nacional do Partido Socialista, realizado em Reggio Emilia no início do verão. Da tribuna, protestou contra a democracia parlamentar e exigiu a expulsão dos reformistas brandos e acomodados do partido. Os parlamentares da Itália, declarou, eram charlatães preguiçosos, corruptos e insinceros, uma opinião que reverberava intensamente com o descontentamento da época. Os reformistas acabaram sendo expulsos e partiram para formar uma nova ala mais moderada. De casaco puído e agora usando uma barba espessa, Mussolini era considerado uma estrela em ascensão, um "intelectual transcendente".

A nova executiva revolucionária do Partido Socialista votou pela expulsão de Claudio Treves, o editor reformista do prestigiado jornal *Avanti*. Depois de alguma hesitação, eles convidaram Mussolini para ocupar seu lugar. Significava se mudar para Milão. Mussolini foi em frente, deixando Rachele e Edda para virem depois.

Ao assumir o *Avanti*, Mussolini insistiu que Angelica Balabanoff ingressasse no jornal como sua assistente. Independentemente de terem ou não sido amantes, ele tinha aprendido muito com ela; em seus momentos mais afáveis, Mussolini diria que ela havia sido sua "verdadeira professora política" e que continuava a orientar seus pensamentos. Em um dia frio e ventoso de fevereiro de 1913, Rachele apareceu sem avisar no escritório com Edda nos braços, ambas trêmulas e encharcadas. O cabelo de Rachele ainda não tinha crescido completamente e ela parecia uma criança suja.[10] Balabanoff descreveu mais tarde a chegada repentina daquela "mulher de aparência muito humilde", com uma "garotinha desnutrida e malvestida", com roupas tão molhadas que pareciam transparentes. Mussolini insistiu em que elas voltassem para Forlì, mas Rachele, cuja vontade por baixo do cabelo loiro e macio também era de ferro, se recusou. Eles encontraram um apartamento no quarto andar da Via Castel Morrone 19, perto da estrada de ferro, que dividiram com Anna. Balabanoff morava na mesma rua, no número 9.

O apartamento tinha um lavabo, mas não um banheiro. Mussolini raramente se lavava e Rachele ia aos banhos públicos, levando Edda e tentando lavar as lêndeas do seu cabelo. O prédio, escuro e em ruínas, tinha três imensas escadarias de pedra e uma série de pátios onde Edda brincava. Os brinquedos eram poucos. Entre os excêntricos e desajustados que ocupavam os apartamentos sombrios, havia uma jovem se preparando para ser freira e um conde falido. Atraído pela ousada Edda, um garotinho montou uma roldana com uma cesta entre os apartamentos vizinhos para lhe mandar presentes.[11]

Edda estava ficando cada vez mais rebelde e indisciplinada, e Rachele a estapeava e a perseguia pelo apartamento com uma vassoura. Para manter a paz, Mussolini levava a menina para seu escritório, onde ela ficava brincando no chão embaixo da escrivaninha, e ele começou a ensinar as letras, escrevendo com giz nos ladrilhos. Com Rachele tão em segundo plano, circularam rumores de que Edda era na verdade filha de Angelica, nascida quando Mussolini ainda morava na Suíça. Quando a história chegou a Rachele e ela a repetiu para Mussolini, sua resposta foi mordaz. Disse que Angelica realmente tinha uma "alma nobre e generosa"; mas que, se estivesse numa ilha deserta só com ela e uma macaca como companhia, "eu escolheria a macaca". Angelica Balabanoff era uma oradora hipnotizante, forte e calorosa, mas tinha o corpo comprido, pernas curtas e uma pequena corcunda. Um de seus rivais observou cruelmente que ela tinha "pouca familiaridade com água".

Mussolini percebeu que, além do seu carisma político, sua força bruta era muito atraente para as mulheres. Pouco depois de chegar a Milão, foi apresentado a Leda Rafanelli, mulher de um socialista sionista, arabista e romancista de certa fama. Leda organizava saraus e pregava o amor livre. Os dois se encontravam nas tardes de terça-feira para ler Nietzsche e trocavam cartas apaixonadas e exageradas, e em uma delas Mussolini disse: "Eu preciso ser alguém, você me entende? [...] Preciso subir alto". Mais tarde, Leda o retrataria em um de seus romances como um amante bonito, embora um tanto brutal, com um desejo insaciável de ser admirado.

Uma mulher mais marcadamente importante em sua vida foi Margherita Sarfatti, de uma rica família judia de Veneza, casada com um advogado e mãe de dois filhos. Já um tanto matrona, tinha um rosto redondo, abundantes cabelos ruivos e notáveis olhos verde-acinzentados. Era elegante, culta e usava roupas caras; também era extremamente inteligente, e Mussolini gostava de mulheres inteligentes. Margherita também organizava saraus, e após uma hesitação inicial quanto aos modos rudes e à aparência grosseira de Mussolini, ela começou a apresentá-lo aos luminares que se reuniam na casa dela na elegante Corso Vittorio. Assim como Margherita, os convidados logo ficaram intrigados; a maioria notou os olhos extraordinariamente penetrantes e a expressão séria de Mussolini.

Rachele nunca foi convidada para essas reuniões. Mas sentia prazer com sua relativa prosperidade recente; agora tinha uma empregada e podia mandar Edda para a escola de sapatos. Mussolini comprou um chapéu-coco e começou a frequentar os cafés da Galleria de Milão, onde jornalistas e artistas manifestavam suas opiniões. Às vezes Edda ia com ele. Sede de muitas revistas literárias e culturais e de escritores e editores militantes de esquerda, Milão orgulhava-se de seu espírito reformista e politicamente inquisitivo desde a unificação.

Edda tinha agora 3 anos e começou a ter aulas de violino. Quando tocava, ficava muito parecida com o pai, franzindo os lábios, projetando a mandíbula, as bochechas proeminentes no rosto forte. Às vezes os dois tocavam juntos. Para ganhar a atenção do pai quase sempre ausente, ela procurava maneiras de desafiá-lo. Certo dia, quando se recusou a tomar um remédio, o pai a esbofeteou e Edda retribuiu o bofetão. Algo que se lembraria mais tarde foi do dia em que o pai percebeu que ela tinha pavor de sapos. Mussolini foi até o charco, pegou um sapo e pôs nas mãos dela, insistindo para que o segurasse. Ninguém, disse a Edda, especialmente nenhum Mussolini, tinha permissão para sentir medo. E ela também não tinha permissão para chorar.

O que Edda também lembraria eram os duelos. O quanto eram reais, o quanto potencialmente letais, é impossível saber, pois eles também ocupam um lugar na tradição familiar. Dizia-se que Mussolini tinha uma camisa especial, com uma manga cortada, a do braço que usava nos duelos. Às vezes voltava para casa com ferimentos de arma de fogo ou de espada, nenhum deles muito grave. Mussolini lutou contra seu antecessor no *Avanti*, Claudio Treves, chamando-o de coelho "nauseabundo" e "velhinha", e voltou desse duelo com a cabeça coberta de sangue e um pedaço da orelha arrancado. Seu estilo não era o de se esquivar e estocar, mas sim fazer estocadas espetaculares e impulsivas. Travados clandestinamente nos parques de Milão, em clareiras e cemitérios, nenhum duelo terminava em morte. Ao voltar para casa vitorioso, pedia para Rachele fazer espaguete em vez do habitual tagliatelle. Para Edda, espaguete tornou-se a refeição dos duelos. Rachele, que guardou os pertences de Mussolini, insistiu em manter suas camisas ensanguentadas e até mesmo os estilhaços de tiros de seus ferimentos.

A discórdia política em toda a Itália estava tomando a forma de greves, manifestações e brigas nas ruas. Escrevendo sozinho a maior parte do *Avanti*, Mussolini insuflou fogo revolucionário no movimento socialista e aumentou a circulação do jornal em um ritmo impressionante.[12] O nome "Duce" já havia sido mencionado antes, talvez com ironia. Agora começava a pegar. No congresso dos socialistas de Ancona, em abril de 1914, a energia irreprimível de Mussolini fortaleceu sua posição política. Os italianos insatisfeitos estavam em busca de um líder.

Então, em 28 de junho, o arquiduque Ferdinando e sua mulher foram assassinados em Sarajevo. A Áustria declarou guerra à Sérvia, que tinha relações com a Rússia, a Grã-Bretanha e a França. A posição da Itália era complicada. Aliada da Áustria pelos últimos trinta e dois anos e membro da Tríplice Aliança com a Alemanha, também mantinha relações de amizade com a França e a Grã-Bretanha. No entanto, a Áustria mantinha as *"terre irredente"* da cidade italófona de Trento e Trieste, com sua grande etnia italiana, cuja retomada era considerada por muitos como um negócio inacabado do *Risorgimento.* Cortejada por ambos os lados, momentaneamente a Itália escolheu a neutralidade, uma decisão endossada apaixonadamente por Mussolini e pelos socialistas, bem como pelo rei, pela maioria do exército, boa parte do Parlamento e pelo novo papa, Benedito XV, que se recusou a sancionar aquela guerra como "justa".[13]

Nem todos concordavam com essas opiniões. Nacionalistas e futuristas fizeram estridentes apelos à ação, junto com vários intelectuais que imaginavam que a guerra abolisse uma classe governante que muitos agora viam como disfuncional e trouxesse em seu rastro uma Itália mais justa e saudável. Ao ouvi-los, as opiniões de Mussolini começaram a mudar. Começou a assinar seus artigos como *"L'homme qui cherche"*, o homem que busca. Em setembro, começou a se referir à neutralidade como retrógrada e fraca. Será que a Itália, perguntou, queria realmente ser "uma espectadora inerte desse grande drama"? Dentro dos círculos socialistas pacifistas, houve fúria contra sua rejeição à linha partidária. Mais duelos foram travados; a adulação logo se transformou em ódio. Exonerado do *Avanti*, Mussolini procurou uma vazão para o seu recém-descoberto militarismo e a encontrou quando patrocinadores o ajudaram a criar um novo jornal, *Il Popolo d'Italia*, no qual passou a apregoar ferozmente em favor da guerra e da revolução social. A neutralidade, disse à irmã Edvige, "fará com que todos morramos de fome e vergonha".[14] Quando ia a jornaleiros para ver como seu jornal estava vendendo, levava Edda com ele. "Cada nova criação, cada passo à frente, é marcado por sangue", declarou em um comício. Mussolini agora mantinha um revólver em sua mesa e empregava dois guarda-costas.[15] Por volta dessa época, Rachele fez uma visita à casa deles em Predappio e foi expulsa da aldeia, acusada de ser esposa de um traidor do socialismo.

A mudança de Mussolini já havia afastado Angelica Balabanoff, que permaneceu firmemente contrária à guerra e desdenhosa de sua "infame" traição à neutralidade. Anos depois, escreveu que, sem ela, Mussolini teria continuado "um arrivista insignificante [...] um socialista de domingo"; e que havia se tornado nada mais que um fanfarrão covarde, hipócrita, vulgar, desonesto e um judas. Edda não lamentou vê-la partir. Ela odiava a maneira como Angelica a acariciava com ternura no escritório e murmurando: *"Che bella bambina, che bella bambina"*.

A essa altura, Mussolini já tinha arranjado uma nova amante. Ida Irene Dalser era austro-húngara, com uma covinha no queixo e cabelos espessos e brilhantes, e em 1914 dirigia um "salão oriental de higiene e beleza" em Milão. Também era um tanto instável. Conheceu Mussolini brevemente quando os dois estavam em Trento, mas agora procurou a redação do *Il Popolo d'Italia* para publicar um anúncio do seu negócio. Os dois se tornaram amantes. Na desordem tumultuada de sua vida, Mussolini a via como calma e ordeira. Quando precisou de mais dinheiro para *Il Popolo*, Ida vendeu seu apartamento e o salão de beleza e deu tudo para ele. Mas o relacionamento logo azedou, e Ida começou a aparecer na redação e fazer cenas. Mussolini conseguiu dinheiro para instalá-la em um pequeno apartamento. Ela chamava a si mesma de Signora Mussolini.

Como Rachele descreveu mais tarde, certo dia, quando Mussolini estava em Gênova tentando arrecadar dinheiro para sua campanha, alguém bateu à porta.[16] Do lado de fora estava "uma signora feia, muito mais velha que eu, magra e cadavérica e fazendo gestos espalhafatosos". A visitante se recusou a dar seu nome, mas, andando pela sala, começou a questionar Rachele sobre seu marido. Virando-se para Edda, ela perguntou se o pai dela amava sua mãe. Quando Mussolini voltou, Rachele perguntou quem era a mulher. Uma austríaca, ele respondeu, uma histérica, com quem tivera um breve caso em Trento e que agora o perseguia. Edda já estava se acostumando com brigas por ciúme; mas também estava aprendendo a lição de que não se pode esperar fidelidade de grandes homens.

Pouco a pouco, muitos dos italianos que inicialmente apoiaram a neutralidade começavam a se voltar para a intervenção. De varandas e das praças lotadas da cidade, o poeta, panfletário, romancista e mulherengo Gabriele D'Annunzio pregava a guerra, a "beleza da triunfante Itália" e a grandeza de *la patria*, a nação italiana. A guerra era o futuro, um mal necessário para despertar os sonolentos e desordenados italianos. Em abril de 1915, à Itália foram prometidos não apenas Trieste e Trentino, mas também o sul do Tirol, parte da Dalmácia, um pouco da Albânia e ilhas no leste do Adriático em troca de se aliar aos Aliados e assinou um tratado secreto em Londres.[17] Em troca, a Itália declarou guerra à Áustria, mesmo que no Parlamento os intervencionistas continuassem em minoria. Já houvera tempo suficiente para ver a carnificina causada pelas metralhadoras, e os líderes da Itália sabiam perfeitamente que o país carecia de armas e de bons oficiais; mas esses pensamentos foram postos de lado.

Em setembro de 1914, com 32 anos e já um pouco velho para a guerra, Mussolini deixou a família para se juntar aos Bersaglieris na linha de frente em Monte Nero. "É por isso que estamos lutando hoje na Europa", escreveu em um de seus primeiros artigos enviados ao *Il Popolo d'Italia*. "Uma guerra que é ao mesmo tempo uma grande revolução."

CAPÍTULO 2

UM PAÍS DESGOVERNADO E INGOVERNÁVEL

Mussolini havia sido um soldado inesperadamente diligente em 1905. Agora pedia para ser considerado para treinamento como oficial, mas, diferentemente de seu irmão Arnaldo, foi recusado por causa de suas visões políticas imprevisíveis. Em troca, ofereceram um lugar no quartel-general do regimento, produzindo o diário da guerra de Bersagliere, mas ele recusou, dizendo – mais uma tradição familiar – que não estava lá para escrever, mas para lutar. Preferiu escrever seu próprio diário, em seu estilo discursivo e animado, e o mandava a Milão para ser publicado no *Il Popolo*. "Eu vivo para o amanhã", escreveu. "Eu vivo para depois de amanhã. As lutas que virão com o fim da guerra serão magníficas."[1]

O exército italiano tinha confiança que derrotaria os austríacos no vale do Isonzo, em Friuli, e depois avançaria e tomaria Trieste. Mas a guerra não estava se desenrolando como D'Annunzio havia previsto – gloriosa e heroica – e nem, como pregava o futurista F. T. Marinetti, como "a única higiene do mundo". Era uma guerra confusa e assassina, com a linha de frente avançando e recuando, deixando em seu rastro pilhas de cadáveres. Onze batalhas foram travadas no Isonzo, com o velho e inflexível general Cadorna mandando ondas de homens para serem ceifados por metralhadoras. No final de novembro de 1915, já tinham morrido 110 mil homens italianos. Ratos, pulgas, fome e frio atormentavam os sobreviventes.

Quando os primeiros ataques aéreos soaram em Milão, Rachele, Edda e Anna se abrigaram no porão. Certo dia, dois policiais bateram à porta. Houvera um incêndio num pequeno hotel não muito longe e acreditava-se que uma Signora Mussolini o tivesse causado. Quando Rachele determinou que a culpada era Ida Dalser, que acabara de dar à luz um menino que chamou de Benito Albino, ela decidiu agir. O tifo se disseminava pelo exército no Isonzo. Mussolini contraiu a doença e foi mandado para um hospital em Cividale del Friuli. Rachele pegou Edda e partiu pelas planícies, passando por comboios militares e fileiras de homens feridos.[2]

Às três horas de uma tarde de novembro, numa pequena sala ao lado da enfermaria e na presença do prefeito local e de testemunhas, Mussolini e Rachele se casaram.[3] Os olhos do noivo estavam amarelos de tifo e ele só conseguia sussurrar. Não se barbeava havia vários dias e usava uma boina de lã. Por um momento, aproveitando sua vantagem, Rachele conteve seu "*Sì*". A cerimônia durou cinco minutos. Uma freira serviu uma fatia de panetone e uma taça de vinho. Edda, com 4 anos e meio, tornava-se agora uma filha legítima; e também tinha um meio-irmão ilegítimo, Benito Albino.[4] Como disse Rachele, o casamento poderia nunca ter acontecido se não fosse por "*quella maniaca*".

Mussolini voltou ao fronte no dia de Natal, relatando e lamentando só ter cinco castanhas para comer. "Neve, frio, tédio infinito", escreveu. "Ordem, contraordem, desordem." Algum tempo depois, teve uma licença e voltou a Milão, onde continuou sendo acossado por Ida. Encurralado, Mussolini a instalou num quarto do Hotel Gran Bretagna e, perante um notário, reconheceu Benito Albino como filho. Quando voltou para o fronte, para o gelo e o frio das montanhas de Carnia, Rachele estava grávida.[5] Em 16 de março de 1916, Mussolini foi promovido a cabo. Suas cartas para Edda, cheias de flores e folhas prensadas, pareciam mais de um amante que de um pai. Rachele as usava para ensinar a menina a melhorar sua leitura.

Para alimentar Rachele quando o bebê nascesse, Anna comprou um galeto. A ave foi engordada no pátio, e Edda afeiçoou-se a ela, acariciando-a, alimentando-a, levando-a para passear com um cordão atado à perna. Um dia ela teve de ficar afastada do apartamento. Quando foi autorizada a voltar, o frango tinha desaparecido. Em seu lugar havia um bebê, um menino chamado Vittorio. O silêncio em torno de certos eventos familiares era uma característica significativa da vida familiar de

Mussolini. Mais tarde, Edda escreveria sobre a confusão que sentiu e sua raiva intensa pela perda do seu animal de estimação.

Quase um ano depois, em fevereiro de 1917, Mussolini estava atrás das trincheiras no vale rochoso de Caruso quando os canhões de um morteiro superaqueceram e explodiram. Cinco homens ao seu lado foram mortos, e a explosão esfacelou a coxa de Mussolini e deixou seu corpo crivado de estilhaços. Foi posto numa maca e levado para um hospital de campanha. Um dos seus primeiros visitantes foi Margherita Sarfatti, que definiu seus "42 ferimentos [...] como flechas de São Sebastião". Com a ajuda de uma amiga, Rachele conseguiu um uniforme da Cruz Vermelha e se infiltrou no hospital. Por acaso ela estava lá quando Ida apareceu, com Benito Albino no colo. Ao ver sua rival, Ida começou a gritar e chorar, dizendo que Mussolini a havia seduzido e abandonado, que ela era sua verdadeira esposa. Com os soldados nas camas próximas olhando e dando risada, Rachele perdeu a paciência e atacou Ida, puxando seus cabelos e esmurrando-a até que Mussolini, impotente sob as bandagens, chamou os ordenanças para separar as duas mulheres. Ida fugiu.

Em abril, Mussolini foi transferido para um hospital em Milão para uma série de operações. Por um momento, parecia que sua perna teria de ser amputada. Ficava deitado na cama, estudando russo e inglês, gabando-se de seu estoicismo ante uma dor intolerável. Recebeu alta em agosto e, de muletas, passou alguns dias com Edda e Rachele pescando no lago Maggiore. Quando voltou à sua mesa no *Il Popolo d'Italia*, condecorado com uma medalha de bronze, Ida apareceu na calçada com o filho, gritando nas janelas: "Miserável, porco, assassino, traidor". Já tinha feito cartões com o nome de Signora Mussolini. A polícia acabou se envolvendo e Ida foi exilada de Milão como sendo uma ameaça para os Mussolinis e um perigo para a ordem pública. Foi mandada para Casette, no sul, onde foi internada como "pessoa inimiga".[6] Não mais sua "pequena Ida", ela estava fora da vida de Mussolini, ao menos por um tempo.

Enfurecida com a atenção dispensada ao irmão Vittorio, Edda tornou-se ainda mais rebelde e irascível, aterrorizando as outras crianças do prédio. Quando ciganos montaram um acampamento num terreno baldio próximo, ela ficou encantada com seus anéis de ouro, vestidos multicoloridos e histórias da vida na estrada e implorou, como escreveu mais tarde, que a levassem com eles. Os ciganos se recusaram, dizendo que ela deveria ficar com os pais. Um dia, tendo exasperado Rachele além da conta, a mãe sugeriu que ela fosse morar com os ciganos.[7] Como agora tinha permissão, a garotinha correu para o acampamento, só para descobrir que seus novos amigos já tinham partido. Orgulhosa e teimosa demais para voltar para casa – características que disse terem sido sua salvação mais tarde –, preferiu ficar vagando pelo terreno baldio até bem depois do anoitecer, quando foi resgatada pela avó.

Edda vivia coberta de cortes e hematomas, e seus pequenos atos de desobediência estavam se tornando mais virulentos. Um dia, ao ver a avó aninhando Vittorio no colo, de repente puxou a cadeira de Anna e a derrubou no chão. A avó bateu nela. Ao ouvir o barulho, Rachele bateu nela também. Muitos anos depois, Edda diria a Vittorio, referindo-se à diferença de idade entre os dois: "Você teve sorte. Foi salvo de seis anos de surras".[8]

Uma fotografia de Edda tirada nessa época mostra uma criança robusta e amuada, com um capacete de cabelos grossos e raiva nos olhos, sentada num banco com os pés pendurados.[9] O fato de ter se tornado uma pequena déspota deixou seu pai encantado. Cedia a seus caprichos e a teria mantido em casa para ensiná-la ele mesmo, mas Rachele insistiu em mandá-la para a escola. Lembrando-se dessa época, Edda diria mais tarde: "Eu andava descalça, revoltada e faminta, [...] uma criança infeliz".

A 12ª Batalha do Isonzo em Caporetto, entre 24 de outubro e 7 de novembro de 1917, com as tropas austríacas e alemãs armadas com gás e lança-chamas, resultou no colapso das forças italianas. Cerca de 300 mil homens haviam sido mortos ou feridos nos últimos dois anos; muitos milhares de outros desertaram ou foram feitos prisioneiros. Um dos mortos foi o filho mais velho de Margherita Sarfatti, Roberto. Quando a guerra acabou, em 1918, a Itália era um país de viúvas e órfãos. O exército italiano estava entre os mais mal comandados e pior equipados, com soldados da linha de frente abandonados por seus oficiais, e a certa altura limitados a cortar arame farpado com tesouras de jardim. O governo recusou-se a prover alimento aos prisioneiros, alegando que isso apenas encorajaria outros a se renderem.[10] A maioria dos combatentes resistiu com estoicismo, mas quando vacilavam suas punições eram bárbaras. Caporetto tornou-se um símbolo de tudo o que havia de podre no cerne da guerra da Itália.

Os trabalhadores que agora retornavam estavam furiosos, conscientes de seus camaradas sacrificados e cientes do que a violência poderia alcançar. Eles queriam uma recompensa por tudo o que haviam sofrido. Muitos dos socialistas entre eles se opunham à guerra desde o início. Não receberam nada dos empregos nem terras e melhores condições nas fábricas prometidas pelo Parlamento, enquanto os que ficaram em casa e não foram à guerra se capacitaram e prosperaram. De volta para casa, vivendo num país do qual não faziam mais parte, esses veteranos falavam sobre traição e sonhavam com alguma ação. O sentimento de exclusão e um desejo de algum tipo de justiça, alimentando-se de inveja e ressentimento, disseminou-se por toda a Itália, tornando-se um terreno fértil para as greves que começaram na Úmbria, em Emilia Romagna, na Toscana e na Lombardia. No norte, os operários ocupavam as fábricas; no sul, se apossavam da terra. Trens e bondes pararam de circular; padeiros, enfermeiras, eletricistas, professores e tipógrafos entraram em greve. A produção despencou, a inflação subiu e houve desabastecimento. O valor da lira caiu para um quarto do que valia em 1914. Qualquer aumento nos salários era rapidamente consumido pelo aumento dos custos.

Os soldados que retornaram não foram os únicos a se sentirem traídos. A classe média, que havia cedido seus homens como oficiais, sentiu-se espremida pelos "*pescecani*", os tubarões que enriqueceram com a produção de guerra, pelo governo, que permitiu fazer isso, e pelos "bolcheviques", os agitadores vindos de baixo. Em abril de 1919, eclodiram lutas entre socialistas em greve e nacionalistas em Milão; a redação do *Avanti* foi incendiada e quatro pessoas morreram. Uma bomba explodiu em um teatro, matando e ferindo muitos mais. O governo não fez nada, temendo que qualquer resposta pudesse desencadear uma revolução socialista. Edda, com 8 anos, ficava muito com Mussolini e presenciou muitas brigas de rua; às vezes ela ajudava a cuidar das vítimas.

Na ausência de Mussolini, as vendas do *Il Popolo d'Italia* haviam caído e ele lançou uma campanha em busca de dinheiro e investidores. Estava em baixa, desprezado por muitos socialistas, ignorado pela direita, visto com desconfiança pelos moderados. Nas páginas do seu jornal, advertiu que os homens voltando da guerra iriam querer mais do que promessas vazias. Falava de uma "*trincerocrazia*", uma alta aristocracia das trincheiras, um clã de homens forjados no campo de batalha que criariam uma nova Itália. Negar a esses homens o reconhecimento por seus sacrifícios, afirmou, seria permitir que o tecido social da Itália "se estilhaçasse em pedacinhos".[11]

Em abril de 1918, Rachele deu à luz um segundo filho, Bruno. Mussolini, na época tentando arrecadar dinheiro em Gênova, pediu à Rachele para adiar o parto até ele voltar para casa e a repreendeu quando chegou e encontrou um novo bebê no berço. Por um ou dois dias ele tentou ser útil, mas Rachele logo o expulsou da cozinha, reclamando de suas extravagâncias e da bagunça que fazia. No verão, eles se mudaram para um apartamento maior e mais confortável na Via Foro Bonaparte, não muito longe do Castello Sforzesco; tinha uma sala de estar adequada e corredores compridos onde Edda organizava competições de deslizamento com as crianças vizinhas. Arnaldo, irmão de Mussolini e agora seu braço direito no *Il Popolo d'Italia*, encontrou um apartamento nas proximidades. Os soldados que retornaram trouxeram junto a gripe espanhola, e Rachele adoeceu enquanto ainda amamentava o filho recém-nascido. Bruno contraiu difteria, depois pneumonia brônquica e quase morreu. Era um bebê bonito, mas ficou frágil e esquelético, com uma cabeça enorme.

O que Mussolini havia entendido, mas muitos políticos em Roma não conseguiam perceber, era que, com a instituição da paz, a Itália ficaria profundamente dividida entre os que tinham e os que não tinham lutado na guerra. Em decorrência disso, ele mudou o subtítulo do *Il Popolo d'Italia* de "diário socialista" para "diário de combatentes e produtores". Era chegado o momento de subir ao palco político. Em 23 de março de 1919, diante de um grupo de seguidores na Piazza San Sepolcro, muitos deles Arditi – os veteranos da tropa de choque portando punhais e bastões e vestindo camisas pretas por baixo das jaquetas militares –, Mussolini lançou um novo movimento, o Fasci Italiani di Combattimento. Seu plano era organizar o comício num teatro, mas, como o comparecimento foi baixo, o evento se deu em uma sala de reuniões.

Os homens e algumas poucas mulheres incluíam futuristas e nacionalistas, socialistas descontentes do pré-guerra, anarquistas e sindicalistas revolucionários, e esses números seriam mais tarde muito inflados por todos os que desejavam ter sido "fascistas de primeira hora". Um tanto vago em seus objetivos, que iam de uma reforma radical do Parlamento ao confisco dos bens acumulados pelos aproveitadores na guerra, o fascismo não deveria ser um partido, mas um movimento, um "antipartido", livre da corrupção e da inércia da política romanas. Mussolini pronunciava a palavra "fascisti" como "fassisti", do jeito romagnolo.

Como uma das vencedoras da guerra, a Itália esperava os ganhos territoriais prometidos no tratado secreto assinado em Londres em 1915. Em junho de 1919, em Versalhes, os italianos descobriram que o presidente americano Woodrow Wilson não pretendia honrar boa parte do tratado. Toda a costa da Dalmácia foi para o Reino dos Sérvios, Croatas e Eslovenos, enquanto a Itália ficou com Trentino, Venezia Giulia, Ístria, Trieste e várias ilhas ao longo do Adriático oriental, mas não poderia expandir suas colônias. Foi o que, nas muito repetidas palavras de D'Annunzio, logo se tornou um grito de guerra, uma "vitória mutilada". Em janeiro, quando Wilson passou por Milão, ainda um herói aos olhos dos italianos, Edda foi levada para vê-lo nas arcadas da Galleria central. A multidão que o ovacionou era esmagadora e aterrorizante, e um soldado ergueu-a nos ombros; mas a experiência a deixou, segundo afirmou depois, com um temor e uma aversão a multidões que durou pelo resto da vida.

Na Conferência de Paz de Versalhes, a Itália subiu na classificação e se tornou uma das quatro grandes potências, ao lado da Grã-Bretanha, da França e dos Estados Unidos, mas a não obtenção de Fiume, onde os italófonos eram a maioria, tornou-se um símbolo de tudo o que havia sido negado. Gabriele D'Annunzio, agora com 56 anos, era considerado por seus admiradores como um *condottiere* moderno, um homem que perdera um olho num acidente aéreo e que comandou um esquadrão de nove aviões numa viagem de 1.200 quilômetros de ida e volta para lançar panfletos de propaganda sobre Viena nos tempos da guerra. A vitória italiana, afirmava, deveria ter levado o mundo a rever sua visão dos italianos como produtores de sorvete e tenores; mas essa visão permaneceu inalterada por causa dos humilhantes termos de paz. Em 12 de setembro de 1919, para evitar que Fiume fosse absorvida pelo que mais tarde seria conhecida como Iugoslávia, D'Annunzio chegou para liderar cerca de 2 mil "legionários" até a cidade, onde da sacada de um palácio proclamou sua anexação e a si mesmo como chefe da nova Regência de Carnaro. O "Estado Livre de Fiume", saudado com considerável entusiasmo por sua população italiana, cobria apenas 28 quilômetros quadrados. Em Roma, o governo vacilou e nada fez naquele momento.

Apesar do receio de ser eclipsado pelo mais deslumbrante D'Annunzio, Mussolini saudou o empreendimento nas páginas do *Il Popolo d'Italia* como uma revolta grandiosa contra a "coalizão plutocrática ocidental". A Itália, declarou, tinha ganhado uma nova capital. Também destacou a maneira como os italianos de Fiume reagiam com entusiasmo a D'Annunzio e a seus discursos líricos, como os jovens em particular se aglomeravam ao seu redor cantando velhas canções dos Arditi e como pareciam atraídos pelas saudações romanas e pelo culto em torno desse novo líder.

Foram convocadas eleições para novembro, as primeiras na Itália sob representação proporcional. Os primeiros-ministros vinham caindo a uma taxa de um por ano, e os socialistas e católicos centristas, reunidos por sua posição neutra anterior, assim como os nacionalistas, todos contestavam o longo governo das elites liberais. As greves no norte do país e as façanhas de D'Annunzio em Fiume deram a Mussolini uma oportunidade de se candidatar. Mas os resultados foram catastróficos para o movimento fascista: nenhuma cadeira foi conquistada, apesar da presença do aclamado maestro Arturo Toscanini na lista. O descontentamento com a liderança ineficaz existente em Roma contribuiu para levar ao Parlamento um grande número de socialistas e católicos do Partido Popular, mas os liberais se agarraram momentaneamente ao poder por meio de um governo minoritário.

Na noite das eleições, os adversários de Mussolini se reuniram num cortejo fúnebre com os caixões vazios dos candidatos derrotados. Levando tochas flamejantes e cantando *"Ecco il corpo di Mussolini"* – *aqui está o cadáver de Mussolini* –, eles passaram pelo Foro Bonaparte antes de bater à porta de Rachele. Ela pegou os filhos e se recolheu ao sótão no andar de cima, e mais tarde contou que tinha levado suas duas granadas no bolso do avental.[12] Eles passaram a noite ouvindo os gritos e vaias na rua, apavorados. Edda ficou preocupada ao pensar que eles tinham matado seu pai.¹³ Na manhã seguinte, um policial apareceu para dizer que Mussolini estava vivo, mas sob custódia, tendo sido preso no caos da noite anterior. Foi libertado com a ajuda de Toscanini, mas por algum tempo houve temores de que tanto o movimento quanto o *Il Popolo d'Italia* naufragassem. Mussolini passou a manter armas na nova redação na Via Paolo da Cannobio e começou a falar em emigrar. Enquanto isso, teve aulas de voo, mas deixou Edda apavorada quando um dia seu avião pegou fogo e ele voltou para casa mancando com ferimentos na mesma perna ferida na guerra, sem contar a cabeça sangrando e coberta de ataduras.

O tumulto e a sensação de perigo iminente nas ruas eram acompanhados pela inquietação em casa. Mussolini tinha começado um novo caso com Bianca Ceccato, secretária da redação, com 18 anos e cabelos cacheados, levando-a a uma apresentação da *Aida* e a um fim de semana romântico em Veneza.¹⁴ Disse a Bianca que na verdade Rachele era apenas uma camponesa. Bianca engravidou e fez um aborto. Enquanto isso, Mussolini havia se aproximado de Margherita Sarfatti. As poucas cartas entre os dois que sobreviveram – dizem que cada um escreveu mais de mil – registram o deleite que sentiam na companhia um do outro. Passavam a maior parte dos dias no *Il Popolo d'Italia*, Mussolini bebendo intermináveis copos de leite, nos quais mergulhava biscoitos.¹⁵ Mas a sofredora Rachele viu a assinatura de Margherita Sarfatti no *Il Popolo d'Italia*, apesar de ter sido informada de que ela não estava mais no jornal, e mandou dois telegramas – um para Mussolini, outro para Arnaldo – ameaçando o caos. Disse que jogaria uma bomba no escritório se voltasse a ver o nome de Margherita Sarfatti.

Cansada dessas cenas, Edda construiu uma casinha numa árvore próxima, e passava horas lendo empoleirada nos galhos. Um dia, decidindo que não aguentaria mais aquelas brigas, ela fugiu, mas logo foi localizada e trazida de volta. Edda não era uma má aluna, boa em matemática e literatura, mas era indisciplinada e excitável. Em casa, protestava furiosamente se alguém tocasse nas suas coisas, principalmente no seu violino. Queria muito ter aulas de balé, mas foi informada de que era o primeiro passo para um bordel. Quando Mussolini reclamou de ela chupar as próprias tranças, Edda cortou o cabelo bem curto, como um menino, o que só aumentou seu olhar feroz e desafiador.

Sempre que podia, Mussolini saía com ela, levando-a ao La Scala e a cafeterias da moda na Galleria. Edda começou a tomar consciência de que tinha uma mãe inculta e um pai que atraía mulheres elegantes e inteligentes. Mais tarde diria que o pai lhe ensinou coisas de que jamais se esqueceria: valorizar a simpatia, odiar a afetação, comportar-se com naturalidade, dizer sempre a verdade e nunca chorar, sentir orgulho de ser italiana e enfrentar, sempre, os valentões. "Aprendi", disse a um biógrafo muitos anos depois, conferindo um brilho devotado e poético às palavras, "a nunca ser mesquinha ou invejosa, a ser intransigente, desprezar as massas e julgar os homens friamente e assumir a responsabilidade, sempre, pelas próprias ações, aceitando as consequências sem procurar desculpas, mesmo quando não são causadas por você, mas pela maldade dos homens e a malevolência das coisas. Também a difícil arte do silêncio e a inexorável solidão do homem, que nasce e morre com ele." Belas palavras e admiráveis sentimentos, mas que não parecem brotar do coração.

Para ela, Mussolini foi um pai heroico, forte, bondoso e permissivo, proporcionando o que ela queria e satisfazendo seus caprichos. Começou a dividir seu mundo em mortais comuns e pessoas grandiosas, entre as quais ele era o único. Edda era magra demais para ser bonita, com orelhas de abano e pescoço muito curto, e não era nem gentil nem amável, apesar de inteligente e cheia de curiosidade. Aos 9 anos, ela já era muito parecida com o pai, apaixonada, ciumenta e possessiva, imprevisível e volátil, com os mesmos olhos muito escuros e redondos e o olhar imperioso, ainda mais marcante no seu rosto pequeno e anguloso.

Os primeiros *squadristi* surgiram em 1920 na província de Bolonha.[16] Eram nacionalistas, ex-oficiais do exército e jovens proprietários de terras, unidos em seus temores de um golpe de esquerda. Houve violência anárquica de todos os tipos desde o fim da guerra, sempre recorrendo à força como meio de expressar suas queixas, mas isso era algo diferente. Especializados em "incursões punitivas", percorriam o interior em velhos carros de transporte de tropas da guerra, armados com o *manganello*, bastão com ponta de metal que usavam para espancar suas vítimas, administrando doses de óleo de rícino para humilhá-las e "expiar" seus pecados, atacando sindicatos e sedes socialistas. Alguns usavam as camisas pretas e gritavam o slogan dos Arditi: "*Non me ne frego*" – *não dou a mínima*. Chamavam suas armas, uma mistura eclética de pistolas, espingardas e velhos fuzis, "*mezzi energici*", que significava algo como "ferramentas valentes", e seus ataques de "grupos de caça". Às vezes mulheres eram estupradas na frente de suas famílias. Os que ficavam de lado e não intercediam sentiam-se envergonhados e amargurados.

De Bolonha, as *squadre* se espalharam para Toscana e Emilia. O fascismo ainda incluía muitas ideias e, à medida que se multiplicava, atraía estudantes, aventureiros, nacionalistas e futuristas, considerando-se guerreiros e apóstolos em uma missão. No final do ano, havia noventa núcleos fascistas separados na Itália, com um total de 20 mil membros, mas que ainda não tinham se reunido em um partido político. Um jornalista chamado Mario Missiroli, com quem Mussolini teria travado o último de seus duelos, escreveu que era como estar em uma festa que se transformava em orgia, com todos dizendo frases sem sentido e sem conseguir encontrar a saída. A Itália, escreveu, estava se tornando "cada dia mais um país desgovernado e ingovernável".[17]

Não conseguindo reprimir a violência e incapaz de formar uma causa comum com os socialistas e os *popolari*, o governo minoritário caiu e Giolitti foi novamente nomeado primeiro-ministro. Porém, apesar de sua astúcia, Giolitti fora maculado por sua neutralidade anterior, e agora já estava perto dos 80 anos. Suas tentativas de reforma fiscal logo foram abandonadas e ele não se mostrou melhor em controlar a ilegalidade; tampouco foi capaz de aplacar os temores da revolução socialista e optou por não convocar o exército, nem os carabinieri ou mesmo a polícia. Aterrorizados com a anarquia total, muitos italianos começaram a procurar um líder com autoridade.

Nada disso passou despercebido por Mussolini, que usava as páginas do *Il Popolo d'Italia* para comandar seus seguidores, produzindo artigos em grande velocidade, bradando que atiraria em qualquer um que o perturbasse e aparecendo de vez em quando "como um urso saindo da toca". Os vizinhos reclamavam que a redação era "uma jaula de loucos". Um relatório policial definiu Mussolini como um adversário a ser temido, articulado, um orador habilidoso, astuto, indiferente a dinheiro. Atenuando seu absolutismo anterior contra a Igreja e o Estado, ele se moveu habilmente para a direita, atiçando seus leitores com ataques aos "bárbaros socialistas". Alguns sindicalistas se aproximaram dos fascistas, juntamente com outros proprietários de terras e industriais e católicos apavorados com o ateísmo comunista. Uma das maiores aptidões de Mussolini era reunir e controlar grupos desunidos, mesmo quando isso significava mudar de direção e se contradizer. "Estou obcecado com esse desejo selvagem de deixar uma marca na minha era com minha vontade, como um leão com suas garras", escreveu.

Em 12 de dezembro de 1920, tendo estabelecido uma nova fronteira com a futura Iugoslávia, Giolitti decidiu que chegara o momento de lidar com D'Annunzio, ainda empoleirado em seu palazzo em Fiume, atraindo seguidores e vociferando *"O Fiume o morte"*. O fim veio rapidamente. Acusado de "conspiração armada contra o Estado", D'Annunzio declarou guerra à própria Itália, e a Marinha Real Italiana foi mobilizada para bombardear a cidade. Os legionários se renderam e D'Annunzio, tratado com surpreendente clemência, foi autorizado a retornar à Itália, onde recebeu o título hereditário de *Principe di Montenevoso* e uma mansão chamada Il Vittoriale no lago Garda. Para Mussolini, que astutamente não se opôs ao ataque do governo a Fiume, D'Annunzio não era mais uma ameaça. A carta do apelo ao nacionalismo agora estava em suas mãos.

Em maio de 1921 houve outras eleições. Dessa vez, 35 fascistas foram eleitos para a Câmara dos Deputados. Mussolini foi um deles. Embora os esquadrões fascistas em todo o país continuassem essencialmente locais, com suas próprias inclinações políticas e poderosos líderes regionais – ou *"ras"*, como eram conhecidos, em homenagem aos senhores da guerra etíopes –, esses eram os homens que agora se reuniam em torno dele. Muitos eram veteranos de guerra condecorados mais jovens, que aprenderam a matar nas trincheiras de Trentino e consideravam Mussolini mais velho e mais sábio. Um deles era Roberto Farinacci, um trabalhador ferroviário mal-humorado e de língua afiada, que controlava os fascistas de Cremona e agora era um dos novos deputados fascistas. Outro era Italo Balbo, filho de uma família de professores. Alto, imponente, com uma barba bem-cuidada e com um perpétuo sorriso zombeteiro, Balbo dominava com mão de ferro 6 mil fascistas em Ferrara e arredores, conduzindo suas expedições punitivas com selvageria e precisão militar. Como membro dos Arditi, ele se via como parte da nova elite, um aristocrata da guerra. Os amigos o chamavam de "*testa calda*", cabeça quente.

No verão de 1921, Mussolini não era mais um agitador nômade, desalinhado e boêmio, mas o proprietário e editor de um jornal de sucesso, um homem de família com três filhos e uma casa confortável e líder de um movimento político em rápida ascensão. Comprou um carro, um Torpedo branco com bancos rebatíveis que batizou de Bianca, e aos domingos levava Rachele e os filhos para passear pelo campo. Era um motorista arrojado, mas competente. Agora usava ternos pretos ou cinzentos meticulosamente escolhidos, camisas com colarinho duro e suspensórios, e Rachele andava com botas pretas abotoadas. Mussolini tinha iniciado outro caso, desta vez com Angela Curti, filha de um antigo companheiro de tempos passados, que veio com o pai pedir ajuda para libertar o marido, que estava preso por assassinato. Angela era sofisticada e muito bonita, com um filho de 2 anos e também uma excelente ouvinte. Anos mais tarde, ela disse ter descoberto que, apesar de toda sua exuberância e necessidade de admiração constante, Mussolini era tímido e avesso à violência física. Ele costumava dizer: "Eu quero subir, e continuar subindo." Após pouco tempo, Angela engravidou.

Para Edda, havia menos visitas ao Scala ou à Galleria, mas em seus pensamentos o pai estava se tornando cada vez mais heroico e aventureiro, enquanto a prosaica e estável Rachele, que parecia delicada, mas era, na verdade, implacável, impunha disciplina com sua vassoura, tirando as crianças de seus esconderijos com dolorosas bofetadas. Mussolini queria ensinar Edda a dirigir, mas ela era muito pequena para alcançar os pedais ou enxergar pelo para-brisa.

Apesar das 35 cadeiras obtidas no Parlamento nas eleições de maio, Mussolini agora tinha de articular negociações complicadas com blocos de sindicalistas, socialistas, fascistas, conservadores, proprietários de terras e industriais em guerra – apaziguando e cortejando alguns, ameaçando outros, alerta para a violência nas ruas que assolava o país e se apresentando como o único homem capaz de controlar o caos. Para obter o poder que buscava, precisou primeiro destruir o controle dos socialistas sobre os trabalhadores e o governo local. Os acontecimentos fugiram do seu controle. Justamente no momento em que a unidade era mais crucial para a esquerda, um cisma entre os socialistas terminou com sua ala revolucionária se fragmentando para formar um Partido Comunista Italiano.

No verão de 1922, o estado geral de anarquia tinha piorado.[18] Por todo o país, prefeitos, magistrados e a polícia se alternavam em fazer vista grossa e apoiar ativamente a violência. Prefeitos que tentavam controlar os conflitos e as incursões punitivas eram frustrados pela falta de pessoas e equipamento. Em Roma, cinco governos foram sucessivamente eleitos e logo caíram. Em seguida, um jornalista e deputado liberal de longa data do norte, chamado Luigi Facta, foi empossado com uma nova aliança entre liberais e *popolari*; mas seu governo acabou sendo mais frágil que o de seus predecessores. No dia 1º de agosto, os trabalhadores socialistas de todo o norte do país conclamaram uma greve geral. Foi uma jogada fatal.

Os fascistas não eram mais pequenos bandos de valentões, pois já formavam um incipiente corpo paramilitar, patentes inspiradas nas legiões da Roma antiga; tinham trocado o *manganello* por revólveres, fuzis e metralhadoras. Mussolini anunciou que, se o governo não conseguisse interromper a greve, os fascistas interviriam. Ordens foram dadas a seus milicianos para esperar 48 horas a fim de permitir que os italianos percebessem a total impotência do Estado e depois agissem de forma decisiva.

Quando chegou o momento, as *squadre* fascistas, autodenominando-se "*Satana*" ou "*Disperatissima*", partiram para o ataque. Nos dias que se seguiram, elas agiram impunemente contra as sedes políticas de esquerda e as centrais sindicais, ocupando e saqueando prédios, provocando incêndios, confiscando ônibus e até trens. E fizeram isso abertamente, não se preocupando mais em atacar à noite. Em Lido de Veneza, onde os funcionários do Excelsior estavam em greve, os fascistas invadiram o hotel e restauraram a ordem; os hóspedes estrangeiros e italianos ficaram encantados. E, quando tudo acabou e uma espécie de paz voltou às ruas, os trabalhadores socialistas estavam efetivamente derrotados, enquanto os fascistas se posicionavam como os defensores da lei e da ordem, defensores da pátria contra "*il pericolo rosso*", o perigo vermelho. O fascismo se tornou uma alternativa forte e patriótica ao que era amplamente visto como anos de governo liberal corrupto e inepto. Além de protestos irresolutos, seus oponentes pareciam ter pouco a oferecer em termos de governo.

Mussolini jogou com inteligência ao se desassociar ostensivamente da violência. Na conferência do Partido Fascista, realizada em Nápoles, em 24 de outubro, ciente da disputa feroz pela liderança entre os *ras*, ele emergiu como mais forte do que seus rivais. Não era o líder mais brilhante, mas nunca vacilou em seus objetivos e percebeu melhor do que ninguém o que poderia ser obtido jogando com os temores e as ambições dos italianos comuns. Foram-lhe oferecidos dois cargos ministeriais do governo de Facta, mas Mussolini recusou, dizendo que os fascistas aceitariam seis cargos ou nenhum. Antes do fim da conferência, declarou a uma plateia entusiasmada de dezenas de milhares de homens: "Se o governo não nos for dado, nós o tomaremos marchando sobre Roma". A multidão ovacionou: "Roma! Roma! Roma!".

Não está claro se foi Balbo, como ele afirmou mais tarde, ou o próprio Mussolini quem decidiu ter chegado o momento de levar a batalha a Roma. Mas foram nomeados quatro "*quadrumviri*" – Italo Balbo; Michele Bianchi, um sindicalista revolucionário; Emilio De Bono, general de carreira condecorado com uma barba luxuriante; e o chefe da sede do Partido Fascista de Turim, Cesare Maria de Vecchi –, cada um para liderar uma coluna de homens em marcha, tendo Perugia como quartel--general. Eles começaram a organizar suas forças e a planejar um ataque em pinça contra a capital em 28 de outubro. Mussolini, aumentando a pressão, lançou um ultimato: agora ele exigia ser nomeado presidente do Conselho. De sua parte, Facta também decidiu que chegara o momento de agir. Propôs a decretação de lei marcial e a prisão dos líderes fascistas, mas para isso precisava da aprovação real. O rei foi convocado e voltou relutantemente a Roma, interrompendo uma caçada em sua propriedade rural em San Rossore. Mas o rei se recusou a ratificar a ordem, talvez por ter pouca fé no Estado liberal ou no exército, por temer a anarquia resultante ou até mesmo por achar que poderia ser deposto em favor do primo, o duque de Aosta, que apoiava abertamente os fascistas. Facta e seu governo renunciaram. O regime liberal, com todos os seus equívocos e concessões, estava no poder desde a unificação; agora seus dias pareciam ter acabado. Poderia ter sido diferente. Havia cerca de 25 mil soldados do exército regular de prontidão para defender a capital. Mas não foram mobilizados.

Em Milão, Mussolini havia planejado meticulosamente suas táticas. Jovens fascistas, alguns ainda adolescentes, foram destacados para vigiar a casa da família em Foro Bonaparte. Rachele mantinha o revólver a seu lado o tempo todo e, mais tarde, afirmou ter guardado granadas embrulhadas em algodão em cima de um armário. Mussolini parecia de bom humor, quase sempre assobiando, ajudando Edda com seu dever de casa. Disse a Rachele que estava organizando "algo especial".

Anos depois, Edda diria que se lembrava pouco dos turbulentos acontecimentos da sua infância. Mas nunca se esqueceu da véspera da Marcha sobre Roma, a noite de 27 de outubro de 1922. Naquela tarde, Mussolini disse para ela e Rachele se vestirem, pois eles iriam ao teatro. A peça *O Cisne*, de Molnar, estava sendo exibida no teatro Manzoni. Ocuparam seus lugares em um dos camarotes, conscientes de que todos os binóculos do auditório apontavam para eles. A cada poucos minutos ouvia-se uma batida discreta na porta do camarote. Mussolini se esgueirava até o corredor e voltava para seu lugar.

O segundo ato acabara de começar quando ele sussurrou no ouvido de Rachele: "Está na hora." Pegou Edda pelo braço e levou as duas às pressas para casa. O telefone não parava de tocar com gente aguardando suas ordens. Um dos que ligaram queria saber se os fascistas deveriam explodir a redação do *Il Corriere della Sera*, que era hostil aos fascistas. Mussolini disse que não. Então veio o telefonema que tanto esperava: o rei queria um encontro com ele para propor a formação de um governo de coalizão. Mussolini pediu a Rachele que fizesse uma mala e saiu para pegar o vagaroso trem noturno para Roma, recusando o trem especial oferecido pelo governo.

De trem ou de carro, a pé, em caminhões e a cavalo, homens vestidos com todos os tipos de trajes militares e civis, uns com camisa preta, outros com botas pretas até o joelho e esporas, os Arditi ostentando sua insígnia com uma caveira, dirigiam-se à capital.[19] Tinham ordens para ocupar os correios, as estações de rádio, as redações de jornais e os quartéis-generais da polícia e dos carabineiros. Os romanos observavam das janelas. O trem de Mussolini estava 1 hora e 45 minutos atrasado quando ele saiu na plataforma para declarar que pretendia garantir que dali em diante os trens passassem a funcionar no horário. Vestido com uma combinação bizarra de camisa preta, chapéu-coco e polainas, foi devidamente recebido pelo rei – explicando seu estranho traje por estar vindo "do campo de batalha" – e convidado a formar um governo.

Edda e Vittorio, que não tinham ido à escola naquele dia, estavam no apartamento com Rachele quando Mussolini ligou para contar a novidade.[20] Edda tinha apenas 12 anos. O pai que ela amava e admirava, filho de um ferreiro e arruaceiro político, iria se tornar, aos 39 anos, o vigésimo sétimo e mais jovem primeiro-ministro da história da Itália. Em 31 de outubro, depois de desfilar com seus seguidores por Roma até o Palácio do Quirinal, onde o rei e a família real o esperavam na varanda, Mussolini prestou juramento. O sol brilhava intensamente; a multidão nas ruas comemorou.

CAPÍTULO 3

UM CAMINHO CHEIO DE ARMADILHAS

Debruçados nas janelas e sacadas, observando o exército maltrapilho de Mussolini desfilando jubilante pelas ruas, os romanos não tinham certeza do que esperar. Políticos, aristocratas, legiões de burocratas dessa cidade tremendamente burocrática, nacionalistas, monarquistas e a maioria dos cidadãos comuns passaram a considerar que o golpe ocorrido provavelmente era inevitável e saudavam o que viam como um fim ao caos e à ameaça de uma tomada de poder pelos comunistas. Também tinham esperança em um regime em que ministros da Justiça não chegassem ao poder e caíssem no ano seguinte. Mas também acreditavam que o reinado de Mussolini não duraria muito, que poderiam se livrar dele quando quisessem e devolver o governo às mãos conhecidas e conciliatórias das coalizões liberais que governavam a Itália desde a unificação. Enquanto isso, pelo pouco tempo que levaria, o novo primeiro-ministro certamente poria a Itália em ordem.

Mussolini não via as coisas dessa forma. Logo se alojou em uma suíte no Grand Hotel, montou seu gabinete no Palazzo Chigi, antigo Ministério de Assuntos Coloniais, e começou a governar. Seus sonhos e ambições eram ilimitados e não havia tempo a perder. Por ora, Rachele, Edda, Vittorio e Bruno continuariam no Foro Bonaparte, em Milão.

O país que ele herdou estava falido, com um Parlamento dividido por facções, pouco frequentado e dominado pelo "*trasformismo*", a troca de votos por favores. Havia uma divisão profunda entre norte e sul, com os nortistas do triângulo industrial considerando os sulistas mais como africanos que como europeus, inferiores em todos os sentidos, física, moral e socialmente.[1] Os latifundiários e a máfia exerciam um poder inimaginável no sul. A gripe espanhola, que começou em 1918 e durou 2 anos, matou 600 mil italianos e a guerra chacinou mais de meio milhão de homens. Um quarto da população não sabia ler nem escrever. Tracoma, sífilis, malária, raquitismo e todos os tipos de doenças de pele eram comuns. Em Roma os pobres viviam em casebres ao redor dos muros da cidade ou em prédios decadentes sem água encanada ou eletricidade e seus filhos andavam descalços.[2] O censo mais recente tinha avaliado que 45 mil romanos – pouco menos de um décimo de sua população – viviam na penúria.

Roma, dilapidada e caindo aos pedaços, era também uma cidade de famílias principescas, com gerações de casamentos interfamiliares e imensos palácios cheios de arte magnífica e pequenos exércitos de servos uniformizados. Muitos desses *palazzi*, de todos os estilos desde o final do Renascimento ao Rococó, ficavam ao longo da Corso, a rua considerada por Stendhal como a mais bonita da Itália, que se estendia em linha reta por 1,6 quilômetro da Piazza del Popolo até a Piazza Venezia, onde se erguia o monstruoso e reluzente monumento branco a Victor Emmanuel II, conhecido pelos romanos como bolo de casamento, ou *pisciatoio nazionale*, o urinol nacional.

No ápice dessa nobreza romana, dividida entre a Negra, ou papal, e a Branca, que empenhava lealdade à casa governante de Saboia, encontrava-se o pedante e retraído Victor Emmanuel III, que infelizmente também era um homem fraco e irresoluto, e tão baixo que mal chegava aos ombros de sua majestosa rainha, a montenegrina Elena. Majestosa em público e usando trajes de outra era, em casa a rainha Elena era de boa índole e frugal. Gostava de cozinhar, tocar violino e preparar poções de ervas de receitas montenegrinas para os amigos doentes. Tinha cinco filhos, e seu preferido era o herdeiro de 18 anos, Umberto. A família real raramente saía do Palácio do Quirinal, em estilo rococó, numa das sete colinas de Roma. Contudo, quando precisava viajar, levava junto a corte e a nobreza. Sempre que podia, o rei ia caçar em sua propriedade rural; quando em Roma, cuidava do jardim. A família comia com moderação e vivia modestamente, tendo se mudado para a ala menos grandiosa do Quirinal. Os poucos visitantes convidados para as recepções na corte comentavam sobre o grande tédio e o repugnante *spumante*, o vinho espumante do Piemonte.

E havia o Vaticano, em guerra com o Estado italiano desde setembro de 1870, quando tropas italianas romperam as muralhas aurelianas, expulsaram os governantes papais e reivindicaram Roma para a nova Itália unificada.[3] Em alguns palácios da nobreza negra, a cadeira em que o papa se sentava quando fazia uma visita ficava voltada para a parede, em memória ao dia em que o papado perdeu o poder. Nas ocasiões mais importantes da Igreja, o Santo Papa era transportado num trono cerimonial por carregadores vestidos de vermelho com penas brancas de pavão, com guarda-costas da nobreza negra de babados, capas e calções até os joelhos.

Ainda não se sabia como esse mundo romano fechado, privilegiado e fofoqueiro, com sua requintada cortesia, gosto perfeito e esnobismo, veria os rudes homens fascistas, barulhentos e nada sofisticados, e suas mulheres malvestidas e mal-educadas, falando mais em seus sotaques regionais do que no florentino convencional. Por outro lado, também não estava claro como eles veriam os romanos. Imediatamente, tornou-se óbvio para Mussolini que era preciso livrar o partido de todos os agitadores da ralé e domar seus soldados truculentos e agressivos da infantaria. Mas ele também sabia que, para cortejar os católicos hostis, seria necessário buscar algum tipo de acordo com o Vaticano, e que teria de cooptar a desdenhosa monarquia para poder neutralizá-la, por mais que desejasse uma república – mesmo que em particular dissesse que o rei era "um cidadão inútil por definição", e "baixinho demais para uma Itália prestes a se tornar grande". Anunciou que pretendia tornar Roma "maravilhosa para o mundo inteiro, vasta, ordenada, poderosa como nos dias de Augusto"; e queria transformar a Itália mais uma vez em um Império.[4] O rei já considerava Mussolini ao mesmo tempo fascinante e aterrorizante.

Poucos dias depois, Mussolini nomeou seu primeiro gabinete, recompensando os *ras* que o levaram ao poder e incluindo todos os principais partidos – exceto os comunistas e seus velhos amigos, os socialistas – e reservando apenas quatro pastas para os fascistas. Assumiu pessoalmente os ministérios do Interior e das Relações Exteriores. Em 16 de novembro, com os membros do seu partido vestidos com ameaçadores uniformes da milícia, Mussolini falou a um Parlamento apreensivo.[5] Foi um pronunciamento firme, determinado e não pouco ameaçador. Disse aos deputados reunidos que, se assim o desejasse, poderia ter transformado "esta câmara cinzenta e sombria em um acampamento para os meus homens. Poderia ter trancado as portas do Parlamento e ter um governo exclusivamente fascista"; mas que tinha optado por não fazê-lo, mas, em vez disso, uma pausa, "pelo menos por enquanto." O deputado Emilio Lussu, da Sardenha, observou que Mussolini o fez lembrar de um gato com um rato nas patas, "segurando-o ora com delicadeza, ora soltando-o ou puxando-o de volta".

No voto de confiança que se seguiu, somente os comunistas e os socialistas se opuseram a Mussolini; um número muito pequeno de deputados se absteve; e todos os cinco ex-primeiros-ministros votaram com a maioria para apoiá-lo. Quando pediu um ano para realizar "reformas essenciais", ele obteve uma boa maioria. Excepcionalmente, Mussolini agora tinha os poderes necessários para governar sem precisar da aprovação parlamentar. Sua ascensão de um jornalista praticamente desconhecido a chefe do governo transcorreu em menos de dois anos.

Depois de sua primeira e inequívoca ameaça, Mussolini agiu com cautela, consciente da necessidade de uma transição suave da prática intimidatória *squadrista* para uma governança legítima.[6] Os *ras* eram agora reconhecidos como *gerarchi*, líderes partidários, em sua maioria homens tacanhos, interesseiros e não muito inteligentes, e alguns receberam cargos de subsecretário. O vigoroso e ambicioso Balbo foi encarregado de formar uma nova milícia nacional que se reportaria diretamente a Mussolini. Como a ideia de juventude e vitalidade estava no centro da visão de Mussolini para a Itália, o filósofo Giovanni Gentile foi nomeado ministro da Instrução Pública e encarregado de realizar reformas educacionais de longo alcance, com ênfase em novos valores e convicções comunitárias. Mas, tendo conquistado o poder para si mesmo, Mussolini não se dispôs seriamente a compartilhá-lo, nem queria os homens ao seu redor se imaginando como seus amigos. Ele os preferia respeitosos e um pouco assustados, e às vezes os chamava de "pigmeus". Arnaldo, agora editor do *Il Popolo d'Italia*, que ele tentava transformar no porta-voz do regime, era seu único confidente. Os irmãos se falavam ao telefone todas as noites, às 22h. Nem sempre Mussolini se lembrava de falar com Rachele em Milão, e Edda achava sua ausência dolorosa.

Como o fascismo se afirmava como algo espiritualmente novo, nascido da camaradagem e dos sacrifícios da guerra, era preciso forjar um passado, uma história nacional. Para isso, Mussolini pretendia recorrer aos mitos da Roma antiga, reconstruindo suas memórias e rituais como substitutos de escolhas democráticas. Os temas de sangue e martírio foram inseridos na narrativa oficial, com a violência fascista reformulada como "santa e moral", e aquilo que era visto como a revolução fascista foi ressignificado com a ascensão de Mussolini ao posto de chefe do governo.[7]

O assim chamado aniversário da fundação de Roma foi proclamado feriado nacional. A águia romana e a loba amamentando Rômulo e Remo tornaram-se símbolos de veneração, e o *fascio* – do latim *fascis*, um feixe de varas amarrado a um machado que representava autoridade na Roma antiga – tornou-se o emblema do Estado italiano. Para resolver as muitas contradições inerentes à grande diversidade dos seus apoiadores, Mussolini afirmou que o fascismo seria ao mesmo tempo moderno e tradicional, nacionalista e sindicalista, conservador e revolucionário, olhando para trás, para a Roma clássica, e para a frente, para a industrialização e o avanço tecnológico. Nesse novo mundo bizantino de opostos, a fé deveria valer mais que a razão, o espírito mais que a matéria, a ação mais que o pensamento. "Nosso mito é a grandeza da nação", declarou Mussolini.[8] Sendo um jornalista sagaz e experiente, Mussolini entendia melhor que ninguém "a tremenda magia das palavras".

Um dos seus primeiros pronunciamentos foi prometer "uma verdadeira política externa fascista". Disse desejar que a Itália fosse tratada "como uma irmã, e não como uma garçonete". Não estava claro exatamente o que isso significava, mas os governos estrangeiros, aliviados ao ver a Itália recuperando alguma estabilidade, receberam Mussolini com uma aprovação provisória. Sua primeira aparição no cenário internacional aconteceu três semanas após ter chegado ao poder, numa conferência em Lausanne para estabelecer as fronteiras da Turquia. Rodeado por guarda-costas e mantendo os delegados à espera, chegou lá pouco à vontade e permaneceu em silêncio. Algumas semanas depois, em Londres, para discutir as reparações de guerra por parte da Alemanha, foi recebido por desfiles em estilo militar que mais pareciam serenatas, realizados por fascistas italianos que moravam na Inglaterra, e reclamou amargamente da onipresente "sujeira cinzenta" da cidade. Votou primeiro de um jeito e depois de outro, e fez observações ferozmente anti-britânicas. Comentou-se que Mussolini era um "patife perigoso", e possivelmente "um pouco maluco".[9]

Um teste mais sério dessa política externa verdadeiramente fascista surgiu quando um general italiano, trabalhando com uma Comissão Internacional de Fronteiras, foi assassinado em território grego, em agosto de 1923. Mussolini ordenou um bombardeio naval da ilha de Corfu e ocupou o lugar. A maioria das poucas dezenas de vítimas foram crianças. A Grécia impôs a lei marcial. O governo britânico, inicialmente belicoso, convocou a Liga das Nações para arbitrar. Mas, quando Mussolini ameaçou se retirar da Liga, os ingleses foram forçados a recuar, indignados com o que consideraram a arrogância e a má-fé do líder italiano. Mussolini saiu mais forte, a Liga ficou mais fraca. No *Manchester Guardian*, Robert Dell alertou que "havia sido estabelecido um lamentável precedente".

Cansado de ser incomodado por jornalistas, Mussolini se mudou de sua suíte no Grand Hotel para um apartamento na Via Rasella, não muito longe do Quirinal, encontrado por Margherita Sarfatti, que também lhe arranjou uma governanta, Cesira Carocci. Pouco a pouco, Mussolini se integrava à vida em Roma. Passou ridículo quando foi visto pela primeira vez de cartola, camisa preta e polainas, mas, a conselho de um jovem diplomata elegante, começou a fazer suas roupas com um alfaiate caro – e a aconselhar seus *gerarchi* a fazerem o mesmo. O embaixador britânico, Sir Ronald Graham, organizou um jantar em sua homenagem; em seguida, a *principessa* Marianna Giovanelli, dama de companhia da rainha, organizou outro. Os convidados se declararam maravilhados com a correção de suas maneiras. Já haviam comentado que Dino Grandi, o novo subsecretário do Ministério do Interior, parecia um "belo pirata", e que o alegre e barbado Balbo brilhava como "aço polido". Também gostaram da maneira como os *gerarchi* pareciam apreciar genuinamente as mulheres, e não houve nenhuma das fofocas comuns, tão prevalentes na sociedade romana, sobre impotência e sodomia.

Mussolini estava elaborando uma rotina que seguiria pelos próximos vinte anos. Levantava cedo, fazia exercícios, comia com moderação e trabalhava arduamente. Para seus colaboradores menos dinâmicos, sua energia parecia inesgotável. Duas de suas recentes amantes já tinham filhos com ele – Bianca Ceccato tinha um menino chamado Glauco, e Angela Curti, uma menina chamada Elena –, e ele continuava a perseguir vorazmente outras mulheres, aparentemente de forma indiscriminada, desde que não fossem muito magras. Como ele explicava, "meu apetite sexual não permite a monogamia". Gostava quando elas cheiravam um pouco, fosse a suor ou perfume e, nem sempre muito higiênico, não se importava se fossem encardidas. Edda agora tinha dois meios-irmãos ilegítimos, Glauco e Benito Albino, e uma meia-irmã ilegítima, Elena.

O que ele estava descobrindo era que dezenas de mulheres – esposas de fascistas, de diplomatas e de funcionários públicos – estavam perfeitamente dispostas a aceitar suas rápidas, embora às vezes agressivas, relações sexuais. As mulheres nobres do Corso podem ter rido de suas maneiras rudes anteriores, mas algumas visitavam Via Rasella com alegria. Em público, Mussolini ainda podia se apresentar muito desleixado, nem sempre preocupado em se barbear, com colarinhos puídos e sapatos feitos sob medida com elástico nas laterais, para não perder tempo amarrando os cadarços. Sempre imprevisível, oscilava entre a cordialidade e a grosseria, a cautela e a impetuosidade, a ferocidade e a misericórdia, mas seu sorriso podia ser muito encantador. Como observou um visitante britânico, Mussolini parecia uma figura um tanto sinistra, "fundamentalmente vulgar e não tão forte, mas violento", porém cheio de ideias atraentes.[10]

Talvez não fosse surpresa que Mussolini não tivesse pressa em trazer Rachele e os filhos para Roma. Fazia visitas fugazes a Milão, onde passava mais tempo na redação do *Il Popolo d'Italia* do que em Foro Bonaparte, e tinha brigas violentas com Rachele. Na ausência do pai, o temperamento rebelde de Edda se tornou mais pronunciado e ela agora vivia em constante guerra com a mãe. Parecida com o pai em tantos aspectos, era como se tivesse herdado de Rachele uma segunda linhagem de resiliência, o temperamento explosivo e uma tendência ao mau humor. Achava a avó Anna mais fácil e amorosa. Edda havia se imposto como líder de um bando de crianças locais, levando-as em perigosas escapadas pelos telhados, embora não dedicasse muito tempo às meninas do grupo. Ganhou o apelido de Sandokan, em homenagem ao herói de um popular livro infantil. Na escola, era considerada inteligente e tirava notas altas em tudo, menos em latim e grego; também tirava nota 10 em educação física. Recusava-se a usar meias, preferindo exibir seus cortes e hematomas. Todos os Mussolinis eram muito supersticiosos, e Edda em especial: gatos pretos, leite derramado e guarda-chuvas abertos dentro de casa deveriam ser evitados.

Possivelmente devido à influência do religioso Arnaldo, ou como uma concessão ao Vaticano, Mussolini resolveu batizar os três filhos. A cerimônia aconteceu na casa de Milão e foi conduzida pelo cunhado de Arnaldo, dom Colombo Bondanini. Estava ficando difícil para qualquer um deles evitar a atenção do público – para o bem e para o mal –, e Edda reclamou que algumas professoras a adulavam enquanto outras a tratavam com uma severidade não merecida. Como filha única e mais velha de Mussolini, sentia-se mais visada e sujeita a mais expectativas que os irmãos.

Na primavera de 1923, o rei George V e a rainha Mary fizeram uma visita oficial à Roma, aumentando a respeitabilidade internacional de Mussolini e, antes de partir, o rei concedeu-lhe a Ordem de Bath, provocando muitas risadas entre as crianças quando traduzida para o italiano como l'Ordine del Bagno, a ordem do banho.

Victor Emmanuel também conferiu a Mussolini o muito prestigiado Collare dell'Annunziata, que o tornava seu primo nominal, além de títulos, que Mussolini recusava. Quando a rainha-mãe Margherita foi a Milão, Rachele e os filhos foram convidados a assistir a um filme sobre a vida de Cristo no Palazzo della Sport. Um escudeiro compareceu pessoalmente para convidar Edda e sua mãe para o camarote real, onde a rainha-mãe acariciou os cabelos de Edda e disse a Rachele que se sentia grata por tudo que Mussolini estava fazendo pela Itália. Mas Rachele também não tinha pressa em se mudar para Roma para ser escrutinada pelos maliciosos romanos. Declarou ser uma camponesa e se orgulhava muito de continuar sendo. Chamava Mussolini de "professor", à maneira dos romagnolos.

A família passou os verões de 1922 e 1923 em Levanto, num hotel à beira-mar.[11] Em uma de suas visitas, Edda foi informada de que o pai, pilotando seu próprio avião, iria voar baixo sobre a praia para acenar, e ela se posicionou na areia para esperar. Quando um avião surgiu no horizonte e se aproximou, Edda começou a agitar um lenço. De repente o avião vacilou, tombou para o lado e mergulhou em direção ao solo. Minutos terríveis se passaram antes de se descobrir que o piloto morto não era Mussolini, mas um jovem aviador vindo saudar a noiva na mesma praia. Mais tarde, Edda confessou que achava difícil esquecer o espetáculo do avião caindo lentamente em parafuso.

Mussolini tinha se vangloriado muitas vezes que o fascismo não era um partido, mas sim um antipartido. Mas agora chegava o momento em que o fascismo precisava tomar forma, não bastando apenas ter destituído a velha elite liberal e seus rivais socialistas. Tendo requisitado poder absoluto para governar por um ano, Mussolini não pretendia abrir mão disso.[12] A Itália continuava assolada por certo grau de violência *squadrista* e uma oposição furiosa, e, antes de qualquer outra coisa, essas manifestações precisavam ser esmagadas. Por todo o país os líderes *ras*, ditadores de suas regiões, continuavam a obrigar os cidadãos que consideravam subversivos a ingerir óleo de rícino, a participar de incursões punitivas assassinas e a cantar sobre força e conquista. Em agosto de 1923, um padre muito querido, dom Giovanni Minzoni, foi espancado até a morte em Argenta enquanto tentava organizar uma cooperativa rural na província de Ferrara.

Para conter a violência e impor algum tipo de ordem aos *squadristi*, uma nova Milizia Volontaria per la Sicurezza Nazionale, fundada em 1º de fevereiro de 1923, alistou homens entre 20 e 50 anos em unidades militares no estilo romano, com 133 legiões, uma para cada província.[13] Eles usavam uniformes de camisas pretas e barretes e juravam fidelidade não ao rei, mas a Mussolini. Muitos já eram bem versados em violência e coerção. Aliviados ao ver o fim do caos, os italianos protestaram muito pouco, embora a liderança do exército rotulasse esses milicianos irregulares como "fanáticos". Precisando de algo mais próximo a ele, Mussolini também aprovou a criação de um grupo secreto, com postos avançados por todo o país, mas com o mais importante em Roma, que logo ficou conhecido como "*Ceka*", em homenagem ao serviço secreto russo. Seu trabalho era intimidar os oponentes políticos, colhendo informações incriminatórias sobre eles e conduzindo suas próprias incursões punitivas.

Em janeiro de 1923, Mussolini criou um Gran Consiglio – em teoria, um órgão consultivo preeminente em assuntos de Estado, mas, na prática, pouco mais que um carimbo para suas decisões – e fundiu os partidos fascista e nacionalista, até então separados, em um só. Se agora começava a ficar claro que a ameaça de uma insurreição comunista havia sido muito exagerada, também ficava claro que Mussolini era um marionetista superlativo, conspirador e manipulador, rápido para se adaptar, usando amigos e inimigos com habilidade, mas sempre se apresentando como o restaurador da lei e da ordem.

Em sua busca pela criação de ideais fascistas, Mussolini não deixou de ficar atento à cultura.[14] Margherita Sarfatti foi com ele para Roma e, apesar de serem obrigados a se encontrar secretamente até a morte de seu marido, em 1924, ela tinha por apelido "a musa do Duce". Agora, trabalhava como editora da revista *Gerarchia*, a publicação mensal do Partido, e ajudava nos preparativos da participação da Itália na próxima Exposição de Artes Decorativas de Paris. Em seus saraus, decorados com muitos desenhos de Picasso, escritores, pintores e arquitetos de Roma se encontravam para discutir o Novecento Italiano, um movimento que fundia o antigo e o moderno para produzir um novo classicismo modernista. Margherita queria aprimorar Mussolini, não só na aparência como na cultura: obrigava-o a frequentar exposições e ir ao teatro. Ele a chamava de Vela, que orientava sua jornada intelectual, despertando nele pensamentos mais sensíveis.[15]

Mussolini designou o filósofo Giovanni Gentile para elaborar um Manifesto dos Intelectuais Fascistas, um guia para um novo Iluminismo tocado pela "graça do fascismo", com uma mensagem de aço entre suas patas de veludo. No credo de Gentile, "cultura" significava obediência ao Estado, e os artistas, inspirados pelos princípios romanos de disciplina e dever e não contaminados por influências estrangeiras ou democráticas, deveriam colocar seus talentos inteiramente a seu serviço.[16] Entendia-se que nenhuma outra cultura poderia existir fora do fascismo. Benedetto Croce, o mais conceituado filósofo e historiador liberal da Itália, que antes apoiara Mussolini, agiu rapidamente para elaborar uma resposta, assinada por acadêmicos e escritores, rejeitando o Manifesto como incoerente, banal, absurdo, estéril, cínico, aberrante e pleno de demagogia. Uma brecha intransponível se abriu entre as duas facções.

Em abril de 1924, a Itália foi às urnas. As eleições foram marcadas pela intimidação fascista, com candidatos da oposição feridos e diversos mortos, porém dando a Mussolini uma confortável maioria. O voto socialista praticamente caiu pela metade; os outros partidos se fragmentaram. A posição do líder parecia inabalável; até mesmo seus antigos críticos lhe concederam, a contragosto, o título de "Duce".

Mas ainda havia alguns oponentes arrojados e determinados, que encontraram seu campeão em Giacomo Matteotti, de 39 anos, o corajoso e obstinadamente antifascista secretário do recém-formado e moderado Partido Socialista Unitário, que, tendo de gritar acima das zombarias da Câmara, exigiu a anulação das eleições. Ele tinha provas, afirmou, de negócios ilícitos de armas e subornos de uma companhia petrolífera americana, bem como informações sobre fraudes eleitorais generalizadas. Prometeu apresentá-las ao Parlamento, mas não teve tempo para isso. Em 10 de junho, ao sair de sua casa às margens do Tibre, foi capturado por membros do *Ceka*. Não muito tempo depois, o carro que eles usaram foi descoberto respingado de sangue, e seis semanas depois o corpo de Matteotti, coberto de facadas, foi encontrado numa vala rasa não muito longe de Roma.

Nunca se encontraram provas de Mussolini ter ordenado o assassinato de Matteotti; assim como nos casos Henrique II e São Tomás de Becket, suas palavras foram consideradas mal-interpretadas, como um apelo ao assassinato.[17] Mas não havia dúvida de que os fascistas foram os responsáveis, e o desaparecimento e a morte de Matteotti foram tremendamente prejudiciais para Mussolini. Uma enorme onda de repulsa ganhou força, e membros do Partido Fascista devolveram suas carteirinhas. Às 10h do dia 27 de junho, milhões de italianos tiraram o chapéu para um momento de silêncio. Para difundir a tensão crescente e mostrar que não estava envolvido no inquérito subsequente, Mussolini desistiu da pasta do Ministério do Interior. Também baixou um decreto suspendendo os jornais que publicassem a palavra "sedição": seu antigo jornal, o *Avanti*, seria fechado 36 vezes nos meses seguintes.[18] No entanto, nem sua renúncia nem a prisão dos assassinos do *Ceka* acalmaram o sentimento de repulsa nacional. Os corredores do Parlamento, geralmente lotados e barulhentos, ficaram desertos. Os socialistas o definiram como um chefão bandido derrocado e derrotado. "Há dois mortos, Matteotti e Mussolini", escreveu o jornalista Ugo Ojetti. "A Itália está dividida em duas: metade chorando pela morte do primeiro, metade pela do segundo." Para seus seguidores, Mussolini pareceu ansioso e inseguro, vítima dos primeiros sintomas da úlcera que o atormentaria pelo resto da vida.

Seus oponentes no Parlamento estavam agora numa forte posição para confrontá-lo. Mas não conseguiram chegar a um acordo sobre uma estratégia. Discutiram e brigaram. Cem deputados se retiraram da Câmara, dizendo que o governo não era mais constitucional e que ficariam afastados até a democracia ser restaurada; eles se autodenominavam Aventinos, em referência à última resistência dos secessionistas plebeus de Aventino, em 494 a.C. Instado a dissolver o Parlamento, o rei se recusou. Os socialistas propuseram uma aliança com os católicos *popolari*, mas o Vaticano recuou. Após cinco meses turbulentos, o Parlamento voltou a se reunir, mas a crise não terminou. As vendas do *Il Popolo d'Italia* despencaram. Então, um deputado fascista chamado Armando Casalini foi assassinado por um comunista gritando "Vingança por Matteotti": isso propiciou aos fascistas um mártir conveniente, e aos *squadristi* o pretexto para uma nova onda de violência. Mussolini manteve a calma, pedindo a seus seguidores indisciplinados que abandonassem suas táticas de intimidação.

Rachele manteve-se informada por Mussolini sobre os acontecimentos em Roma e disse que acreditou quando ele falou que não teve nada a ver com o assassinato de Matteotti. Mas o aumento das tensões tornou a família vulnerável, e guarda-costas foram designados para cuidar dela e das crianças. Para Edda, com 14 anos, isso significou mais controle, mais responsabilidade, mais invasão de seus modos rebeldes. Sentiu-se exposta, criticada. Mas também se deliciava com a aprovação do pai. No verão, num dia de mar muito agitado, ela salvou a vida de uma menina mais velha que nadou para longe demais. Orgulhoso, Mussolini concedeu à filha uma das medalhas de prata do fascismo por coragem, mas, sabendo o que ela sentia ao ser o centro das atenções, dispensou-a da cerimônia usual. Edda sentia falta do pai. Considerava-se moldada por ele, que agora decidira abandoná-la. Ainda brigando com a mãe e sentindo-se bem mais velha que os irmãos, tinha saudade dos tempos em que o pai a levava a todos os lugares.

Em meio a esses meses de inquietação e incerteza, duas das irmãs de Rachele, Pina e Giovanna, morreram num intervalo de semanas. Giovanna entrou em trabalho de parto em meio a uma chuva de granizo, sem possibilidade de chegar ao hospital distante; deu à luz uma filha, mas foi acometida por uma infecção. Rachele chegou quando ela estava morrendo e Giovanna entregou-lhe a bebê, pedindo à irmã que cuidasse dela. Rachele encontrou uma ama de leite e levou a menina para casa, mas a criança morreu logo depois.

Não muito antes disso, Rachele fez uma visita a Predappio e à Forlì, e dessa vez foi recebida com entusiasmo, com multidões aparecendo para saudá-la. Mas ela não deixou de notar a maneira como os figurões locais, que antes a desprezavam, agora vinham bajulá-la e pedir favores. Ela havia herdado recentemente um pequeno espólio e usou o dinheiro para comprar a Villa Carpena, uma casa *colonica* com um lote de terra não muito distante, que planejava transformar numa fazenda produtiva, plantando novas variedades de árvores frutíferas e trigo e criando vacas leiteiras.

Pouco antes da Marcha sobre Roma, Mussolini havia dito a seus seguidores: "A cartada da ditadura é grande e só pode ser jogada uma vez. Implica riscos terríveis e, uma vez jogada, não pode ser jogada de novo". Em 3 de janeiro de 1925, ele julgou que tinha chegado o momento dessa cartada. Diante de um Parlamento quase silencioso – os deputados voltaram das férias de Natal, mas ainda faltavam os cem membros do Aventino, que cometeram o erro fatal de acreditar que ainda poderiam triunfar por meios legais, mas que na realidade nunca seriam autorizados a voltar –, Mussolini declarou que a solução para a crise era a "força". E prometeu exercê-la. Apesar, é claro, de não ser pessoalmente responsável pela morte de Matteotti, cabia só a ele, afirmou, assumir a responsabilidade, e também apenas a ele colocar a Itália de volta em seu curso para a grandeza. "O país", falou, "quer paz e sossego, trabalho e tranquilidade. Providenciarei essas coisas com amor, se possível, e com força, se necessário."

Naquela noite, foram enviados telegramas aos *prefetti** de todas as regiões ordenando o fechamento de associações, clubes, instituições de esquerda e jornais de oposição, bem como a prisão de 111 conhecidos "subversivos". Um dos últimos jornais a fechar foi o *Il Corriere della Sera*. "Considero a nação italiana em estado de guerra permanente", disse seu renomado editor, Luigi Albertini. Mas o próprio partido de Mussolini também teve de ser obrigado a obedecer. Os extremistas fascistas mais poderosos e perigosos foram cooptados e silenciados. Farinacci, o fanático de Cremona, o mais odiado e temido de todos os *gerarchi*, que andava com um revólver visível na cintura, foi neutralizado ao ser nomeado secretário do partido. O rei aprovou um gabinete no qual Mussolini assumia não só o cargo de primeiro-ministro como também o de ministro das Relações Exteriores e de ministro da Guerra, da Marinha e da Aviação. Provocado pela morte brutal de Matteotti, um novo capítulo se abria. O fascismo estava de volta ao controle e Mussolini, com seu andar felino e seus maneirismos – a mandíbula saliente, a carranca, a cabeça jogada para trás, o olhar fixo – que definiriam seu longo mandato, não estava disposto a ceder em nada.[19] Disciplina seria apenas outra palavra para ditadura. A "fascistização" da Itália havia começado.

As visitas de Mussolini a Milão continuaram, mas com menor frequência. Ele às vezes ficava com a recém-viúva Margherita Sarfatti em um hotel, alimentando rumores de que tinha se separado de Rachele. Quando brigavam furiosamente no Foro Bonaparte, Rachele o atacava por suas persistentes infidelidades, e ambos usavam Edda como testemunha, chamando-a para tomar partido. Depois de uma explosão particularmente virulenta, Edda decidiu fugir novamente, pedalando vinte quilômetros antes de ser encontrada e trazida para casa.[20] Mais tarde, ela diria que foi uma "dupla traição [...] tanto meu pai quanto minha mãe me fizeram mal". Ficou sabendo dos rumores, inflamados pelo fato de os pais só terem se casado depois de ela ter nascido – e só com o nome de Mussolini na certidão de nascimento –, de não ser filha de Rachele,

---

* Em italiano, *prefetto* é o representante maior do Estado em cada província. Como não há equivalente a esse cargo em português, optamos por manter *prefetto* em italiano e, no plural, *prefetti*. [N.R.]

mas de Angelica Balabanoff. Ela sabia que não era verdade, mas isso só intensificava sua sensação de estar sendo constantemente escrutinada.

Havia em Rachele uma suposição tácita, compartilhada por muitas mulheres italianas, de que os homens, especialmente os poderosos, por alguma razão tinham direito a ter amantes. Mas o segredo aberto da promiscuidade de Mussolini, aludido desdenhosamente nas páginas de publicações sensacionalistas populares, era mais do que ela poderia aguentar. Em público, o Duce costumava dizer que sua mãe, Rosa, era seu modelo de maternidade perfeita e que o matrimônio era "indissolúvel". Na primavera, Rachele e as crianças mudaram-se para Villa Carpena, e Vittorio e Bruno foram estudar em Forlì. Anunciando que não aguentava mais as discussões e recriminações entre os pais nem seu papel de intermediária, Edda pediu para ser mandada a um internato. Ela também sabia que a mãe tinha um admirador, talvez um amante, o que só aumentou sua intensa cautela com a infidelidade dos adultos.

A escola escolhida por Mussolini para Edda foi o mais prestigiado estabelecimento para meninas na Itália.[21] Chamava-se Istituto Femminile della SS Annunziata e ocupava a residência de verão dos ex-grão-duques de Florença, com jardins projetados por um aluno de Le Nôtre. As alunas eram filhas da nobreza e suas muitas salas eram pintadas com afrescos, com tapeçarias de seda e brasões ducais. Antes da chegada de Edda, Mussolini escreveu à diretora: sua filha deveria ser tratada "da mesma forma, exatamente igual a todas as outras meninas". O uniforme simples e sério era cinza, com as golas e os cintos de cores diferentes para denotar a hierarquia familiar, e as alunas eram instruídas a trazer três chapéus, dois pares de luvas e doze pares de meias pretas de algodão. Elas estudavam literatura e história francesa e italiana, desenho, costura, cerzidura e bordado, além de religião e moralidade. Havia excursões regulares para o estudo de causas nobres e de obras de arte.

Edda odiava tudo aquilo. Depois de quinze anos de caos e improvisação, considerava o excesso de formalidade e de ordem uma estupidez dolorosa. Era tratada com desdém pelas outras meninas e, por sua vez, as achava empertigadas e frívolas com suas luvas brancas e um decoro absurdo. Em um dia em que houve uma ameaça amplamente divulgada à vida de Mussolini, todos a encararam no refeitório. Edda fingiu total indiferença, mas, quando a refeição acabou, ela fugiu para o quarto e chorou. Lamentava a falta de liberdade. Discutia com as professoras, tomava partido das faxineiras e era rude com a diretora, chamando-a de fuinha e de bruxa, pelo que foi várias vezes castigada. A diretora lutou, mas não era páreo para a "*cavallina matta*", que achava que sua insolência obrigaria o pai a libertá-la. Por fim, Mussolini concordou em tirá-la da escola. Ninguém ficou triste em vê-la partir.

Edda ainda estava em Florença quando Anna, que se mudou com a família para a Villa Carpena, morreu dormindo. Não muito antes, tinha dito que Rachele deveria ser menos rígida com os filhos. Talvez por ser a única pessoa constante e confiável na vida de Edda e que – diferentemente dos pais – demonstrava suas verdadeiras emoções, Anna era muito importante para a neta. Edda já tinha voltado para casa quando, em 29 de dezembro de 1925, para complementar o casamento civil ocorrido durante a guerra, Mussolini e Rachele se casaram na igreja. Foi um evento típico de Mussolini: Rachele estava abrindo uma massa quando Mussolini apareceu com as testemunhas. Ela resmungou, tirou o avental e juntou-se a eles. Tudo acabou em cinco minutos. Não houve fotos nem comemorações, e Mussolini partiu logo depois da cerimônia. Com vistas a uma reconciliação com o Vaticano, Mussolini precisava se livrar de qualquer associação com os "*mangiapreti*", ["comedores de padres"] os anticlericais, e também insistiu em que os três filhos fossem crismados, cerimônia realizada pelo cardeal Vincenzo Vannutelli numa capela privada. Para alívio de todos, a família agora estava de volta a Milão, em um apartamento maior e mais elegante, alugado na Via Mario Pagano, embora as crianças sentissem falta de Foro Bonaparte, mais animado e popular.

O que as pessoas lembrariam mais tarde sobre 1926 foi ter sido o ano dos repetidos atentados contra a vida de Mussolini e do anúncio de um novo nível de repressão. Edda não estava com o pai quando, em abril do ano anterior, Violet Gibson, de 62 anos, filha de um nobre irlandês, mais tarde declarada louca e trancafiada num asilo, sacou uma pistola da bolsa e atirou em Mussolini enquanto ele saía do Campidoglio em Roma. Ele sofreu um leve ferimento no nariz, do qual fez pouco caso, mas gostava de ostentar uma atadura manchada de sangue e dizer que era invencível, protegido por um poder superior.[22]

Mas Edda e Rachele estavam com ele em Bolonha para a inauguração de um novo estádio quando Anteo Zamboni, de 16 anos, disparou contra o carro aberto de Mussolini enquanto ele dirigia lentamente pela rua.[23] O Duce saiu ileso, mas a multidão, furiosa e agitada, linchou o menino e arrastou seu corpo pela estrada antes que alguém conseguisse descobrir quem era ou por que queria matar Mussolini. Edda e a mãe estavam em outro carro indo para a estação quando um funcionário governamental em pânico chegou para descrever a cena. Houve uma espera agonizante, ninguém tinha certeza se Mussolini estava ou não vivo, até ele finalmente aparecer ileso. O trem que levou a família para casa parou em todas as estações para mostrar à multidão reunida que Mussolini estava sem qualquer arranhão. Para Edda, foi mais um incidente que marcou a incerteza da vida. Isso contribuiu para ela sentir que precisava ser forte, ou pelo menos mostrar toda uma aparência de força e autoconfiança.

Tendo ocorrido logo após outro ataque em Roma, quando um marmorista anarquista chamado Gino Lucetti jogou uma bomba em Mussolini, que ricocheteou em seu carro, deixando-o abalado, porém ileso, o tiroteio de Bolonha se tornou o catalisador para uma revisão fundamental das forças policiais.

Quando jovem, nos anos 1890, Arturo Bocchini, o filho mais novo de um proprietário de terras do sul, era bonito, tinha olhos fundos, boca sensual e um rosto alongado e interessante. A ascensão da carreira no serviço público do Ministério do Interior até se tornar o primeiro *prefetto* de Brescia, depois de Bolonha, tornou-o corpulento e ganancioso, com gosto por fofocas obscenas e mulheres.[24] Quando foi nomeado chefe de polícia, pouco antes do ataque de Bolonha, considerou todo o sistema antiquado, subfinanciado e quase inalterado desde que fora criado, em 1852, para "vigiar vagabundos, escroques, pessoas em situação de rua, mulheres de pouca moral e apostadores reincidentes". Reformar o serviço policial, estabelecer uma organização coerente e disciplinada e garantir que nunca mais a vida de Mussolini correria perigo tornou-se o trabalho da vida de Bocchini. Suas reformas representaram o estertor da morte do Estado democrático liberal.

Raramente se levantando de sua mesa no Palazzo del Viminale, exceto para comer refeições gigantescas, o astuto e extremamente inteligente Bocchini, que tinha uma memória prodigiosa e um caráter obsessivamente vingativo, começou a instalar um aparelho de repressão tão perfeito que ele dizia que às vezes podia se permitir uma certa tolerância e clemência.[25] Ele reformulou a força policial, criou novas divisões, requisitou e recebeu mais dinheiro e maiores poderes e fundou um departamento especial de polícia política – conhecido como PolPol – e mais tarde uma inspetoria especial para lidar com dissidentes políticos, ordem pública, os comunistas e a máfia. Logo, havia também policiais de fronteira e um esquadrão de agentes para proteger Mussolini e sua família dia e noite, juntamente com volumosos arquivos sobre a vida de cidadãos italianos, seus hábitos, opiniões e moral. Entre esses arquivos, os que mais interessavam a Bocchini ele levava todas as manhãs para Mussolini examinar. Agora, para fazer qualquer coisa, fosse comprar um carro, fosse para alugar uma casa, os italianos precisavam de uma licença da Pubblica Sicurezza, renovada anualmente, para a qual se exigia um certificado de boa conduta emitido pela polícia local. No gabinete particular de Bocchini chegava um fluxo constante de presentes, que variava desde cestas de frutas e legumes a quadros valiosos e ornamentos de prata.

Ao nomear Bocchini como chefe de polícia, Mussolini demandou um sistema de controle que tivesse os "tentáculos de um polvo". Além da polícia política, foi criado um novo serviço secreto conhecido como OVRA, que propiciava uma outra camada de vigilância e investigação, com agentes dentro e fora da Itália. Seu acrônimo não era soletrado, na medida em que as letras em si já o tornavam mais assustador. Em Roma, as antessalas de Bocchini, a exemplo das dos reis franceses do *ancien régime*, fervilhavam de gente avara e interesseira: policiais, militares, delatores, industriais, prefeitos e muitas moças bonitas. Bocchini se considerava um médico ao lado do leito de um homem doente, monitorando cada mudança no pulso e nos batimentos cardíacos. A Itália era sua paciente.

Não que Bocchini fosse o único homem cuidando do que restava das liberdades na Itália. O exército implantou seu próprio serviço de informações, o SIM, coordenando-o com os da Marinha e da Aeronáutica, com subseções próprias para assuntos como contra espionagem e censura. A milícia nomeava Oficiais Provinciais de Investigação. Até mesmo Mussolini, não confiando muito em ninguém, nem mesmo em Bocchini, montou seu próprio gabinete de informações para evitar "ataques hostis". Enquanto isso, em Roma, foram designados datilógrafos – cujo número aumentou rapidamente, bem como suas aptidões e conhecimento de línguas estrangeiras – para trabalhar interceptando e transcrevendo conversas telefônicas.[26] Essas transcrições chegavam à mesa de Bocchini, assim como os relatórios de agentes mobilizados nos trens do correio, para abrir a vapor cartas de aparência suspeita, usando lâmpadas de quartzo e raios ultravioleta.

De mãos dadas com esse formidável conjunto de novos poderes policiais vieram as leis "especiais", aprovadas em duas longas sessões do Gran Consiglio no início de novembro de 1926.[27] Com elas veio a revogação de todos os passaportes, a pena de morte por atentados contra a vida da família real ou do chefe de Estado, um Tribunal Especial para a "defesa do Estado" – sem apelação – e a proibição de quaisquer partidos políticos. Os dissidentes aventinos foram expulsos do Parlamento. A imprensa perdeu as poucas liberdades que lhe restavam. Em cada província foi criada uma nova comissão, composta por *prefetto*, promotor público, chefes de polícia, carabinieri e milícia, corporações que logo ficaram famosas por seu zelo, pela corrupção e pelas *vendettas*. A Itália não era mais apenas uma ditadura, mas uma fortaleza.

Rachele nunca havia estado em Roma, com uma visita anterior adiada porque Mussolini teve um ataque de úlcera, e temeu que a presença dela sugerisse algo mais grave e provocasse pânico no público. Mas ela e os filhos o visitaram pela primeira vez na Via Rasella para o Natal. Rachele preparou a refeição que sempre fazia para ocasiões especiais: capelete, frango com batatas fritas e um bolo caseiro. O que Vittorio, então com 10 anos, lembraria mais tarde é que o pai era muito bom para eles, dando-lhes dinheiro para gastar, como que para compensar todos os meses distante. Rachele antipatizou instantaneamente com a governanta Cesira, que considerou impertinente e possessiva demais com Mussolini. Recusou firmemente todos os convites obsequiosos que foram feitos pela nobreza romana. Mussolini, sempre recebendo presentes de todos os tipos, um dia foi presenteado com um filhote de puma.[28]

Como adorava gatos, levou o puma para o apartamento e o amarrou na perna do piano. Para Edda, então com 16 anos, Roma parecia oferecer possibilidades ilimitadas.

Quando voltou para Milão com os filhos – tendo concluído que "ser importante não tinha graça nenhuma" –, Rachele estava grávida. Ao saber da notícia, Edda comentou: "Você não tem vergonha, na sua idade?" Mussolini havia dito que queria um filho dos "giorni belli", dos dias de prosperidade, comparando com os dias de "penúria" quando do nascimento de Edda. Tinha certeza de que seria um menino e queria que ele nascesse na Villa Carpena, para ser um verdadeiro romagnolo, e foi na Villa Carpena que Romano nasceu, em setembro de 1927. Dessa vez, Mussolini chegou a tempo para o nascimento, tendo saído de Roma em alta velocidade com seu Alfa Romeo.

O novo filho era incrivelmente parecido com o pai, com olhos redondos e fixos e um queixo forte e proeminente. Flores, roupas de bebê e presentes de todos os tipos chegaram de toda a Itália, alguns lançados sobre a casa por pequenos aviões. Edda, que dava apelidos a todos, chamou o novo irmão de Tampussino. As crianças locais se reuniram nos portões para cantar hinos de louvor. O rei e a rainha mandaram felicitações. O falso castelo medieval fortificado da Rocca delle Caminate, acima de Predappio, de cujas ameias se avistava o Adriático, foi dado de presente a Mussolini pela agradecida municipalidade local. Naquela noite, seu grande farol giratório, que projetava um facho de luz por sessenta quilômetros na paisagem circundante, foi aceso pela primeira vez.

CAPÍTULO 4

OS TENTÁCULOS DE UM POLVO

Edda estava crescendo.¹ Acompanhando constantemente cada movimento da família, jornalistas falaram de seu charme e seus atrativos. Na verdade, ela era desajeitada, irritadiça e combativa, com uma excelente memória e mania de caricaturar os próprios defeitos, escondendo suas qualidades e virtudes como se delas se envergonhasse. Sua tia Edvige a chamava de "exuberante e feérica". Corava facilmente.² Seu interesse em se dedicar a qualquer coisa oscilava muito e ela alegava problemas de saúde para não fazer seus exames escolares. Estava aprendendo a esconder seus pensamentos, lidando com as emoções e fingindo que elas não existiam. De qualquer forma, demonstrações de afeto, sentimentalismo ou exibicionismo eram reprovadas por Rachele e Mussolini. Era forte demais para ser bonita, mas não deixava de ser atraente, encarando as pessoas com o olhar insistente do pai, que lhe conferia, segundo um repórter, um olhar melancólico e também "demoníaco", sem o qual ela poderia parecer uma "aristocrata inglesa ou uma condessa alemã". Acrescentou que Edda era "*spavalda*", arrogante, desafiadora e muito segura de si, embora também muito avessa a ser "observada". Corria o risco de se tornar uma "figura trágica", concluiu o repórter. Tateando as vantagens de ser filha do homem mais poderoso da Itália, Edda também começava a aprender a fazer compras, a contrair pequenas dívidas, principalmente com uma costureira, que acabava mandando as contas não pagas a Mussolini.

Permissivo em algumas coisas, rígido em outras, Mussolini deixava que ela andasse de bicicleta, nadasse e usasse calças compridas, mas que não fumasse ou aceitasse convites para bailes. Ele a ensinava a observar tudo e a se lembrar do que via, e a descrever as coisas sem exageros. Notando sua rebeldia e inquietação, que ele suspeitava esconder um forte traço romântico, sua preocupação era a de que não demoraria muito para que ela embarcasse em aventuras imprudentes com meninos. "Edda é uma criança imperiosa com vontade própria", escreveu um correspondente do *Chicago Daily News*.[3]

Mussolini ligava todas as noites para o apartamento em Milão, e as crianças se revezavam para falar com ele. Nos raros fins de semana que ele vinha para o norte, eles iam para a Villa Carpena, onde, aos domingos, depois de jogar cartas, andavam de bicicleta pelas estradas retas entre os vinhedos com Rachele, que às vezes caía, fechando a retaguarda. Assim como Edda, os meninos sentiam falta do pai que, quando chegava, passava a maior parte do tempo cuidando de negócios e conversando com os grandes fascistas locais. Durante um verão, eles escreveram uma carta conjunta ao pai: "Estamos esperando você [...] prometemos não contar a ninguém quando você vier, para que possa passar um pouco de tempo conosco".[4] Acharam graça quando viram fotos do pai em Roma com um chapéu-coco, dizendo que parecia exatamente o Gordo e o Magro.[5] Em um Natal, Mussolini os levou ao zoológico de Roma, para onde acabara de mandar seu mais recente animal de estimação, um filhote de leão, depois de passear com o animal pela cidade em seu Alfa Romeo conversível, para deleite dos fotógrafos. Pediu a Vittorio, de 10 anos, para entrar na jaula do filhote. O leãozinho se esfregou um pouco e se mostrou brincalhão, mas se animou demais e arranhou a perna do menino, chegando a tirar sangue.[6] Mussolini bateu forte no focinho da fera e afastou Vittorio para longe. Ele queria que seus meninos fossem durões.

Os pais tinham razão em se preocupar com o comportamento errático de Edda e sua escolha de pretendentes. Mussolini pediu a Bocchini para ficar de olho na filha, e começou a receber relatórios inquietantes em seu gabinete. Falavam de caçadores de fortunas, perdulários e viciados em drogas, e de uma aparente alergia da parte de Edda a jovens adequados. Havia Marino Vairani, "de conduta moral duvidosa", desempregado e "amante de prazeres e mulheres", dado a se apresentar como conde ou marquês; Muzio Conradi, filho de 28 anos de um rico industrial que o mantinha à distância por causa de seus modos "dissipados e megalomaníacos". Conradi estivera internado numa clínica para viciados em cocaína e acreditava-se "ser sifilítico", gabando-se abertamente de sua amizade com Edda.[7] E também Pacifici, "o de pior comportamento", que levava Edda em passeios ao luar durante os quais, segundo sua escolta policial um tanto fantasiosa, os dois, "em meio a infinita poesia e encantamento, dão toda a impressão de se amar". A maioria desses romances acontecia na cidade litorânea de Riccione, no Adriático, onde a família agora passava regularmente os meses de verão. Ao saber que Chiavolini, o secretário particular de Mussolini, abria todas as suas cartas, Edda ordenou "peremptoriamente" que não fizesse mais isso. Ele respondeu que não tinha escolha. Mas o que ele não disse a ela foi que Mussolini também o instruíra a encontrar maneiras de garantir que os jovens em questão não fossem mais vistos perto de Edda.

Para domar sua filha rebelde, Mussolini providenciou para que ela embarcasse em um cruzeiro para a Índia, junto com um carabiniere como guarda-costas e a empregada Pina. Foram enviados telegramas com antecedência informando que ela ficaria *assolutamente inosservata*, absolutamente anônima, mas isso não impediu uma grande afluência de dignitários quando seu navio, o *Tevere*, partiu de Brindisi. "A cidade inteira fez o bota-fora", telegrafou um repórter. "Grande entusiasmo. Ela ficou no convés mais alto, agradecendo os aplausos com a saudação romana." Cada vez que eles desembarcavam, mensagens eram enviadas para a Itália. "Está indo tudo bem", relatava o Signor Conti, um senador a cujos cuidados Mussolini havia confiado a filha.

Com 18 anos, Edda era uma das passageiras mais jovens a bordo.[8] Para preencher os dias, ela praticava esportes e se tornou popular por seus modos simples e falta de afetação. Recebeu um telegrama do Palazzo Venezia instando-a a estudar inglês, que ela perceberia ser essencial na Índia. Um correspondente do *Il Corriere della Sera* escreveu que Edda era alta, magra, esbelta e nunca enjoava. Seu rosto tinha uma expressão meiga, brincalhona e pronta para rir, mas era também um pouco rápida para se ofender. Ficou impressionado por ela ser muito jovem e muito inteligente: era "*un tipo*", uma figura. Outros repórteres eram mais abertamente aduladores. "Você é sagrada para nós", declarou *L'Unione*. "Você é a filha do Duce. E Edda, nós amamos você."

Na Índia, Edda visitou um templo no lombo de elefantes vestidos de ouro e prata e fez uma excursão de trezentos quilômetros pela selva, também acompanhada por elefantes em parte do caminho. Um príncipe ofereceu dois tigres de presente. Conti telegrafou para dizer que Edda estava "feliz, entusiasmada, afetuosa". Ao visitar algumas ruínas no Ceilão, seu olhar foi atraído por um jovem poeta; mas seu comportamento permaneceu impecável. Até Mussolini, ao ler os muitos relatórios, ficou satisfeito. O cruzeiro pretendia ser uma demonstração dos sucessos e virtudes do fascismo, e em todos os portos apareciam fascistas locais para saudar o *Tevere*. Mas o comportamento dos companheiros de viagem da filha pareceu ao Duce carecer do verdadeiro fervor fascista. Mussolini mandou a Edda um de seus telegramas tipicamente formais: "Você salvou a situação de forma brilhante e manteve o prestígio da Itália fascista. Sou grato a você, como pai e chefe do governo". O que a própria Edda diria mais tarde sobre a viagem foi que aprendeu a como se comportar em sociedade e teve a oportunidade de melhorar seu inglês. Trouxe da viagem tapeçarias, carpetes, joias de ouro e prata e um templo em miniatura feito de marfim. Os irmãos reclamaram que ela tinha voltado como uma "*signorina*" e não era mais a terceira mosqueteira. Com certeza, foi uma valiosa lição de como se comportar em público.

Rachele estava experimentando novas variedades de trigo na Villa Carpena. Comprou um trator, e Mussolini a fotografou dirigindo o veículo em uma de suas visitas. Rachele escrevia um diário em papel quadriculado e decidiu que, agora que o marido vivia cercado de constantes adulações, ela o manteria informado sobre o que os italianos comuns realmente pensavam sobre o fascismo. Percorria, de trem ou bicicleta, a província de Forlì, levando consigo saquinhos de sal, um luxo na época, dizendo que vinham de Il Duce. Às vezes, se a estrada fosse muito difícil, ela ia de mula.[9]

Certo inverno, quando o rio Rabbi transbordou e inundou várias casas ao longo da margem, ela se empoleirou na garupa da motocicleta de um guarda de segurança e foi até um mosteiro local para pedir que o abade acolhesse famílias que ficaram desabrigadas. Agitando os braços furiosamente, o abade disse para ela escrever ao papa. Rachele voltou para a agência de correio de Forlì e ligou para Mussolini.[10] Duas horas depois, um abade envergonhado foi buscar as famílias. Assim como a filha, Rachele estava testando o alcance do seu novo poder. Como Edda diria muitos anos depois, Rachele não era a mulher meiga e paciente retratada por tantos historiadores, mas sim autoritária, enérgica, desesperada para manter sob controle o que ela chamava de "boemismo" do marido e dos filhos, e que continuou apanhando da mãe muito depois de já crescida. Mas o amor que Edda sentia não era pela mãe.

Quando Edda completou 18 anos, Mussolini já estava no poder havia seis anos. Conseguiu superar, com alguma dificuldade, o assassinato de Matteotti e agora era *"il Duce del Fascismo"*, respondendo apenas ao rei, e não ao Parlamento. A barba por fazer e as roupas informais e mal-ajambradas foram substituídas por ternos bem cortados e uma variedade de uniformes militares escolhidos para combinar com seu humor e a ocasião, embora raramente usasse camisa preta e continuasse gostando de polainas, sapatos bicolores, boinas, culotes e pulôveres com cinto. Segundo um observador, ele parecia um homem corpulento da classe trabalhadora britânica. Continuava próximo de Margherita Sarfatti, agora amplamente reconhecida como a principal embaixadora da *italianità*, a essência de ser italiano, na Itália, e confiava em seus entusiasmos culturais. Edvige diria que Mussolini a amava mais do que jamais amou qualquer outra mulher e que Rachele, apesar de toda sua falta de sofisticação, instintivamente a via como a mais perigosa de todas as amantes do marido, e consequentemente a mais odiada. Margherita considerava Rachele, como disse a uma amiga, "uma camponesa ignorante e grosseira".

Já havia várias hagiografias de Mussolini, mas Margherita escreveu seus próprios louvores.[11] Definiu-o como um homem de poderes e carisma excepcionais, personificando tanto a modernidade quanto a grandeza dos antigos romanos – ponderado, resoluto, realista, sempre jovem, sempre enérgico, "um plebeu aristocrático" –, que tinha avaliado seus semelhantes e os achado em falta e cujo destino era comandar.[12]

A ambição do Duce, escreveu, "o sustenta e o devora". Optando por ignorar a malícia disfarçada sob suas palavras suaves e de admiração, Mussolini adorou o livro. Publicado em 1925, *Dux* foi um grande sucesso, logo traduzido para dezoito idiomas e vendendo bem mais de um milhão de exemplares. Isso contribuiu muito para alimentar a crescente lenda de Mussolini.

Agora sozinho em Roma, com a feroz Cesira como guardiã, Mussolini estava se tornando cada vez mais eclético na escolha de suas amantes.[13] Houve uma dançarina chamada Cornelia Tanzi, que dirigia um salão de beleza na Via Margutta, depois descartada por ser "frígida, a frieza personificada"; uma talentosa pianista de cachos desgrenhados, Magda Brand, que alimentou seu amor pela música, mas se queixava de seus modos à mesa; e uma sensual princesa siciliana, Giulia Alliata di Monreale.[14] Como diria seu valete, Quinto Navarra, Mussolini precisava de uma mulher por dia, muitas vezes escolhida na enxurrada de cartas que chegavam todos os dias ao seu gabinete, e cabia às pessoas ao seu redor garantir que não fizessem exigências e não causassem constrangimento. Com as mulheres, disse Navarra, Mussolini usava uma voz especial ao telefone, "suave, baixa, gentil".

Ida Dalser, mãe de seu filho Benito Albino, que voltou a Trento depois da guerra, veio a Roma na esperança de conseguir dinheiro e reconhecimento, e cometeu a imprudência de fazer uma petição a um magistrado, que a prendeu, colocou-a numa camisa de força e a confinou, tendo como base sua perigosa "excitação excessiva". Benito Albino, então com 10 anos, vivia com parentes e logo foi arrancado de casa, teve seu nome alterado e foi internado num abrigo para indigentes. Ida passaria o resto da vida em asilos para doentes mentais; Benito Albino também morreria em um asilo. Em seu livro, Margherita evitou com muito tato chamar a atenção para a crueldade de Mussolini.

A imagem que *Dux* projetou, juntamente com as muitas fotografias do Duce com seu filhote de leão, com seu trator, fazendo suas acrobacias e suas muitas atividades esportivas, tornou Mussolini querido pelos italianos. Mas o que eles realmente estavam começando a apreciar era seu programa de obras públicas e os grandes planos de bem-estar social, todos amplamente negligenciados pelos governos anteriores.

Foram criadas atividades lúdicas e desportivas em clubes pós-expediente de trabalho, denominados Dopolavoro, que substituíram as extintas organizações socialistas. Enquanto isso, as crianças eram inscritas em atividades extracurriculares. Já se falava muito sobre o "novo italiano". O lazer não era mais um fim em si mesmo, mas um meio para melhorar a saúde e o estado de espírito do país, transformando seus cidadãos de ovelhas preguiçosas em lutadores audaciosos, preparados para viver perigosamente, "para agir, lutar e, se necessário, morrer" e amar a pátria como uma mãe. Sob o slogan "muitos participantes, poucos espectadores", esses novos italianos de todas as idades deveriam cantar, andar de bicicleta, nadar, praticar exercícios, dançar e praticar cabo de guerra. O fascismo traria estilo para a vida das pessoas, "*il stilo fascista*", que seria pitoresco, inesperado, místico e cheio de rituais, consagrado em leis e decretos, enfatizando a supremacia do Estado sobre o indivíduo. Em seu ápice, o próprio Duce entoava em todos os hinos e canções com as palavras, tiradas do grito de guerra grego e usadas em Fiume por Gabriele D'Annunzio: "*Per Benito Mussolini, eja, eja, eja alala*". Mussolini esperava que Edda e sua família liderassem o caminho para a nova Itália.

Para evitar que o novo italiano cantante, saltitante e operante se metesse em confusão, Bocchini, o corpulento e sinuoso chefe de polícia, montou uma teia de aranha de espiões, informantes e agentes provocadores e seus porta-vozes – os *tombettieri*, corneteiros –, reservando para si mesmo lugar da aranha no centro.[15] Eram homens e mulheres coagidos pelo medo, atraídos pela ganância, inspirados pela inveja ou ressentimento, que alimentavam o fluxo de informações no gabinete de Bocchini a serem destiladas, datilografadas, arquivadas e, quando apropriado, repassadas a Mussolini. Com base nesses relatórios, dissidentes, aspirantes a emigrantes ou pessoas que tivessem falado mal do Duce em público eram despachados para as centenas para as colônias penais nas ilhas da Sicília e em aldeias remotas nas montanhas. O número cada vez menor de dissidentes restantes tentava se reagrupar e reagir, mas eram identificados, um por um, pelos espiões de Bocchini. Alguns corajosos antifascistas conseguiram fugir para o exterior; outros já estavam mortos; outros ainda, como Antonio Gramsci, o filósofo marxista, encontravam-se na prisão cumprindo longas sentenças. E, quando uma bomba explodiu na Fiera Campionaria de Milão, onde multidões se reuniam para ver o rei, matando vinte pessoas, o cerco de Bocchini se fechou ainda mais. Quando Mussolini era filmado dançando com camponesas em festas bucólicas, dizia-se que eram policiais femininas disfarçadas, pois Bocchini não queria correr riscos.

Alguns anos antes, quando foi ofuscado por um mafioso durante uma visita à Sicília, em 1924, Mussolini tomou a decisão de enfrentar a máfia, declarando se recusar a aceitar qualquer autoridade que não fosse a sua.[16] Um *prefetto* da Lombardia, chamado Cesare Mori, foi despachado para Palermo, onde os clãs governavam sem restrições, mantendo magistrados, políticos e proprietários de terras ausentes sob controle. Apesar de ser chamado de "*Prefetto di Ferro*", o *prefetto* de ferro, Mori teve de se esforçar para entender a natureza labiríntica do problema com que estava lidando, ou para manter a cabeça acima da água na enchente de chantagens, petições, reivindicações, denúncias e reclamações que ameaçava afogá-lo. Organizou operações policiais abrangentes, prendeu milhares de suspeitos e conduziu julgamentos impressionantes. Muitos verdadeiros mafiosos caíram em sua rede, mas também muitos sicilianos inocentes. Os métodos implacáveis de Mori acabaram sendo um excelente campo de recrutamento para a máfia. Nem ele nem Mussolini pareciam ter entendido que não bastava liquidar os culpados sem mudar o meio social em que a máfia prosperava. Quatro anos depois, quando foi destituído, Mori deixou uma Sicília tão desamparada quanto antes, com a corrupção florescendo em todos os níveis, o banditismo fora de controle, um lugar onde o medo de represálias mantinha as pessoas quietas e onde o favoritismo, o protecionismo, a extorsão e a *omertà* saíram mais fortes com seus novos vínculos com o poder fascista. Os líderes da máfia presos por Mussolini logo foram anistiados.

Pouco depois da Marcha sobre Roma, para garantir que o Partido Fascista não saísse do seu controle, Mussolini substituiu prefeitos eleitos em toda a Itália por *podestà** não eleitos, partidários do fascismo. Embora a princípio não estivesse muito interessado em cortejar as velhas

---

* *Podestà* é um termo em italiano que, desde o século XVI, designava autoridades administrativas locais. [N.E.]

famílias aristocráticas que tanto desprezava, mas pelas quais se sentia intimidado, Mussolini passou a cooptá-las habilmente, tornando algumas delas *podestà* de suas regiões. Quando decidiu estabelecer um governo de Roma, voltou-se para os príncipes romanos com estreitas ligações com a corte. Lenta e cautelosamente, aristocratas e fascistas começaram a se aproximar uns dos outros. Richard Washburn Child, recém-designado embaixador dos Estados Unidos em Roma que ajudou Mussolini a escrever sua autobiografia, observou que o Duce "não apenas governou uma casa mas construiu uma nova". Ninguém mais "fica na órbita da sua personalidade. Ninguém. A única exceção possível é sua filha Edda". Uma observação ainda mais intrigante pelo fato de Edda ainda não ter aparecido em Roma.

Nada do que Mussolini fez, no entanto, teria sido possível sem os *gerarchi*, os líderes fascistas que o levaram ao poder e que agora o cercavam como cães famintos, mordendo uns aos outros, competindo por cargos e promoções, embora sua ascensão ainda fosse demorar.[17] "Ou ninguém fala ou eu falo, porque sei falar melhor do que ninguém", dizia Mussolini. Tinha grande prazer em desenterrar os segredos e as mentiras de seus *gerarchi*, guardando seus erros nas gavetas de sua mesa para uso futuro, jogando com suas ambições e rivalidades. Desentendimentos entre eles eclodiam em batalhas, resultando no rebaixamento de um ou de outro, ou até mesmo em exílio ou prisão, mas nunca por muito tempo.

Na esteira do assassinato de Matteotti, o vulgar, cínico e infinitamente corrupto Roberto Farinacci foi recompensado por sua lealdade com a secretaria do Partido Fascista. No entanto, não demorou muito para que suas atitudes impulsivas e truculentas provocassem sua substituição. Farinacci voltou ao seu feudo em Cremona, onde começou a criar problemas, bombardeando Mussolini com histórias de má conduta de seus antigos camaradas, até ser avisado de que tinha se tornado "espiritualmente indisciplinado". Apoiado por fazendeiros locais gratos por suas táticas de intimidação *squadrista*, Farinacci encheu as páginas de seu jornal, *Regime Fascista*, com ataques a todos, inclusive, imprudentemente, a Arnaldo, irmão de Mussolini. O que ele não sabia era que Mussolini fora informado de que, quando era estudante em Módena, Farinacci passava mais tempo brigando do que estudando e só conseguiu obter seu diploma usando de plágio. Essa informação útil foi cuidadosamente arquivada.

Quem o sucedeu como líder do partido foi Augusto Turati, uma figura elegante e suave natural de Bréscia, cujas camisas pretas eram de seda. Turati reprovava a bebida e "dançarinas negras". Recebeu a tarefa de melhorar a imagem do partido e acabar com sua aura de violência. Não menos interessado em suprimir a dissidência do que Mussolini, ele queria estabelecer uma nova classe dominante, "ordenada e inquestionável em sua fé em Mussolini". Farinacci era considerado o dominicano, um adepto da força e do poder; Turati era o jesuíta, austero e astuto.

O ferrenho inimigo de Farinacci era o jovial Italo Balbo, o único *gerarco* que ousava se dirigir a Mussolini como "*tu*", que se sentava em sua mesa, alisando a barba pontuda, sabendo que Mussolini odiava barbas. Balbo foi nomeado subsecretário da Aeronáutica em 1926 e, pouco tempo depois, ministro. Mas começou a ver os excessos da vitória fascista, na qual desempenhara um papel tão violento, com apreensão. Mussolini tinha muita inveja da sombra projetada por Balbo, reconhecendo nele um carisma comparável ao seu.

Havia ainda Achille Starace, um ginasta pequeno, moreno e fanático, com uma fidelidade canina a Mussolini, sem nenhum senso de humor e obcecado por medalhas e uniformes. Quando um *gerarco* rival observou que Starace era extraordinariamente ignorante, Mussolini respondeu: "Ele é realmente um cretino, mas um cretino obediente". Outro personagem era Giuseppe Bottai, considerado o mais inteligente de todos os *gerarchi*, poeta, economista e dedicado homem de família num grande clã de 28 parentes próximos.[18] Bottai lançou um jornal, *Critica Fascista*, para dar ao fascismo uma base cultural e ideológica. Dizia que o fascismo era uma "religião revelada", que precisava "ser codificada". Era considerado uma estrela em ascensão, apesar de continuar se manifestando abertamente contra os "chamados homens de ação, feitos só de músculo, de garra e coragem". A exemplo da maioria dos homens mais dedicados a Mussolini, ele repetia: "Minha vida foi decidida quando conheci Mussolini".[19] E havia também Dino Grandi, talvez o mais apresentável e mais interessante de todos os *gerarchi*, um veterano dos Alpinis muito condecorado, que ganhou uma das primeiras cadeiras fascistas no Parlamento, mas era jovem demais para aproveitá-la.[20] Grandi era bajulador e astuto.

Havia outros, mas esses seis eram os mais importantes. Eles tinham em comum o fato de virem da baixa burguesia, serem nacionalistas, terem lutado na guerra e se tornado *squadristi* mais ou menos brutais e de estarem na casa dos trinta anos. Cada um contribuiu com alguma coisa: Grandi e Bottai com a inteligência; Balbo com energia e coragem; Starace com o teatro da política. Todos eram extremamente ambiciosos e, como observou Edvige, essencialmente provincianos e tacanhos, "agitadores interesseiros". Alguns eram maçons, pelo menos até a maçonaria ser proibida, mas todos sabiam que Mussolini, anteriormente um mestre do sigilo, era avesso a segredos e a coisas que aconteciam em bastidores, no subsolo.[21] Mas o que todos realmente compartilhavam era um fato simples: eles dependiam inteiramente de Mussolini. Para sobreviver e continuar nas boas graças, era preciso estar sempre alerta. A ascensão ou a queda dependiam dos caprichos do Duce, algo que nenhum deles jamais esqueceria ou perdoaria. Porém, na verdade, Mussolini não confiava em nenhum deles, exceto talvez em Costanzo Ciano, um homem pesado, de queixo duplo e bigode, herói de guerra como oficial da marinha que, apesar de rude e nada sutil, era inequivocamente leal. Arnaldo continuava sendo seu único amigo e confidente.[22] O "fogo secreto" do seu irmão, escreveu Mussolini mais tarde, "um fogo que alimentou minha vontade e minha fé", foi o que o acompanhou e o apoiou.

A família passou reunida o Natal de 1928 e, logo depois, Rachele engravidou de novo. Esse quinto filho lhe deu mais um motivo para pressionar para que todos se mudassem para Roma, apesar de Mussolini não ter ficado exatamente entusiasmado com a ideia. O povo italiano e a grande sociedade romana – já há muito tempo extremamente curiosos sobre a vida privada do Duce – estavam prestes a ver por si mesmos como era sua família, principalmente Edda, cujos rumores de sua personalidade forte e seu comportamento rebelde a precediam. Tímida e cheia de curiosidade ao mesmo tempo, Edda gostou da decisão.

Apesar da mudança iminente, Mussolini continuou de ótimo humor. A eleição geral de março de 1929, que assumiu a forma de um referendo, com uma única lista do Partido Fascista a ser aprovada ou rejeitada pelos eleitores, teve os votos de mais de 98% dos homens – as mulheres não tinham direito ao voto –, que marcharam para estandes montados nas *piazzas* ao som de bandas da cidade tocando a "Giovinezza", o hino do Partido Fascista. Depois de quase quatro anos de complicadas negociações, o Vaticano voltou a ser um enclave independente.

O impasse entre a Igreja e o Estado esteve no âmago dos assuntos italianos desde o *Risorgimento*, quando os territórios papais foram tomados pela nova Itália liberal e unificada. Em maio de 1926, instado pelo devoto Arnaldo e reconhecendo a utilidade da Igreja para seus planos, o outrora anticlerical Mussolini abriu uma delicada conversação com o secretário de Estado papal, o cardeal Gasparri. Suspenso por um desacordo sobre até que ponto a juventude católica cederia poder aos fascistas, o pacto foi assinado em uma cerimônia magnificente no Palácio de Latrão em 11 de fevereiro de 1929, com gente se esforçando para ter um vislumbre de Edda e sua mãe. Talvez não seja surpreendente que a Igreja e o fascismo tenham se unido em uma causa comum, uma vez que tinham os mesmos inimigos em comum – o liberalismo, a maçonaria e o comunismo – e ambos exigiam disciplina, hierarquia e ordem. O modelo de cidadão de Mussolini era o mesmo da Igreja.

Ambas as partes se declararam encantadas. O catolicismo foi reconhecido como a religião do Estado, a educação religiosa foi restaurada e tornada obrigatória e o Vaticano ganhou voz no cenário internacional e autoridade sobre os casamentos. A Itália reconheceu a inviolabilidade dos 108,7 acres do Estado do Vaticano, separados da cidade de Roma por um enorme muro. Foi concedido status extraterritorial às três outras basílicas da capital, juntamente com muitos outros edifícios. A nobreza papal pôde, afinal, virar as cadeiras reservadas para o papa ficar de frente para a sala.

Em troca, o Vaticano reconheceu o reino da Itália com Roma como capital. Pio XI declarou que Mussolini era "o homem que a Providência nos enviou" e por algum tempo endossou o "totalitarismo católico". Mussolini optou por ver isso como mais um passo em direção ao culto ao fascismo e, talvez mais importante, ao culto a si mesmo. Ele se vangloriava de que, embora o Estado italiano fosse agora de fato católico, "também era, de fato, antes de tudo, exclusiva e essencialmente fascista".

Mussolini disse a Rachele que, com a assinatura da Concordata, começava uma década de ouro do fascismo.[23] Edda estava prestes a descobrir o papel que o pai pretendia que ela desempenhasse. O Estado liberal "agnóstico e paralítico" fora derrotado, dando lugar ao nascimento de um novo e viril Estado fascista. Mussolini era reverenciado na Itália e aceito no exterior. Quando visitou Roma, em 1927, Churchill declarou que, se fosse italiano, certamente teria apoiado a "batalha vitoriosa de Mussolini contra os apetites e paixões bestiais do leninismo". Cada vez mais, o Duce traçava paralelos entre ele e Napoleão.

CAPÍTULO 5

A VIRAGO

No início de setembro de 1929, para comemorar seu status crescente, Mussolini mudou seu gabinete do Palazzo Chigi para o Palazzo Venezia, o imenso palácio papal do século XV, numa das extremidades da Via del Corso, com vista dando para o cintilante monumento a Victor Emmanuel e o Capitólio. A grande Sala Del Mappamondo se tornou seu escritório particular, com a mesa meticulosamente posicionada no fundo, para que os visitantes tivessem de fazer um percurso embaraçoso e intimidador para chegar até ele. Do lado de fora ficava a Sala do Gran Consiglio, com seus afrescos, o teto alto, piso de mármore incrustado com mosaicos, as cadeiras dispostas em forma de ferradura com um trono no meio. A varanda dava para a Piazza Venezia, de onde ele podia desempenhar o papel de Duce, falando para as multidões abaixo, com suas palavras sendo transmitidas pela rádio para as praças de todo o país.

Ao saber da planejada mudança da família para Roma e a necessidade de um lugar onde morar, a nobreza romana ofereceu seus *palazzi* desocupados a Mussolini. Ele informou que estava procurando um lugar silencioso, imponente, cercado de vegetação. Sem consultar Rachele, instalou-se na Villa Torlonia, na Via Nomentana, pagando um aluguel irrisório de uma lira por ano; o proprietário, o príncipe Torlonia, mudou-se para uma pequena casa dentro do terreno. A vila era grandiosa, mas esquisita, um pastiche neoclássico do século XIX misturando estilos grego, romano, algo do renascimento egípcio e romântico, com pilares, pisos de mosaico e candelabros, acessada por grandes degraus de pedra que levavam a um terraço, parecendo mais um cenário que uma moradia. O alpendre no primeiro andar era ladeado por uma série de cômodos de ambos os lados. A residência, no entanto, tinha a vantagem de ficar no meio de um grande parque com palmeiras, pinheiros, estátuas, dependências externas, estábulos, um espaço para equitação e um obelisco. A residência foi fechada por uma cerca alta e um portão com uma guarita, muito útil para as dezenas de agentes agora destacados para proteger a família.

Anna Maria nasceu em 3 de setembro de 1929 na Villa Carpena, com Mussolini mais uma vez insistindo na origem romagnola. Ele não estava presente, mas, quando Rachele ligou dizendo que era uma menina e pedindo que sugerisse um nome, ele escolheu o nome da sogra.[1] Edda apelidou a nova filha de Zabughina. Em 15 de novembro, Rachele e os cinco filhos chegaram à Villa Torlonia. Chocada pelo tamanho da casa, reclamando que parecia um museu com muito espaço vazio e mobiliário que se desfazia só de olhar para ele, Rachele começou a trabalhar. Amigos e conhecidos de Predappio foram chamados a Roma para ajudar, e as enormes cozinhas do porão subiram as escadas e se dividiram em duas, metade para os cozinheiros e metade para ela mesma. O lado de Rachele foi transformado numa réplica da sua cozinha na Villa Carpena, com uma mesa de mármore, tachos e panelas de cobre. Os móveis formais foram substituídos por peças mais caseiras; foram construídos armários, as paredes foram repintadas e novas cortinas penduradas. Prática e forte, Rachele ajudou no trabalho.

Em seguida, ela se voltou para os jardins paisagísticos, canteiros formais e arbustos e árvores exóticas. Encantada com o tamanho do parque, que declarou ser reconfortante como uma paisagem campestre, escolheu uma área apropriada não muito longe da vila e, ignorando os ruidosos protestos do príncipe Torlonia, fez seus trabalhadores criarem uma horta e construir um galinheiro, além de um chiqueiro para dois porcos e uma coelheira. Cesira Carocci, a possessiva governanta, veio com Mussolini da Via Rasella, mas não durou muito, pois Rachele disse que já era tratada mais como governanta do que como esposa. Mussolini protestou, mas ela replicou: "Você governa a Itália, mas aqui governo eu". Duas mulheres romagnolas, Irma e Nerina, chegaram para ajudar. Na casa, falava-se o dialeto romagnolo. Para comemorar a chegada da família, foram feitas fotos no jardim. Mussolini, de botas e culotes, segurando nos braços Romano, com 2 anos. Vittorio, que parece bastante gordo, e Bruno, com calções desajeitados; ao fundo, Edda, com uma expressão séria, com o rosto magro e o nariz ligeiramente adunco.

A vida familiar mudou muito pouco na Villa Torlonia. Para frustração dos romanos, que ansiavam por observar a família, Rachele evitava todas as ocasiões formais e recebia pouquíssimos visitantes na casa. Fazia a contabilidade como sempre, preparava todas as massas e cuidava dos dois filhos menores. Na maioria dos dias, ficava de avental e usava um lenço na cabeça, estilo camponesa. Bruno e Vittorio estudavam no prestigioso Ginnasio Liceo Torquato Tasso, na vizinha Via Sicilia, levados pelo motorista.[2] Mussolini cavalgava no parque e depois ia para o Palazzo Venezia, voltando às 14h para comer, sozinho, legumes cozidos e espaguete com molho de tomate. Costumava dizer que nenhuma refeição deveria durar mais de dez minutos. Os filhos tinham de comer o que houvesse nos pratos e não eram tolerados atrasos. Às 15h30, estava de volta à Sala del Mappamondo. Depois de outra rápida refeição composta de sopa, legumes e frutas, servida às 8 horas da noite, lia os jornais, circulando coisas que lhe interessavam, e depois os jogava no chão. Edda, que desistira de estudar, perambulava pela casa, gradualmente reassumindo sua posição de supremacia na vida do pai.

Na maioria das noites, a família, os empregados e alguns guarda-costas reuniam-se na grande sala do térreo transformada em cinema para assistir a cinejornais e comédias leves.[3] Quando os *gerarchi* apareciam na tela, Mussolini gostava de apontar seus defeitos, mas não suas virtudes, dizendo que não tinham nenhuma. Duas vezes por semana, a tela mostrava o mais famoso rato de desenho animado da Disney na Itália, Topolino. Mussolini costumava cochilar durante os filmes.

Aos domingos, podia haver jogos de pingue-pongue ou bilhar sob os lustres da sala de jantar ornamentada, passeios ocasionais a Óstia com Mussolini ao volante ou partidas de futebol na entrada de cascalho em que Edda, aprendendo rapidamente os costumes das meninas romanas de classe alta, jogava com sapatos de salto alto. Durante a temporada de ópera, Mussolini levava os filhos ao Teatro Reale para ouvir Wagner, Rossini e Puccini, mas não Verdi, de cujas obras não gostava. Rachele ficava em casa. Nos intervalos, costumava sair do camarote e perambular pelos corredores, conversando com conhecidos. Assim como na Villa Carpena, Mussolini não parecia se importar muito com a vida familiar. Longos silêncios preenchiam os momentos em que estava em casa e, quando ele falava, observou um dos raros visitantes, dirigia-se a Rachele e aos filhos como se estivesse em uma reunião. Edda teria comentado que o pai tinha entrado para a política para ficar o mínimo possível em casa, onde Rachele era a ditadora.

Tendo vencido a desaprovação do príncipe Torlonia para a horta, Rachele conversava com ele, como disse mais tarde, sobre os fantasmas que diziam vagar pela Villa à noite – um alimento para discussões prazerosas entre os profundamente supersticiosos Mussolini e Edda. Ao lado da pequena quinta de galinhas, coelhos e porcos, surgiu um zoológico para alojar os muitos animais e aves presenteados à família. Por lá passaram gazelas, uma onça, outros filhotes de leão, águias, tartarugas, falcões, macacos e papagaios, além de um número cada vez maior de cavalos, aos quais Mussolini dava nomes heráldicos e imperiais.

Os verões eram passados em Riccione, onde Edda comemorava seus aniversários, em 1º de setembro, no Grande Hotel Lido.[4] Em julho de 1929, a condessa Treuberg mandou um artigo perspicaz ao *Prager Tagblatt*, jornal de língua alemã de Praga, descrevendo Edda como prisioneira do seu papel de filha mais velha do Duce. "Ela tem um grande charme", escreveu, mas era cheia de dúvidas e "despreza a humanidade. Esta é a tragédia dos filhos de grandes homens. Tornarem-se imitações ou infelizes andarilhos."

Edda sabia perfeitamente que estava sob constante escrutínio e que o secretário do seu pai, Chiavolini, continuava lendo suas cartas. Evitar a vigilância tornou-se um jogo que a divertia. Ganhou um Alfa Romeo do pai. Chegara o momento, decidiu Mussolini, de evitar novas relações impróprias e de encontrar um marido para ela. Consultou Edvige em busca de sugestões. O jovem proposto por ela, Pier Francesco Mangelli, era filho de um respeitável industrial de Forlì, um bom romagnolo, honesto, saudável e abstêmio. Edda o achou dolorosamente chato e reclamou que na única vez em que a beijou os lábios dela ficaram inchados.[5] Sempre que um jovem adequado era apresentado, ela se comportava de maneira terrível, tentando afastá-lo com seus modos erráticos e dizendo às mães de todos que planejava nunca ter filhos.

Decidiu que estava apaixonada por Dino Mondolfi, que conheceu em Riccione, como seus namorados anteriores, e informou ao pai que planejava se casar com ele. Mussolini pediu que Edvige investigasse e descobriu que o jovem era judeu – o que Edda provavelmente sabia o tempo todo que iria irritar o pai. Mussolini disse a Edda que tal casamento seria "escandaloso", que casamentos miscigenados não davam certo. "Não pode e não vai acontecer", determinou. Disse à Edda que, se continuasse se encontrando com Dino, tiraria o carro dela. Evidentemente preferindo os encantos do Alfa Romeo, Edda concordou em desistir do namorado, depois de um último encontro amoroso perto de uma igreja em Bolonha com sua escolta policial esperando no carro, que depois relatou a Bocchini que "ela ficou um longo tempo com ele".[6] Encontrar um marido para Edda, comentou Edvige, era um trabalho muito difícil.

Edda continuou amiga de Pier Francesco Mangelli, cujos pais começaram a fazer pressão por um noivado. Passou férias com eles na Espanha, ocasião em que se comportou de maneira mimada e antipática. Porém, depois de uma noite em Sevilha regada por muito vinho, concordou em se casar com ele. Voltaram noivos para a Itália e Edda ganhou um grande buquê de flores de Mussolini, que organizou uma festa luxuosa para o jovem casal. Mas Pier Francesco interpretou mal a família. Um dia perguntou a Mussolini qual seria o dote de Edda. Foi uma gafe imperdoável. Mussolini respondeu secamente que não haveria dote; os Mussolinis não fazem essas coisas. "Está terminado", disse a Edda. Pier Francesco ficou vagando pela casa por alguns dias, e a família ficou furiosa com a estupidez e deselegância do filho. Mas estava realmente acabado, e Edda disse isso a ele em 17 de janeiro de 1930. "Então lá estava eu", escreveu mais tarde, "mais uma vez livre e muito feliz."

Galeazzo Ciano era filho único de Costanzo, o herói da marinha de queixo duplo e bigodão, que em 1925 se alçou à nobreza a pedido de Mussolini como Conte di Cortellazzo, empossado como seu ministro das Comunicações e designado seu sucessor em caso de morte súbita.[7] Nunca admitido no círculo íntimo de Mussolini, possivelmente por causa de sua grosseria, Costanzo se consolou autodenominando-se "*Granduca di Livorno*"; também era dono do *Il Telegrafo* e de uma companhia de navegação. Nascido em 1903, Galeazzo era um menino tímido, inseguro e retraído. Temia e venerava o pai coercitivo e espartano, que exigia que o filho único fosse forte e decoroso, ao contrário de seus pares frívolos e empetecados. Como Costanzo era designado para diferentes portos e a família se mudava constantemente, Ciano tinha poucos amigos. Sua principal companheira era a irmã mais nova, Maria, uma menina delicada e religiosa com quem jogava cartas. Chorava com facilidade e odiava as ausências do pai. A mãe, Carolina, uma mulher pragmática e de temperamento equilibrado, submetia-se em tudo ao marido.[8] Margherita Sarfatti, uma observadora atenta dos assuntos fascistas, definiu Costanzo como uma figura sinistra, de olhos atentos e com o único maxilar em Roma mais proeminente que o de Mussolini. Considerava-o totalmente inescrupuloso, mas disse que podia ser espirituoso. Definiu Carolina como ignorante e vaidosa, com todas as afetações dos *nouveaux riches*.

Costanzo queria que o filho seguisse a carreira naval, mas Ciano tinha problemas nos ouvidos e na garganta. Foi bom aluno na escola, matriculou-se na faculdade de direito da Universidade de Roma e morava na casa dos pais em Prati, lugar de origem de muitos *gerarchi* em ascensão. A Roma dos anos 1920 era uma cidade agradável para um jovem ambicioso, e Ciano frequentava o Caffè Aragno, na esquina da Via del Corso, onde ouvia escritores e artistas, reunidos em um santuário interno, falarem sobre si mesmos e suas obras. Aprendia depressa. Apesar de não se interessar muito por política e ser indiferente ao fascismo, assimilava o que ouvia e foi logo adotando seus modos, mas sempre se mantendo mais discreto, trajando roupas mais antiquadas e o cabelo penteado para trás. Para seus contemporâneos, passava a impressão de ser o filho perfeitamente obediente, não demonstrando nenhum interesse pela rebeldia. Sendo o único com dinheiro no bolso, às vezes se sentia pouco à vontade com os amigos boêmios, e um pouco invejoso da liberdade deles.[9] À noite, quando voltava tarde para casa, muitas vezes encontrava Costanzo esperando por ele.

O jovem Ciano tinha charme e boa aparência, com uma testa alta e lábios carnudos, apesar dos olhos um pouco juntos demais. Quando jogava a cabeça para trás, num gesto característico, lembrava aos amigos um imperador romano. Estava descobrindo um talento útil de não dizer nada, dando a impressão de dizer tudo. Uma de suas características era a sobriedade — não fumava nem bebia. Outra era parecer um tanto esnobe e afetado.

O primeiro emprego encontrado para ele foi o de escrever críticas teatrais ocasionais para o *Nuovo Paese* e *L'Impero*, dois jornais fascistas, mas Ciano não era um escritor talentoso; tentou escrever algumas peças, que saíram piores ainda. A primeira a ser encenada – *La Felicita di Amleto* – foi encenada por três noites e recebida com vaias e chacotas. Embora gostasse demais do mundo literário romano e quisesse se envolver seriamente em alguma coisa, Ciano começou a perceber que, com seu dinheiro, suas conexões e sua aparência, tinha um futuro deleitoso pela frente.

Costanzo teria aceitado um filho literário se Ciano tivesse sucesso. Como não teve, o pai o incentivou a exercer a advocacia em Livorno, e, quando sua sugestão foi rejeitada, ele o convenceu a se candidatar para o serviço diplomático. Eram 34 vagas para seiscentos candidatos, mas Ciano foi aprovado, mesmo sem ser brilhante. Embora fosse um apreciador dos prazeres da vida, tinha uma aptidão genuína para o trabalho árduo. Seu primeiro posto foi no Rio de Janeiro, o segundo em Buenos Aires. Ele se dava bem com os colegas, era diligente e respeitoso com os superiores e considerava seus modos romanos atraentes para as mulheres, mas sempre tomando cuidado para evitar complicações. Respeitoso com o fascismo em público e acusando os antifascistas de "porcos", não hesitava em zombar de Mussolini em privado, gostando do papel de *enfant terrible,* mordaz e engraçado. Só usava seu uniforme preto fascista quando estritamente necessário.

Em 1926, possivelmente após reclamações sobre sua fama de mulherengo, Ciano foi transferido para Pequim, onde o Exército Nacional Revolucionário de Chiang Kai-shek lançava uma campanha contra os senhores da guerra no Norte e no Leste.[10] A China era considerada um berçário para jovens diplomatas italianos ambiciosos, e o chefe da legação italiana, Daniele Varè, era um homem erudito e envolvente que já vivia havia muitos anos naquele país e tinha duas filhas adolescentes. Morando no bairro das embaixadas, Ciano conheceu um mundo que achou fascinante e desejável. A cidade murada, na qual os ricos viviam em palácios cheios de arte requintada, tornou-se um ímã para escritores e artistas do mundo todo. Os diplomatas estrangeiros cavalgavam e faziam piqueniques nas colinas circundantes, servidos por exércitos de criados. Ciano visitava templos, fazia piquenique com as filhas de Varè, caminhadas ao longo da Grande Muralha e praticava esgrima. Como Varè escreveria mais tarde, "para ele, como para o resto de nós, os dias eram todos de sol e as noites todas de estrelas".

Pouco mais de dois anos depois, lamentando se afastar dos prazeres e das liberdades da vida diplomática na China, foi chamado de volta a Roma para assumir o cargo de adido na embaixada da Itália na Santa Sé.[11] Reclamou com um amigo sobre a "santidade forçada" de seu novo emprego e lamentou ter saído de Pequim, mas era um camaleão nato e comparecia às inúmeras recepções sem alarde. Acreditava que, para chegar ao topo na Itália, era preciso ter a amizade da Igreja.

Edda acabara de se separar de Pier Francesco. Mussolini fazia muita pressão para ela encontrar um marido, se possível da "nova aristocracia fascista". O nome de Ciano foi citado por um velho amigo de Arnaldo, e Maria mostrou uma foto do irmão para Edda, que concordou que Ciano era um homem bonito. Em um baile beneficente realizado no Grand Hotel no final de janeiro de 1930, Maria os apresentou. Nenhum dos dois pareceu muito encantado, mas se olharam e reconheceram que havia possibilidades. Edda disse a Ciano que tinha ouvido falar que ele era muito inteligente. Alguns dias depois, foram juntos ao cinema assistir a um filme sobre pescadores de pérolas na Polinésia, acompanhados pelos guarda-costas de Edda, cuja presença nunca deixava de irritá-la, ocupando uma fileira não muito longe. Ciano se aproximou e murmurou: "Você quer se casar comigo?". Edda teria sorrido e respondido: "Por que não?".[12]

Edda voltou para a Villa Torlonia e foi contar ao pai, sempre seu primeiro confidente. Mussolini estava vestindo as calças e, segurando-as com uma das mãos, correu para o quarto de Rachele gritando: "Edda está noiva". Mais tarde, Edda escreveu que tinha certeza de que "com Galeazzo tudo seria lindo, puro e cristalino". Sem mencionar nada sobre o amor.

Após esse diálogo prosaico e impulsivo,[13] as coisas aconteceram depressa, mesmo que por algum tempo Edda continuasse alimentando a ideia de fugir com outro homem por quem estava enamorada no momento.[14] A *cavallina matta* parecia quase anormalmente calma. Vittorio e Bruno pensaram ter visto sinais de que estava apaixonada[15] e Edvige insistiu que houvera um *coup de foudre*, mas Edda continuava inescrutável. Em seu diário, Rachele escreveu: "Até agora, o temperamento dela tem sido mais o de um menino [...] apaixonada por esportes, animada e teimosa, Edda ainda não me parece madura para se casar".[16]

Vestindo um impecável terno cinza e luvas, Ciano veio fazer a costumeira visita ao pai dela e teve de sofrer o destino de muitos de seus visitantes, levado a se sentir nervoso enquanto Mussolini fingia não perceber sua presença. A única pessoa que se opôs a Ciano foi Rachele.[17] Por instinto e formação, rejeitava quaisquer manifestações do charme fácil da burguesia. Dizia que Ciano era esnobe e vaidoso e que andava como um ganso, com os pés chatos virados para fora. Na noite do noivado, chamou Ciano de lado e explicou a personalidade de Edda: sua filha era leal, mas muito "arrogante e obstinada"; era inteligente, mas não sabia costurar, nem cozinhar, tampouco remendar. Edda era, em suma, "*un maschiaccio*", uma virago.[18] Houve muitas risadas. Observando que nunca havia conseguido domar Edda, Mussolini marcou a data do casamento: 24 de abril de 1930.

Seria o casamento do século. O pálido príncipe herdeiro, Umberto, havia se casado recentemente com Maria José, uma princesa belga que estudara na mesma escola florentina de Edda. O casamento real no Quirinal foi grandioso, majestoso, suntuoso, com as trezentas damas da corte vestidas pelos melhores costureiros de Milão e esquadrões de aviões sobrevoando os céus de Roma. As núpcias fascistas de Edda seriam mais contidas, na modesta igreja de San Giuseppe, na Via Nomentana, porém mais imponentes, mais impressionantes, planejadas com precisão militar. Seria uma demonstração do poder e dos rituais fascistas e uma celebração da fecundidade, diferentemente da decadência de outros países. Rachele não queria mais de trinta convidados, mas sua proposta foi rejeitada. Foram enviados 512 convites para a recepção, a ser realizada no dia 23 de abril na Villa Torlonia. Os convites foram entregues para nobreza negra e branca da Itália, a embaixadores e encarregados de negócios de mais de trinta países – incluindo o Afeganistão, o Egito e a Etiópia – para representantes dos dezoito jornais e agências de notícias internacionais de maior prestígio e para os *gerarchi* mais importantes, instruídos a comparecerem de camisa preta e "lenços pretos de seda opaca".

Os presentes começaram a chegar e ficavam expostos numa das grandes salas do andar térreo da vila.[19] O rei e a rainha mandaram um valioso broche, com o rei assinando como "seu primo mais afetuoso"; o rei Zog da Albânia enviou um "telegrama vibrante"; o governo mandou uma pulseira de rubi e o duque de Aosta, um par de leões heráldicos para lembrar os noivos do "aço temperado de seus ilustres pais". D'Annunzio despachou um "mensageiro alado", que Edda e Ciano esperavam que trouxesse um tesouro, mas foi apenas um pijama vermelho bordado com dragões e flores de lótus. Milhares de crianças em idade escolar mandaram poemas e cartões com anjos. Os jardins ao redor de Roma foram despojados de suas flores e a Villa Torlonia se transformou num caramanchão de lírios, azáleas e rosas, que continuaram chegando até transbordarem da casa para os jardins sob os pinheiros. Mussolini anunciou que todas as crianças que viviam na pobreza em Roma, Livorno, Forlì, Predappio, Forlimpopoli e Faenza receberiam um presente de quinhentas liras.

Para garantir que não haveria problemas, 1.500 policiais foram destacados para verificar todas as casas e edifícios de onde se podiam enxergar a Villa Torlonia ou a igreja de San Giuseppe. Estradas foram fechadas. Foi baixada uma ordem para saber do paradeiro de "subversivos, loucos e qualquer um conhecido como inimigo do Regime".

No dia da cerimônia, Mussolini e o jovem casal receberam os convidados numa sala "transformada em um jardim florido". Muitos nunca haviam visto Rachele. Declararam-se surpresos, tanto por sua aparência – com um vestido elegante e parecendo ter bem menos de 40 anos – quanto por seus modos afáveis e naturais. Um repórter escreveu que seus olhos eram azuis como o mar e seus cabelos, "claros como o trigo". De sua parte, Rachele estava curiosa para vê-los todos e para avaliar os gloriosos uniformes, as peles e as joias. Os embaixadores beijaram-lhe a mão. O núncio papal chegou trazendo o presente do papa: um rosário de malaquita (mais tarde, para a alegria de todos, escrito incorretamente nos jornais como um *rasoio*, uma navalha, em vez de um *rosario*) e se sentou para tomar chá com Mussolini. Edda usou um vestido de chiffon rosa-claro e brilhava, segundo as reportagens efusivas e sentimentais, como uma "flor perfumada de juventude [...] radiante de prazer".[20] Na verdade, ela estava discretamente bonita, com convidados dizendo uns aos outros que tinha não só as sobrancelhas e o queixo forte do pai mas também seu magnetismo.

Em 24 de abril, o cortejo nupcial de seis grandes Fiats levou a família pelas poucas centenas de metros até San Giuseppe, construída não muito tempo antes "no estilo bizantino". Vittorio e Bruno usavam calças curtas. Com um véu de renda de Burano e uma guirlanda de pérolas e flores de laranjeira, Edda foi seguida por dois pajens segurando a longa cauda do vestido de noiva, simples e discreto. Suas testemunhas foram seu tio Arnaldo e o príncipe Torlonia;[21] os de Ciano foram Dino Grandi e Cesare Maria de Vecchi, uma escolha um tanto surpreendente: apesar de ser um amigo da família, Vecchi havia recentemente definido a irmã de Ciano, Maria, como "uma gatinha caprichosa dada a acessos de raiva" e começava a achar Ciano vaidoso, preguiçoso e superficial. Seguindo o costume romagnolo, Edda cortou uma fita de seda estendida na igreja por mulheres em trajes de camponesas.

Terminada a cerimônia, Edda e Ciano saíram sob um arco de espadas e coristas cantando hinos romagnolos e espalhando flores diante da noiva, as meninas de aventais brancos e os meninos de camisas pretas. Na fotografia oficial do casamento, Ciano está sorrindo e Edda parece austera e ressabiada, como se lutasse para não se deixar dominar. Depois, veio uma oração na catedral de São Pedro, diante do túmulo do Príncipe dos Apóstolos, quando Edda usou um véu preto sobre um chapéu justo, que a deixava um pouco parecida com uma freira.[22] Beijaram o pé de bronze do santo, como era tradição para casais jovens. Então, o papa presenteou-a com um exemplar de *Imitação de Cristo*, de Tomás de Kempis, encadernado em pergaminho e com o sino papal. No caminho de volta à Villa Torlonia, Edda erguia o braço na saudação fascista.

Dirigindo-se ao casal ajoelhado na San Giuseppe, o padre disse ser seu dever se tornarem os "porta-estandartes da família fascista italiana cristã": uma Edda saudável, virtuosa, obediente e certamente, em breve, mãe de muitos pequenos guerreiros e donas de casa[23]; e um Ciano forte, ardente e ambicioso. Essa era a verdadeira mensagem. Aos 19 anos, Edda deveria representar tudo o que havia de melhor na feminilidade fascista, enquanto Ciano trilhava o caminho do "novo homem italiano". Ninguém parou para pensar se algum deles queria ou se sentia adequado a esse papel.

Três automóveis os esperavam na Villa Torlonia: o Alfa Romeo branco de Edda, que ela mesma dirigiria para o sul, até Capri, para a lua de mel; um segundo carro para a empregada e a bagagem; e o terceiro para os guarda-costas. Os veículos dispararam em alta velocidade pela Via Nomentana e teriam desaparecido de vista se Edda não tivesse notado um quarto carro atrás, levando Mussolini e Rachele. Ela estacionou e disse ao pai: "Que lua de mel é essa? Você está sendo ridículo". Um envergonhado Mussolini disse que só ia "acompanhar uma parte do caminho" e já estava prestes a voltar. Era uma demonstração do quanto se tornara dependente da filha. Quando em Milão, não muito tempo depois, Mussolini disse a Angela Curti que seu novo genro era inteligente e iria longe por seus próprios méritos.[24] Falou também que Edda era realmente sua filha favorita.

Houve uma grande recepção para os Cianos em Capri, juntamente com um telegrama de Mussolini dizendo que ficaria feliz se fosse o primeiro a enviar-lhes saudações. O *podestà*, Marino Dusmet, era um renomado coreógrafo de eventos e acostumado a receber celebridades. Havia bandas, bandeiras, gente aclamando, uma profusão de flores, espetáculos de danças folclóricas. Edda parecia tímida e pouco à vontade e, assim que pôde, o casal fugiu para o Hotel Quisisana, de meados do século XIX, onde ocupou a suíte imperial. Os dois raramente apareciam em público, fazendo a maioria das refeições no quarto. Sempre que eram avistados, multidões se reuniam. O casal recusou convites para concertos, galerias de arte e para visitar pessoas e, quando processões de fascistas locais chegavam ao hotel com flores, na esperança de serem recebidos, eram mandados embora. Uma primeira e leve inquietação foi aventada pelo público: seria a filha do Duce realmente muito tímida e reservada ou talvez fosse arrogante e superior?

Ninguém sabe se Edda ainda era ou não virgem aos 19 anos. Mas as incessantes brigas entre os pais e os descarados casos de Mussolini a deixaram cautelosa e muito confusa sobre sexo e fidelidade.[25] Na primeira noite no Quisisana, demorou-se no jantar e pediu outros pratos; depois, se trancou no banheiro e disse que se jogaria de um penhasco se Ciano tocasse nela. "Nada em você me surpreende", respondeu Ciano, "mas gostaria de saber como pretende chegar lá." Os dois deram risada. "E assim começou nossa primeira noite de núpcias", escreveu Edda, muitos anos depois, com sua franqueza de sempre, "que, para ser honesta, não foi muito divertida. Eu odiei tudo. Depois as coisas melhoraram, mas demorou."

O casal ficou duas semanas em Capri antes de continuar a lua de mel num iate pertencente a Giuseppe Volpi, um rico industrial veneziano e ex-ministro das Finanças. Edda pegou uma infecção no ouvido nadando no mar gelado, mas se apaixonou pela ilha. Ao saírem do porto, todas as casas de Marina Grande ostentavam flores e bandeiras, tendo como fundo um espetáculo de som e luz na encosta rochosa e suas ruínas romanas. Em Rhodes, os dois encontraram um ex-namorado de Edda, e ela cometeu a imprudência de beijá-lo. Numa cena embaixo da chuva com Ciano, jurou nunca se deixar devorar pelo demônio do ciúme.

Para inveja de seus pares no Ministério das Relações Exteriores, Ciano pulou etapas e foi designado para o cargo de cônsul-geral em Xangai. Para Edda, foi a promessa de uma fuga milagrosa de tudo o que agora se esperava do casal na Itália fascista.

CAPÍTULO 6

LA PRIMA SIGNORA DI SHANGHAI

Edda e Ciano partiram de Brindisi no *Tevere*, despedindo-se de Rachele, Costanza e Carolina em meio a uma grande fanfarra fascista; Mussolini já tinha se despedido deles em Roma. Enquanto Ciano acenava e mandava beijos para os pais chorando no porto, Edda se manteve parada e silenciosa, com uma expressão levemente irritada no rosto.[1] Ciano ainda não estava acostumado com sua atitude reservada e aparente indiferença, tendo uma família dada a lágrimas e elaboradas demonstrações de emoção. Enquanto navegavam para o sul e o tempo ficava mais quente, Ciano disse que se sentia perfeitamente bem com as escotilhas fechadas; Edda falou que precisava de um quarto mais fresco, onde pudesse se enrolar em várias camadas de lençóis e cobertores e cobrir a cabeça. Se mudou então para uma cabine separada. Os telegramas de Mussolini os perseguiam em todos os estágios, e, quando não eram respondidos, ele ficava irritado e inquieto. Em Hong Kong, o casal foi recebido por Daniele Varè, que havia sido chefe de Ciano em Pequim, em 1927. Ele os levou para um breve passeio pela cidade.[2] Ciano disse a Daniele que nunca imaginara se sentir tão feliz.

Um mês depois de partir de Brindisi, o *Tevere* chegou à foz do Yangtzé e subiu seu afluente, o Huangpu, em direção a Xangai. Ia em meio a um denso emaranhado de mastros e chaminés, passando por balsas, sampanas, juncos e todos os tipos de barcos a vapor. Passaram fábricas e armazéns e chegaram ao Bund, uma faixa de onze quilômetros de bancos, hotéis e prédios comerciais, com suas típicas cúpulas neoclássicas e fachadas art déco de bronze e granito. Era 10 de outubro, dia de festa nacional na China, e bandeiras tremulavam em todos os prédios. Arranha-céus erguiam-se no que não muito antes era um terreno baldio lamacento.[3] Riquixás disparavam aos milhares pelas ruas lotadas.

Perfeitamente localizada entre o Norte e o Sul da China, sobre um delta passando pelas principais áreas produtoras de chá e seda, a meio caminho entre a Europa Atlântica e a América, Xangai era o porto mais rico da Ásia, sua "Paris do Oriente". Centro nervoso da indústria e do comércio, ficava suficientemente distante do mar para estar protegida dos tufões costeiros e não muito longe do Yangtzé, "longo, sinuoso e perigoso como um dragão". Quando o rio subia, a água transbordava por quarenta quilômetros de cada lado e era possível ver búfalos chafurdando na lama só com o focinho de fora. Um vilarejo que se tornou uma cidade de 3 milhões de habitantes, ocupando cerca de cinquenta quilômetros quadrados em menos de noventa anos, era dividido entre concessões estrangeiras e os bairros chineses. Xangai era tudo o que a Roma fascista não era: caótica, atrevida, bagunçada, cosmopolita, extravagante, cheia de cheiros e insanamente barulhenta – um perpétuo "*jenao*", como diziam os chineses, uma "algazarra quente dos sentidos". "Xangai é para o agora, para o eu vivo", escreveu a repórter Emily Hahn.[4] Seu falatório era "mais completo, mais rico e menos verdadeiro" do que em qualquer outro lugar do mundo. Para Edda, isso significava liberdade.

O consulado italiano, na Bubbling Well Road, ficava na Concessão Internacional, a região mais agradável da cidade, margeada por arbustos, tulipas, rosas e magnólias e por largas avenidas com plátanos, a três quilômetros do Bund.[5] Era uma casa grande e arejada, mas, como Edda escreveu a Mussolini, "suja, empoeirada e cheia de móveis antigos que não combinavam". A cama do quarto principal era de ferro e a fez lembrar de uma procissão de Corpus Christi. "A cozinha só tem quatro panelas e caçarolas e duas conchas de esmalte quebradas", escreveu. Edda começou a juntar tudo. Ciano era muito atento à aparência das coisas e sabia muito bem que ele e Edda haviam sido designados para Xangai para demonstrar o poder e o sucesso do fascismo. Com o dinheiro extra enviado de bom grado por Mussolini, a casa foi transformada. Logo encontraram um excelente cozinheiro italiano. Como Edda era muito jovem, Ciano disse que ela ficaria em desvantagem no mundo diplomático; mas o fato de ser bonita podia ser uma vantagem. Seu dever era manter os diplomatas chineses e estrangeiros felizes, disse Ciano, fazer o possível para ser amável e gentil e presidir jantares luxuosos – por alguma razão ignorando o fato de que amabilidade e gentileza talvez não fossem seus pontos fortes. Mas Edda era pujante e eficiente e tinha, afinal, encontrado um papel.

A chegada dos Cianos não poderia ter acontecido num momento melhor. Sun Yat-sen, que derrubou a dinastia Manchu em 1911, acabando com 2 mil anos de domínio imperial e estabelecendo um governo nacionalista, tinha morrido em 1925. Quando Pu Yi, o último imperador, foi expulso da Cidade Proibida, seus eunucos partiram com ele, levando os próprios testículos em caixas para se reunirem inteiros com seus ancestrais. Também levaram os cães pequineses, uma raça criada especificamente a pedido de uma imperatriz que queria um cachorro inteligente como um macaco, corajoso como um leão e com os olhos esbugalhados e a cauda esvoaçante do seu peixinho-dourado favorito. O sucessor de Sun Yat-sen, Chiang Kai-shek, derrotou os senhores da guerra rivais e estabeleceu seu governo em Nanquim. Convertido ao cristianismo e casado com uma moça com conexões missionárias impecáveis, Chiang declarou-se impressionado com a energia da ideologia fascista. "O fascismo é um estimulante para uma sociedade em declínio", dizia a seus seguidores. "O fascismo pode salvar a China? Nós respondemos que sim. O fascismo é o que a China mais necessita." Embora o fascismo precisasse ser adaptado às tradições chinesas e ao confucionismo clássico, Chiang tinha em comum com Mussolini o gosto pela hierarquia, pela ordem e pelo militarismo. Estava no processo de se distanciar dos tumultos comunistas em 43 províncias da China, onde "vermelhos" e bandidos saqueavam e incendiavam aldeias.

A Itália estava em busca de novos mercados e queria importar matérias-primas;[6] saindo de décadas de conflito político, a China precisava modernizar sua economia. A colaboração entre os dois países, intermediada pelos Cianos, traria grandes benefícios para ambas as partes. Ciano tinha muita disposição para trabalhar e, como escreveu a um amigo, o que o encantava na China era ser um lugar onde se podia dizer exatamente o que desejava. Apesar de muito preguiçosa, Edda se mostrou cheia de curiosidade e entusiasmo. Os dois falavam um pouco de inglês e francês, Ciano também falava espanhol e português e pretendia aprender chinês. Eram os emissários fascistas perfeitos.

O que Edda descobriu ao explorar seus arredores foi que Xangai era na verdade várias cidades, distintas, porém coexistentes, e, como descreveu Daniele Varè, com um cheiro inesquecível de "fritura com óleo de gergelim, incenso, flor de lótus, alho e humanidade".[7] Era onde estava a cidade das representações estrangeiras: todas as grandes potências tinham imposto tratados de direitos portuários às fracas e vacilantes dinastias imperiais, criando assim suas próprias esferas de influência. Todas eram contra a ideia de uma China forte e unificada ou qualquer tentativa de eliminar o comércio de ópio, extremamente lucrativo. Os estrangeiros gozavam de grande poder e riqueza, ocupando terras e propriedades consideradas "extraterritoriais", governadas e policiadas somente por eles a partir de seus bancos e casas mercantis ao longo do Bund, desfrutando de privilégios que os chineses começavam a contestar.

Ao lado dos japoneses, os britânicos eram os mais numerosos. Eram donos dos maiores bancos e casas comerciais, administrando também os bondes, o fornecimento de água e os tribunais municipais ao longo das linhas britânicas. Os russos tinham construído ferrovias. Os jardins meticulosamente cuidados do Bund proibiam a entrada de "chineses, cães, que colhessem flores, jogos de bola e bicicletas". A casta dos *sikhs* mantinha o tráfego caótico em movimento, batendo com cassetetes nos homens dos riquixás que os transportavam. Apesar da presença muito modesta em comparação à dos europeus ou americanos em Xangai, a Itália contava com 47 empresas e seiscentos residentes, a maioria homens do norte da Itália, com o primeiro tratado ítalo-chinês sido assinado pelo governo de Savoy antes da unificação.[8] Os britânicos negociavam com chá e ópio; os italianos, com mármore, tecidos, chapéus e roupas, mas sobretudo com seda e ovos de bicho-da-seda, tendo forjado estreitos laços com os chineses no século XIX, quando os bichos-da-seda da Lombardia foram contaminados por uma praga.

Os estrangeiros também eram donos de clubes, restaurantes, lojas e jornais. A maioria vivia no luxo, em residências que pareciam casas de arenito do Brooklyn, castelos bávaros e mansões neogóticas, embora Noel Coward, de passagem em 1929, tenha descrito a cidade como um "cruzamento entre Bruxelas e Huddersfield". A chegada dos Cianos coincidiu com o início da temporada de caça – que era mais uma corrida por contatos que por raposas – logo depois da colheita do algodão e do feijão. Segundo o *North China Herald*, essas caçadas eram a "melhor proteção contra o luxo, a ociosidade, a libertinagem e a efeminação". Os cavalos desempenhavam um papel central na vida social da cidade; pôneis selvagens eram trazidos uma vez por ano das pastagens da Mongólia, parecendo pequenos ursos de lã, com lombos fortes e pernas bem torneadas, que, quando domados, se tornavam cavalos de corrida excepcionais.

O exclusivo Shanghai Club tinha uma escadaria de mármore, um saguão com colunas, salas com painéis de teca e um banho turco, além do maior bar do mundo: trezentos metros de mogno reluzente onde os membros se sentavam por ordem de idade. O edifício de Hong Kong e Xangai, que se estendia ao longo de cem metros à beira-mar, era decorado com mosaicos, com Xangai retratada como uma donzela olhando para o Bund: a mão esquerda no leme de um navio e a direita protegendo os olhos voltados para o rio. Os bailes nacionais eram as maiores ocasiões sociais, realizados no Majestic Hotel, com sua pista de dança em forma de um trevo de quatro folhas e incrustações de ouro no salão principal. No calor dos meses de verão, blocos de gelo eram colocados no meio da pista de dança, onde convidados suavam ao som de ragtime, Dixieland Swing, Turkey Trot e Grizzly Bear. Xangai se gabava de ter o maior corpo de dançarinos do mundo. Todos os anos, os americanos faziam sorvete com as cores da sua bandeira e os escoceses encomendavam seus *haggis* [bucho de ovelha recheado com miúdos]. No Palace Hotel, era possível fazer um desjejum de cereais e ovos poché com bacon, ou escolher entre 31 sabores de *sundaes* na Chocolate Shop. De longe a mais jovem das esposas dos diplomatas – tendo comemorado seu aniversário de 20 anos na viagem –, Edda agora era convocada a brilhar nesse mundo excitante, caótico e cheio de rivalidades. Mesmo ainda tímida e corando com facilidade, não teve escolha.

A poucos quarteirões de distância das sutilezas frenéticas da vida das embaixadas havia uma segunda Xangai, um lugar de pobreza inimaginável e exploração, de corrupção e guerra entre gangues.[9] O crime organizado vicejava sob todas as formas, ao lado de espiões, informantes e sociedades secretas. A cidade tinha uma colônia de hansênicos e um nível de miséria quase medieval; tuberculose, varíola e escarlatina reinavam. Em 1930, a expectativa de vida de um habitante chinês local era de 27 anos, a mesma da Europa no século XIII. Há relatos de que Xangai tinha 100 mil viciados em heroína, de pele pálida e cinzenta e os dentes caindo. Nas noites frias, cadáveres cobriam as ruas como farrapos. Nas fábricas ao redor da cidade, crianças pequenas – muitas vendidas por suas famílias miseráveis a empreiteiros, com as gengivas azuis devido ao envenenamento por chumbo – trabalhavam dezesseis horas por dia para produzir tecidos como crepe da China, brocado e chiffon. Havia também bordéis com garotas de 13 anos em pijamas de seda, com os dedos dos pés quebrados para não ultrapassarem sete centímetros de comprimento, parecendo pés de porco em chinelos de seda bordados.

Mas também havia um meio-termo em Xangai, uma cidade de casas noturnas, cabarés e cassinos, a maioria tinha Russos Brancos prestando serviços. Muitos deles eram judeus fugindo dos pogroms e da vitória bolchevique, chegados de Vladivostok sem um tostão em levas sucessivas, tendo perdido as casas e famílias e passado por viagens terríveis, às vezes de camelo. Tendiam a ser desprezados pelos outros europeus, que os olhavam com desconfiança e se preocupavam com a possibilidade de macularem o "prestígio dos homens brancos", mas que, como Edda foi informada, permitiam que aqueles homens penteassem seus cabelos, fizessem suas roupas e ensinassem seus filhos a dançar. Os homens russos, ex-oficiais das forças armadas, professores e escriturários, ensinavam línguas, equitação e esgrima. Alguns tocavam nas muitas bandas e orquestras de Xangai. A Avenue Joffre, na concessão francesa, era conhecida como "Pequena Rússia" e cheirava a pão fresco e bolos da padaria fundada por Russos Brancos. Havia duas escolas e vários jornais russos. O escritor italiano Mario Appelius definiu Xangai como a "Babel da Ásia", onde a promiscuidade e o vício eram a "putrescência de ambos os mundos", mas acrescentou que nenhuma cidade poderia "se igualar em seu charme formidável, o de uma garota extravagante e alegre, vestida para uma festa dançante sem fim que começa em 1º de janeiro e termina em 31 de dezembro". Depois de conhecer Xangai, todas as outras cidades pareciam monótonas e sem cor. Edda se deleitava com o meio-termo de Xangai.

E havia a Xangai Chinesa, nem tão estrangeira nem tão chinesa, onde chineses ricos e educados moravam em casas avarandadas que pareciam estrangeiras. Livres dos rígidos costumes tradicionais da sua infância, viam o futuro da China no brilho e na modernidade de Xangai. Por muito tempo desconfiados uns dos outros, estrangeiros e chineses agora começavam a aprender a se misturar. Daniele Varè observou que, quando oficiais chineses de alta patente compareciam a recepções com seus trajes imperiais completos, "as mulheres da sociedade rastejavam diante dos brocados, das peles, das botas de veludo, dos botões de coral e jade, das penas de pavão e da magnificência geral da indumentária".[10]

A exemplo de Pequim, Hankou, Tientsin e Cantão, Xangai era um oásis de relativa tranquilidade cercado por um país em guerra civil, invadido por bandidos e piratas, com colônias estrangeiras protegidas por canhoneiras. A Itália, que assinou um tratado de amizade e comércio com o Governo Nacionalista Republicano em 1928, gozava da simpatia dos chineses, que consideravam o país não maculado pelo imperialismo das grandes potências.

Para Edda e Ciano, tudo isso – o bom e o ruim, o extraordinário esplendor e a sedução do entretenimento – era um paraíso exótico, um espetáculo, um enorme mercado onde tudo se vendia e onde tudo era possível. Eles se apaixonaram por tudo. Mais tarde Edda se lembraria desse período como a época mais feliz da sua vida.

H. G. W. Woodhead fumava cachimbo e era um repórter brilhante. Trabalhava para vários jornais de língua inglesa em Pequim e Xangai – que eram inúmeros e usavam prensas trazidas pelos primeiros missionários a fim de divulgar o cristianismo – e que os comerciantes liam para saber notícias sobre negócios. Conhecido por suas reportagens sobre o comércio de ópio, Woodhead também era um observador perspicaz do mundo diplomático e um crítico declarado de assuntos internacionais.[11] Sua opinião era de que os italianos não eram confiáveis e em Xangai suas palavras tinham um longo alcance. Edda logo o identificou como um de seus primeiros desafios. Convidou-o para seu consulado recém-decorado, cortejando-o com excelentes pratos italianos e bons vinhos. Woodhead ficou encantado e saiu dizendo, para irritação das esposas mais velhas, que Edda era "*la prima signora di Shanghai*". Pouco depois, o consulado italiano fervilhava de diplomatas estrangeiros, líderes nacionalistas, jornalistas e mulheres bonitas. A *cavallina matta* estava descobrindo como agradar.

Ao longo de todos os anos da dinastia Manchu, Pequim era considerada a capital intelectual e cultural da China, a cidade "autêntica" – ao contrário da "inautêntica" Xangai –, onde artistas e escritores estrangeiros vinham morar em casas com quintais e córregos de nenúfares, cobertas por telhas amarelas, verdes e azuis. Mas, quando os senhores da guerra tomaram a cidade, em 1926, os escritores e professores universitários se mudaram para Xangai, levando consigo editoras e bibliotecas. A eles logo se juntaram alguns cineastas, e no início dos anos 1930 já havia uma vigorosa indústria cinematográfica chinesa em atividade, inspirada por temas lendários e pelo mundo dos gângsteres e detetives. Com o desenvolvimento do motor de turbina e a construção de embarcações maiores, mais velozes e mais confortáveis, os cruzeiros tornaram-se populares e navios dos Estados Unidos, trazendo estrelas de cinema de Hollywood para divulgar o cinema americano, passaram a ancorar regularmente no Bund. Douglas Fairbanks e Mary Pickford foram os primeiros a chegar, assim como André Malraux, Charlie Chaplin, Eugene O'Neill e Gloria Swanson.

Com esses cruzeiros, chegaram mulheres que compravam seda, cetim, linho bordado, móveis entalhados e jade, muitas vezes visitando o Great World Amusement Centre, seis andares de máquinas caça-níqueis e gaiolas com pássaros acrobatas, malabaristas, sorveterias, artistas da corda bamba e casamenteiros, com uma esplendorosa baleia empalhada suspensa no quinto andar. Os transatlânticos que traziam os turistas para a China voltavam com contrabandos de morfina e heroína para serem vendidos para os Estados Unidos. Atenta aos nomes célebres dos passageiros, e instada pelos insistentes telegramas do pai sobre a necessidade de hastear a bandeira fascista da Itália, Edda mandava convites, organizava recepções e começou a visitar esposas de outros diplomatas. Ela nunca deveria esquecer, recomendava um cabograma, de cultivar "a força de vontade, que é prerrogativa dos Mussolini". Segundo observou um repórter e admirador, apesar de sua juventude, Edda era "uma anfitriã muito generosa e solícita". Magra e alta, era uma excelente modelo para Xangai, preocupada com a moda, com muitos jornais agora incluindo páginas para o público feminino. A chegada de Edda coincidiu com as coleções de outono: longos mantos de veludo preto com bordas de raposa negra, peles macias de astracã e caracul, a volta de casacos de pele de esquilo, saias rodadas em forma de sino, estolas, miçangas e chiffon branco ou rosa. "O estilo contará acima de tudo", observou o *North China Herald*, "E o estilo será inteligente." Edda era boa em estilo.

Ela, porém, não se interessava muito por clubes ou associações femininas e seu nome não constava dos registros de nenhum deles. Preferia passar as tardes jogando bridge com esposas de outros diplomatas. Foi assim que descobriu o mahjong e o pôquer, ambos jogados com apostas altas, apesar dos esforços pela proibição do jogo das autoridades de Xangai.[12] O que ela gostava não era apenas da sensação de perigo, mas de ver os jogadores perderem com perfeita equanimidade. Queria ser como eles, inescrutável. Ciano não bebia, mas Edda começava a gostar de gim.

Apesar de estudar os métodos de seus companheiros de jogo de pôquer com muita atenção, costumava perder muito, e nessas ocasiões se esquecia dos bons modos e retomava a linguagem mais rude das vielas de Milão. Fazia de tudo para esconder suas dívidas crescentes de Ciano, que costumava dizer que o jogo era algo pernicioso, imprudente e tolo, especialmente para mulheres. Quando sofria uma sequência de derrotas, ela prometia desistir, mas invariavelmente voltava a jogar. E não conseguiu esconder seus hábitos de Ciano quando, em uma noite especialmente desastrosa, perdeu 4 mil dólares mexicanos numa mesa de pôquer e não tinha dinheiro para pagar. Lidando com a situação com sua habitual mistura de ironia e histrionismo, disse a Ciano: "Estou desesperada. Eu vou me matar". Ciano deu o dinheiro a Edda, comentando secamente: "Crianças não se matam". As censuras do marido a deixavam furiosa.

Mussolini se mantinha sempre em contato, e Edda aprendeu a lidar com os ditames do pai, deixando passar vários dias antes de abrir seus telegramas.[13] Assinando não como "Papa", mas como "Mussolini", tinha um repertório de frases que usava repetidas vezes.[14] Uma delas era "Eu estou, como sempre, tendo de puxar a carroça sozinho". Outras favoritas: "A Itália continua a ser um oásis de tranquilidade em um mundo em caos" e "*Per tutto il resto*, tudo está calmo." Mandava notícias de Rachele e sobre o que os irmãos e as irmãs estavam fazendo, resultados do futebol e o fato de ter começado a andar de moto.

Mas Mussolini tinha outras coisas em mente. Pouco depois da partida de Edda para a China, o filho mais velho de Arnaldo, conhecido por todos como Sandrino, morreu de leucemia aos 20 anos. Arnaldo era particularmente ligado ao menino e sua morte o afetou. Tornou-se sombrio e distraído, fazendo questão de manter o lugar de Sandrino à mesa posta para as refeições. "Arnaldo está comigo", escreveu Mussolini a Edda, "mas seus pensamentos estão em outro lugar."

Arnaldo parecia mais triste e sem esperança a cada dia que passava com a situação agravada por rumores de irregularidades financeiras.[15] O fim veio mais rápido do que se esperava: Arnaldo morreu aos 46 anos. Está sendo um dos "natais mais tristes, talvez o mais triste de todos", escreveu Mussolini a Edda. Arnaldo não era apenas seu amado irmão, mas também o mediador dos acordos do Vaticano e a única pessoa em quem realmente confiava e considerava como amigo. Imediatamente começou a escrever um livro de memórias sobre ele, *Vita di Arnaldo*, que se tornou um relato sentimental da infância dos dois.

Arnaldo foi velado na redação do *Il Popolo d'Italia* em Milão, onde milhares compareceram para prestar suas homenagens. Mussolini ficou ao lado do caixão a noite toda. No cortejo fúnebre pelas ruas até a igreja de San Marco, bandeiras e estandartes foram arriados com sinos tocando e as pessoas jogando flores no caixão das janelas.

Pouco depois de chegar a Xangai, Edda descobriu que estava grávida.[16] Ao saber da notícia, Mussolini respondeu: "Isso me enche de alegria e emoção. Daqui para a frente vou pensar em você com mais intensidade ainda". A própria Edda não sentiu tanto entusiasmo, e, quando Ciano saía para dançar, ela ficava em casa escrevendo seu diário. Havia jurado não ter ciúmes, mas Xangai era cheia de mulheres atraentes e disponíveis, e Edda sabia que o marido estava tendo casos com lindas garotas chinesas, alternando-as quando se cansava delas. A comunidade diplomática já estava fofocando sobre seus flertes atrás dos vasos de plantas com convidadas bonitas nas recepções. Correram rumores de ter tido um caso com Wallis Simpson quando ela veio para a China, fugindo de um casamento infeliz e que, a exemplo de Edda, tinha começado a jogar. Mas eram falsos boatos.

As dores do parto começaram em 1º de setembro de 1931, no aniversário de 21 anos de Edda, mas depois diminuíram. Recebeu um carinhoso telegrama de Mussolini lembrando o dia do seu nascimento, de *"festa e grandissima gioia"*, comemoração e grande felicidade. Todos aguardavam nervosamente. Uma montanha de telegramas ansiosos chegava quase diariamente de Mussolini em Roma desejando "os melhores votos do fundo do meu coração".[17] Um deles dizia: "Assim como nos anos da sua adolescência, quando os tempos eram difíceis, hoje você é a favorita do meu espírito. Mando um abraço com o amor que você sabe que sinto e que a acompanhará para sempre". Um mês depois, em 1º de outubro, depois de um parto longo e difícil, nasceu um menino. Ao ver o bebê coberto de sangue, Edda gritou: *"Mamma mia! Quanto è brutto"*, como ele é feio. Esperando no quarto ao lado, Ciano entrou correndo esperando ver um monstro. O menino era saudável e pesava pouco mais de três quilos. Mussolini telegrafou recomendando chamar o menino de Giorgio ou Guido, "nomes simples e fortes". Exercendo sua recém-conquistada independência, Edda decidiu chamar o bebê de Fabrizio, recusando até mesmo o pedido do pai de escrever com dois bês, como um lembrete do seu pai, que foi um *fabbro*, um ferreiro. Sempre ligada em apelidos, ela chamava o filho de Ciccino. Chang Su Lin, um amigo de Chiang Kai-shek, foi o padrinho, e mandou de presente um pequeno Buda de jade.

Um pouco antes, o inventor e engenheiro elétrico Guglielmo Marconi tinha instalado uma conexão telefônica sem fio entre Gênova e Sydney, e por insistência de Mussolini conseguiu ligar Roma a Xangai. Logo depois do nascimento do bebê, Mussolini e Rachele falaram com Edda. O rei e a rainha mandaram suas felicitações e o papa pediu notícias. Mussolini ficou tremendamente feliz com o novo neto e mandou a ele seu primeiro cartão de membro da organização juvenil Balilla de Roma;[18] também fez uma generosa doação para a organização de mulheres fascistas. "Estamos ficando velhos. Agora já somos avós", comentou com Rachele. Mas as agências de notícias foram comunicadas de que jamais deveriam, sob quaisquer circunstâncias, se referir a Mussolini como *"nonno"*. O bebê estava preocupantemente quieto e lânguido até se descobrir que ele estava mamando ópio do leite da ama de leite.

Foi quando ainda estava em repouso pelo nascimento de Fabrizio que Edda percebeu o quanto sentia ciúmes das relações de Ciano. Sentia-se doente de tanta infelicidade. Passava parte da noite no terraço, lembrando-se das intermináveis cenas com o pai e a mãe, ponderando sobre o que deveria fazer, entregando-se a reflexões de que a melhor saída seria contrair uma pneumonia e morrer. Não ficou doente, mas tomou uma decisão. Independentemente do que acontecesse, mesmo se o pegasse na cama com sua melhor amiga, ela jamais, por um ato de vontade, se permitiria sentir ciúme sexual outra vez e, no caso de Edda, a vontade era fundamental. Iria deixar de acreditar que estava apaixonada por ele, considerando-o simplesmente um amigo, com um "carinho fraternal". Surpreso e intrigado com sua frieza, Ciano tentou trazê-la de volta; por algum tempo ela continuou firme, uma prova da extensão da sua força de vontade e sua capacidade de controlar as próprias emoções. Havia algo de felino em Edda, uma espécie de energia sinuosa e nervosa. Sentindo-se livre de seus votos matrimoniais por causa dos flertes de Ciano, passou a flertar mais ou menos abertamente com homens que achava atraentes. Começou a preferir a companhia deles à de mulheres.

Em setembro de 1931, pouco antes do nascimento de Fabrizio, os japoneses, a pretexto de um ataque à sua ferrovia – que eles mesmos engendraram –, invadiram e anexaram a Manchúria, onde seus interesses políticos e econômicos vinham crescendo desde a Guerra Russo-Japonesa. Chiang Kai-shek abandonou a região e recuou para o oeste. Conclamando os japoneses a se retirarem, a Liga das Nações criou uma comissão de inquérito sob o comando de lorde Lytton para investigar se eles haviam agido em legítima defesa. Os diplomatas esperavam que, se os ganhos territoriais do Japão fossem ao menos parcialmente reconhecidos, eles parariam por aí. Porém, em 18 de janeiro de 1932, uma multidão de chineses em Xangai, inflamada por estudantes que protestavam contra a ocupação da Manchúria, atacou cinco monges japoneses da seita budista Nichiren, uma ordem militante que buscava o domínio japonês da Ásia.[19] Um dos monges foi morto. Uma multidão de japoneses incendiou uma fábrica chinesa, e o consulado do Japão exigiu que os assassinos do monge fossem punidos. Fuzileiros navais japoneses, armados de metralhadoras, rondavam pelas ruas de motocicleta.

As autoridades de Xangai declararam lei marcial, ergueram barricadas de arame farpado e convocaram várias milícias voluntárias. As potências ocidentais mandaram navios de guerra e o assentamento internacional da cidade entrou em pé de guerra. O Exército Chinês da Décima Nona Rota, composto basicamente por jovens soldados de uniformes de algodão desbotado e tênis, preparou-se para defender a cidade, apoiado por estudantes.

Mas os japoneses começaram a bombardear os cais. Bombas incendiaram igrejas, escolas e prédios de apartamentos densamente habitados, que desabaram. "A situação está se tornando crítica", comunicou Ciano a Roma em um telegrama *"urgentissimo"*. "Os chineses mobilizaram 30 mil homens ao redor da cidade." O conselho municipal de Xangai recomendou que os residentes estrangeiros se retirassem, mas por algum tempo muitos preferiram subir ao topo dos dezesseis andares do Broadway Mansions no Bund para assistir à luta do terraço. Quando o conflito chegou ao assentamento internacional e famílias chinesas começaram a bater nos portões para pedir refúgio, a maioria das famílias dos diplomatas se preparou para partir. Mas Edda recusou-se a sair. Quando seu novo admirador, Woodhead, soube que ela não tinha intenção de abandonar o consulado, escreveu uma reportagem para os jornais de língua inglesa, publicada sob uma enorme manchete: "A primeira-dama de Xangai se recusa a partir". Como a própria Edda diria mais tarde, não sem certa presunção, ela quis mostrar a fibra dos fascistas. Também ficou curiosa e saiu do consulado para assistir à luta.

Os chineses jamais poderiam ter vencido, embora muitos tenham morrido defendendo a cidade. Seus soldados eram mal-equipados e mal-armados, disparando fuzis contra os aviões japoneses. No começo de março, os reforços japoneses já tinham encurralado o 19º Exército da Rota na cidade, e no dia 8 hastearam a bandeira do Japão na Estação Norte. Matilhas de cães, abandonados por seus donos, vagavam pelas ruas, com os japoneses matando a baionetas os que cruzavam seu caminho. Oito mil chineses morreram e outros 10.400 estavam desaparecidos; no assentamento internacional, cem pessoas perderam a vida. Dezenove dos 39 cinemas de Xangai foram destruídos.

Os governos francês e britânico pediram que seus cônsules criassem uma comissão de paz, sob os auspícios do ministro britânico Sir Miles

Lampson. Ciano detectou uma oportunidade de deixar sua marca e telegrafou a Roma pedindo instruções; em seguida, sem esperar pela resposta, juntou-se às negociações de paz. Quando a resposta chegou, a ordem foi de participar, com a recomendação de não comprometer as boas relações da Itália com os dois lados. Lampson mais tarde diria que achava Ciano muito irritante, mas, mesmo assim, ele foi nomeado presidente da comissão. Forçado a navegar em águas sutis e complicadas, incompreensíveis até mesmo para muitos especialistas sobre a China, Ciano se mostrou mais bem informado e mais capaz que a maioria dos membros. A paz foi devidamente mediada e assinada, mas os chineses foram obrigados a aceitar não guarnecer suas tropas dentro e ao redor de Xangai; eles consideraram o acordo como mais uma humilhação imposta pelas potências ocidentais. Os japoneses, por outro lado, saíram mais fortes e logo depois renomearam a Manchúria como "Manchukuo", transformando-a num Estado fantoche sob o governo do último imperador da China, Pu Yi. A Liga das Nações mostrou-se fraca. Um delegado espanhol perguntou, com palavras confusas, mas com um claro significado: "Para onde vai a paz do mundo?".

Em poucos dias Xangai voltou ao seu ritmo frenético. As famílias dos diplomatas retornaram pelo Yangtzé e voltaram a seus tabuleiros de mahjong, às corridas de cavalos, aos coquetéis e às partidas de golfe aos domingos. Em um reluzente e novo Cathay Hotel, Sir Victor Sassoon estava organizando uma festa à fantasia, à qual os convidados viriam como se tivessem sido pegos num naufrágio. Uma das convidadas veio com uma camisola de flanela e bobes no cabelo; duas outras vestindo cortinas de chuveiro. Foi no Cathay Hotel que Edda descobriu que finalmente conseguia atravessar uma sala sem corar.[20] Em outubro de 1932, os Cianos organizaram uma grande recepção para comemorar o décimo aniversário da Marcha sobre Roma.

Quanto a Ciano, sua posição entre os vários consulados saiu muito fortalecida. Sua recompensa foi ser promovido a Ministro Plenipotenciário e Enviado Extraordinário. Mussolini mandou um telegrama: "Você aumentou o prestígio da Itália no exterior". Ciano incrementou o intercâmbio econômico e cultural entre a China e a Itália, convidando acadêmicos e cientistas para ir a Xangai. Em Roma, foi fundada uma liga ítalo-chinesa e elaborados planos para um Instituto Italiano para o Oriente Médio e Extremo Oriente. Um grupo de funcionários do governo chinês foi à Itália para estudar o funcionamento do governo fascista. Foi instaurado um curso de direito fascista na Universidade de Suzhou. Ciano também passava longos períodos de tempo lidando com o crescente número de novos impostos e restrições a empresas estrangeiras e garantindo a segurança das dezenove missões católicas da Itália, vítimas de constantes ataques de bandidos que exigiam resgates exorbitantes pelos missionários sequestrados. Como observou um diplomata fascista, tudo era muito parecido com a Itália, uma questão de "*accomodazione*" para encontrar o caminho em meio à vegetação rasteira de interesses conflitantes.

O que as hostilidades fizeram foi mostrar a extrema fragilidade das forças armadas chinesas, principalmente da força aérea. A China ainda pagava indenizações pela Rebelião dos Boxers, tinha um sistema tributário interno caótico e o governo de Chiang Kai-shek continuava ameaçado por senhores de guerra autônomos e poderosos. Foram tomadas medidas para aliviar as indenizações restantes, e Ciano iniciou negociações bem-sucedidas em ordem de redução da dívida para usar o excedente na compra de produtos italianos e na construção de fábricas e usinas hidrelétricas. Aeronaves militares foram encomendadas na Fiat e na Savoia-Marchetti e foram organizados dois cursos de formação de pilotos, um na China e outro na Itália. Para celebrar essa nova proximidade e promover suas próprias ambições de manter a Itália numa posição privilegiada no Oriente, Mussolini mandou um avião de presente a Chiang Kai-shek e na mesma época assinou um contrato para uma fábrica e um aeródromo na província de Jiangxi, em troca de pródigas concessões à Itália, consideradas como um triunfo de Ciano sobre a concorrência dos alemães e dos americanos. O "*panfascismo*" que apregoava encontrou ouvintes receptivos entre os japoneses e chineses.

Em meados de maio, os Cianos organizaram um baile. Ciano estava se recuperando de um primeiro ataque de asma, que o afetaria pelo resto da vida. Falando de um retorno aos "bons e velhos tempos", a comunidade estrangeira compareceu em massa, juntamente com vários oficiais da marinha italiana. Muito champanhe foi servido e, às quatro horas da manhã, Ciano continuava pedindo para os farristas ficarem mais um pouco. No dia seguinte, o *North China Herald* publicou:

"Os talentos do anfitrião e da anfitriã em matéria de entretenimento já são muito bem conhecidos para exigir mais testemunhos." Edda foi definida como uma "anfitriã muito generosa e alegre", e os Cianos, como um casal particularmente unido, elogio que Edda rechaçava[21] com seu jeito mordaz de sempre, dizendo que muitos consideravam Ciano pomposo e inculto e a definiam como alguém só interessada em colunas de fofocas americanas – "o casal perfeito: ele imbecil e eu trivial". No início de junho, a paz em Xangai foi considerada suficientemente restaurada para se realizar a exposição anual de flores, que naquele ano concedeu sua medalha às ervilhas-de-cheiro.

Edda desempenhou seu papel na promoção dos interesses comerciais da Itália. Acompanhou Ciano durante as conversações realizadas pela Comissão Lytton em Pequim. Uma noite, viu-se sentada jantando ao lado de um jovem chinês incomumente alto e magro, com olhos grandes e uma boca sensual, que falava um inglês impecável e tinha reputação de ser o primeiro chinês a adotar ternos de tweed. Era Hsueh-liang, o "Jovem Marechal". Educado por professores particulares, Hsueh-liang queria ser médico, mas fora obrigado pelo pai – o senhor da guerra da Manchúria Chang Tso-lin, o "Velho Marechal" – a comandar sua guarda pessoal. Aos 15 anos casou-se por acordo com a filha de um amigo e proprietário de terras do pai, com quem logo teve três filhos e uma filha.

Em 1928, o Velho Marechal foi assassinado por uma bomba colocada em um trem por oponentes que queriam um senhor da guerra mais receptivo ao Japão; Hsueh-liang voltou ao palácio do pai em Mukden e se destacou como o novo líder de um grupo político e militar da Manchúria, tentando permanecer neutro em meio aos diversos conflitos. Vivia em grande esplendor na cidade murada de Mukden, com dois enormes tigres da Manchúria empalhados no grande salão.

Quando Edda o conheceu, Mukden havia sido invadida pelos japoneses e o Jovem Marechal foi obrigado a partir. Estava agora com trinta e poucos anos, duas esposas e uma concubina e todos eram viciados em ópio. Definido por um repórter maldoso como um "fantasma pálido em roupas de dândi", Hsueh-liang estava lutando contra o vício jogando tênis e golfe e tomando injeções diárias de morfina. Um relatório enviado a Roma descrevia-o como "muito dedicado às drogas e às mulheres", com uma aparência "mais degenerada do que marcial", mas acrescentava que tinha uma certa "energia nervosa" e "modos simples, corteses e impulsivos" que o tornavam atraente.[22] Edda lhe pareceu fascinante e glamourosa e já nesse primeiro jantar passou a ela um bilhete convidando-a para um passeio pelo palácio de verão. Os dois voltaram a se encontrar e ele lhe dava presentes. Também houve vários encontros entre os Cianos e o Jovem Marechal com seu séquito de mulheres, durante os quais Ciano conseguiu vender uma quantidade considerável de material bélico, tendo sido instruído pelo Ministério das Relações Exteriores em Roma a convencê-lo das glórias da nova tecnologia italiana. Ao saber que ele queria comprar aviões, Edda elogiou os fabricados pela Fiat e pela Marchetti e discorreu sobre as vantagens de uma relação com a Itália fascista e seu pai. Hsueh-liang encomendou três aviões e falou em comprar outros mais.

Mas a amizade de Edda com o Jovem Marechal não terminou por aí. Pei-ta-ho era um vilarejo na baía de Pei-Chun-Li, a cerca de nove horas de viagem de Pequim, originalmente uma sede de missionários, mas agora um elegante resort de verão para diplomatas e estrangeiros. Com Ciano retido em Xangai pelo trabalho, Edda alugou uma casa perto da aldeia na encosta de uma montanha e levou com ela Fabrizio e duas amigas – Hui-Ian Koo, esposa de um alto ministro do governo, e Laura Chieri, nascida em Chicago, mas já morando há algum tempo na China.[23] Era uma região acidentada e muito bonita, onde não eram permitidos carros nem carruagens. Apesar de vigiada por guarda-costas e funcionários do consulado, conseguiu escapar, e as três mulheres foram nuas para perto de alguns rochedos. Como tinha perdido muito cabelo quando Fabrizio nasceu, Edda cortou o que restava muito curto, e impressionou as amigas com magreza e elegância. Hui-Ian Koo escreveria mais tarde que Laura era "alegre como um grilo", mas que Edda era "afiada como uma navalha".

O que suas duas amigas gostavam em Edda era que sua falta de postura e autoconfiança, que poderia torná-la esnobe e ressabiada, a tornava sempre desejosa de deixar os outros à vontade. À noite, as três amigas dançavam no terraço ao som do gramofone e jogavam mah-jong e pôquer. Sempre que podia, o Jovem Marechal se juntava a elas.

Estava claramente apaixonado por Edda; ela o chamava de *"mon béguin"*, meu flerte.

Eles voltaram a se encontrar em Pequim, onde ele a recebeu no seu novo avião. Os dois faziam caminhadas ao longo dos muros da cidade, Edda numa liteira e o Jovem Marechal andando ao seu lado, para consternação dos chineses, que consideravam aquela subserviência muito abaixo da sua dignidade. Edda temia que Ciano ficasse sabendo de seus encontros diários e se zangasse. Como repórteres e fotógrafos muitas vezes acompanhavam suas saídas, até Mussolini conseguia acompanhar a vida da filha pelos jornais estrangeiros. Uma carta cheia de pesadas insinuações, enviada pelo vice de Ciano, Anfuso, ao Ministério das Relações Exteriores em Roma falou das "atenções excepcionais" do Jovem Marechal para com Edda e da maneira como a tratava, como nunca fizera antes com quaisquer outras estrangeiras.

Chegou um momento em que Edda decidiu que precisava oferecer um banquete oficial em Pequim para o corpo diplomático. Organizou o evento com muito esmero e suntuosidade. Na noite marcada, nenhuma das esposas apareceu. Primeiro imaginou ser um sinal de reprovação por sua proximidade com Hsueh-liang, mas logo se tranquilizou ao descobrir que fora boicotada por ter violado uma regra simples da etiqueta diplomática: não ter entregue cartões de visita pessoais a todas antes do banquete. Mas Edda, ainda com apenas 21 anos, tinha feito um grande negócio com a venda de aviões italianos, e nem as esposas nem seus maridos gostavam ou confiavam em seu glamour ameaçador.

Edda manteve sua resolução e rejeitou os avanços de Ciano por meses, mas acabou cedendo em algum momento no inverno de 1932 e logo engravidou de novo, para seu grande aborrecimento. Mussolini já tinha insinuado que ela precisava de um descanso e agora começou a falar sobre chamá-los de volta a Roma. Edda ficou horrorizada e protestou veementemente. Hui-Ian Koo e Laura Chieri tinham vindo a Xangai e, depois de jantarem em um dos clubes da moda, as três amigas foram encerrar a noite no Del Monte, onde se serviam de linguiças a noite toda.

Finalmente, em abril de 1932, chegaram ordens para os Cianos deixarem Xangai.[24] Depois de trinta meses, escreveu Mussolini a Edda, ele se sentia encantado ao perceber que "a temperatura do seu fascismo aumentou. É a única coisa poderosa e original do nosso século atual".

O Duce não tinha abandonado totalmente seu hábito de se dirigir aos filhos como se estivessem numa reunião pública.

Ciano tinha esperança de obter mais encomendas de aviões do Jovem Marechal, e foram feitos arranjos para que ele, a esposa, a concubina e os filhos viajassem com o casal para a Itália no novo e luxuoso SS *Conte Rosso*, com painéis de couro carvalho e colunas jônicas. A travessia durou vinte e três dias. Um médico, uma enfermeira, uma secretária e vários conselheiros acompanhavam o grupo do Jovem Marechal e havia planos para um encontro com Mussolini em Roma antes de matricular seus filhos na escola de Brighton e se estabelecer em algum lugar para estudar política e assuntos militares.*

Grávida e furiosa por deixar a China, Edda estava mal-humorada e emburrada por boa parte do caminho para casa.

---

* Em 1936, apostando no Kuomintang, o Jovem Marechal sequestrou Chiang Kai-shek, mas recebeu uma severa reprimenda de Ciano. Quando concordou em libertá-lo, ele próprio foi preso e passou muitos anos na prisão.

PARTE DOIS
EPISÓDIOS

CAPÍTULO 7

O CULTO AO DUCE

Edda e Ciano voltaram a Brindisi no final de junho de 1932, descendo a rampa com Fabrizio entre os dois, cada um segurando uma das mãos do menino. Mussolini disse várias vezes a Edda que ela encontraria uma Roma mudada, quase irreconhecível. Depois das cores caóticas e a turbulência de Xangai, sua primeira impressão foi de silêncio, sobriedade e monotonia infinitos.

Nos três anos em que ela esteve fora, Roma realmente tinha mudado muito. Embora partes da cidade ainda fossem canteiros de obras, *piazzas* consideradas "sem valor" haviam sido eliminadas, bem como torres, estradas, becos e bairros populares inteiros onde cabras ainda pastavam. Seus antigos habitantes agora viviam em novos bairros, fora das muralhas da cidade. Muitas igrejas foram destruídas, assim como a Pantanella no Circo Massimo, onde havia dez moinhos movidos a vapor, chalés, galpões, palheiros, depósitos de trapos, padarias e fábricas de massas. As calçadas foram consertadas e o lixo removido. Como disse Mussolini, chegara a hora de limpar a "sujeira pitoresca". Em seu lugar, surgiram largas avenidas, novos e imponentes prédios públicos, bancos e postos de correio. Em julho de 1931, um Plano Diretor mais ambicioso que qualquer outro havia sido aprovado por Decreto Real, abrindo caminho para 45 novas escolas, 22 mercados cobertos, 2 hospitais e 2 cemitérios. Embora não houvesse uma política arquitetônica precisa, o "espírito do fascismo" ditava grandeza em todas as coisas: o tamanho monumental dos edifícios e inscrições em todas as partes, em letras que eram uma mistura eclética de século XIX e um estilo pseudoclássico, proclamando os triunfos da nova ordem. Águias, fasces dos lictores, brasões e estátuas, muitas do próprio Mussolini, podiam ser vistos em todas as ruas. Roma era agora uma cidade de mensagens.

A Via dell'Impero, inaugurada em 28 de outubro de 1932, no décimo aniversário da Marcha sobre Roma, passando pelo Coliseu e pelos fóruns de Trajano, Augusto e Nerva, proporcionava a Mussolini um teatro para suas celebrações patrióticas. A Itália fascista, declarou, deve vir primeiro em todos os lugares, "na terra, no mar, nos céus, nas coisas materiais e no espírito das pessoas". No novo Foro Mussolini, entre o Tibre e o Monte Mário, 20 mil espectadores podiam agora assistir aos jogos públicos.[1] Era um "templo de mármore para as jovens forças da Itália", com enormes estátuas nuas brancas em poses esportivas e um monólito de Mussolini que precisou de sessenta bois para ser conduzido pelas ruas. "Os obeliscos são um símbolo fálico da ditadura", comentou Edda ao ver a coluna de mármore de vinte metros. "Sempre eretos." Havia um novo Museo di Roma, um Teatro Reale dell'Opera parcialmente reconstruído, uma dúzia de novas associações e institutos fascistas. Trinta mil veículos passavam pelas ruas. Havia ainda novos parques e novos jardins.

Para garantir que todos estivessem cientes dessa arquitetura e das glórias cívicas, uma Exposição da Revolução Fascista ocupou 23 salas com fotomontagens, esculturas, sons e vastas inscrições, lembrando a Grande Guerra e anunciando as conquistas do fascismo. Quatro gigantescos fascículos de cobre banhados em um "manto vermelho radiante" chegavam a uma altura de 25 metros. Os visitantes, referidos como peregrinos, eram convidados a uma jornada de regeneração, transitando do liberalismo melancólico e decadente ao despertar das forças da fé e ao idealismo e à glória nacional, da agitação e desorientação à simetria e à clareza. A exposição foi visitada por quase 4 milhões de pessoas. "Harmonia, ordem, limpeza", observou um espectador deslumbrado, "disciplina nas ruas, em casa, na escola." Ou, como observou um jornalista: "A nova Itália se chama Mussolini".

Podia não ser, como Mussolini se vangloriava, "vasta, ordeira, poderosa como nos tempos de Augusto". Mas Roma, com suas toneladas de mármore transportadas de Carrara pelo mar e pelo Tibre, todo o vidro e o aço, a iluminação elétrica, as ruínas recém-escavadas, lugares de "meditação e êxtase" fundidos com uma modernidade cintilante, era um novo tipo de cidade. Como observou ironicamente um visitante: "Roma eterna, cacofonia eterna". A outrora capital vagarosa e indolente tinha inchado – quase meio milhão de novos habitantes em menos de vinte anos – e acelerado. De fato, parecia diferente, mas ainda era serena e provinciana; e era exatamente disso que Edda teve tanto prazer em escapar. Sentiu saudades de Xangai.

Edda, Ciano e Fabrizio voltaram para a Villa Torlonia para aguardar o nascimento do novo filho. Vittorio tinha agora 17 anos e produzia uma revista com um colega de escola, *La Penna dei Ragazzi*; também era interessado em cinema, rodando curtas-metragens nos jardins da vila. Bruno, com 15 anos, era mais reservado e pessimista por natureza. Os boletins escolares do Liceo Tasso, obsessivamente examinados pelo pai, retratavam Vittorio como indisciplinado e muito fraco em latim, e Bruno como inteligente e preguiçoso. O menino mais novo, escreveu o diretor, era "extremamente vivaz, impertinente, um demônio", e, quando repreendido, "não hesitava em mentir". Os dois meninos eram desobedientes com os guarda-costas e o motorista, não gostavam de ser repreendidos e "nem sempre acompanhavam as aulas ou faziam os deveres de casa". Talvez, sugeria o cautelosamente diretor, isso possa ter algo a ver com o fato de terem tantas outras coisas para ocupar o tempo – equitação, esgrima, teatro, boxe – que não restava tempo suficiente para estudar. Cada vez mais, era uma questão de os professores se adaptarem aos meninos, em vez de os meninos obedecerem aos mestres; se algo os desagradava, eles simplesmente iam embora.

Assim como Edda, os meninos eram vigiados de perto pelos serviços secretos, com todos os seus movimentos anotados e relatados a Bocchini, que repassava as informações a Mussolini. Os "*signorini*" eram conhecidos por faltar às aulas, passar horas jogando bilhar num bar da Via Buoncompagni e frequentar teatros e cinemas onde os gerentes reservavam lugares para eles. Dizia-se que Vittorio visitava bordéis, fumava e falava palavrões. Até as famílias dos seus amigos eram investigadas, com telefones grampeados e suas finanças verificadas. Acreditava-se que dois irmãos, Leone e Radius, os estavam "levando por um caminho muito perigoso". A mãe de outro colega de escola, Maria Filomena Bastioli, foi definida como de "moral duvidosa": uma de suas filhas tinha sido presa com 16 anos e outra exibia sinais de "prostituição clandestina". Quando chegou o momento de mandar Romano, com 6 anos, para a escola, cogitou-se sobre quem deveria sentar ao seu lado na sala de aula. Quando surgiram rumores de que uma quadrilha criminosa de Gênova tinha planos para sequestrar a criança, Romano ficou em casa enquanto Bocchini fortalecia a rede de espiões e guardas em torno da família. Mais uma vez, Edda não podia fazer nada em Roma sem ser observada: era essa vigilância constante, depois da liberdade de Xangai, que ela achava particularmente intolerável.

Na Villa Torlonia, Rachele governava.[2] Edda chamava a atmosfera de "fanatismo camponês". A mãe supervisionava as criadas, cuidava da horta e das galinhas e tentava fazer face à avalanche de presentes que chegava à vila, desde armas antigas a águias empalhadas, livros com capas de couro trabalhado, bustos de bronze e aeromodelos, despachando alguns para instituições de caridade e outros para Rocca delle Caminate para ficarem expostos no que as crianças chamavam de "a torre dos horrores". Os admiradores também ofereciam casas de campo e à beira-mar, além de muitas flores, bolos, cestas de frutas e legumes. Sempre relutante em se envolver em qualquer forma de vida social, Rachele foi forçada a comparecer a uma recepção no Quirinal, onde reprovou o decote das damas da corte e achou as próprias damas afetadas, solenes e cheias de ciúme reprimido.[3] Olhavam para ela com "sorrisinhos arrogantes" e Rachele riu de si mesma pelo tanto de homens que se reuniam ao seu redor, beijando sua mão e esperando que falasse bem deles com Mussolini. Voltou para casa dizendo que o rei era um "velhaco sorridente", que disse considerar sua corte exatamente como um "galinheiro". Havia oferecido aos Mussolinis o uso de sua propriedade em Castel Porziano, repleta de cervos e javalis. Rachele mandou construir uma cabana de madeira lá e às vezes ia caçar pombos. Dizia que atirar era sua "maior paixão e única distração".

Rachele tinha outra ocupação agradável. Desde que chegou a Roma, continuou com suas atividades de espionagem, chamando-as de *"missioni di fiducia"*, missões de confiança, dizendo que tinha aprendido muitas boas dicas em *As mil e uma noites*, que sabia quase de cor. Poucos italianos sabiam como ela era, o que significava poder andar nos ônibus e bondes de Roma escutando o que as pessoas diziam sobre Mussolini. Nunca perdeu seu sotaque romagnolo e, se indagada, dizia se chamar

Margherita Guidi. Também formou sua própria pequena rede de informantes úteis, principalmente para espionar os *gerarchi*, pois desconfiava de muitos deles. Mussolini dizia não ter interesse em suas descobertas e as descartava como *"spionaggio femminile"*, espionagem feminina, mas ouvia o que ela dizia. Rachele raramente visitava o Palazzo Venezia e, quando ia até lá, geralmente era no momento em que o marido estava fora, quando então fazia um piquenique e sentava-se perto da janela na Sala del Mappamondo observando a multidão na Piazza Venezia abaixo.

Para a alegria de todos, Gandhi fez uma visita à família quando voltava para a Índia da Segunda Conferência da Mesa-Redonda de Londres, em 1931.[4] Depois de assistir a uma marcha de jovens fascistas e exibições de ginástica na Piazza Venezia e visitar Mussolini na Sala del Mappamondo, ele foi até a Villa Torlonia. Os dois meninos mais tarde se lembraram de ficar olhando pelas janelas o pai, Gandhi e sua famosa cabra, que o acompanhava a todos os lugares para prover seu leite, percorrendo as trilhas do jardim com o animal mordiscando os canteiros de flores. A certa altura a cabra escapou da guia e saiu correndo, mas foi então atraída por Rachele, que lhe deu um pouco de sal. Quando Gandhi foi embora, Mussolini disse a Rachele que ele era um verdadeiro santo, que usava a bondade como uma arma. "Esse homem e sua cabra estão fazendo o Império Britânico tremer." Mais tarde, Gandhi disse que Mussolini tinha "olhos de gato", que se reviravam de maneira assustadora, e que o tinha bombardeado com 44 perguntas diferentes sobre a Índia. O Duce mostrou simpatia pela sua causa, comentou, mas não se comprometeu com nada concreto.

Edda achava a vida na Villa Torlonia tremendamente tediosa. Agora estava grávida de seis meses, de um filho que realmente não desejava, e envergonhava os criados andando nua, um hábito aprendido na China. A minuciosa rotina dos dias na Villa nunca se alterava e a família vivia frugalmente – embora Mussolini não deixasse de ter um avião, um carro esportivo caro e vários cavalos. As refeições eram feitas em silêncio, sendo Edda a única dos filhos de Mussolini que se atrevia a tratá-lo como um pai comum, contestando suas afirmações e discordando de suas opiniões. Mussolini comia depressa e tinha péssimos modos à mesa.[5] Em seguida, a família, os funcionários e os guarda-costas entravam na sala com o projetor de filmes com os noticiários noturnos.

Mussolini estudava atentamente suas aparições na tela, para ver como seus discursos repercutiam junto ao público. Depois do noticiário, vinha um longa-metragem que ele raramente assistia, a menos que fosse uma comédia pastelão, e dizia "*bene, bene*" quando pratos se quebravam na cabeça das pessoas. Fabrizio brincava com Romano e Anna Maria, que não eram muito mais velhos que ele. A tia de Edda, Edvige, estava sempre lá, tendo se mudado para Roma após a morte de Arnaldo, quando Mussolini pediu a ela que ficasse perto dele, pois "nós dois somos agora os únicos sobreviventes da velha guarda".

Em meio a tudo isso, Ciano era um participante um tanto canhestro. Enquanto os Mussolinis gostavam de todas as formas de atividade física – natação, equitação, tênis, esgrima, e até Rachele jogava futebol –, ele só gostava de golfe. Era elegante, preguiçoso, extremamente consciente de sua boa aparência e de suas roupas bem-cortadas, preocupado em não engordar. Era muito gregário, cordial e essencialmente burguês em seus gostos. Os Mussolinis eram reservados, frios, pouco interessados em discussões ou em intimidade e avessos à vida social. Não costumavam dar presentes um ao outro; Mussolini só dava a Rachele uma fotografia sua emoldurada todos os anos no Natal. Ciano gostava de gastar dinheiro. Sabia que Rachele o desaprovava e que o considerava demasiado encantador, muito esquivo e não confiável. Odiava seu cabelo emplastrado de brilhantina. De sua parte, Ciano se referia a Rachele em particular como uma "*ammazza galline*", uma matadora de galinhas.

Roma não era a única coisa que tinha mudado. A própria ditadura assumira novas formas, disseminando-se por todos os aspectos da vida italiana. A "*fascistizzazione*" da Itália, iniciada com o Estado totalitário em 1926, codificando a passagem do culto do fascismo para o culto a Mussolini, entranhava-se no exército e na polícia, nas escolas e nos negócios, na indústria e no serviço público e até mesmo na vida familiar. Corajosos antifascistas, rotulados como traidores, estavam na prisão, em exílio interno ou foragidos no exterior. Os mais violentos e raivosos dos primeiros partidários de Mussolini foram expurgados, domados ou cooptados. Toscanini, considerado um bom fascista até 1931, recusou-se a tocar a "Giovinezza" num concerto em Bolonha e foi chutado e espancado até ser resgatado pelos carabinieri; desde então passou a ser constantemente importunado até partir para os Estados Unidos, dizendo: "Não vejo a hora de ir embora [...] Nós nos tornamos escravos brancos". Até as antigas classes dominantes pareciam ter esquecido que nunca planejaram que o governo de Mussolini continuasse depois de ele ter lidado com os comunistas e socialistas.

Uma série de recentes mudanças ministeriais destacou a natureza essencialmente fascista do governo, incorporando o já desdentado Partido Fascista ao regime e consignando os heróis *squadristi* à história como *la Vecchia Guardia*, a velha guarda. Muitos dos homens que os substituíram eram menos inteligentes, porém mais obedientes. A estrutura do próprio partido havia sido "*epurata*", purificada, e reduzida, com os preguiçosos e descomprometidos removidos junto com os que deixavam a desejar "no ardor, na responsabilidade e no perigo". O famoso slogan de Mussolini estava por toda parte: "Tudo pelo Estado, nada contra o Estado, nada fora do Estado".

E a Itália resistia melhor do que muitos esperavam à Grande Depressão, iniciada nos Estados Unidos e disseminada pela Europa. Apesar da falência de várias pequenas empresas, uma série de empréstimos do governo ajudou outras a se manterem na ativa. A produção industrial crescia, assim como a do setor agrícola. O Estado "corporativo" de Mussolini instituiu corporações que agrupavam representantes da administração e dos sindicatos nos mesmos órgãos, eliminando efetivamente o poder de barganha dos sindicatos e a competição interna para confrontar os concorrentes internacionais. Uma série de "batalhas" foi lançada: a "batalha do trigo", para aumentar a produção do cereal a fim de reduzir as importações da Itália; e a "batalha da lira", revalorizada para mostrar ao mundo que a Itália fascista era estável e tinha uma moeda forte e desejável. No sul de Roma, os pântanos de Pontine estavam sendo drenados, resultando em 80 mil hectares de terras férteis, e famílias desempregadas foram assentadas nas novas cidades de Sabaudia e Latina, onde eram instruídas a se tornarem cidadãos exemplares, imbuídos de orgulho e propósito cívico. As horas de trabalho foram reduzidas e criou-se um sistema de pensões e auxílio-doença.

O desemprego tinha aumentado, como em outros países europeus, mas os protestos não eram contra Mussolini ou nem mesmo a sua política, mas contra a ordem mundial, pois as dificuldades haviam sido mitigadas por medidas de alívio, muitas vezes rotuladas como "presentes do Duce". Havia merenda escolar para as crianças e "trens populares" para levar os trabalhadores ao litoral. Doutrinados pelos slogans e controlados pela vigilância policial, os italianos parecem ter reagido à Grande Depressão como a um desastre natural, algo totalmente fora do seu controle.

Até os jovens pareciam aceitar o regime, fosse porque lhes convinha, fosse por quererem realmente acreditar nos arroubos de Mussolini de que a Itália era a nação mais poderosa e admirável de um mundo de Estados decadentes e fracos.[6] Consideravam-se revolucionários e acreditavam que o fascismo havia despertado a Itália do torpor e da covardia e mostrado um novo caminho em que somente os fiéis seriam aceitos e recompensados. Obediência, valor e disciplina eram as novas palavras de ordem. Com considerável astúcia e discrição, Mussolini tinha criado um novo Estado, profundamente iliberal, convencendo os italianos que não estavam no exílio ou na prisão e de que a censura à imprensa, a emasculação do Parlamento e a repressão violenta da dissidência eram de fato um pequeno preço a pagar por novas estradas, saneamento e um programa de obras públicas sem igual na Europa moderna. Naquele momento, eles se sentiam orgulhosos.

Quanto ao próprio Mussolini, ele estava se transformando rapidamente em um Deus vivo. Os italianos diziam que era um gênio, mas ao mesmo tempo modesto, simples, um homem de família amoroso e, para provar isso, ele chorava quando visitava famílias camponesas carentes e tirava a camisa para ajudá-las na lavoura. Mesmo sem nunca ter mostrado muito interesse por esportes, era agora o "primeiro esportista" da Itália: montando cavalos e motocicletas, voando e lutando boxe, às vezes usando animais como adereços, dirigindo seu carro com seus filhotes de leão ao lado. Também praticava esgrima, declarando que aprimorava o físico e tinha tudo a ver com coragem e astúcia e que representava a *Romanità* e a *Latinità*, e esperava que Edda e os irmãos fossem esportistas e competitivos. Tinha um trem presidencial com seis vagões, contando com refeitório e cozinha, no qual, quando saía para suas muitas visitas a escolas e fábricas, ficava na janela para ser visto pelo povo.

Tendo criado um personagem público – com uma aura solene e de seriedade, olhos messiânicos, cabeça raspada (quando percebeu que estava ficando careca e não havia loções contra a calvície) –, o Duce desenvolveu um jeito de representar isso: andando com passadas mais largas e fazendo gestos teatrais para parecer mais enérgico.[7] Apesar de Margherita Sarfatti afirmar que ele não tinha senso de ironia e muito pouco senso de humor, Mussolini dizia que o que realmente gostava, depois da admiração das pessoas, era do riso do povo, caloroso e espontâneo. Uma manicure chamada Gina vinha todos os dias para fazer suas unhas e entretê-lo com as fofocas de Roma. Para ajudar os italianos a sentir, mas não a pensar, tornou-se um homem de símbolos, encantamentos, poderes e visões místicas, o que os deixava devidamente fascinados e admirados.[8] Como dizia o slogan popular: "*Mussolini ha sempre ragione*", Mussolini tem sempre razão.

A nova voga da fotografia ajudou – diz-se que, durante os vinte anos do fascismo, foram tiradas 30 milhões de fotos de Mussolini em 2.500 poses –, bem como o gosto nascente por estrelas de cinema.[9] O antissocial, passivo e caseiro Victor Emmanuel III, e sua rainha, ambos inequivocamente sem carisma e sem vontade de desenvolver algo do gênero, também foram úteis. A família governante dos Savoias sempre foi majestosa e distante: a falta de aparições em público permitiu a Mussolini entrar numa arena que poderia, e deveria, ter sido deles. Ele era um homem para quem o privado era público, um homem como os italianos comuns e seus vizinhos e fazia questão de ser conhecido por todos: viajava mais do que qualquer um de seus predecessores, orquestrando suas visitas como momentos mágicos de comunhão com o povo. Os filhos de Mussolini – principalmente Edda – eram extensões da sua personalidade. Para onde Edda fosse, havia fotógrafos para captar suas aparições; já tinha vencido sua timidez e agora não corava mais, mas odiava a atenção.

Tão poderoso se tornou o culto a Mussolini que, quando a família ia nadar na praia de Riccione, tantas mulheres totalmente vestidas corriam para a água atrás dele que o mar ficava cheio de roupas flutuantes. Uma unidade especial de guardas foi designada para nadar em volta dele, mantendo-as afastadas. Em vez de tocá-lo, essas admiradoras eram encorajadas a escrever para ele, o que dezenas de milhares faziam; havia um departamento de secretárias contratadas só para responder às cartas com fotos autografadas e às vezes um pouco de dinheiro. Agora, DUCE era sempre escrito em letras maiúsculas. A opinião geral era de ele ser tão grande quanto Napoleão, tão visionário quanto Adriano e um filósofo maior que Marco Aurélio.

Apesar de Roma ser o coração do culto, outros locais se mostraram úteis para enfatizar as conotações religiosas do fascismo. Forlì era "*la provincia del Duce*". Mesmo antes da Marcha sobre Roma, o túmulo da mãe de Mussolini em Predappio já era um local de peregrinação para seus seguidores. Nos anos 1920, uma nova aldeia, Predappio Nuovo, surgiu em torno da *Casa Natale*, onde ele tinha nascido, e do prédio em que Rosa, "*la più santa delle maestre: sua mamma*", lecionava. Rosa era a mãe da nova Itália, que protegia e nutria seus filhos.

Depois disso, veio uma imponente nova sede fascista, uma ponte sobre o Rabbi, uma capela familiar e uma igreja dedicada a Rosa.[10] Foi um pouco mais difícil canonizar o pai de Mussolini, Alessandro, que por um período só foi representado por um busto de bronze e uma bigorna; com o passar do tempo sua imagem foi esmerada, com o beberrão belicoso se transformando num artesão honesto e pai forte e viril. Todos esses altares para os Mussolinis eram visitados por destacados *gerarchi*, funcionários do governo e pessoas comuns, que chegavam a 5 mil por dia nos meses de verão, a pé, de ônibus, de bicicleta e de trem, para serem levadas num tour por um novo escritório turístico. Mussolini deu dinheiro ao *podestà* de Predappio para fornecer "uniformes decentes para a população local", que muito apreciava sua prosperidade recém-adquirida. Rachele, por sua vez, recebeu o título de "*prima massaia*" da Itália, primeira-dona de casa do país, embora, ao contrário de Mussolini, não tivesse mudado em nada, continuando tão rancorosa, vingativa e desconfiada de todos como sempre.

Não demorou muito para Edda entender o papel claro e vinculativo preparado para ela. Ela e Ciano seriam o jovem casal de ouro da nova aristocracia fascista, modelos do "*stilo fascista*", obedientes, eficientes, morais e fecundos. A própria Edda, independente, criativa e espirituosa, já tinha gerado um filho e certamente produziria outros. Mas tudo em sua natureza se rebelava contra isso. A diferença entre o que se esperava dela e o que ela própria queria, entre sentir e demonstrar emoções, tornou-se mais pronunciada. E ela ainda tinha apenas 23 anos.

*

Com a idolatria veio uma sensação cada vez maior de isolamento. "Agora", ouviram Mussolini dizer no enterro de Arnaldo, "não há mais ninguém em quem eu possa confiar" – exceto talvez Edda. Ele raramente convocava o Grande Conselho, e quando o fazia era para dar palestras. Ao escritor alemão Emil Ludwig – que veio entrevistá-lo em 1932 e o descreveu como um homem de "aço finamente temperado", um "leão, poderoso, mas sensível e nervoso" –, Mussolini disse que não tinha amigos, "em primeiro lugar por causa do meu temperamento, em segundo por causa da minha visão do ser humano.[11] É por isso que evito tanto a intimidade quanto a discussão". Não muito antes, dissera mais ou menos o mesmo a Margherita Sarfatti: "Não quero nenhum [amigo], odeio até mesmo essa ideia".[12] Embora ela continuasse pairando nos limites da sua vida, tendo feito uma grande cena na porta quando não foi convidada para a inauguração da Exposição da Revolução, Mussolini deixou de consultá-la. Margherita havia se mudado para uma casa não muito longe da Villa Torlonia, onde nas noites de sexta-feira continuava recebendo convidados estrangeiros, entre eles Ezra Pound, André Malraux e André Gide. Estava com 50 anos e já não era mais tão bonita quanto antes.

Certa vez, Mussolini disse a D'Annunzio que se sentia como a "mula nacional", uma expressão que costumava usar com Edda.[13] Tendo perdido Arnaldo e se livrado de Margherita Sarfatti, sentia-se cauteloso, cético, convencido de que tinha de fazer tudo sozinho, que era o único líder de uma Itália que dependia só dele, embora o retorno de Edda de Xangai fosse de alguém com quem achava que poderia falar. Uma necessidade obsessiva de controle fazia Mussolini perder grande parte do dia examinando jornais estrangeiros para ver o que diziam sobre a Itália, lendo relatórios do partido, de Bocchini, da OVRA e dos ministérios. Quando estava no carro, olhava pela janela em busca de coisas para mudar ou criticar. Muitas decisões agora eram tomadas às pressas, com muito pouca preparação. Ordens, diretivas e reprimendas jorravam do seu gabinete. Os visitantes italianos da Sala del Mappamondo eram avisados de que teriam que cruzar os vinte metros de mármore ecoante sendo ignorados por ele, embora pudesse ser encantador com os estrangeiros, avançando em direção a eles com seu passo elástico e felino, sua conversa fluente e às vezes espirituosa, rica em metáforas. Apesar de já estar com 50 anos e não se sentir feliz nem contente, ainda era o "homem da providência" que parecia nunca envelhecer.

E ainda tinha tempo para as mulheres, que continuavam passando pelo Palazzo Venezia, selecionadas por seu *maggiordomo* Quinto Navarro. Elas eram admitidas, escreveu depois Navarro, no final da tarde para um rápido intercurso na Sala del Mappamondo, no tapete em frente à mesa ou numa almofada dos bancos de pedra perto da janela. Todas as "novas", qualquer que fosse sua origem, eram investigadas por Bocchini e tinham suas ligações interceptadas. Os dossiês se amontoavam.

Então, em 24 de abril de 1932, uma nova figura entrou na vida de Mussolini. Ao dirigir em alta velocidade pela Via del Mare, ultrapassou um Lancia conduzido por um motorista particular. No veículo estavam Giuseppina Petacci, mulher de um bem-sucedido médico da sociedade, e suas duas filhas, Claretta, de 20 anos, e Myriam, de 8. O noivo de Claretta, Riccardo Federici, estava com elas.

Entre as cerca de 1.500 cartas que chegavam ao Palazzo Venezia todos os dias, havia muitas efusivas e apaixonadas de escolares e mulheres jovens. Várias delas eram de Claretta, que dizia "Duce, minha vida é sua!" e anexava seus poemas.[14] Reconhecendo Mussolini ao volante do Alfa Romeo vermelho, ela acenou freneticamente, gritando "Duce! Duce!" e fazendo o motorista acelerar. Quando chegaram a Óstia, os dois automóveis pararam lado a lado. Claretta saltou e correu até ele; ninguém a impediu. Três dias depois, Mussolini ligou para a casa de Petacci e convidou Claretta ao Palazzo Venezia para ler seus poemas. Foi levada até lá pelo motorista e a mãe ficou no carro quando ela entrou.

Quando Edda voltou de Xangai, Mussolini e Claretta ainda não eram amantes, mas ela já era uma presença importante na sua vida, visitando frequentemente seu gabinete à tarde e trocando até uma dúzia de telefonemas por dia. Claretta tinha cabelos escuros, o rosto redondo, uma voz rouca, olhos verdes, seios grandes e o nariz um tanto proeminente. Gostava de perfumes Lanvin, de casacos de pele e chocolates, que comia deitada na cama. Disse a Mussolini que sentia por ele um "êxtase do meu coração". Era dois anos mais nova que Edda.

Em 12 de dezembro de 1933, Edda deu à luz Raimonda, que de imediato ganhou o apelido de Dindina. Sem jamais conter seus pensamentos, por mais pessimistas que fossem e de acordo com o hábito dos Mussolinis de relacionar o nascimento dos filhos a eventos ou estados de espírito, referia-se à filha como *"la figlia dell'errore"*, a filha do erro. Ciano se tornara o *"Gallo"*, o galo e senhor do seu galinheiro de mulheres amorosas. Ela mesma agora era "Deda". Os Cianos se mudaram da Villa Torlonia para um apartamento no sótão de uma velha casa em Parioli, no número 5 da Via Angelo Secchi. Os dois filhos moravam com uma babá no andar de baixo. Edda era uma mãe legal, interessada, mas não muito apegada; nem Fabrizio nem Raimonda conseguiam romper a cautelosa barreira de autoproteção emocional estabelecida por ela. O casal trouxe de Xangai tapetes e móveis, que Ciano dispôs meticulosamente pelos cômodos vazios. Edda, que não se importava com a domesticidade, deixava a casa para ele: Ciano planejava a decoração, escolhia o pessoal, fazia a contabilidade da casa e decidia os cardápios.

Ciano começou a procurar um emprego praticamente no momento em que voltaram a Roma. Em junho de 1933, Mussolini o enviou à Conferência Econômica Mundial em Londres para discutir a Grande Depressão. A delegação italiana ficou no Claridge e Ciano impressionou os colegas com seus modos afáveis e vontade de agradar. O que se lembrou depois foi de que, quando alguém mencionava um amigo que tivera a sorte de se casar com uma herdeira, ele interrompia: "Ninguém poderia dizer isso de mim. Como todos sabem, Edda se casou comigo sem um tostão."[15] O dote foi realmente muito pequeno.

Talvez faltasse dinheiro, mas ele logo arranjou um emprego de prestígio. Edda foi dizer ao pai que o andar inquieto de Ciano pela casa a estava deixando louca. "Mande-o para onde você quiser! Arranje um emprego! Ele não aguenta mais, e nem eu." Mussolini deu ao genro o cargo de chefe do seu Gabinete de Imprensa Presidencial, para promover as glórias do fascismo, e na verdade as do próprio Duce. Ganhou o posto de ministro plenipotenciário e um escritório no Palazzo Chigi, onde imediatamente mandou arrumar uma cama, para estar à disposição em qualquer momento de crise. Ciano era um servidor eficiente, e aprendera a seguir e cumprir ordens com o pai autoritário. Lutando para escapar da tutela de Mussolini e cada vez mais determinada a seguir seu próprio caminho, Edda se enfurecia com a subserviência do marido ao pai dela. Achou que Ciano seria seu aliado; em vez disso, mostrava-se claramente mais preocupado em agradar o sogro. Odiava quando o via reproduzindo os gestos do pai, imitando suas falas em staccato, adotando seu passo marcial e comportamento autoritário, quando na verdade seu andar natural era desajeitado e sua expressão normal era bondosa e um tanto tímida.[16]

Para Mussolini, Ciano era a escolha perfeita: trabalhador, bom linguista, dinâmico e cheio de iniciativa. Chegara o momento de suavizar o controle opressivo sobre a imprensa, exercido por quase dez anos, e de encontrar formas mais sofisticadas de impor o regime fascista. Ciano recebeu um orçamento generoso e começou a reunir sua corte.

Os contatos entre os fascistas italianos e os nacional-socialistas alemães datavam de antes da Marcha sobre Roma, quando Hitler fez propostas a Mussolini.[17] Embora não houvesse laços mais estreitos entre os dois até Hitler chegar ao poder, nas eleições de janeiro de 1933, sabia-se que Hitler considerava Mussolini inspirador. Pelo menos por algum tempo referia-se a ele como "meu mestre", e tinha um busto do Duce em tamanho real no seu gabinete em Munique. De sua parte, Mussolini achava *Mein Kampf* "ilegível" e que os nazistas eram fanáticos e sem sutileza, mas apreciava a óbvia admiração de Hitler por ele e do seu desejo de um relacionamento amigável entre os dois países. Enquanto em toda a Europa a ascensão de Hitler foi recebida com consternação, na Itália a reação foi amplamente positiva. Ciano, porém, mostrou-se cético. "Hitler no poder?", teria dito a Edda. "Que catástrofe."

Dois meses depois de se tornar chanceler, Hitler designou Goebbels para chefiar um Departamento de Propaganda, com controle sobre a imprensa, as artes e a rádio, bem como orientações para celebrar as conquistas nazistas. Goebbels foi a Roma, e Edda foi convidada a vários jantares para demonstrar as aptidões diplomáticas que adquirira na China. Com Rachele se recusando a comparecer a esses compromissos, Mussolini estava descobrindo que Edda era uma anfitriã talentosa. Xangai a havia suavizado, tornando-a menos ressabiada e mais habilidosa politicamente. Ela achou Goebbels interessante. Apesar do seu desdém por Hitler, Ciano fez uma análise detalhada e admirável do novo departamento de Goebbels, propondo que os italianos adotassem um modelo semelhante.

Mussolini não tinha pressa de se encontrar com Hitler pessoalmente, mas por fim concordou com um encontro em junho de 1934. A primeira tarefa importante de Ciano foi providenciar a cobertura da imprensa, e ele cortejou e aliciou os duzentos jornalistas convidados com cuidado e eficiência. Xangai teve o efeito de aumentar em Ciano o desejo de ser amado. O encontro entre os dois líderes aconteceu no imenso palácio real de Pisani em Stra, no canal do Brenta em Veneza. Foi um desastre desde o início, pois julgaram mal a formalidade da ocasião. Hitler chegou a Veneza retorcendo nervosamente seu chapéu de feltro cinza nas mãos, vestindo uma capa de chuva amarela e sapatos de couro envernizado. Mussolini usava um resplandecente uniforme fascista preto, com adaga e esporas de prata, cercado por *gerarchi* que pareciam pavões com todas as suas condecorações. Mosquitos, definidos com humor por um jornalista como do tamanho de codornas, atormentavam as delegações.

Quando ficaram a sós, a equipe a distância notou que os dois latiam um para o outro como cachorros, possivelmente porque o alemão de Mussolini era apenas razoável e o sotaque bávaro-austríaco de Hitler dificultava a comunicação. Em um passeio de barco pela lagoa de Veneza, Hitler divagou sobre a superioridade nórdica, observando que os italianos tinham "sangue negro nas veias". Questionado mais tarde sobre o que pensava do seu convidado, Mussolini minimizou Hitler como um "palhacinho bobo" e um "monge tagarela", que não parava de falar em "pegar a Europa de surpresa". Mas se gabou de ter dado alguns bons conselhos a Hitler, dizendo que "agora ele vai me seguir para onde eu quiser".[18]

De todo modo, Mussolini sonhava com outra forma bem diferente de conquista. Chegara o momento de cumprir uma promessa que havia feito repetidamente aos italianos em discursos ao longo dos anos: a de tornar a Itália "grande, respeitada, temida". Para isso, precisava de colônias, de um império comparável aos da França e da Grã-Bretanha e que provasse que a Itália tinha um lugar legítimo na mesa entre as grandes potências. Havia muito estava de olho na Etiópia, a última potencial colônia remanescente na África, e ansiava por voltar a ouvir o passo forte das legiões romanas. De Londres, Dino Grandi, agora embaixador na Corte de St. James, garantiu que os britânicos não entrariam em guerra por isso.

Antes de agir, contudo, Mussolini queria ter certeza da posição da Grã-Bretanha. Em julho de 1933, a Itália assinou um pacto quadripartite com a França, a Grã-Bretanha e a Alemanha concordando em preservar a paz na Europa. Ele acreditava que os britânicos eram amigáveis, tendo ouvido falar que os que visitavam Roma costumavam voltar para casa comentando sobre seu ar de autoridade e força de caráter. Lady Chamberlain não tinha comentado sobre sua vitalidade e seus músculos? E Lord Rothermere, dono do *Daily Mail*, não o havia comparado a Napoleão? Mussolini tinha o emissário perfeito à mão. Decidiu enviar Edda a Londres, com seu bom inglês, suas habilidades diplomáticas e sobretudo com os poderes de observação que lhe havia ensinado. A tarefa dela, explicou, era convencer os britânicos de que a Itália realmente *tinha* ambições de invadir a Etiópia e estudar as reações.

Edda deixou Ciano e os filhos em Roma e chegou a Londres no final de junho de 1934. Estava com 23 anos, mas sua sofisticação a fazia parecer mais velha e aqui, finalmente, tinha um trabalho a fazer. A temporada social estava no auge, e os britânicos se divertiam em Wimbledon com o balé russo e uma súbita voga de frequentar piscinas. Ficou hospedada com os Grandis na embaixada, foi convidada por Lady Astor para uma vista a Cliveden, e por Sir Philip Sassoon para ir a Port Lympne em Kent; foi a convidada de honra no Lyceum Club e em um almoço oferecido por Marchesa Marconi no Ritz. Recebida pelo rei e pela rainha na corte, ficou deslumbrada com os uniformes, a cerimônia e onde aperfeiçoou, segundo disse mais tarde, suas vênias. Em Ascot, George V ofereceu-lhe um cigarro. Em um baile na embaixada italiana, usando um vestido de tule preto com uma cinta vermelha, o príncipe de Gales a convidou para a primeira dança.

Grandi era um bajulador: os relatórios que enviava a Mussolini eram untuosos. Escreveu que os britânicos diziam que Edda não era apenas "bonita, inteligente e extraordinariamente interessante", mas ainda, "o que é mais raro, dotada de uma perfeita harmonia entre juventude luminosa e uma natural e requintada dignidade aristocrática [...] Você deveria se sentir muito orgulhoso – Duce – desta sua garota". O *Sunday Chronicle* escreveu que Edda era tão esguia e "moderna quanto qualquer de nossas debutantes". As pessoas que a conheceram ficavam surpresas com sua aparente candura e franqueza e seus comentários espontâneos e às vezes cáusticos.

Edda cumpriu sua missão com esmero.[19] Foi astuciosa e observadora e não se intimidou indevidamente, aceitando a deferência e a admiração que lhe eram devidas como filha de Mussolini. Entendeu muito bem que seu papel era parecer a jovem fascista perfeita, elegante, de cabelo curto, porém feminina, sem a androginia decadente tão ridicularizada pelo pai. Voltou a Roma para dizer a Mussolini que, de forma geral, os britânicos pareciam absolutamente indiferentes à ideia de uma incursão na Etiópia. Afirmou que ouvira de lorde Rothermere: "Podem ir lá e assumam o controle daqueles negros infelizes! [...] Afinal, nós também construímos o nosso império".[20] A única voz hostil veio do primeiro-ministro, Ramsay MacDonald, que organizou um almoço em sua homenagem. Em resposta à sua pergunta sobre a posição da Grã-Bretanha em relação a uma eventual invasão, ele foi claro e decididamente frio. "Muito bem, mas suponho que vocês já tenham pensado nas consequências?" A resposta de Edda, como relatada por ela, assumiu a forma de outra pergunta. "Vocês vão declarar guerra contra nós?" "Não, não vamos", respondeu MacDonald. Tudo isso foi uma boa notícia para o seu pai.

Na Itália, os *gerarchi* e o público em geral entenderam a missão diplomática de Edda, que começou a ser considerada como alguém – talvez a única pessoa – que tinha alguma influência real sobre Mussolini. Uma aura de poder parecia pairar sobre ela; limitada, certamente, pelo fato de ser mulher, mas ainda assim poderosa. A própria Edda começou a perceber que poderia ter um papel no regime como emissária informal no cenário mundial. Entediada, sem gosto pela vida social formal e com muito pouco para fazer, talvez isso pudesse lhe dar um propósito.

Em abril de 1933, o chanceler e ditador efetivo da Áustria, Engelbert Dollfuss, veio a Roma em busca de apoio contra as ambições de Hitler envolvendo seu país. Dollfuss e Mussolini se davam bem, e o Duce disse ao chanceler que defenderia a independência da Áustria. No verão, Dollfuss e sua esposa, Alwine, ficaram hospedados na nova casa de veraneio de Mussolini em Riccione. No verão seguinte, os Dollfuss foram convidados de novo, mas desta vez Frau Dollfuss veio sem o marido, trazendo os dois filhos pequenos. Edda estava lá com os próprios filhos, assim como Romano e Anna Maria, e os dias transcorreram agradavelmente. Então, em 25 de julho de 1934, chegou a notícia de que Dollfuss fora assassinado em sua chancelaria por um grupo de nazistas austríacos. Mussolini e Rachele, que estavam em Cesena inspecionando os planos para um novo hospital, voltaram correndo para contar à viúva. Mantendo uma aparência de calma, Mussolini disse à família durante o jantar: "Acredito que a paz na Europa acabou".

No dia seguinte, Mussolini mobilizou e enviou quatro divisões para o passo do Brennero, como uma demonstração de força contra novos planos nazistas para a Áustria e também para evitar qualquer possibilidade de avanço nas fronteiras da Itália. Não desejando um conflito com as potências ocidentais, Hitler recuou. Por um breve momento, os jornais italianos foram instados a publicar sentimentos antialemães. O crime ocorreu poucas semanas depois do assassinato de Ernst Röhm e dos líderes paramilitares dos Camisas Pardas da SA. Os jornais italianos foram instados a publicar caricaturas de homens louros da SS como se fossem mulheres, chamando-os de "*belli-nazi*". Mussolini passou a se referir a Hitler como uma "criatura horrível, sexualmente degenerada". Edda concordava com o pai e o chamava de Átila, o Huno.

A proposta de Ciano para os italianos adotarem a máquina de propaganda de Goebbels foi bem aceita.[21] Em setembro, a Assessoria de Imprensa Presidencial foi transformada num subministério, com Ciano como subsecretário.[22] A Grande Depressão tinha aumentado a convicção de Mussolini na necessidade de um novo tipo de civilização, um novo "estilo de vida", puro, robusto e ativo e, para viver isso, um novo italiano. A *Fascistizzazione* se tornaria não apenas coercitiva, mas também prescritiva, e a imprensa seria considerada uma orquestra regida pelo Duce.[23] Ciano instalou-se em um escritório grande e elegante no Palazzo Balestra, na Via Veneto, com acesso ao Gran Consiglio e o direito de decretar suas próprias diretrizes e assumir responsabilidades anteriormente da alçada de outros ministérios. Ele agora tinha poder sobre a publicação de livros, a imprensa, o Automóvel Clube, teatros, a empresa de documentários LUCE, estações de rádio e a produção de filmes.

As "*veline*", breves ordens aos jornais sobre exatamente o que deveriam dizer e até as manchetes, a maioria delas determinada por Mussolini, começaram a sair do seu gabinete. "Por favor, permita-me repetir-lhe minha infinita e afetuosa devoção", escreveu ao sogro. Ciano estava com 31 anos, e ele e Edda tinham recebido o título de "*Eccellenza*".

CAPÍTULO 8

NA CORTE DE CIANO

Fazia treze anos que as famílias nobres romanas assistiam pelas venezianas ao ruidoso exército de Mussolini pavoneando-se como vitorioso pela cidade. Elas tinham achado que o fascismo não duraria muito. Mas durou, infiltrando-se por todos os aspectos da vida política e administrativa e, em 1935, não havia indícios de que os fascistas pretendessem sair do poder. Nos primeiros anos, curiosamente, a nobreza e as grandes figuras fascistas pouco se misturaram, com cada lado vendo o outro com extrema cautela, embora a nobreza continuasse grata por Mussolini ter se livrado dos comunistas e dos socialistas. Mussolini não tinha gosto pela vida social e dizia que achava as mulheres aristocráticas romanas insatisfeitas, opinativas e enjoativas. Como disse a Angela Curti: "Elas querem que eu me aproxime, para poderem rir de mim pelas costas". Seu interesse era por Roma, com seus planos de torná-la "mais uma vez a cidade dominante da civilização em toda a Europa Ocidental".

Um número muito reduzido de famílias aristocratas, cientes de terem desperdiçado seus vastos patrimônios e confiado muito credulamente em agentes e administradores corruptos, tinha casado suas filhas com alguns *gerarchi* mais educados, mas poucos desses casamentos tinham dado certo.[1] Em sua maioria, as cerca de trezentas famílias nobres de Roma prefeririam fazer o que sempre fizeram: dormir em suas grandes camas com guirlandas, reunir-se em seus magníficos palácios com afrescos para jogar bridge, mahjong, organizar pequenas recepções, vestir seus criados com libré, caçar raposas na Via Appia Antica, exercer seu poder ancestral – agora muito reduzido – e patrocinar seus clubes, alguns dos quais só admitiam homens com títulos de nobreza. Não tinham vontade de ver os próprios filhos desfilando com camisas pretas. Como escreveu a ítalo-inglesa Duchessa di Sermoneta em suas memórias, elas achavam desagradável ver Roma "invadida pelos *gerarchi* fascistas e seus bajuladores".[2]

A família real era ainda mais avessa à vida social do que Mussolini e Rachele – se é que isso era possível. O rei abominava o mundanismo e a vida pública. Contudo, ao perceber que a presença do rei ao lado de dignitários fascistas em eventos cerimoniais conferia brilho ao regime e querendo sublinhar a ligação entre o fascismo e a monarquia em uma cultura compartilhada de guerra, heróis e lembranças, Mussolini aumentou a pressão para Victor Emmanuel se mostrar mais às pessoas. Às vezes os dois compareciam juntos em visitas a centros industriais, escolas ou academias militares, sob os gritos de *"Per il Duce, o Patria, per il Re! A noi!"*.

Mussolini visitava o rei no Quirinal duas vezes por semana, usando roupas civis. Os dois não poderiam formar uma dupla mais improvável: o rei pequeno, de bigode, rígido e um tanto sem graça, e o cada vez mais corpulento Duce, sempre um ator, coreografando cada movimento minuciosamente para se mostrar sob a melhor luz. Às vezes, muito ocasionalmente, o rei roubava o espetáculo, convocando reservas inesperadas de dignidade militar, apesar de sua aparência nada marcial. A colaboração entre os dois era definida por todos os lados como "amistosa" e, quando o rei concedeu a Mussolini o prestigioso Collare dell'Annunziata, passou a assinar suas cartas como *"Affezionatissimo cugino"*, afetuosíssimo primo.[3] Por onde quer que passasse agora, Victor Emmanuel não era mais o rei da Itália, mas o rei da Itália fascista.

O casamento do príncipe herdeiro Umberto com Maria José não foi feliz.[4] Umberto era correto, gentil e diligente, pouco interessado em cultura, fanático por etiqueta e obedecia tacitamente ao pai, com quem pescava em San Rossore e conversava sobre a realeza. Durante toda sua vida, beijava a mão de seu pai toda vez que se encontravam. Culta, avoada e impulsiva, Maria José era ostensiva e fisicamente afetuosa com a família e achava a corte italiana extremamente fria. De tempos em tempos, havia rumores de uma anulação do casamento, mas a Casa de Savoy não permitia divórcios. Começando a pensar na sucessão real, Mussolini conseguiu aprovar uma lei que conferia ao Gran Consiglio – ou seja, a ele mesmo – o direito de opinar na escolha do futuro monarca. Umberto considerou isso como uma espada de Dâmocles pendendo sobre a cabeça.

Muito antes dos Grand Tours do século XVIII, Roma era uma fonte de deleite e fascínio para gerações de viajantes e estudiosos, que vinham desenhar as muitas igrejas e passear pelo gramado do Fórum. Os alemães estabeleceram seu próprio instituto histórico, os franceses construíram uma academia na Villa Medici e sua embaixada ficava em um dos mais belos palácios romanos, o Farnese. Em uma festa organizada pela embaixada da Áustria, os convidados vieram vestidos de persas, acompanhados por pajens negros, macacos, pavões e galgos. Apesar de a Primeira Guerra Mundial ter levado ao desaparecimento de muitas colônias estrangeiras há muito estabelecidas, elas deixaram sua marca na forma de bibliotecas, escolas de arte e faculdades, e, nos anos que se seguiram, o número de visitantes internacionais aumentou cada vez mais. Alguns diziam considerar a transformação da Itália sob os fascistas quase milagrosa, admirando os novos trens com motores elétricos, os funcionários educados e eficientes, as novas e excelentes estradas e a ausência de moradores de rua. Como disse um americano, Mussolini estava "descarcamanizando os carcamanos".[5]

Com todas essas diversas forças em jogo, no início dos anos 1930 houve uma mudança de opinião em relação aos fascistas.[6] Antes, o pensamento dominante, como disse uma mulher, era o de ser "melhor esperar e esperar, viver como se nada tivesse acontecido". Mas, agora, esse tempo havia passado. Com a assinatura dos acordos do Vaticano, as relações entre a nobreza negra e os fascistas ficaram mais amigáveis, com os clérigos e a nobreza considerando que nem todos os líderes fascistas eram tão grosseiros e vulgares quanto temiam. Tornou-se conveniente cortejá-los.[7] Lamentando a falta de cargos e reconhecimento para seus príncipes e duques, o Colégio dos Arautos convocou uma reunião para "oferecer nossos serviços ao regime". Mussolini já tinha falado calorosamente sobre o "alto destino" da nobreza e, por um tempo, esses nobres pensaram que poderiam estar a caminho de novas distinções, apesar de suas esperanças terem sido frustradas quando seu pedido de adicionar "*Eccellenza*" aos seus títulos foi recebido com desdém e frieza.

O tratamento de "*Eccellenza*" ficou zelosamente reservado aos líderes fascistas. No entanto, muitos desses condes e marqueses conseguiram se infiltrar em empregos fascistas, e alguns ironizaram, dizendo estar injetando um pouco de "esnobismo ardiloso nos fascistas".

George Nelson Page, jornalista anglo-italiano e sobrinho de um famoso general do sul dos Estados Unidos, que voltou a Roma depois de alguns anos no exterior e obteve a cidadania italiana, encontrou uma capital diferente da que conhecera quando menino – mais movimentada, mais eficiente e mais divertida, apesar de retraída em comparação ao tilintar e à alegria de Paris.[8] Notou que os italianos pareciam orgulhosos de ser italianos. Os salões que frequentava começavam a abrir suas portas para os *gerarchi*. Somente algumas famílias aristocráticas continuavam resistindo, escreveu: a duquesa Olimpia Civitella della Porta só recebia a nobreza negra; sua regra era dizer não aos estrangeiros e aos fascistas.

De todo modo, os fascistas não estavam muito interessados, pois já se consideravam a nova aristocracia, não pelo sangue, mas pelos sacrifícios na Primeira Guerra Mundial, e pelo menos alguns – como Grandi e Costanzo Ciano – tinham seus próprios títulos. Como homens intrinsecamente provincianos e voltados à família, criados sob o *manganello* e hostis a todas as coisas cosmopolitas, eles não tinham muito o que falar nos altos círculos sociais de Roma. Acharam mais fácil deixar as antigas famílias nobres incólumes, com os espiões de Bocchini os vigiando por meio de seus motoristas, cozinheiros, criadas e amigos. Embora cheios de cautela e desdém, cada um tentando lucrar com o outro, aristocratas e fascistas estavam aprendendo a viver juntos.

Quando Hitler e Mussolini se encontraram, em 1934, ficou claro que existiam mais diferenças do que semelhanças entre os dois países, e essas disparidades pareceram mais pronunciadas a Mussolini quando Hitler se encaminhou para a Áustria. Como disse na época, Hitler não passava de um "*pazzo pericoloso*", um lunático perigoso. E os alemães tinham um inimigo que a Itália não via como tal: os judeus. Fundamentos basilares desde o início do nacional-socialismo, o antissemitismo e a pureza racial eram conceitos quase totalmente estranhos ao caráter dos italianos, de Mussolini e de todos os setores do Vaticano. Ao menos naquele momento. Como disse a Emil Ludwig, Mussolini considerava o antissemitismo "o vício alemão".

*

Algo novo e significativo acontecia na sociedade italiana. O fascismo havia encontrado seu casal de ouro, com impecáveis pedigrees fascistas e com a cultura e a sofisticação requeridas para preencher a lacuna entre a nobreza romana esnobe e fechada e os *gerarchi* rudes e ambiciosos. Edda e Ciano eram tudo o que Mussolini sonhara como modelo de família fascista: jovens, saudáveis, elegantes, vigorosos e férteis. Na imprensa, sempre aduladora, dizia-se que eles foram nascidos "para o sol e a retidão". No entanto, nem Edda nem Ciano, como se viu, estavam destinados a desempenhar esse papel na fusão dos dois mundos, embora cada um deles, à sua maneira, adotasse o lado mais sombrio da vida social romana, terra de ninguém, onde os mais aventureiros da nobreza uniram forças com a energia e entusiasmo do fascismo. E lá vicejaram.

Edda estava sempre na moda.[9] Penteava os cabelos em coques altos e, segundo relatos, ia todos os dias ao Attilio, na Piazza di Spagna, o cabeleireiro mais famoso de Roma. Quando a primeira Exposição da Moda, realizada em Turim no ano de 1933, promoveu a ideia de um "*stile nazionale*", criado por estilistas e costureiras italianas, Edda passou a se vestir em Roma, e não em Paris, apesar de ser conhecida por gostar de perfumes franceses. Ainda muito magra, ficava bem no novo "*abito serpentissimo*", o vestido justo, às vezes usado à noite com cauda. Seu rosto continuava severo e ossudo, com uma autoconfiança que lhe dava dignidade.

No entanto, suas características de quando menina – a gata selvagem, a cavalinha maluca – continuaram na mulher adulta: era voluntariosa, rebelde, insólita e inquieta, o que só a tornava mais fascinante para os repórteres. Algumas anfitriãs diziam que Edda podia ser tímida e brusca, mas que tinham prazer em convidá-la para seus jantares. Edda ia com prazer, mas sempre ciente de que, muitas vezes, os convidados, sabendo o quanto era próxima do pai, achavam que sabia de seus segredos e iriam querer coisas dela. Como observou uma princesa romana mais idosa: "A sociedade romana é dividida em duas partes: a que trata Edda como '*tu*' e a que gostaria de fazer isso".

O conde Volpi di Misurata, ex-ministro das Finanças e anfitrião de Edda em sua lua de mel, teve a ideia de organizar um festival anual de cinema em Veneza, onde, com seu *palazzo* no Grande Canal, ele era conhecido como o Corsário ou Doge. Em uma das visitas de Edda, Volpi organizou um jantar para ela no terraço do Excelsior. Os convidados brigaram por um convite, implorando para sentar ao lado dela, e, nessa noite, ela se mostrou cortês, distinta e um pouco distraída, rodeada por uma inequívoca aura de inacessibilidade. Mas nem todos ficaram encantados por Edda. A Duchessa di Sermoneta, que a conhecera nessa época, escreveu em seu diário que Edda não era atraente e não se esforçava para ser agradável. A maneira como a aristocracia passou a bajulá-la e chamá-la de "querida" deixou a duquesa enojada.

Ciano levava seu trabalho muito a sério em seu novo gabinete na Via Veneto, sempre consciente de que Mussolini era um excelente jornalista, um leitor obsessivo de jornais, italianos e estrangeiros, e sempre muito atento a cada nuance das reações do mundo ao fascismo e à sua própria pessoa.[10] Ciano sabia que sua tarefa era alimentar e moldar o então chamado "novo italiano", do berço ao túmulo, e dizer-lhe o que pensar. Como dizia Mussolini: "O jornalismo italiano é livre porque serve apenas a uma causa e a um regime". Um Ciano jubiloso disse a seu amigo George Nelson Page: "Tudo passará por mim, nós falaremos com o mundo inteiro!".

Através dele, talvez, mas não *a partir* dele: Mussolini ligava para Ciano o tempo todo, bradava ordens, instruções sobre quais argumentos apresentar à imprensa, quais tópicos evitar e até mesmo quais fotos publicar. Disse ao genro que a palavra "*coniglio*" nunca deveria ser usada ao lado de "italiano", pois coelhos sugeriam fraqueza, e que os jornais não deveriam publicar fotos de mulheres usando calças compridas porque isso as fazia parecer masculinas. (As calças de Edda passavam despercebidas.) Não podia haver brigas de namorados, suicídios, lares desfeitos e nenhuma menção a doenças venéreas. O clima deveria seguir universalmente bom, evitando-se quaisquer notícias sobre tempestades. Quanto à cobertura do próprio Mussolini, ele nunca, jamais, deveria ser mostrado como velho ou cansado e não poderia haver nenhuma referência a problemas de saúde ou a datas de aniversário.

Tendo estudado a máquina de propaganda de Goebbels com muita atenção, Ciano passou a adaptá-la aos italianos, tornando-a mais amena e menos contundente.[11] Não haveria coerção, nenhum sentimento de ameaça e intimidação, mas sim indução e persuasão. Nunca fazia ameaças e raramente era autoritário. Cordial e generoso, cortejava jornalistas e editores, convidava-os para almoços e presenteava-os com pequenos envelopes de dinheiro, alegadamente para cobrir seus custos em projetos literários fictícios. Entendendo perfeitamente essas artimanhas e subterfúgios, a maioria concordava com a ficção de que na Itália não existia crime e pobreza, o sol sempre brilhava e o país não tinha doenças graves. No verão de 1935, quando Roma foi assolada por uma forte epidemia de tifo, houve apenas uma mínima menção nos jornais, para não alarmar os turistas.

Parecendo sempre à vontade, com cabelo penteado para trás com brilhantina e ternos estilosos feitos por seu alfaiate inglês, Ciano jogava golfe no clube da Acquasanta, na Appia Antica, onde tinha uma mesa reservada e onde os peticionários esperavam suas saudações como moradores de rua. Como escreveu sua amiga Susanna Agnelli: "Ciano era a própria imagem do poder mundano". Era considerado anglófilo e irredutível. Era vaidoso, mas não tão bobo – ao menos naqueles primeiros tempos – a ponto de não perceber que parte da admiração ao seu redor provinha de simples oportunismo. Sempre que falava, "todos caíam na gargalhada", comentou um amigo. "Mas não sei se Ciano não odiava todos eles." Convinha-lhe acreditar que todos eram amigos. Era atraente para as mulheres, até porque ele próprio se sentia muito atraído por elas, apesar das coxas roliças e os joelhos caídos, braços e pernas muito curtos e uma voz que se elevava em falsete quando ficava irritado. Teve o cuidado de melhorar suas credenciais fascistas e ingressar no partido, fazendo um colega jurar que ele fizera parte do esquadrão Disperata em Florença – uma mentira –, o que lhe conferia o direito de usar faixas vermelhas no uniforme. Segundo um amigo, "ele parecia um homem feliz".

Não demorou muito para formar uma corte ao seu redor: jornalistas, escritores, princesas, atrizes, o *beau monde* de Roma, que se reuniam para beber no bar do Excelsior e davam festas em casa. Ao contrário de muitos outros *gerarchi*, Ciano teve o cuidado de nunca se comportar de maneira grandiosa. Os que o conheceram nos tempos de estudante ficaram surpresos com a rapidez com que se transformou. Seu círculo íntimo era, como diziam, um Petit Trianon, no qual ele dominava, onde Edda raramente aparecia e tudo era muito sedutor. Tanto Edda quanto Ciano, cada um a seu modo, foram sedutores e seduzidos.

Vários amigos novos e duradouros entravam na vida do casal, porém o mais interessante era um tipo extravagante e fantasioso chamado Curzio Malaparte, que mais tarde escreveu um retrato vívido e zombeteiro da sociedade romana. Nascido Kurt Erich Suckert, de pai alemão, em 1898, adotou o nome de Malaparte quando se tornou escritor. Passou nos exames para o Ministério das Relações Exteriores, mas logo se impacientou com suas formalidades. Dizia se deleitar com o caos. Atraído pelo populismo inicial do fascismo, queria se tornar a voz de suas raízes intelectuais. Com cabelos pretos muito brilhantes, descritos por uma amiga como "suaves como veludo", Malaparte era um homem bonito, de cílios longos, nariz reto, queixo bem formado e "olhos de anjo".[12] A boca era "triste e cruel", e dizia-se que usava pó de arroz para cobrir as rugas, bem como um pouco de rímel, e aplicava bifes crus nas bochechas para mantê-las firmes e macias. Precisava de mulheres, mas preferia as mais jovens e certamente nunca quis uma igual, alegando que as mulheres existiam para melhorar seus homens e depois serem abandonadas por eles. Permitia-se um encontro sexual por semana, dizendo que cada um encurtava sua vida em uma hora.[13] Seu tipo preferido de conversa era o monólogo e não gostava de ser interrompido.

Escolheu o subtítulo "A história de um camaleão" para um de seus livros: Malaparte era de fato um camaleão, mas também um pavão.[14] Mais tarde chamaria sua casa em Capri de "*Casa Come Me*", a casa como eu, e suas mulheres eram todas "*come me*". Mais do que mulheres, amava cachorros, que alimentavam sua insaciável necessidade de ser amado; eles eram, por definição, "*come me*", e comemorava os aniversários dos animais organizando uma mesa no chão e comendo com eles. Dizia que seus cães eram "a melhor parte de mim, a mais humilde, a mais pura, a mais secreta".

Em 1928, Malaparte tornou-se editor do *Il Mattino*, o jornal diário de Nápoles. Apresentado a Giovanni Agnelli, proprietário do *La Stampa* e também da Fiat, logo se sentiu atraído por Turim e foi editar seu jornal. Conheceu Edda e os dois se deram bem. Uma rixa com o editor do *La Stampa* custou-lhe o emprego, mas uma rixa muito pior com Italo Balbo, o *gerarca* aviador de quem já fora amigo íntimo, resultou numa passagem pela prisão Regina Coeli, em Roma, e uma sentença de cinco anos na ilha penal de Lipari. Com a ajuda de Mussolini e Ciano, desavergonhadamente alegando problemas de saúde, foi transferido para Forte dei Marmi, mais saudável e consideravelmente mais glamouroso, e depois foi perdoado.

Nos anos 1930, Forte dei Marmi era um resort da moda para escritores e artistas plásticos. Edda e Ciano, cuja casa da família ficava em Livorno, não muito longe dali, tornaram-se mais um dos muitos casais famosos que vinham desfrutar de suas coníferas e da grande praia, com areias brancas e finas das pedreiras de mármore ali perto. Foi lá que Malaparte começou um caso com a nora de Agnelli, Virginia Bourbon del Monte, uma mulher alta, magra e fascinante, mas não bonita, viúva do filho de Agnelli, Edoardo, amigo de Edda e recentemente morto num acidente automobilístico. Talvez pelo menos em parte para punir Agnelli por sua demissão, Malaparte não fez nenhum esforço para manter a relação em segredo. Virginia tinha sete filhos – entre eles a memorialista Susanna. Furioso com o homem que havia demitido, Agnelli abriu um processo judicial para tirar os filhos da nora, o que poderia ter acontecido se ela não tivesse apelado para Mussolini, que declarou, talvez sem surpresa, que nenhum país governado por ele poderia tolerar filhos separados da mãe por ter um amante.

Não muito tempo depois de Ciano se tornar ministro do que agora era conhecido como MinCulPop, Malaparte fundou uma vistosa revista impressa em papel couché, a *Prospettive*, uma "prospectiva sobre o fascismo", com um viés "*italianissimo*". Ao menos na época, Malaparte era um fiel cortesão de Ciano, apesar de criticar sua corte como sendo motivada pela vaidade e inconstância e um lugar de trapaças e subornos.

Edda nunca foi a rainha da corte de Ciano. Mas havia uma rainha: a Princesa Isabella Colonna, que talvez entendesse melhor do que a maioria da nobreza romana – sempre voltada para si mesma – o que significava ser uma forasteira. Nascida no Líbano como Isabella Sursock e criada no Cairo e em Istambul, foi estigmatizada pela sociedade romana como uma intrusa arrivista, até se casar com o príncipe Marcantonio Colonna, proeminente membro de uma família que dera à Itália 1 papa e 22 cardeais. Desde então, passou a ser muito cortejada, morando num dos mais belos palácios de Roma, com afrescos de Pinturicchio, quadros mais valiosos que os de qualquer outro palácio de Roma, e um salão de baile que teria servido de modelo para Galerie des Glaces em Versalhes.

O Palazzo Colonna, perto da Piazza Venezia e do Quirinal, tinha dois grandes pátios internos e jardins de ciprestes, com fontes e estátuas antigas, ligados ao palácio por uma ponte de pedra sobre uma rua.[15] Um gigantesco crocodilo romano feito de pórfiro adornava a entrada. Isabella estava agora com 46 anos, não convencionalmente bonita, porém perspicaz, cheia de vitalidade e orgulho, possuidora de um forte traço de malícia e um "coração de ferro", como escreveu um de seus convidados, "sob um manto de renda". Era uma estudiosa atenta das paixões humanas, às quais afirmava não mais se entregar; além de dinheiro e posição, tinha uma "aptidão singular para a intriga".

A exemplo de Catherine de Medici, Isabella cercava-se dos homens mais interessantes e das mulheres mais bonitas da sociedade romana, o *"gruppo cosi-detto super-elegante"*, como definiu Nelson Page, sem se importar muito se eram nobres ou *gerarchi*, desde que brilhassem. Uma de suas primeiras conquistas foi o belo e barbado Italo Balbo, que lhe mandava morangos silvestres e rosas brancas. Em 1935, toda sua corte orbitava ao redor de Ciano, embora seja duvidoso que os dois tenham sido amantes. Era no Palazzo Colonna que Ciano reinava como favorito, e onde levava ou conhecia suas amantes. Poucas duravam mais de seis meses, após o que, conhecidas como "viúvas de Ciano", iam chorar no ombro de Isabella. Nessa corte corrupta, como disse um visitante de língua afiada, Isabella era a rainha servil e Ciano o seu paxá, "gordo, rosado, sorridente, despótico". E era lá, na mesa de jantar de Isabella, que Ciano falava livre e imprudentemente sobre política e as fraquezas das pessoas que conhecia, aparentemente alheio ao perigo dos espiões de Bocchini. Esses espiões – os lacaios? O mordomo? Outros convidados? – eram rápidos em seus relatórios, que eram meticulosamente selecionados por Mussolini antes de serem arquivados, anonimamente, em dossiês. A princesa, escreveu um informante, era "ambiciosa e muito atrevida", e em seu salão "às vezes soprava uma leve brisa de rebeldia, no sentido de os convidados não serem muito *mussoliniani*".[16] Como observou Malaparte, os jantares de Isabella eram uma "mesa falante" e uma bomba-relógio.

Para os amigos, às vezes parecia que os Cianos tinham feito um pacto de infidelidade para competir sobre quem se divertia mais.[17] Desde que voltaram da China, os dois começaram a ter amantes. Dizia-se que Edda gostava de rapazes bonitos, mas nenhum deles assumia um papel importante na sua vida, sendo minimizados por Ciano como "os flertes da minha mulher". Na verdade, Edda preferia jogar, passando longas noites em mesas de pôquer perdendo grandes quantias; certa vez, pediu 15 mil liras ao secretário particular de Mussolini para "despesas extraordinárias", sugerindo que fossem descontadas da sua mesada para a gasolina, já que ela mal usava o automóvel. Mas pediu insistentemente para ele não contar para o pai nem para o marido. Porém, como Roma fervilhava de fofocas e informantes, pessoas escreviam cartas, geralmente anônimas, chegavam a Bocchini e depois a Mussolini.[18] Sua filha, dizia uma delas, está "desonrando as mulheres italianas".

Se os casos de Edda eram "flertes", as conquistas de Ciano eram descritas como "leoas", muitas inescrupulosamente escolhidas entre mulheres de amigos, às quais atacava como um adolescente. Mas o que podia ser tolerável em Xangai não era necessariamente aceitável em Roma, embora nem Ciano nem Edda vissem necessidade de serem discretos. As mulheres se comportavam com uma espantosa falta de dignidade perto de Ciano; ser seduzida por ele tornou-se uma honra, quase um sinal de distinção. Sendo um fascista obediente, na superfície continuava totalmente fiel no casamento, mas os relatórios que chegaram a Bocchini diziam o contrário.[19] Delia di Bagno, uma dama de companhia da rainha com quem foi flagrado em um "abraço próximo", era definida como uma de suas amantes mais importantes, e seu marido Galeazzo, que antes levava uma "vida bastante modesta", agora comprava automóveis de luxo. Outra cortesã teria custado a Ciano muitos milhões de liras, em joias e peles. "Em Roma", escreveu um missivista anônimo diretamente a Mussolini, "todo mundo está rindo da sua filha e de todo o circo, descaradamente roubando e explorando o seu nome." As relações entre as duas famílias, a dos Mussolinis e a dos Cianos, chegaram a um ponto baixo, com Rachele manifestando abertamente seu desprezo por Ciano e Edda referindo-se à sogra Carolina como "a macaca", dizendo que Costanzo certamente fora levado a seus heroicos feitos navais para fugir do azedume da mulher.[20]

Edda e o marido passaram a aproveitar cada vez menos tempo na companhia um do outro. Quando se encontravam, havia cenas, muitas delas por parte de Ciano, que não acreditava em padrões iguais para homens e mulheres. Em um dia de verão, Edda e uma amiga foram nadar na praia de Óstia e Edda resolveu experimentar seu biquíni, uma nova moda que trouxera de Londres. Ciano não era esperado, mas apareceu de repente, viu o que ela estava usando, ficou furioso e ordenou que o acompanhasse até a cabine, onde a esbofeteou. Acostumada a uma vida inteira tomando bofetadas da mãe, Edda não ficou muito chateada. Mesmo assim, a atitude mulherenga do marido em público a estava deixando infeliz. Optando por prescindir de suas próprias aventuras, angustiada e humilhada com as dele, certo dia foi falar com o pai e disse que queria se separar de Ciano. Mussolini olhou para ela: "Ele deixa de prover o que comer?".

"Não."

"Ele deixa você sem dinheiro?"

"Não."

"Ele é infiel?"

"Sim."

"Você está apaixonada por outro?"

"Não."

"Então volte para casa, pois eu não quero ouvir mais nada sobre isso."

Como Edda observou friamente, "Não havia mais nada a fazer, a não ser resolver as coisas por mim mesma". Mais uma vez, evitou demonstrações de emoção. Edda e Ciano voltaram ao que havia se tornado a vida normal.

Apesar de toda sua insensibilidade, o pai continuou sendo a pessoa mais próxima de Edda. Às vezes iam nadar juntos, falando pouco, mas sentindo que se entendiam. Ela o amava e o respeitava mais que ao marido, que começava a ver como fraco e indeciso. Admirava a astúcia de Mussolini, mesmo que dissesse aos amigos que Rachele era a mais astuta dos dois. Quando indagada se era parecida com o pai, ela respondia: "Eu não saberia dizer em que não sou parecida com ele. Eu sou uma cópia fiel".[21] Ambos eram chegados a explosões de raiva e a cenas dramáticas. Edda sabia que Mussolini preferiria que ela fosse um menino, e era por isso que bebia, fumava, nadava, jogava golfe e tinha amantes, vivia alheia às normas, como se a vida fosse um jogo com o pai.[22] Mussolini parecia amar sua rebeldia e indiferença ao risco, mesmo repreendendo seu comportamento. Como disse a um amigo: "Consegui dobrar a Itália à minha vontade, mas nunca vou conseguir dobrar Edda". No aniversário dela, escreveu para um bilhete: "Assim como na sua adolescência, quando os tempos eram difíceis, hoje você é a favorita da minha alma".

Até mesmo Edda, irritadiça como era, gostava da sensação de admiração e estrelato que se avolumava em torno dela e de Ciano. Sentia uma sensação de poder, ainda que fugaz, por ter realmente deixado para trás a pobreza e o caos da sua infância. As anfitriãs disputavam sua companhia e, mesmo não sendo intelectuais nem particularmente cultas, as pessoas que conhecia eram ricas, bonitas, elegantes, sofisticadas e imperturbáveis. Como disse a Duchessa di Sermoneta com seus olhos redondos: "É provável que em nenhum momento, em qualquer país, tenha havido uma demonstração de bajulação mais desavergonhada do que a que testemunhamos na sociedade romana no tempo dos Ciano". Nos anos posteriores, virou moda afirmar que esses anfitriões e anfitriãs sempre foram conspiradores e antifascistas de coração, mas, na época, as pessoas gostavam de bajular e mesmo de fazer amizades. Para muitos, nesse mundo de encontros sexuais disfarçados de amor, de imprudência e superficialidade, de verdadeiros e falsos aristocratas, de diplomatas esnobes e aventureiros posando de cavalheiros, Edda e Ciano eram muito jovens, muito seguros de si, muito arrogantes e, no final, nem bons fascistas, nem realmente aceitáveis para os escalões superiores da sociedade romana. O "consorte", ou "genrozinho", desejava ansiosamente ter feito parte do *ancien régime*, e Edda, essencialmente tímida e pouco à vontade em multidões ou grandes reuniões, era reservada demais para ser amada. Como disse Malaparte, sua máscara era "às vezes a de uma assassina, às vezes a de uma potencial suicida".

CAPÍTULO 9

LEOAS SEM JUBA

O fascismo já estava em vigor havia mais de uma década. Era um mundo de ditames, acordos e exortações. Edda não era a única entre os italianos tentando aprender a negociar suas enigmáticas regras e proibições.

Mesmo antes do fim da Primeira Guerra, Mussolini sabia da saúde precária dos soldados italianos e da inferioridade física geral de um povo assolado por tuberculose, malária, tracoma, sífilis, raquitismo e toda sorte de doenças de pele, além de debilitado pela própria guerra e pela gripe espanhola. Um Estado fascista forte, com uma posição firme na mesa das grandes potências, precisava de cidadãos fortes e saudáveis – muito mais do que tinha. Para criar esse povo, raciocinou o Duce, era preciso exercer controle total não só sobre o que comiam, mas também sobre o que vestiam, o que estudavam e como se comportavam, "refazer não somente as formas da vida humana, mas o conteúdo" – o homem, o caráter, a fé –, ainda que na verdade tudo remetesse ao próprio Mussolini.

Reuniu então um grupo de demógrafos, antropólogos, sociólogos e psicólogos e perguntou qual a melhor forma de produzir o homem ideal que tinha em mente, uma síntese de pensamento e ação, "*libro e moschetto*", livro e fuzil, esporte e cultura. O fascismo, como Mussolini disse a Edda, era a "grande ideia" do século XX e serviria de modelo para o resto do mundo, um "Estado corporativo em um novo Estado ético", uma revolução moral que abrangesse a pessoa por inteiro.[1] Como os italianos eram muito simplistas e crédulos por natureza, era seu dever colocá-los no caminho certo. Em nenhum lugar isso era mais verdadeiro do que na educação, que, assim como a cultura, era política por definição e tinha de ser aproveitada para servir ao Estado.

Como a juventude – com toda a energia, a vitalidade e o otimismo que implicava – era fundamental para sua visão, um dos primeiros movimentos do fascismo foi a criação da Opera Nazionale Balilla (ONB).[2] Meninos a partir dos 8 anos, de camisas pretas, calções verde-acinzentados, gravatas azuis e barretes, eram arregimentados para "conquistar" o ego e a preguiça, ignorar doenças e dificuldades e aprender a defender a nação como patriotas e soldados responsáveis. Vittorio e Bruno eram membros, mas não há fotos de Edda de uniforme quando criança. O *gerarca* no comando da ONB era Renato Ricci, um *squadrista* de Carrara instável, corrupto e pouco instruído, com uma queda pelas artes marciais. Qual é a primeira virtude da criança? "Obediência". E a segunda? "Obediência". E a terceira? "Obediência". Para esse fim, meninos de todas as classes e origens, desde a ponta da Itália até o sopé dos Alpes, foram organizados em legiões e coortes para se exercitar, praticar esportes, cantar e marchar, brandindo suas réplicas de fuzis de madeira com empolgantes ares marciais. A recusa em ingressar significava uma marca terrível para a família. De todo modo, muitas das atividades eram divertidas.

Depois de um breve momento em que Mussolini falou vagamente sobre dar direito de voto às mulheres – dos 120 fundadores do movimento fascista na Piazza san Sepolcro de Milão em 1919, 9 eram mulheres –, a ideia foi definitivamente arquivada.[3] Se uma mulher amasse o marido, declarou, ela votaria a favor; se não, "ela já votou contra ele". A mensagem de que as mulheres eram biologicamente inferiores aos homens era a que agora permeava todos os aspectos da vida, da saúde à política. Como Mussolini comentou muitas vezes com Emil Ludwig: "A mulher deve obedecer [...] ela é capaz de análise, mas não de síntese". E ainda mais contundente: "Em nosso Estado, ela não conta". As meninas tinham seus próprios modelos de Balilla como a "*Piccole Italiane*" e as filhas da loba, e precisavam de proteção contra os horrores do feminismo e da turbulência bruta dos jogos de guerra dos meninos. Praticavam "treinamento com bonecas" e passavam a ferro. Edda nunca passava roupa. E sempre teve consciência de que, apesar de ser a filha de

Mussolini mais próxima do pai, suas opiniões de alguma forma sempre pesavam menos que as dos seus irmãos. Ciano também não escondia seu senso de superioridade em relação à esposa.

No lugar do sufrágio, veio uma série de decretos destinados a transformar a Itália numa nação de mães e donas de casa, "prontas, independentemente do desafio e do sacrifício, para defender seu ambiente sagrado e trabalhar pela grandeza da pátria".[4] O adultério era crime, mas só para as mulheres. A "força" dos homens tinha de ser desenvolvida para que pudessem lutar e gerar filhos; as mulheres, "leoas sem juba", precisavam de "energia" para enfrentar suas tarefas diárias e evitar fraquezas neuróticas. Foram criados centros pediátricos, clínicas maternas e infantis, programas de bem-estar para mulheres e crianças, embora parte dos bons resultados contrastasse com as péssimas condições em que viviam as mais pobres, tanto nas cidades como no campo. As raras fotos de grupos de mães prolíficas mostram mulheres abatidas, disformes e fatigadas, parecendo muito mais velhas do que eram.

A Itália também era inundada por revistas femininas, todas vendendo as mesmas mensagens, elaboradas e roteirizadas pelo MinCulPop e Ciano. O livro de culinária futurista de Filippo Tommaso Marinetti condenou a massa por causar fadiga, pessimismo e até pacifismo e exaltava o arroz, um autêntico alimento caseiro que promovia orgulho e dinamismo. Cada prato, dizia, tinha de ser precedido por um aroma diferente e peculiar, para garantir "um sabor virgem". Os futuristas também exaltavam "o movimento agressivo, a vigília energética, os passos rápidos, a cambalhota, o tapa, o golpe". Artigos de médicos alertavam contra o batom (câncer nos lábios) e o beijo (germes). Não havia modelos para as muito magras – 55 quilos era o peso mínimo permitido e quadris pronunciados eram incentivados. O foxtrote era desaprovado, assim como maiôs minúsculos, cabelos curtos, piteiras e cães pequenos (substitutos de filhos). Edda adorava essas revistas, mas dava pouca atenção aos seus conselhos.

Em um esforço para evitar influências estrangeiras, a palavra "negligée" virou "*disordine*", "chignon" virou "*cignone*", um "sandwich" era "*tra i due*". Casacos de coelho e ovelha foram decretados bons, pois eram endógenos, assim como pele de esquilo. Edda usava vison e zibelina. Como os homens fascistas da moda, a exemplo de Ciano, usavam o cabelo penteado para trás emplastrados de brilhantina, eram recomendados protetores de encosto para os sofás. As regras eram diretas: a boa mulher fascista, uma dona de casa econômica, casava-se, tinha filhos, obedecia ao marido e evitava problemas. (Edda não obedecia a ninguém, gastava prodigamente e cultivava problemas.) Tudo isso implicava uma série de contradições: gastar e economizar, ser sexualmente puritana e ter muitos filhos, ser uma boa católica, mas uma fascista ainda melhor. Quando as competições esportivas, as *Littoriali*, foram abertas às mulheres, as que se apresentavam para participar eram tratadas como animais performáticos.

Homens, mulheres e crianças tinham uniformes fascistas, para reuniões e exibições – "*vestire da Fascista*" significava se vestir para modernidade, a disciplina, o lazer e a velocidade – e, para o "*sabato Fascista*", os clubes do Dopolavoro.[5] Sob o ditame "nenhum trabalhador deve ser deixado aos seus próprios engenhos nas horas livres", o lazer deixou de ser um fim em si mesmo: era um meio para aprimorar os trabalhadores no interesse nacional, curando seus defeitos, inculcando autocontrole e autodisciplina. Como Mussolini bem notou, havia pouco sentido em deixar essas coisas ao acaso. "O consenso é tão instável quanto as formações de areia na beira do mar", declarou.

Segundo Mussolini, tanto homens quanto mulheres precisavam ser magros e vigorosos. "Não tenho pena da gordura", dizia. (Mas gostava de rechonchudas). A prática da ginástica era um dom especialmente "precioso", publicou *Il Corriere della Sera*, pois substituía "o culto da senilidade pelo culto da juventude" e restaurava os "hormônios físico-psicológicos dos gregos e romanos". O importante era ser visto como italiano e se orgulhar por isso. Edda certamente jamais duvidou de que era igual a qualquer mulher na Europa Ocidental ou na América. Quando não elogiavam as virtudes da prática de exercícios, as revistas femininas publicavam fotos de beldades da sociedade – Edda entre elas –, lânguidas e sofisticadas, muitas vezes usando modelos exclusivos. A diferença gritante entre as damas aristocráticas – com seus banheiros com pisos de mosaico, decotados vestidos de noite de seda e cachorros latindo – e a robusta soldado fascista passava despercebida.

Nos primeiros anos do fascismo, Giovanni Gentile havia proposto um novo currículo para substituir o sistema de ensino ultrapassado baseado na decoreba. As escolas, argumentou, deveriam ser lugares onde os alunos aprendessem a entender o fascismo – em suma, centros de doutrinação. Pensar era prejudicial à saúde. Usando exemplos extraídos da Roma antiga, fábulas populares e histórias de mártires fascistas, os alunos deveriam ser levados a ver que a pátria não era simplesmente um lugar, mas um conjunto de leis, religião, língua, tradição e costumes, e a não conhecer outra ideologia senão a dedicada ao culto do Estado, da família e do próprio Duce. A partir de 1922, as escolas primárias passaram a usar um "*libro unico*", um único livro didático fascista, tendo o Duce como herói. Como Gentile se gabava, agora era possível dizer com precisão o que qualquer criança na Itália estava aprendendo a qualquer momento do dia. "*Duce, a noi*", "*siam come tu ci vuoi*", somos como tu nos queres, cantavam as meninas com aventais brancos e os rapazes com aventais pretos – que se queixavam amargamente que pareciam vestidos. O dia do Duce, eram ensinados, "é sempre um triunfo luminoso da juventude viçosa e viril".

A verdadeira preocupação de Mussolini, no entanto, era com as universidades que, suspeitava, estavam abrigando células de antifascistas. Sua atitude para com os intelectuais sempre foi e continuava sendo contraditória. Queria ser bem-visto por artistas e escritores conhecidos, mas, ao mesmo tempo, pretendia determinar exatamente o que poderiam dizer e escrever. No final de 1931, professores universitários eram expurgados se eles se recusassem a assinar um juramento de lealdade ao regime. Cerca de 1.200 concordaram e apenas 20 se recusaram e deixaram seus cargos, mas a ambivalência de Mussolini permitiu que mantivessem alguma liberdade intelectual sem serem punidos; tampouco foram apreendidas obras de arte de pintores controversos. Desde que não ameaçassem o regime, ideias heterodoxas eram vistas como uma válvula de escape para intelectuais e idealistas. Inclusive porque poucos faziam muito alarde, preferindo a subserviência ao desemprego, praticando ocasionais atos furtivos de rebelião à espera de tempos melhores. O mais conhecido oponente liberal ao regime, Benedetto Croce, foi autorizado a viver e publicar sem ser molestado, em "distanciamento aristocrático".

Em meados dos anos 1930, também ficou claro que seria imprudente esmagar totalmente a individualidade e houve muitas discussões entre os *gerarchi* mais importantes sobre como a obediência total poderia conviver com um espírito de iniciativa. Gentile recebeu a tarefa de preparar uma nova enciclopédia de 32 volumes e uma Doutrina do Fascismo tomou o lugar de John Stuart Mill, Hegel, Tolstói e Rousseau como tópico essencial de estudo. As *Littoriali* passaram a incluir a cultura, fornecendo uma "ginástica solar gratuita para o cérebro". Em 1934, a primeira *Littoriali della Cultura*, realizada num anfiteatro na margem esquerda do Arno, reuniu intelectuais e estudantes universitários para competir entre si em exibições de literatura e filosofia. As *Littoriali* se tornariam o foro mais livre da Itália fascista, talvez o único lugar onde críticas sérias ao regime podiam ser expressadas.

Dizendo-se farto da imagem da Itália como um país de "eternos tenores e bandolinistas", Mussolini também incentivou a criação de orquestras e eventos musicais, mas deixando claro que preferia sinfonias à música de câmara, por propiciarem excelentes oportunidades para "disciplina coletiva de grupo". A essa altura, a Itália contava com um grande número de companhias teatrais itinerantes apresentando-se em praças por toda a Itália para estimular, como afirmou Mussolini, as paixões "do grande coletivo" por meio de dramas gregos e das peças bíblicas medievais aliadas à nova tecnologia. Contudo, músicos, atores e professores tinham suas vidas circunscritas por leis e editais bizantinos e, em 1935, foram arregimentados numa Corporazione delle Professioni e delle Arti, com suas vidas e atividades reguladas por uma inspetoria de teatro e música sob Ciano e o MinCulPop. Era notável que nem ele nem Edda tinham muito interesse em cultura. Quanto à arte estatal, sua mensagem de *romanità* e *italianità*, de mulheres caseiras e maternais e camponesas robustas e sorridentes, podia ser vista em murais dentro e fora da maioria dos prédios públicos.

Como Federale de Florença, Alessandro Pavolini também esteve por trás do Maggio Musicale, o mês de maio musical. No final de abril de 1934, uma grande peça teatral de massa foi encenada na margem esquerda do Arno em um cenário do tamanho de seis campos de futebol, com colinas, trincheiras, fossos, uma maquete de livros coroados com baionetas e vários aviões e tanques.[6] Intitulada *18BL, Mamma Giberna* – mamãe bolsa de cartucho – em referência ao nome de um caminhão italiano usado na Primeira Guerra, a história passava pela guerra, pela

Marcha sobre Roma e pelo subsequente desenvolvimento glorioso da Itália numa série de peças orquestradas com efeitos de luz e som.

Nem Mussolini nem o papa Pio XI queriam abrir mão do controle dos corações e das mentes dos jovens italianos. Os grupos juvenis da Azione Cattolica eram uma ferida inflamada para Mussolini, que os via como rivais da sua autoridade, enquanto o papa acusava o fascismo de insuflar os jovens com "ódio e irreverência" e reclamava que mulheres atletas cheiravam a paganismo. Em 1931, Mussolini decidiu que a situação era intolerável e dissolveu todas as organizações juvenis que não faziam parte do movimento Balilla. Percebendo que proibir os jovens de prestar juramento ao regime fascista equivaleria a uma declaração de guerra, o papa chegou a um acordo: no juramento, os jovens deveriam acrescentar uma sentença, comprometendo-se a não fazer nada que fosse contrário aos deveres de um bom cristão, mas poderiam enunciar as palavras em voz baixa, para si mesmos. Mussolini tinha todos os motivos para se sentir satisfeito. Os grupos da juventude católica ficaram sob o guarda-chuva fascista, abandonando efetivamente a política e se tornando essencialmente arenas de discussão religiosa.

De todas as atividades destinadas a moldar o novo cidadão italiano, o esporte era a que Mussolini mais amava.[7] Para ele era a expressão perfeita do fascismo, a melhor forma de projetar dinamismo, agressividade e ousadia. Ele incentivou os filhos a praticarem todos os esportes disponíveis. (Os esportes femininos eram essencialmente monótonos e não competitivos, para não desviar as mulheres de sua missão com a maternidade.) "A poltrona e os chinelos são a ruína de um homem", costumava dizer. Fosse para obter favores, fosse por realmente gostarem de esportes, os *gerarchi* seguiram a orientação. Turati era um excelente esgrimista; Renato Ricci esquiava, pilotava aviões, montava e praticava atletismo. Starace, o mais esportivo de todos, andava de moto e a cavalo, esquiava e nadava, dizendo que o importante era a velocidade, o risco e a abnegação, "porque isso é fascismo e é isso o que a Itália tem de ser". De vez em quando, Mussolini ia assistir às competições esportivas de seus *gerarchi*. Vocês precisam ser "tenazes, galantes, ousados", declarou em uma reunião com esportistas em novembro de 1934, ano em que a Itália venceu a Copa do Mundo de futebol. Os heróis esportivos da Itália eram os embaixadores do fascismo no cenário mundial.

O esporte mais caro ao coração de Mussolini – e o mais problemático pessoalmente – era pilotar. Os fascistas eram apaixonados por aviões. A afirmação do futurista Marinetti de que os aviões eram como um coro de bandolins e violões e que os pilotos eram novos homens "voando sobre as realidades pedantes de meros mortais" combinava bem com a hipérbole fascista. Vittorio e Bruno aprenderam a pilotar. Edda queria aprender, mas não teve permissão para ter aulas.

Mas ninguém era mais apaixonado pela conquista dos céus que Italo Balbo, o *squadrista* barbado, bonito e rebelde de Ferrara, que tratava Mussolini por "*tu*" e agora se via como cúmplice de um regime em que já não acreditava muito, mas do qual não conseguia se livrar. Em 1926, Mussolini o nomeara subsecretário da Aeronáutica; em 1929, aos 33 anos, tornou-se ministro da Aeronáutica. Não havia necessidade de "fascistizar" o Ministério, pois já tinha nascido fascista. Balbo governava seu pequeno império em um moderno prédio de vidro com uma severidade paternalista, equipada com uma cantina – uma revolução para pessoas acostumadas a almoçar em casa –, insistindo em boas maneiras à mesa e em não cuspir. Fornecia escovas e pasta de dente a seus funcionários para usar depois do almoço.

Logo após ingressar na Aeronáutica, em maio de 1928, Balbo comandou um esquadrão de hidroaviões pelo Mediterrâneo. As encomendas de aviões, muito lucrativas para a Itália, se multiplicaram. Balbo aperfeiçoou as oficinas, os equipamentos e o treinamento de pessoal.

A travessia do Atlântico continuava a ser o derradeiro desafio. Balbo preparou sua incursão com muito cuidado. Sessenta e quatro pilotos foram selecionados e rigorosamente treinados. Em 1º de julho de 1933, uma flotilha de hidroaviões decolou da lagoa de Orbetello, em Maremma. Um milhão de pessoas esperavam para recebê-lo em Chicago, onde o prefeito proclamou o "Dia de Italo Balbo". Alguns dias depois, em formação perfeita, os 24 hidroaviões de Balbo sobrevoaram os arranha-céus de Nova York. O trânsito parou. Balbo liderou um desfile de carros abertos pela Broadway sob uma cacofonia de palmas, vivas, assobios e chuva de confete. A revista *Time* estampou-o na capa; Roosevelt presenteou-o com a Cruz de Voo Distinto; os sioux o chamaram de Chefe Águia Voadora. Quando voltou a Roma, Mussolini abraçou Balbo em público, conduziu-o num desfile de vitória pelo Arco de Constantino e pela nova Via dell'Impero e lhe concedeu o título de Maresciallo dell'Arma.

No entanto, Mussolini sempre teve ciúmes de Balbo, ciente de que, depois dele, ninguém sabia melhor como encantar e prender a atenção de uma multidão. De todos os *gerarchi*, era por Balbo que Mussolini se sentia mais ameaçado. Ao contrário dos outros, mesmo reconhecendo a superioridade política de Mussolini, Balbo acreditava que em termos de relações pessoais eles deveriam estar em pé de igualdade. Depois do seu voo triunfante, sentiu isso mais do que nunca, o que só aumentou o ciúme do Duce.[8] Manteve Balbo sob escrutínio constante, que se intensificava quando relatórios faziam referências a possíveis conspirações contra ele, as quais Balbo, provocativamente, não se esforçava para negar.

Então de repente, em novembro de 1933, Mussolini despachou Balbo para a Líbia como governador-geral das recém-unificadas colônias italianas de Tripolitânia e de Cirenaica. Balbo sentiu-se humilhado, mas logo foi seduzido pela grandeza do novo cargo e de seus aposentos em um castelo do século XV, construído pelos Cavaleiros de Malta. Convidava velhos amigos *squadristi* da Itália para sobrevoarem juntos a costa para irem caçar. Os visitantes relataram que suas recepções eram mais suntuosas que qualquer coisa vista nas cortes imperiais da Europa, com dezenas de criados uniformizados e banquetes variados e opulentos. Mas Balbo provou ser um governador competente e modernizador, com ideias genuinamente originais sobre meteorologia e a necessidade de uma melhor compreensão do clima. Mussolini resmungava e observava atentamente, mas, pelo menos, Balbo estava a muitos milhares de quilômetros de distância.

Em 1931, o excessivamente zeloso Giovanni Giuriati foi substituído como secretário do partido por Achille Starace, o pequeno, moreno e fanático ginasta cuja adoração por Mussolini não conhecia limites. Sob seus oito anos de mandato, a liturgia do dogma fascista espalhou-se para abranger todos os aspectos da vida italiana, regulamentada por um Vademecum dello Stile Fascista e moldada por diretivas, *fogli di disposizioni*. Era um homem curiosamente sem personalidade, o que combinava perfeitamente com Mussolini.[9] Obstinado em sua obediência, nunca questionava ordens e não tinha escrúpulos nem senso de humor. Adorava medalhas e uniformes, principalmente militares. Cinco dias depois de assumir seu posto, introduziu o "*saluto al Duce*", a ser usado sempre que Mussolini entrasse na sala, e ao qual as pessoas reunidas deveriam gritar "*a noi*" em resposta. Depois disso, veio uma série de slogans, bordões, exposições, eventos esportivos, desfiles militares e concursos – para premiar a mãe mais prolífica ou o fascista mais obediente. Starace inventou testes para avaliar a coragem física dos *gerarchi* mais importantes. Homens corpulentos e já idosos eram convidados a provar sua coragem saltando sobre baionetas desembainhadas e através de arcos de fogo. Mussolini chamava Starace de "o maior coreógrafo do regime" – e até mesmo "do mundo", acrescentaria o próprio Starace.

Como chefe do Partido Fascista, Starace era efetivamente o homem mais poderoso na Itália depois de Mussolini. Porém, à medida que os anos 1930 avançavam, passou a ser cada vez mais considerado um palhaço, especialmente porque seus ditames se tornavam cada vez mais ridículos, e ninguém o considerava mais absurdo que Edda e Rachele. Mais tarde, quando Starace finalmente caiu, Ciano diria que os italianos perdoavam qualquer coisa, até mesmo o mal causado contra eles, mas nunca quem os fizesse se sentir entediados e irritados.

E, para que ninguém saísse muito da linha, Bocchini e sua maquinaria de repressão estavam lá como lembrete. Bocchini estava agora com cinquenta e poucos anos e ficando cada vez mais corado.[10] Como disse um visitante mal-humorado de Roma, tinha o rosto "ainda jovem, mas o vinho da Borgonha e a lagosta pareciam ter deixado traços perceptíveis". Tinha a reputação de ter oitenta ternos feitos pelo mais prestigiado alfaiate de Roma. O feudo de Bocchini abrangia todos os cantos da Itália, agora dividido em zonas, com um exército de informantes – segundo rumores, 10 mil – e um banco de dados centralizado em Roma, com os "subversivos" organizados em quatorze categorias separadas com referências cruzadas.[11] Como disse Bocchini: "Quanto mais se sentirem assustados, mais os italianos continuarão tranquilos". Durante um período de seis anos, foram arquivados 33 milhões de relatórios sobre indivíduos. Em muitos dos relatórios que chegavam à sua mesa, Mussolini acrescentava comentários com seu lápis vermelho. Aonde quer que fosse agora, Edda era escoltada por motociclistas e guarda-costas, alguns deles espiões da OVRA, cujos relatórios, mais cedo ou mais tarde, também caíam na mesa de Mussolini. Deve ter se irritado com aquela vigilância incessante, mas ela não era a única a sentir a mão pesada de Bocchini.

Um dos melhores informantes de Bocchini era sua amante, uma atriz chamada Bice Pupeschi, que, como Diana, a espiã número 35, fornecia material obsceno sobre a aristocracia, as embaixadas estrangeiras e o mundo do cinema, do teatro e da imprensa. Bice ganhava 20 mil liras por mês por suas atividades de espionagem e tinha quarenta subagentes, incluindo alguns da aristocracia, que tinham grande prazer em espionar uns aos outros. Os jantares de Isabella Colonna eram apenas uma das muitas ocasiões sociais em que ela espionava. Recrutou o monsenhor Benigni, um tirano quando se tratava de jovens padres pouco zelosos ou indiferentes ao fascismo, para fornecer informações sobre o Vaticano. Os "*Capi palazzi*", os porteiros dos prédios de apartamentos, também se mostravam excelentes informantes.

Bocchini visitava Mussolini todos os dias, tendo o cuidado de fingir espanto quando o Duce comentava sobre as mais recentes descobertas da pequena rede de espiões de Rachele, todas conhecidas por ele.[12] Em meados dos anos 1930, o "vice-Duce", como era apelidado, tinha todos os motivos para se sentir satisfeito. Há mais de dez anos não havia atentados contra a vida de Mussolini. Os problemáticos comunistas e socialistas foram silenciados e grande parte das várias redes antifascistas estava desmantelada, com seus membros em *confino* ou exilados no exterior, onde viviam em comunidades empobrecidas, especialmente em Paris, observando melancolicamente os eventos de longe. Profundamente corrupto, Bocchini travou uma guerra contra especuladores e negociantes do mercado ilegal. E agora voltava sua atenção para monitorar o grau de fervor fascista dos italianos, para garantir que continuassem fiéis e obedientes. Seus espiões e informantes eram instruídos a atuarem como barômetros da opinião pública e do estado de espírito da população, que, no momento, eram considerados excelentes.

O "novo italiano" de Mussolini era leal, obediente, marcial, forte, esportivo e sóbrio; sua esposa era econômica, pouco exigente e de proporções generosas. Edda e Ciano, que deveriam ser o epítome desse ideal fascista, na verdade eram o oposto em quase todos os aspectos. Edda era pouco maternal, magra, opinativa, péssima dona de casa e bebia muito.

Não tocava nenhum instrumento musical nem ouvia música; gostava de viajar para o exterior e acompanhava a moda francesa. Ciano era flácido, vaidoso e indeciso, de gostos caros, um bom burguês por instinto e educação, nem impiedoso, nem sanguinário e relutante em praticar exercícios ou se dedicar a algum esporte. Quanto mais alto subia, mais pronunciada se tornava essa disparidade; quanto mais se deixava enredar pela sociedade romana, mais se apartava dos outros *gerarchi*, muitos dos quais o desdenhavam por ser filho de Costanzo e genro de Mussolini. Tanto ele quanto Edda tinham casos, com ela dizendo que realmente dormia com outros homens, mas que só teve filhos com o marido. Era franca, às vezes até grosseira, dizendo que, em um mundo onde tudo era artificial e inconsistente, tinha optado por agir sempre com naturalidade e dizer exatamente o que pensava. Nenhum dos dois era bom em algo caro ao coração de Mussolini: "Ir até o povo" – estar perto das massas – e ambos sabiam que não eram muito amados. Nenhum dos dois era, ou se sentia, um bom fascista – Edda nem se dera ao trabalho de se tornar membro do partido – e ambos desprezavam e ignoravam as regras absurdas de Starace.

Em 11 de maio de 1935, Ciano e Edda foram a Londres, ao menos em parte para testar mais uma vez os sentimentos britânicos em relação às ambições coloniais de Mussolini, que agora se preparava para a guerra. Hospedaram-se na embaixada italiana com os Grandis, assistiram a um recital, foram a uma festa em Covent Garden oferecida pela embaixada austríaca e a um baile em homenagem ao rei. Grandi organizou uma recepção para Edda com 700 convidados, quando 1.300 meninos e meninas italianos de organizações juvenis fascistas desfilaram diante dela. Em mais uma de suas grandiloquentes cartas a Mussolini, Grandi elogiou o "dom de uma vivaz intuição política" de Edda. O que a própria Edda disse mais tarde foi que sabia perfeitamente da sua utilidade: "Ciano e papai precisavam de mim". Sempre acompanhava a política, dizia, como uma "diletante entusiasta", usando mais o instinto que a razão, e via as relações internacionais como um jogo de pôquer – em que para vencer era preciso astúcia, rapidez e boas maneiras. De fato, seu poder era considerável e não parava de aumentar: tanto o marido quanto o pai a ouviam com atenção.

Superficialmente, a família Mussolini nunca pareceu tão acomodada, nem Edda e Ciano mais seguros. Eram o casal de ouro do momento e tinham tudo: beleza, dinheiro, saúde, filhos perfeitos. A exemplo de outros casais, almoçavam todos os domingos com os pais dela, e Fabrizio e Raimonda chamavam o avô de Nonno Duce. Porém, parte do abismo entre aparência e realidade não estava apenas no casamento, mas no cerne do mal-estar crescente do próprio regime. Embora ainda não tivesse atingido seu momento de maior popularidade, sua curva parabólica já começava a descer. Sempre sintonizada com o ambiente em que vivia, Edda estava muito ciente da precariedade no seu entorno. "Não devemos nos privar de nada", disse a um amigo, "pois sabemos que a guilhotina nos espera."

CAPÍTULO 10

A MULHER MAIS INFLUENTE DA EUROPA

A guerra foi um dos mitos fundadores do fascismo, para o qual as mães eram incitadas a gerar filhos e os meninos a marcharem com seus fuzis de madeira. "É o sangue que move as rodas da história", dizia Mussolini. A invasão da Etiópia poderia ser a chance de demonstrar o poderio militar da Itália.

A Etiópia era um dos poucos estados realmente independentes que restaram na África, governado desde 1930 pelo imperador Haile Selassie, que tentava modernizar o país e aumentar a autoridade do governo central. Por causa das colônias da Itália na Eritreia e na Somália – ambas fundadas no final do século XIX –, Mussolini acreditava ter o direito de ocupar pelo menos parte do país. Na Europa dos anos 1930, pouca gente conhecia ou se importava muito com o país, mas a Etiópia tinha ingressado na Liga das Nações em 1923, em grande parte por causa de Haile Selassie, e era responsabilidade da Liga garantir a integridade territorial do país. Embora já estivesse de olho na conquista colonial desde o início dos anos 1930, foi só em 1934 – época da primeira viagem de Edda a Londres – que Mussolini parece ter começado a planejar sua ação, acreditando que uma explosão de sucesso militar tiraria a Itália da Grande Depressão e que o país precisava de terras para emigração. Havia também a catástrofe da primeira guerra ítalo-etíope para vingar, quando, em 1896, 3 mil soldados italianos sofreram uma emboscada em Adowa, a maior perda de vidas europeias na disputa por países africanos. Além disso, acabara de surgir um pretexto na forma de um confronto entre soldados italianos e etíopes em WalWal pela possessão de poços de petróleo.

Na Itália, os críticos de Mussolini haviam sido silenciados e sua popularidade estava em alta. No exterior, continuava a ser admirado por ter subjugado o comunismo, disciplinado a indústria e feito as pazes com o Vaticano. O fascismo podia ser um pouco tosco, mas estava funcionando. Mussolini era, como se dizia nos círculos políticos europeus, um *"tipo umano"*, um homem que se fizera sozinho, com senso de destino.[1] Boa parte das zombarias anteriores foi esquecida. Como disse o *Daily Mail*, o Duce "inspirou um senso de fé nos italianos" ao tirá-los do caos anárquico. A primeira mulher a ser prefeita de Liverpool e ativista em prol de crianças e suas mães, Margaret Beavan, voltou de uma visita a Roma dizendo que nunca havia conhecido um homem tão impressionante: "Fiquei comovida em cada fibra por sua personalidade dominadora, magnética, forte, imensa". Como jornalista veterano, perfeitamente sintonizado com o poder das palavras, Mussolini sabia como mostrar sua melhor faceta.

Mas a invasão da Etiópia por Mussolini só poderia acontecer com a conivência dos franceses e britânicos. Ele acreditava que a tinha, tendo observado a aceitação internacional da ocupação da Manchúria pelo Japão, bem como o fato de ter havido repercussões à sua invasão de Corfu, em 1923. Ele também havia assinado um acordo com Pierre Laval e a França, que incluía um entendimento de que teria carta branca na Etiópia. (Laval disse mais tarde que a carta branca a Mussolini se referia apenas a assuntos econômicos.)

A Grã-Bretanha era mais problemática. O governo também via a necessidade de chegar a um acordo com a Itália como aliada contra uma agressão da Alemanha, e os britânicos acreditavam ter assegurado o compromisso de Mussolini com uma frente comum na Conferência de Stresa, em abril de 1935. No entanto, Anthony Eden, lorde do Selo Privado e ministro de Assuntos da Liga das Nações e havia muito hostil a Mussolini, fez uma fria visita a Roma em junho, que terminou com uma violenta discussão e só reforçou o antagonismo mútuo. Eden voltou para casa mais convencido do que nunca, como disse mais tarde, de que Mussolini era um "gângster completo". Eden ofereceu ao Duce concessões em Ogadênia e na fronteira eritreia-sudanesa, ao que Mussolini respondeu:

"Sr. Eden, a Itália fascista não está interessada em colecionar desertos". Depois disse a Rachele que Eden era um "inimigo jurado da Itália".

No entanto, a Grã-Bretanha também queria preservar a Liga das Nações, particularmente porque uma recente consulta popular sobre a paz realizada na Grã-Bretanha em junho resultou numa votação de 86,8% a favor de sanções econômicas no caso de um dos membros da Liga atacar outro. Várias outras pequenas concessões foram oferecidas a Mussolini, que as recusou. Quando outras ainda melhores foram sugeridas – um protetorado ou comissionamento –, já era tarde demais. A maquinaria de guerra de Mussolini já estava ganhando vida. "Com Genebra, sem Genebra, contra Genebra", escreveu anonimamente no *Il Popolo d'Italia*.

A guerra tinha seus problemas. Mesmo acreditando que, diante de sua clareza e determinação, a Grã-Bretanha não faria mais do que resmungar, Mussolini não queria desestabilizar a segurança na Europa nem ameaçar os interesses britânicos na África ou perder sua reputação como pacificador e estadista. As sanções poderiam bloquear matérias-primas, por isso a guerra precisava ser curta e vitoriosa. Na Itália, alguns dos *gerarchi*, generais e o rei se opuseram. Uma grande campanha de propaganda foi lançada por Ciano no MinCulPop, envolvendo rádio, cinema, jornais e escolas. Os etíopes eram retratados caricaturalmente como selvagens descalços com pés enormes, junto com descrições precisas do uso contínuo e generalizado de escravos, exportados para a Arábia e o Iraque. A Grã-Bretanha foi acusada de tentar negar à Itália seu "lugar ao sol". Sob as carteiras escolares, alunos passavam fotos de belas garotas etíopes nuas, "ágeis como gazelas".[2]

Vittorio e Bruno estavam tendo aulas de voo, e, em meados de julho de 1935, Vittorio foi designado como subtenente e navegador da Força Aérea. Bruno, com 17 anos e ainda um cadete, sem ter terminado a escola, implorou aos pais que o deixassem ser voluntário. Em meados de agosto, os meninos se juntaram a uma expedição inicial de tropas com destino à África, e uma *velina* instruiu os jornais italianos a publicar suas fotos em destaque nas primeiras páginas, sob uma manchete de duas colunas. Ciano foi com eles, acompanhado pelo tagarela Farinacci e o futurista Marinetti, com 58 anos, e um grupo de políticos, jornalistas e *gerarchi*, principalmente os que não tinham participado da Primeira Guerra Mundial. Edda viajou para Nápoles com os pais para se despedir dos irmãos no *Saturnia*, em seus reluzentes uniformes brancos da força aérea e em meio a grande fanfarra; ela deu amuletos de sorte a todos. O capitão do navio a presenteou com um imenso buquê de flores. Edda nunca foi boa em gestos, mas, quando o barco partiu, viu uma senhora não muito longe em lágrimas, foi até ela e entregou-lhe as flores. Às 19 horas e 30 minutos daquela noite, quando o navio de Ciano passou por Capri, todas as luzes da ilha piscaram e fogos de artifício explodiram na forma de erupções vulcânicas em miniatura.[3]

A frota de navios italianos atravessou o Canal de Suez – com a aceitação tácita dos britânicos –, onde ouviram um recital de hinos patrióticos encenado por uma popular cantora italiana, Maria Uva, com os italianos residentes no Egito juntando-se ao coro. Na base italiana em Asmara, na Eritreia, os filhos de Mussolini foram designados para o 14º Esquadrão e começaram o treinamento. Bruno concluiu os estudos em um liceu em Asmara, o que lhe deu direito de se tornar um oficial. Ciano, escalado para comandar o 15º, batizou o esquadrão com o nome La Disperata, com uma caveira e ossos cruzados, em homenagem à *squadra* florentina à qual fingia pertencer. Os fascistas, com seu amor pela velocidade, reverenciavam os pilotos como equivalentes da antiga cavalaria. Como disse Mussolini, "todo aviador nasce fascista". Enquanto aguardavam o início das hostilidades, os jovens jogaram bridge no clube dos oficiais e foram caçar na fronteira entre o Sudão e a Eritreia, onde encontraram um paraíso de galinhas-d'angola, gazelas e abetardas. Nas fotos, Vittorio está com uma barba espessa; Bruno parece um menino.

No final da tarde de 2 de outubro, Mussolini saiu no terraço da Piazza Venezia e disse a uma multidão animada que havia chegado o momento de receber o que era devido à Itália. A guerra, prometeu, não implicaria combates na Europa. Em Predappio, Rachele ouviu os sinos das igrejas tocando nos vales. Às 5 da manhã seguinte, 110 mil italianos atravessaram a fronteira e marcharam para a Etiópia. Dezoito aeroportos foram construídos em velocidade recorde e Vittorio, Bruno e Ciano foram destacados para bombardear uma ponte sobre o rio Tekezé.

A reação da Liga das Nações foi imediata.[4] Em 10 de outubro, 52 membros votaram pela condenação à agressão da Itália e pela imposição de um embargo de armas, crédito e importações e exportações.

Os Estados Unidos, às vésperas de eleições presidenciais nas quais o voto dos imigrantes italianos era importante para Roosevelt, concordaram em continuar abastecendo a Itália com petróleo. A Alemanha, que havia se retirado da Liga das Nações em 1933 e buscava maneiras de explorar a situação, viu a oportunidade de afastar ainda mais a Itália da Grã-Bretanha e ofereceu aço e carvão ao país. Conversas, reuniões e consultas continuaram tramitando entre Paris e Londres, os franceses defendendo mais concessões à Itália, os britânicos afirmando ser errado recompensar um agressor.

Os italianos ocuparam rapidamente Adowa, o que foi visto como uma grande vitória psicológica, "lavando a vergonha".[5] Em Milão, o cardeal Schuster agradeceu por um novo capítulo heroico na história italiana. As mulheres fascistas foram instadas a fazer omeletes patrióticas em verde, branco e vermelho e a economizar dinheiro em batom, pó facial, meias de seda e mostarda Dijon. Na corte, para economizar gasolina, os automóveis foram substituídos por antigas carruagens, com a grande rainha se locomovendo numa pequena carruagem forrada de brocado azul e almofadinhas de pelúcia. Quando se notou que o Palazzo Doria era o único prédio da Corso a não hastear uma bandeira, uma multidão invadiu o local, subiu a escada e encontrou a princesa fazendo bolinhos com um avental coberto de farinha.[6] Ela informou que a família estava fora. Eles a levaram para a cozinha e foram embora.

Em 18 de dezembro, em resposta aos apelos de Mussolini por "frugalidade e sacrifício", as mulheres italianas de todo o país juntaram-se à rainha Elena em uma *Giornata della Fede*, um dia de fé, trocando suas alianças de ouro e prata por alianças de metal, que renderam 37 toneladas de ouro e 115 de prata ao Tesouro Nacional. Nunca o regime parecera tão popular. Rachele contribuiu com meio quilo de ouro e muitos dos presentes empilhados na Villa Torlonia. Um mapa foi pendurado no corredor e Mussolini movimentava alfinetes conforme chegavam as notícias da guerra.

Foi uma guerra terrível. Os generais mais antigos brigavam e trocavam de lugares, guindastes destruíram tanques sendo descarregados, sacos de espaguete, farinha e açúcar lançados de paraquedas foram deixados na chuva e apodreceram, mas as forças italianas pressionaram impiedosamente. Sob o comando do sanguinário general Badoglio, que já tinha "pacificado" a Líbia liderando uma campanha quase genocida contra os resistentes, eles lançaram bombas incendiárias e de alto teor explosivo em aldeias civis e atacaram hospitais de campanha da Cruz Vermelha, claramente assinalados com grandes cruzes vermelhas. Antes mesmo da invasão, Mussolini havia autorizado o uso de lança-chamas e de gás venenoso, apesar de ter ratificado um protocolo proibindo o uso de gases ou guerra biológica, elaborado em 1925 pelo Comitê Internacional da Cruz Vermelha (CICV). No final de março de 1936, *The Times* publicou um telegrama enviado pela filha de Haile Selassie ao governo britânico: "O sofrimento e a tortura são indescritíveis, centenas de compatriotas gritando e gemendo de dor. Muitos deles estão irreconhecíveis porque a pele do rosto queimou". Um delegado do CICV em Genebra escreveu que mulheres e crianças estavam sendo "desfiguradas, cegas e queimadas pelo gás que grudava no rosto".[7]

Os etíopes nunca tiveram a mínima chance. Esmagados por tropas motorizadas italianas, abatidos em caçadas humanas enquanto fugiam, metralhados e bombardeados por Ciano, Vittorio, Bruno e seus companheiros aviadores, não dispunham sequer de armas básicas.[8] Na visão de Pavolini, um *gerarco* agora subindo na hierarquia e amigo íntimo de Ciano, os negros eram apenas uma das características da paisagem – "em segundo plano, como os camelos". Os etíopes, soldados e civis, morreram às centenas de milhares; os italianos sofreram pouquíssimas baixas. O 14º Esquadrão não perdeu nenhum avião e nenhum piloto.

No final de 1935, Ciano, que se sentia nervoso quando ficava longe de Roma por muito tempo, voltou à cidade para tratamento médico, para grande irritação de Mussolini e de outros *gerarchi*. Seus persistentes problemas na garganta e no nariz deixaram-no com uma perda significativa de audição em um ouvido. Correram rumores de que ele teria abandonado o fronte para se divertir nos braços de Delia di Bagno, amiga de Edda, enquanto seus companheiros lutavam. Segundo relatou um espião, Delia era uma "ninfomaníaca incansável e insatisfeita". Uma das cartas anônimas que chegaram à mesa de Mussolini falava de um "*Cianaio*", do clã Ciano, que abusava do seu nome e sua posição; outra das cartas disse que ele era conhecido por gastar milhões com outra amante, Lola Giovinelli. A família passou o Natal ansiosa na Villa Torlonia, jogando paciência e preocupada com Vittorio e Bruno. Edda foi fotografada em pé num ponto de ônibus em Roma, com uma expressão pensativa, tendo optado por desistir do carro e "viver mais intimamente com as pessoas [...] uma italiana como outra qualquer, com o mesmo sentimento de orgulho no coração".

Ciano voltou à Etiópia na primavera para participar de uma missão com Vittorio, Bruno e Farinacci lançando panfletos, o que quase terminou em desastre. Ciano era um piloto ousado, porém imprudente. Quando as forças italianas estavam a cem quilômetros de Addis Abeba, ele partiu para a capital, planejando capturar um soldado inimigo. No entanto, calculou mal a força inimiga e seu avião foi atingido por 25 projéteis de metralhadoras, deixando dois tanques de combustível fora de ação. Acabou tendo a sorte de voltar à base depois de deixar cair uma flâmula da Disperata na praça principal. Mussolini enviou-lhe um telegrama de parabéns: "Estou orgulhoso da sua fuga".

Mas nem Ciano nem os irmãos Mussolini participaram da entrada triunfal das forças italianas em Addis Abeba em 5 de maio, pois seus aviões ficaram parados devido ao mau tempo. Ciano foi até lá logo depois para ver a cidade ainda em chamas e saqueadores pilhando as lojas estrangeiras. Hospedou-se no antigo Imperial Hotel e anunciou que a vitória italiana era a prova do fim dos dias de glória da Grã-Bretanha, "por não ter se posicionado contra nós". Contudo, mais tarde disse a Edda em particular que acreditava que a guerra fora um erro terrível.

Edda estava na praça principal de Predappio, em 9 de maio, quando ouviu pela rádio, transmitindo para toda a cidade, primeiro três toques de trombeta, depois o próprio pai proclamando: "A Itália, finalmente, tem seu império, criado com seu próprio sangue". Victor Emmanuel III era agora um imperador. Naquele momento, ela escreveu mais tarde, de repente as pessoas reunidas ao seu redor pareceram ficar dez centímetros mais altas. Em Roma, Rachele, Romano e Anna Maria escaparam para se juntar à multidão na Piazza Venezia. Viram a multidão gritando em um estado de excitação quase frenética *"Du-ce! Du-ce! Du-ce!"*, ficando em silêncio quando as sirenes soaram e Mussolini apareceu logo acima, severo, mão no parapeito, até de repente sorrir e enunciar suas palavras de triunfo. O céu acima da Piazza Venezia era turquesa, desbotando para o rosa, e as andorinhas rodopiavam e cantavam. A multidão animada seguiu para o Quirinal, onde o rei, agora imperador, apareceu para acenar e o hino real foi tocado. A rainha Elena mandou a Rachele um buquê de rosas, fazendo Mussolini comentar, irritado, que ela poderia ter enviado algo mais generoso.

Ciano, Vittorio e Bruno voltaram para casa com medalhas, mas Ciano lamentou que a sua não fosse de ouro. Havia feito 32 incursões, contra 38 de Vittorio e 36 de Bruno. O turbulento Farinacci também ganhou uma medalha por um acidente em que perdeu uma das mãos. Disse ser um ferimento de batalha, mas na verdade foi um acidente ocorrido enquanto pescava com granadas. Bruno continuou na Força Aérea, e Vittorio começou a escrever um livro sobre a campanha. Chamado *Voli sulle Ambe*, transmitia perfeitamente a insensibilidade e a crueldade da guerra, com descrições de como matou mulheres e crianças etíopes com as metralhadoras do seu avião e de bombardeios de saturação de aldeias, embora mais tarde se declarasse um pouco envergonhado.

A conquista da Etiópia seria o "*capolavoro político*" de Mussolini, seu melhor momento político. As conversas entre os membros da Liga das Nações continuaram durante a campanha, apesar de terem sido distraídos pela repentina remilitarização da Renânia por Hitler em março. Haile Selassie esteve em Genebra, mas Ciano, por ordem de Mussolini, conseguiu que uma claque de italianos barrasse a sessão das galerias públicas, uma cena amplamente condenada por toda a Europa. Mesmo assim, em 6 de julho, a Liga votou pela suspensão de todas as sanções contra a Itália. Mais tarde, Lorde Perth, o primeiro-secretário-geral da Liga que se tornou embaixador em Roma em 1933, diria que a falha da Grã-Bretanha em advertir fortemente Mussolini contra a invasão foi "um dos erros mais criminosos em todo o decorrer da diplomacia".[9]

Na Itália, o prestígio de Mussolini nunca estivera tão alto. Rachele disse ter sido o melhor momento da sua vida, uma "paz profunda, como nunca antes, como um sonho". O fato de os soldados italianos não terem coturnos, meias, armas apropriadas e artilharia foi convenientemente esquecido, assim como os muitos massacres e ordens para "matar sumariamente" todos os que resistissem. A violação implacável de Mussolini do protocolo sobre gás venenoso passou sem contestação – pelo que o CICV foi muito criticado mais tarde. Após um atentado contra sua vida, o general Graziani, que sancionou o uso de 317 toneladas de gás, lançou represálias sangrentas que tiraram a vida de cerca de 7 mil pessoas. O caso lhe valeu o título de "açougueiro da Etiópia", mas não resultou em nenhuma acusação por crimes de guerra.

O Gran Consiglio saudou o Duce como o "fundador do Império" e o rei o teria feito príncipe se Mussolini não tivesse dito que sua família sempre fora camponesa e se orgulhava disso. Addis Abeba deveria ser reconstruída como uma cidade italiana na África. "Saúde ao Duce, o fundador do Império" tornou-se a nova saudação inventada por Starace. Todas as livrarias de Roma abriram suas vitrines para fotos de Mussolini. Stephen Potter, um jornalista britânico em visita à Itália, descreveu uma "nação militarista", tão diferente do "enfadonho e desumano militarismo alemão", uma Itália alegre, sem lixo, unida e obediente.[10]

Na Itália, os poucos dissidentes restantes ficaram em silêncio ou fugiram para o exterior. "O velho antifascismo está morto", declarou Carlo Rosselli, um dos líderes políticos que tentava galvanizar a oposição a Mussolini do exílio em Paris. O custo da guerra foi ruinoso, consumindo um terço do ouro e de reservas em moeda estrangeira do país. Mas, como disse o general Badoglio, o recém-criado primeiro duque de Addis Abeba, com uma autoilusão fatal: "Com soldados como esses, a Itália pode ousar tudo".[11]

Um novo mapa mostrando o Império criado pela tomada da Etiópia foi adicionado aos quatro outros na Basílica di Massenzio, traçando a expansão do poder romano desde os primeiros assentamentos. Agora assinalava o Império criado pela tomada da Etiópia. As legiões da Itália voltavam a conquistar o mundo.

Mas houve uma mudança de humor na Europa. A Alemanha parecia mais forte e mais ameaçadora. A Itália, com sua vitória na Etiópia, mais poderosa. Um jogo interminável e perigoso de alianças intercambiáveis estava prestes a começar, com Mussolini pendendo primeiro para um lado e depois para o outro, em direção a acordos com Hitler, voltando a uma acomodação com a França e a Grã-Bretanha.

E algo novo, ou pelo menos mais precisamente definido, entrou no léxico da ideologia fascista: a questão racial. Mussolini disse diversas vezes que não se sentia atraído pela política de eugenia nazista, nem pelos ataques de Hitler aos judeus. Porém, entre os planos para a Etiópia, havia a ideia de a Itália fornecer uma "missão civilizadora" a um país "imerso em séculos de escuridão". Claro que isso não implicava uma miscigenação entre italianos e africanos: a segregação racial deveria ser ressaltada como parte de uma tentativa mais ampla de encorajar a consciência racial. Repórteres foram instruídos a definir os etíopes como ignorantes, ociosos, "ocasionalmente ferozes", com "costumes bárbaros" e vivendo numa "naturalidade primitiva". Eram, escreveu um deles, "insensíveis à dor física e mental e conhecem poucos sentimentos de alegria".

Os mesmos repórteres mantiveram silêncio sobre a prostituição generalizada, conhecida como "*madamismo*", entre soldados e colonos italianos e as mulheres etíopes. Fotografias em jornais italianos mostravam as "Vênus negras" nuas, simbolicamente pecaminosas e promíscuas, em contraste com as modestas e respeitáveis mulheres italianas que agora chegavam como colonas com seus vestidos longos e pesados. Os que "contaminavam" a raça – originalmente delinquentes e criminosos, mas depois da Etiópia também "não brancos" – eram declarados não italianos. Ser italiano era ser "racialmente puro".

Em junho de 1936, pouco depois do retorno de Ciano de Addis Abeba, Mussolini enviou Edda em outra missão para hastear a bandeira italiana e medir a temperatura de um aliado em potencial. Dessa vez foi para a Alemanha, onde sua missão era ser amistosa, interessada e alerta. Seria uma visita "*mondano-política*", ao mesmo tempo social e política, e Mussolini decidiu que Edda havia se mostrado apta.

Edda não falava alemão e chegou a Berlim sozinha. O *Frankfurter Zeitung* publicou que Edda viera "em visita a instituições do Estado nacional-socialista", uma tarefa que ela muitas vezes declarou ser terrivelmente monótona.[12] Ficou hospedada com a irmã de Ciano, Maria, e seu marido, Mario Magistrati, primeiro-conselheiro da embaixada da Itália. Berlim estava forrada de suásticas estampadas em tudo, desde copos de água até lençóis. As manchetes do *Der Angriff* e do *Der Stürmer* eram implacavelmente antissemitas e os críticos mais ferrenhos do regime já estavam em Dachau e Buchenwald acusados de "traição". Tropas de assalto percorriam as ruas. Goebbels garantia que os jornais só publicassem o que fosse ordenado e os diplomatas ocidentais lutavam para acompanhar os acontecimentos. Os nazistas mais importantes tinham se apossado de casas enormes, onde davam festas suntuosas.

Logo após a chegada de Edda, o novo embaixador italiano, Bernardo Attolico, um diplomata astuto e inteligente de modos um tanto rabugentos e feições taciturnas, ofereceu um jantar em sua homenagem.[13] Bella Fromm, uma jornalista que estava presente, escreveu em seu diário que o cabelo "violentamente loiro" de Edda não parecia natural. Achou-a muito parecida com o pai, "bem imoderada em seu consumo de amantes". Para entretê-la, "arrojados aviadores com uniformes elegantes" foram perfilados, com instruções especiais para serem agradáveis. Houve muitas conversas respeitosas sobre a vitória italiana na Etiópia. "Uma grande reunião", observou Goebbels em seu diário. "A Alemanha a recebeu bem." Goebbels já conhecia Edda de suas visitas a Roma, quando ela provou ser uma "excelente anfitriã" em jantares no apartamento de Parioli, usando a babá alemã das crianças como intérprete.

Edda e a mulher de Goebbels, Magda, tinham ficado amigas durante reuniões anteriores na Suíça, com Edda ensinando Magda, loira, lindamente vestida e vários centímetros mais alta que o marido sardônico, de pé torto e cara de gnomo, a ignorar suas infidelidades e ver o casamento como "apenas um dos estados do homem". Magda, que era sofisticada e falava vários idiomas, não mediu esforços em Berlim para fazer uma demonstração pública da sua amizade e manter Edda longe de predadores como Ribbentrop, a quem chamava de "os alpinistas". Juntas, as duas pareciam elegantes e seguras, com Edda se afirmando com seu rosto forte, olhar de basilisco e corpo esguio.

Apesar de Edda ter sido tratada com respeito, tudo mudou em 9 de junho, quando ouviu de Magistrati que Ciano acabara de ser nomeado ministro das Relações Exteriores numa reorganização do gabinete governamental. A notícia foi uma completa surpresa para ela. Depois desse momento, escreveu mais tarde, os alemães passaram a tratá-la como uma rainha. Os nazistas mais proeminentes competiam para cortejá-la, e Edda caiu na bajulação. Goebbels ofereceu um chá em sua casa no lago Wannsee, com a presença de Hitler. Tornou-se muito simpático com Edda, ofereceu-lhe o seu trem particular e disse o quanto admirava Mussolini. Convidou-a para passear pelo lago com ele. Em seu diário, Goebbels anotou que Edda havia ficado "extremamente fascinada" por ele. Edda disse mais tarde que gostou da maneira como Hitler brincava com os filhos de Goebbels e que mudou a imagem que fazia dele – a de uma marionete de voz rouca e um bigode de Charles Chaplin.[14] Mais elegante do que ela se lembrava, agora Hitler a impressionou como "um homem do mundo, amável e culto", com "encantadores" olhos azuis, um simpático senso de humor e a "voz baixa e agradável". Embora atenta e rápida, Edda era altamente suscetível à lisonja. E parece ter ignorado os muitos sinais da repressão nazista, admitindo mais tarde que suas "simpatias germanófilas" a levaram a "considerar Hitler um verdadeiro herói".

Quanto a Goering, Edda disse mais tarde que o viu como uma "espécie de *condottiere* que se degenerou em um déspota extravagante". Foi convidada a ir a Carinhall, sua enorme cabana de caça ao norte de Berlim, onde os guardas florestais usavam trajes medievais; também notou que seu anfitrião trocava constantemente de roupa, com um dos itens de uma cor que "oscilava entre violeta e rosa", e desfilava com espada, adaga, condecorações e fitas coloridas. Goering levou-a para ver sua coleção de trens elétricos, com túneis, luzes de sinalização, pontes e pontos de chaveamento, e explicou que era uma réplica das linhas ferroviárias secundárias da Alemanha, que poderiam ser úteis no caso de as linhas principais serem destruídas em combates.[15] Segundo Edda, Goering explicou que, em caso de guerra, a Alemanha tomaria Malta e ocuparia a Grã-Bretanha, mas nunca, jamais abriria uma frente oriental. Edda conheceu seu leão, que pôs um biscoito no joelho de Goering, mas ela foi poupada de seu bisonte. Apesar de toda a sua "obesidade", ela o achou "extremamente simpático".*

Tanto Goebbels quanto Hitler comentaram que Edda era muito agradável e "*sympathique*". Mas ambos deploraram sua maquiagem excessiva, tão fora de sintonia com a aparência simples e caseira incentivada nas mulheres nazistas. Goebbels observou presunçosamente o quanto Hitler valorizava Magda, que continuava sendo "uma mulher simples e natural", e que por isso "Edda M não o impressionou". Goebbels e Magda organizaram outro jantar em homenagem a Edda. "Muitos convidados", comentou ele. "Clima muito quente." Segundo escreveu

---

* Malaparte (2009, p. 316), que mais tarde foi a uma sauna com Himmler, descreveu uma reunião de dez homens nus, todos com mamas gordas e uma carne que parecia de lagosta, "pálidos e rosados, exalando um cheiro de crustáceo", com rostos contraídos, suados, flácidos e sardentos e batendo uns nos outros com fios elétricos.

Martha Dodd, filha do embaixador dos Estados Unidos em Berlim, Goebbels era um demagogo que "sibila como uma cobra e arrulha como uma pomba". Houve também uma visita de Edda a Potsdam acompanhada por Magda, com Goebbels observando que a amizade entre elas "pode ser útil um dia desses".

Nos círculos diplomáticos, a visita de Edda à Alemanha foi julgada com certa severidade. André François-Poncet, o embaixador francês, um mestre da verborragia diplomática, de insinuações e nuances, de maneiras requintadas e um bigode preto encerado que alisava constantemente, era um observador perspicaz da vida em Berlim. Comunicou a Paris que a "conduta" de Edda havia "provocado profunda consternação" – provavelmente referindo-se à sua calidez e ao seu entusiasmo com os anfitriões –, enquanto Grandi, sempre com inveja dos Cianos, declarou que Edda voltou "embriagada" pela recepção e mais do que nunca tomada pela ideia de uma relação mais próxima com a Alemanha. Grandi estava certo: Edda realmente ficou encantada com seus anfitriões alemães, e isso dizia algo sobre a facilidade com que podia ser seduzida, sobre sua necessidade de admiração e seu desejo de ser ouvida, o que de certa forma cegava sua intuição política. Com 25 anos, era uma estranha mistura de sofisticação mundana, egocentrismo e ingenuidade. Muitas coisas tinham acontecido a ela muito rapidamente, e Edda não tinha o autoconhecimento e, talvez, nem o intelecto para compreender.

Edda poderia ter ficado mais tempo na Alemanha se não tivessem chegado notícias de Roma de que Anna Maria, sua irmã de 7 anos, havia contraído o que inicialmente se pensou ser coqueluche. Ela partiu imediatamente para a Itália, despedida por importantes ministros, membros da colônia italiana em Berlim e um assessor de Hitler, que chegou trazendo de presente uma grande fotografia do Führer autografada.[16] Rachele levara Anna Maria a Tivoli, esperando que uma mudança de ares pudesse fazer bem, mas as dores de cabeça da menina pioraram e sua temperatura subiu vertiginosamente. Foi diagnosticada com poliomielite, que deixou Anna Maria paralisada das pernas. Edda chegou de Berlim, e Vittorio e Bruno voltaram das férias de verão em Riccione. Mussolini ficou arrasado, deixando todo o trabalho de lado para ficar ao lado da cama da filha, com os filhos mais velhos comentando que nunca tinham visto o pai tão desesperado ou tão furioso ao se ver tão impotente. Nunca dada a manifestações emotivas, a família se aglomerou em torno da cama de Anna Maria, muitas vezes em silêncio.

Especialistas trazidos de toda a Itália avisaram que era muito provável que Anna Maria morresse. Os dias se passavam e a família esperava. "Ainda sem esperança", escreveu Rachele em seu diário. "Benito está prostrado, abalado por Anna Maria, que dizia preferir morrer a ficar paralisada pelo resto da vida." Quando Ciano chegou a Tivoli para discutir um assunto de certa urgência, Mussolini mandou-o embora aos gritos.

Contudo, a exemplo de Edda, Anna Maria herdou a determinação de aço dos pais.[17] A crise passou e em poucas semanas estava andando de cadeira de rodas pelos jardins, jurando que voltaria a andar. Por algum tempo, a doença de Anna Maria foi mantida em segredo; mas, quando a notícia se espalhou, começaram a chegar presentes e telegramas. A rainha Elena mandou uma boneca falante. Aliviada, Rachele deu duzentas liras para cada família pobre de Tivoli, onde Anna Maria era chamada de "nossa pequena imperatriz" e Mussolini de "nosso pai na terra".

Anna Maria se recuperou o suficiente para ser considerado seguro deixar Vittorio e Bruno participarem das Olimpíadas de Munique, em setembro de 1936.[18] Os meninos foram recebidos com deferência e convidados por Hitler à Chancelaria, onde o príncipe Umberto, também na Alemanha para os jogos olímpicos, foi o convidado de honra. Compareceram a um jantar de gala, oferecido por Goebbels para mil convidados, com uma queima de fogos tão extravagante e barulhenta que parecia um bombardeio de artilharia. Goering organizou um baile, onde muitos criados usavam libré e perucas empoadas.[19] Como observou François-Poncet, o Terceiro Reich adorava festas, e dentro dele ninguém mais que o obeso Goering, com seus trajes e joias, suas obras saqueadas de museus ou confiscadas de colecionadores judeus, que recebia os convidados com um imenso uniforme branco, os dedos cheios de anéis. Descrito pela cáustica Martha Dodd como uma "bolha de carne", com o rosto pálido perdido em rolos de gordura e olhos frios e impiedosos, Goering organizou um chá para os italianos, ao lado da esposa matrona Emmy, de cabelos dourados e encaracolados, no estilo aprovado pelos alemães.

Enquanto todos tomavam o chá apreciando os jardins, de repente uma leoa entrou na sala e começou a se esfregar nos guardas. Vittorio e

Bruno ficaram imobilizados. Maria José e a princesa Mafalda, a segunda filha de Vítor Emanuel, que acompanhara Umberto à Alemanha, subiram nas suas cadeiras, comportando-se, como escreveu Vittorio mais tarde, como mulheres que acabaram de ver um rato. Assim como Mussolini, Goering gostava de usar seus animais selvagens como adereços.

Cento e oitenta e dois atletas italianos competiram nas Olimpíadas de Berlim, com um Mussolini ansioso para que se saíssem bem. Pressupunha-se que os alemães triunfariam, e eles devidamente ganharam 33 medalhas, mas os italianos saíram com 22, o que pareceu satisfatório. Observando Hitler, François-Poncet notou que ele mantinha os olhos fixos "com paixão" nos atletas alemães, rindo e batendo nas coxas quando venciam, franzindo excessivamente a testa quando perdiam. Quando Jesse Owens venceu sua famosa corrida, houve reclamações de não ser justo permitir que "não humanos" competissem com bons alemães humanos.

A promoção de Ciano não foi muito surpreendente. Apesar de ainda ter apenas 33 anos e ser agora o mais jovem secretário de Relações Exteriores do mundo, ele tinha sido corajoso na Etiópia, engenhoso no MinCulPop e demonstrado capacidade diplomática na China. Avaliando os briguentos *gerarchi* ao seu redor, Mussolini decidiu que Ciano era mais confiável que Grandi, Bottai ou Farinacci – que vinha tentando articular sua volta ao centro do poder – e, certamente, mais controlável. Era jovem, alguém a quem poderia ensinar, casado com sua filha favorita e filho de um dos poucos homens em quem confiava.

Mas a notícia de sua nomeação não foi recebida com aclamação universal. Em Roma, uma cidade conhecida por suas fofocas maldosas, Ciano era considerado muito vaidoso, ambicioso e até intelectualizado demais. Mussolini, no entanto, o considerava respeitoso e grato e se sentia admirado por ele. O "*generissimo*", o "genríssimo", como era definido nos zombeteiros círculos romanos num trocadilho irônico com o *generalíssimo* Chiang-Kai-shek, agora ocupava o que talvez fosse o cargo político mais importante na Itália, só abaixo do próprio Mussolini. A pergunta que os romanos se faziam era se Ciano tinha a competência necessária para formular uma política coerente e eficaz e conduzi-la num momento de crescente incerteza internacional.

O teste se apresentou de imediato. Em 17 de julho de 1936, o general Francisco Franco iniciou uma revolta contra o governo republicano eleito da Espanha a partir do Marrocos e pediu ajuda a Mussolini para transportar seus homens pelo estreito de Gibraltar. Ciano se mostrou disposto a agir imediatamente, mas Mussolini se conteve, apesar do incentivo da milícia e do Vaticano, ansioso para sair em defesa do clero espanhol em apuros. Quando ficou claro que a França estava ajudando os republicanos e que a Alemanha planejava mandar ajuda a Franco, Mussolini concordou em enviar doze aviões para transportar as tropas de Franco. A intenção era manter a ação em segredo, mas três dos aviões caíram e a notícia se espalhou.

A França propôs a criação de um comitê de não intervenção, e a Grã-Bretanha, a Itália, a Alemanha e a União Soviética concordaram em recuar, mas homens e armas continuaram chegando, tanto aos republicanos quanto aos nacionalistas. Temendo que um governo espanhol de esquerda implantasse o comunismo no Mediterrâneo, e satisfeitos com o fato de Franco estar falando em instituir um governo de estilo fascista, Ciano e Mussolini começaram a convocar voluntários para servir na Espanha sob o comando dos nacionalistas. Nunca ficou claro se os homens que se apresentaram sabiam realmente para onde ou por que estavam indo ou se estavam apenas interessados na promessa de ganhar um bom dinheiro. Tanto o Duce quanto seu ministro das Relações Exteriores estavam convencidos de que seria outra vitória rápida, da qual a Itália sairia mais forte. Mas os dias se passaram, a guerra se alastrou e Franco parecia não ter pressa, preferindo tomar o país de província em província enquanto cada vez mais italianos eram mandados ao fronte. O conflito também estava se tornando um grito de guerra para os antifascistas italianos, que há muito se sentiam impotentes. Muitos voltaram do exílio nos Estados Unidos, na França e na América do Sul para montar batalhões para lutar contra Franco. Italianos estavam prestes a lutar contra outros italianos.

Mussolini tinha cometido atos brutais na Etiópia. Na Espanha, quando indagado o que deveria ser feito com os antifascistas italianos capturados, ordenou: "Fuzilamento. Homens mortos não contam histórias". Um cruel comandante miliciano, Arconovaldo Bonaccorsi, informou a Ciano que estava esvaziando as prisões locais fazendo uma "limpeza radical diária de lugares e pessoas infectadas".[20] De início, Ciano não protestou. Enquanto a guerra transcorria marcada pela carnificina, os repórteres italianos continuaram a escrever matérias sobre a defesa da civilização contra a barbárie do comunismo. Como disse mais tarde o escritor Leonardo Sciascia, a Guerra Civil Espanhola representou um dos pontos mais baixos do jornalismo italiano, que preferiu a propaganda e a retórica triunfalista a relatos honestos.

Quanto a Edda, seu status crescente como confidente e emissária do pai foi logo percebido.[21] Como Rachele raramente saía da Villa Torlonia, inclusive desdenhando abertamente da sociedade romana – preferindo suas galinhas e seus coelhos –, Edda assumiu mais claramente o papel de primeira-dama. Apesar de continuar repetindo que o pai nunca a deixaria se intrometer nos assuntos de Estado, começou a ganhar a reputação de ser uma manipuladora secreta da política italiana. Mussolini parecia gostar da fama da filha. Quando um artigo adulatório foi publicado no *Weltwoche* alemão, definindo Edda como alguém com muitos admiradores, mas poucos amigos, Mussolini mandou um recorte à filha, comentando afetuosamente que ela estava se tornando uma lenda. "A condessa Ciano", escreveu o repórter, "é uma das figuras femininas mais estranhas e atraentes da nossa época." A Duchessa di Sermoneta, que se reencontrou com Edda em um baile, comentou com sua língua afiada que ela parecia "transformada, pois agora estava bem vestida, de cabelos ondulados e cacheados; ficou quase bonita, mas não mais graciosa". O poder, mesmo de natureza imprecisa, tinha melhorado não só sua autoconfiança como também sua aparência.

Outros jornais falavam de Vittorio e Bruno como "*bravi figlioli*", bons rapazes, mas diziam que só Edda, a "melhor conselheira" de Mussolini, tinha a ambição, o orgulho e o fogo interior do pai. O suíço *Berner Tagblatt* afirmou que, mesmo quando Mussolini dava instruções firmes de que não deveria ser incomodado por ninguém, Edda era imediatamente atendida, por mais trivial que fosse o assunto. "Todo mundo sabe", escreveu um jornalista, "que o pai dela governa a Itália e que Edda governa o pai." Um jornal de Zurique disse que Edda havia se tornado "a mulher mais influente da Europa".

Em outubro, Ciano fez sua primeira visita oficial à Alemanha para assinar um protocolo secreto de colaboração recíproca com os nacionalistas espanhóis e promover os laços cada vez mais estreitos de Mussolini com Hitler. Foi um momento tenso para a Itália: as guerras na Espanha e na Etiópia afastaram o país da França e da Grã-Bretanha, fazendo os italianos se sentirem isolados.

Hitler convidou Ciano para ir a Berchtesgaden. Ciano trouxera da Itália 32 documentos interceptados pelos serviços secretos italianos, que demonstravam a hostilidade da Grã-Bretanha à Alemanha. Hitler disse que Mussolini era o "melhor estadista do mundo", e que a reaproximação entre as democracias liberais ocidentais deveria ser combatida por uma aliança germano-italiana baseada no anticomunismo. Antes de se despedirem, Hitler deu a Ciano uma cópia assinada do *Mein Kampf*, mas disse a um assessor que detestava o cheiro da sua loção pós-barba chinesa. De sua parte, Ciano foi ouvido falando "idiota" em voz baixa.[22] "Devemos realmente acreditar que Ciano é um grande homem?", perguntou um jornalista à assessoria de imprensa alemã. "De jeito nenhum", foi a resposta, "mas ele deve pensar que nós achamos que é." No entanto, como declarou François-Poncet em Paris, foi mais um passo em direção à criação de um bloco de potências centrais. "*Ils marchent donc ensemble.*"

Ao contrário de Edda, Ciano não era caloroso com os nazistas mais proeminentes que conheceu. Antipatizou instantaneamente com Ribbentrop, que logo seria o ministro das Relações Exteriores da Alemanha, definindo-o como um tolo; desdenhou de Goering como um "boi gordo e vulgar", competente, porém mais interessado em dinheiro e condecorações; e desconfiou de Goebbels, coxo, "pequeno e de pele azeitonada", que carecia da "franqueza estúpida de seus colegas". Para ele, Hitler era claramente sanguinário e um pouco louco. A Alemanha, concluiu, estava nas "mãos de homens de qualidade muito inferior, que nós devemos explorar". Cometendo o grande erro de não perceber a determinação e o poder cada vez maiores daqueles homens na Europa, Ciano voltou dizendo que os rudes alemães poderiam ser facilmente superados pelos italianos, mais astutos e perspicazes. A exemplo de Edda, ele não percebeu o perigo.

Em julho de 1936, Hitler assinou um acordo com o chanceler Kurt von Schuschnigg reconhecendo a soberania da Áustria, mas claramente já de olho numa futura anexação. Mussolini não reagiu, evidentemente já predisposto a abandonar a Áustria – um sacrifício indesejado, mas necessário para sua proximidade cada vez maior com a Alemanha. Edda não acompanhou Ciano à Alemanha em outubro, mas em novembro viajou com ele a Viena. Foram recebidos com frieza, com Schuschnigg se queixando da interferência nazista. Ciano estava doente, com seus recorrentes problemas na garganta e no ouvido. O jornalista Giovanni Ansaldo, que os acompanhava, observou que Edda se destacava dos demais diplomatas. Era um "*tipo singolare*", uma figura singular.

A reação de Edda à visita foi reveladora: ela se sentiu profundamente entediada. Disse que, depois dos seus anos nos círculos diplomáticos de Xangai, "poderia ter feito uma pedra falar", mas não conseguiu conversar com Schuschnigg e o achou um chato. Foi organizado para ela um programa exaustivo e enfadonho de visitas a escolas, museus e instituições do tipo que mais odiava e todas as manhãs, às 8h, a princesa Starhenberg, uma mulher de 60 anos que fora membro do Conselho Federal, ia buscá--la no hotel numa limusine preta. Edda escreveu mais tarde que a princesa era "menos afável que um autômato, rígida e distante", incapaz de ir além da mais engomada formalidade. E não apenas a princesa: onde quer que fossem, Edda era recebida com uma "frieza gelada".

De repente, certa manhã, para seu imenso alívio e deleite, enquanto dirigiam lentamente por uma rua e atravessavam um pátio, Edda viu as janelas repletas de homens e mulheres sorridentes, rindo e acenando. "Eu me senti liberta de um pesadelo", escreveu. Perguntou quem eram aquelas pessoas e a princesa respondeu que eram pacientes de um hospital psiquiátrico. Quando voltou a Roma, divertiu-se contando essa história a Mussolini, que "riu como uma criança".

Logo após a recuperação de Anna Maria, Rachele pediu para Mussolini considerar deixar o cargo de líder da Itália. "Não há nuvens negras para escurecer o horizonte", disse ao marido. O Duce estava agora com cinquenta e tantos anos e, apesar de aparentemente em forma, costumava ter ataques do que parecia ser uma úlcera. Por um momento, ele pareceu pensar a respeito, mas uma conversa com Starace fez alguns dos *gerarchi* mais graduados virem até a Villa Torlonia e eles o persuadiram a continuar. De qualquer forma, respondeu a Rachele, ainda havia muito a fazer. Era preciso concluir sua tarefa. A verdadeira Itália fascista com a qual sonhara ainda não estava nos trilhos.

CAPÍTULO 11

OS FASCISTAS EM AÇÃO

Quando era ministro das Relações Exteriores, Ciano disse a um amigo que o Palazzo Chigi iria ser o "mais fascista de todos os ministérios fascistas". Em 1936, a diplomacia tradicional da velha escola, com seus protocolos e sutilezas, maneiras corteses, redes de relações e uma linguagem comum, sempre voltada para a estabilidade e o equilíbrio de poder, estava desaparecendo por toda a Europa.[1] Na primeira década do regime, Mussolini fez uma série de mudanças no Ministério, recompensando alguns dos mais jovens fascistas proeminentes com empregos, e Grandi, enquanto ministro das Relações Exteriores, fez algumas outras. Mas, na prática, os diplomatas italianos continuaram a ser recrutados em um grupo social pequeno e abastado.[2] O Ministério continuou sendo o que sempre foi: nacionalista em vez de fascista, seguindo as tradições estabelecidas por sucessivos governos liberais. Tudo isso estava prestes a mudar. Embora os assuntos externos agora o preocupassem mais que os assuntos internos, Mussolini estava disposto a deixar Ciano desfrutar de certa liberdade, mantendo um olhar atento sobre cada movimento seu. Ciano planejou aproveitar isso ao máximo.

Ciano tinha muitas boas qualidades, que até então o serviram bem. Era um excelente organizador, trabalhava árdua e rapidamente, era célere no domínio das informações, falava bem e sabia agradar e encantar. Mas também era fraco, mimado, suscetível à bajulação, narcisista, extremamente indiscreto e tinha a mesma impaciência sem limites de Mussolini. Podia ser ao mesmo tempo impulsivamente generoso e casualmente cruel, e carecia de astúcia política. Como Bottai diria mais tarde, era um "homem de contradições", com uma inteligência vivaz e um intelecto preguiçoso e, ao mesmo tempo, muito culto e ignorante sobre a vida. Conseguia se lembrar de detalhes supérfluos, mas raramente se preocupava com o mais substancial. Era "elegante no trajar e vulgar no tom". Ao tentar agradar a todos e provar que era mais que marido de Edda e filho de Costanzo, acabava não agradando ninguém.

Uma de suas primeiras medidas ao chegar ao Palazzo Chigi foi concentrar o poder mais próximo em um gabinete interno. Os diplomatas mais velhos foram afastados do serviço ou encaminhados a cargos nos quais não tinham poder e, com eles, foi embora uma medida de cautela e ponderação tradicionais. (Porém, como diz uma carta apócrifa nos arquivos de Bocchini: "Enquanto tivermos l'Uomo (Mussolini), podemos ficar tranquilos. Mas e depois?").[3]

Os que os substituíram eram criaturas de Ciano, mais jovens e obedientes. Um deles era Filippo Anfuso, uma figura ambígua, inteligente, articulada e tremendamente cínica, com um rosto longo e frio e olhos inclementes, que trabalhara com Ciano na China. Anfuso foi nomeado chefe de gabinete. Outro era Raimondo Lanza, um homem alucinado, atraente, frenético, um mímico maravilhoso, com cabelos crespos penteados para trás com brilhantina e belos olhos azuis-acinzentados, filho ilegítimo de um dos últimos grandes príncipes sicilianos. Lanza entrou na vida dos Cianos quando apareceu com uma coleção de discos de jazz mandados dos Estados Unidos e passou a levá-los a festas em Roma numa sacola de pele de crocodilo feita especialmente para ele. Tinha um quarto permanente no Grand Hotel, que – juntamente com o Golf Club de l'Acquasanta, o Palazzo Colonna e um estabelecimento balnear em Castel Fusano – se tornou posto avançado do Ministério das Relações Exteriores.

De todos os novos amigos de Ciano, Lanza era o mais próximo de Edda. Ambos eram ansiosos, inquietos, detestavam disciplina e formalidades e estavam determinados a manter a própria liberdade.[4] A amizade entre os dois logo chegou ao que eles mesmos chamaram de "certa atração animal", que os levava a se abraçar e até a se beijar, recuando logo depois, cientes de que a aproximação levaria a complicações impossíveis. Como relataram os espiões a Bocchini, Lanza era a "mais recente fantasia de Ciano e, portanto, deve ser tolerada"; mas Lanza era um dândi com uma vida social ativa e usava o nome de Ciano com muita liberdade em seus trâmites. A vida de Lanza, diziam, era dedicada à "devassidão e a jogos de apostas".⁵

Nas muitas viagens que agora fazia pela Itália e ao exterior, Ciano gostava de ser acompanhado por um séquito de jornalistas, com quem conversava até tarde da noite. Um deles era Alessandro Pavolini, o brutal ex-*squadrista* florentino, agora o *"uomo di fiducia"* de Ciano, seu braço direito. A exemplo de Ciano, Pavolini voltou do serviço militar na Etiópia com várias medalhas, mas também ressentido com seu mentor, a quem culpava por ter sido excluído de uma de suas façanhas mais espetaculares.

No Ministério das Relações Exteriores, abandonou-se o trabalho lento e minucioso em favor de uma ação rápida e malpreparada, com Ciano preferindo seguir sua própria intuição, e não conselhos de terceiros. Arquivos desapareciam e informações importantes eram ignoradas. Os diplomatas tradicionais, insistia Ciano, falharam ao não transmitir a ideia de uma nova e forte Itália, seu verdadeiro *"tono fascista"*. Quando liam os discursos submetidos à sua aprovação, ele cortava as sutilezas diplomáticas.⁶ O Palazzo Chigi logo se tornou um ninho de intrigas, inveja e ressentimentos, escondidos sob um manto de entusiasmo coletivo, enquanto o próprio Ciano, tentando ignorar os apartes irônicos de sua equipe, exibia ares que não lhe convinham. Como observou um diplomata, sob Ciano não havia um Ministério das Relações Exteriores, mas "somente um ministro [...] e nenhuma tradição além da inventividade diária". Ciano, diziam seus críticos, era *"il cretino arrivato"*, o cretino que se deu bem, que queria demais, falava demais, dava ordens demais, fazia cenas demais; corrompido por seu poder "monstruoso", estava destruindo meio século de diplomacia italiana responsável.

Parte dessa hostilidade vinha de outros *gerarchi*, que achavam que Ciano devia sua promoção apenas ao fato de ser marido de Edda, enquanto o próprio Ciano não se esforçava em nada para esconder que considerava quase todos chatos e presunçosos. Apesar de terem uma relação superficialmente cortês, Dino Grandi – que achou que assumiria o cargo de ministro das Relações Exteriores – logo percebeu que Ciano era negligente quando se tratava de seguir as ordens de Mussolini e que o poder só tinha acentuado as falhas do seu caráter. Ciano foi ouvido dizendo que Grandi era "muito desinteressante e tinha a inteligência de um mosquito".⁷ Corriam boatos de que Edda estaria interferindo nas nomeações; sem dúvida, ela tinha fortes opiniões próprias sobre os *gerarchi* e as expressava prontamente, tanto para o pai quanto para o marido.⁸ Apesar de não ter paciência para sutilezas diplomáticas, quando se concentrava em algum problema ela sabia ser incisiva e perspicaz.

Nenhuma dessas rixas passou despercebida aos embaixadores estrangeiros em Roma, que, acostumados a serem cortejados e lisonjeados, agora se viam menosprezados e ignorados, principalmente no caso de representantes de países menores, aos quais Ciano dava pouca atenção e muito raramente consentia em receber. William Phillips, o recém-nomeado embaixador dos Estados Unidos, afirmou ser difícil levar Ciano a sério porque ele era "mais um jovem de olho nas mulheres do que um ministro das Relações Exteriores", sem "padrões morais ou políticos". Mas ficou mais impressionado com Edda, dizendo que ela era claramente uma "observadora inteligente". Falava-se a respeito de uma visita de Edda aos Estados Unidos, um país sobre o qual, observou Phillips, Mussolini estava "espantosamente mal-informado".⁹ Nos jantares que ele e a esposa ofereciam para os Cianos, Phillips comentou friamente que o casal esperava que seus "jovens favoritos" estivessem presentes e relutava em prestar muita atenção aos convidados mais velhos e mais sérios. "Eles podiam fazer o que quisessem", escreveu. "Não era considerado sensato criticá-los abertamente." Outro importante diplomata que Ciano não conseguiu impressionar foi o embaixador da Alemanha, o aristocrata prussiano Ulrich von Hassell, um homem profundamente cristão em desacordo com Hitler e com os nazistas.¹⁰ Von Hassell, disse Ciano, conhecia muito bem Dante, e "eu desconfio de estrangeiros que leem Dante. Eles querem nos agradar com poesia." Von Hassell definiu-o como um "jovem grosseiro".

Com os holofotes mais intensamente sobre eles e conscientes de terem efetivamente se tornado a ponte entre a sociedade romana e o governo fascista, Edda e Ciano estabeleceram o tom, que era de fofocas, de cinismo e cada vez mais corrupto. Como observou Eugen Dollmann, um jornalista alemão que morava em Roma, as pessoas que os cercavam eram "frívolas, libertinas, irresponsáveis, dotadas de encanto físico, porém privadas de intelecto". A claque de Ciano copiava todos os seus gestos, comprava ternos de Caraceni como ele, cortava os cabelos com seu barbeiro favorito, Biancafiore. Eram "como mendigos", observou Susanna Agnelli, "esperando o *"ciao"* de Galeazzo". Usavam camisas de seda, paletós brancos e sapatos bicolores, só aparecendo em trajes fascistas quando obrigados, aproveitando-se da sua inocência e do fato de ele não perceber que eles não eram realmente seus amigos, que muitas vezes só queriam usá-lo. Autodenominado CAC, o *Club dei Amici di Ciano*, o círculo incluía seu harém de mulheres bem-nascidas e ociosas. O Petit Trianon no salão de Isabella Colonna tornou-se o lugar onde tudo era uma piada, fortunas eram ganhas ou perdidas e arranjavam-se empregos, onde a traição fazia parte do jogo e a aristocracia flertava com uns poucos *gerarchi* privilegiados que vinham bajular.[11] A própria Isabella era chamada de "tzarina da nobreza negra", despótica, generosa e muito religiosa. Como Rachele disse repreensivamente a Edda: "Seus condes e suas marquesas fedem como cabeleireiros".[12]

Edda raramente ia ao Palazzo Colonna. Preferia viver sua vida. Jogando, sempre apostando alto e quase sempre perdendo, fazendo com que as anfitriãs organizassem os jogos em salas separadas para que Ciano não visse as grandes perdas da esposa. Edda e Ciano davam suntuosas festas na Villa Madama, tradicional residência dos chanceleres, com muitos aristocratas esnobes que os criticavam correndo para abraçar aquele casal moderno e chique, que tanto fazia para livrar a Itália da imagem de um país transformado num "quartel dirigido por um ex-cabo dos Bersaglieri", que falava inglês com os ingleses e francês com todos os outros. Assim como Ciano, Edda era muito imitada, mas nem sempre querida, particularmente pelos outros *gerarchi*. Quando convidada a ir ao Quirinal, achava a vida na corte terrivelmente monótona e reclamava que nunca havia o suficiente para comer: assim que o rei terminava sua refeição rápida e frugal, todos os pratos eram instantaneamente retirados.

Mesmo assim, com seu lugar no centro do poder, 1937 foi um bom ano para Edda e Ciano, que gostava mais da coreografia do poder que da sua substância, e ainda não tinha percebido que era pouco mais que um porta-voz para os projetos de Mussolini.[13]

*

No entanto, Edda não estava exatamente feliz. Sentia-se cada vez mais afastada de Ciano – cuja vaidade começava a incomodá-la e cujo senso político ela temia ser inadequado para sua nova posição – e dos filhos, com os quais parecia não ter muito prazer em estar. Ciccino e Dindina passavam quase o tempo todo com a babá. Tendo adquirido o hábito de beber muito na China, agora descobriu que isso diminuía sua sensação de descontentamento – apesar de continuar muito atenta à desaprovação do pai para se deixar perder o controle. Fazia compras, dava presentes, mantinha toda a aparência de se entregar alegremente à frivolidade, mas na maior parte do tempo se sentia profundamente insatisfeita. Deitava-se muito tarde e dormia a manhã toda, só saindo da cama na hora do almoço e de óculos escuros. Sempre entediada, tremendamente irritada com convenções e afetações, podia ser espirituosa, irônica e animada com amigos, áspera e difícil com estranhos, com estados de euforia que logo davam lugar à frustração e à insegurança que a atormentavam na infância. Muitas vezes sua insatisfação se manifestava como raiva, de si mesma e particularmente do marido.

Os rumores que ouvia sobre o seu comportamento escandaloso faziam-na sentir desesperada e desajustada, ou desafiadora e infeliz. Seus casos extraconjugais proporcionavam momentos em que se sentia viva, o risco de ser descoberta só aumentava a excitação. Em uma ocasião reveladora, sua empregada não conseguia encontrá-la, mesmo sabendo que estava em algum lugar da casa, e foi perguntar a Ciano para onde ela tinha ido. Os dois vasculharam os vários cômodos, até finalmente a encontrarem encolhida e chorando dentro de um armário, como fazia quando criança. Lágrimas eram uma questão de foro privado. Reprimi--las, como fora forçada a fazer desde a mais tenra infância, às vezes se mostrava difícil demais. E Edda ainda tinha apenas 26 anos.

Sentia-se melhor quando viajava. Veneza havia se tornado um dos centros da sociedade fascista e as temporadas de verão eram especialmente glamorosas. Conheceu Barbara Hutton em uma de suas idas e as duas ficaram amigas. Quando o duque e a duquesa de Windsor foram passar a lua de mel em Veneza, os Cianos foram convidados para um pequeno jantar em sua homenagem.[14] Barbara tinha um chalé no Lido, em frente ao Hotel Excelsior, e ela e Edda ficavam na praia e iam às festas e bailes que aconteciam todas as noites nos palácios ao longo do Grande

Canal. Poucas eram tão divertidas quanto as de Elsa Maxwell, que resolveu animar sua festa à fantasia anual no Palazzo Vendramin com efeitos sonoros criados por abelhas em colmeias escondidas atrás de cortinas pesadas, para o zumbido harmonioso entreter os convidados. Mas uma das colmeias tombou, as abelhas fugiram e começaram a perseguir os convidados, com alguns pulando no Grande Canal.

Um lugar onde Edda realmente gostava de ir era Capri. Encantou-se com a ilha na sua lua de mel e voltava sempre que podia fugir de Roma. Na maioria das vezes ia sozinha, mas às vezes levava Raimonda, Fabrizio e uma babá.

Apesar de atrair visitantes desde o século XVII e ter sido uma das paradas do Grand Tour no século XVIII, só no final do século XIX Capri se tornou uma atração turística, com gente chegando de navio a vapor pela baía de Nápoles para se maravilhar com a Gruta Azul, as rochas gêmeas Faraglioni e subir a longa escada de setecentos degraus de pedra de Augusto até Anacapri. Muitos anos antes, quando passava as férias na Lapônia, o médico e psiquiatra sueco Axel Munthe ficou sabendo de um surto de cólera em Nápoles e viajou para o sul para trabalhar como voluntário no hospital.[15] Em uma viagem que fez a Capri em 1902, Munthe comprou a capela em ruínas de San Michele, no alto do pico de Anacapri, onde começou a cultivar uvas e lutou contra o hábito local de cegar as codornas para servirem de isca para grous, rolieiros, borrelho-grande-de-coleira e papa-moscas que passavam pela ilha em suas rotas migratórias de inverno.

Maxim Gorky, recém-libertado da prisão depois da abortada Revolução Russa de 1905, foi conhecer Capri com sua amante. Gostou do clima e considerou um bom lugar para escrever. Além disso, tinha dinheiro suficiente para subsidiar os pobres refugiados russos que o seguiram. Outros estrangeiros, muitos deles alemães e americanos, chegaram como turistas, apaixonaram-se pela ilha e acabaram ficando. Norman Douglas, que conheceu Capri nos anos 1890, disse que era um lugar de "adoráveis malucos de várias nacionalidades" vivendo felizes com quase nada em casinhas caiadas de telhado plano espalhadas pela encosta, onde formavam "panelinhas rabugentas" falando sobre as grandes quantidades de cocaína e heroína consumidas em festas lendárias.[16] O Caffè Morgano, na praça principal, tornou-se o que Joseph Conrad chamou de um centro de "escândalos, internacionais, cosmopolitas e bíblicos", e definiu Capri como uma "espécie de pesadelo azul atravessado por fedores e perfumes". Como não havia estradas adequadas, burricos com nomes de imperadores romanos transportavam os mantimentos.

A maioria dos estrangeiros partiu com o início da Primeira Guerra Mundial. Douglas e Gorky estavam entre os que voltaram quando tudo acabou, logo seguidos por muitos outros. Em 1920, Capri ainda era um posto avançado rochoso e primitivo, com falta de água e muito pobre, mas seu grande hotel, o Quisisana, outrora famoso como sanatório para tratamento de febre tifoide e reumatismo, fora comprado por uma empresa de Milão chamada SIPPIC, bem como a usina elétrica e o funicular que levava os visitantes do porto de Marina Grande até a praça principal. Temendo os estragos que os planos de desenvolvimento da SIPPIC poderiam causar à ilha, os habitantes locais convocaram uma reunião para a qual convidaram escritores, artistas e arquitetos de toda a Europa. Um deles foi o futurista Marinetti, mais tarde lembrado por ter desfilado sob a lua cheia elogiando arranha-céus. A ilha estava rapidamente se tornando atraente para os fascistas e, mais importante ainda, para um jovem dono de hotel chamado Teodoro Pagano, um dos participantes da Marcha sobre Roma e cofundador do primeiro *fascio* em Capri.

Em setembro de 1924, Mussolini visitou a ilha, chegando de hidroavião na Marina Grande e sendo recebido pelo príncipe Ruffo di Calabria, residente permanente do Albergo Splendido. Foi levado de funicular até o terraço com vista para a baía de Nápoles e se declarou encantado. Resolveu tornar Capri, com apenas oito quilômetros de extensão, a peça de mostruário da sua nova Itália fascista, onde os estrangeiros poderiam admirar a paisagem, comer bem e ver por si mesmos o quanto o regime era requintado e pacífico. Enquanto almoçava no Quisisana, perguntou a Pagano: "Do que Capri precisa?". Ao que Pagano respondeu: "De um porto e de água, Duce". "Eu vou cuidar disso", disse Mussolini.

Com generosos fundos mandados de Roma, os ilhéus construíram um porto adequado, instalaram grandes cisternas para captar água, pavimentaram estradas, estruturaram um serviço de ônibus e construíram mais casas e hotéis.[17] As tradicionais pequenas indústrias de seda, coral e cal desapareceram. E, mais importante, plantaram eucaliptos, amendoeiras, ciprestes e carvalhos, espirradeiras, alecrim, murta e zimbro, glicínias e buganvílias. O Hotel Quisisana instalou aquecimento central, elevadores e um pequeno teatro, onde a bailarina Anna Pavlova foi vista dançando nas quadras de tênis. O barman do hotel, veterano de transatlânticos, inventou um coquetel que batizou de Milano-Torino, contendo Punt e Mes, Campari, suco de limão e água com gás. Arqueólogos vieram escavar a casa de Tibério. Gracie Fields veio conhecer a ilha, assim como Diaghilev e Stravinsky, Colette e Marguerite Yourcenar, com sua amante Grace Frick. Nas noites quentes de verão, o Faraglioni e a Gruta Azul ficavam iluminados para os que jantavam em seus iates.

O livro de San Michele, de Axel Munthe, publicado em 1929, chegou rapidamente a sete edições. Seu ataque à caça de aves migratórias enfureceu os moradores, mas agradou a Mussolini, que decidiu proibir a caça na ilha. Munthe transformou sua propriedade num santuário de pássaros; os ilhéus começaram a chamá-lo de Il Caprone, insaciável como um bode em seus avanços sexuais. No final dos anos 1920, Capri tinha oitocentos residentes estrangeiros e os inúmeros visitantes de verão aportavam numa nuvem de gerânios, petúnias e rosas treliçadas. Se esperassem até setembro, veriam as copas de ciclame branco. Maurice Chevalier definiu Capri como "digna de ser francesa". A esposa de Compton Mackenzie, Faith, escreveu que a ilha era assombrada por "fantasmas da folia [...] e pelo tumulto de festivais, de orgias e saturnálias".

Enquanto isso, os fascistas proliferavam. Um aristocrata napolitano, Marino Dusmet, um homem muito baixo, mas de boa aparência, foi nomeado *podestà* fascista e secretário do Partido de Teodoro Pagano. Alberto Fassini, o diretor piemontês da SIPPIC e também "fascista de primeira hora", comprou terras, apropriou-se de hotéis e construiu novas casas. Pagano era um fanático. Sempre que possível, organizava paradas de camisas-negras. Sinos tocavam constantemente, convocando os ilhéus para reuniões públicas. Dusmet, um caxias igualmente obsessivo, acordava antes do amanhecer para verificar a limpeza das ruas e se a ilha estava em ordem. Crianças descalças foram transformadas em garotinhos de Balilla e mães com famílias numerosas recebiam prêmios. Marinetti dizia que Capri era de fato VI-RI-LÍS-SI-MA, tremendamente viril, mas também *fascistissima*, tremendamente fascista. Foram empreendidos esforços para minimizar a longa estada de Tibério na ilha, já que o romancista Moravia o definia como "o preeminente mestre do vício [...] com as mais fantásticas perversões".

Pagano logo descobriu que precisava lidar com uma chusma de excêntricos e esquisitões, nem sempre fáceis de mobilizar para o ascetismo fascista.[18] Entre os recém-chegados do pós-guerra, vieram muitos estrangeiros fugindo dos costumes sexuais repressivos dos seus países, alguns atraídos pela menção a Capri na publicação underground *Le Troisième Sex*, uma espécie de guia turístico para aventureiros sexuais. A Alemanha, em particular, foi acusada de mandar "pederastas e pintores masoquistas"; a Inglaterra, seus "indesejáveis".

A esposa de Dusmet lançou-se numa campanha de "desinfecção moral". Vários exibicionistas mais notórios foram expulsos e o romance *Vestal Fire*, de Compton Mackenzie, que falava sobre os escândalos trissexuais na ilha, foi proibido. O homossexualismo não era crime na Itália, mesmo sob o Novo Código Penal de 1930, mas era considerado equivalente a outras perversões – fetichismo, zoofilia, necrofilia. As coisas ficaram tão feias que um carabiniere romano de costeletas cheias chamado Giuseppe Dosi, até então chefe de uma Squadra del Buon Costume, que expurgava prostitutas e bordéis do continente, foi chamado para conduzir uma investigação sobre os "homens festivos", "degenerados sexuais [...] pederastas, homossexuais e '*sporcaccioni*', gente imunda".[19]

Dosi ficou impopular ao se fixar na ideia de que um padre irlandês que vivia em Capri, surpreendido no ato de agredir uma jovem, era também responsável por uma recente série de estupros e assassinatos de crianças em Roma. O comportamento de Dosi foi se tornando cada vez mais errático e ele foi chamado de volta à capital, onde escreveu um livro de quatrocentas páginas de revelações picantes com uma longa lista de estupros, abortos e casos com menores, logo proibido por Bocchini, que o internou num manicômio.[20] Quando Bocchini encaminhou o relatório ao Palazzo Venezia, Mussolini respondeu: "Aja com decisão". Mas os estrangeiros eram cruciais para a economia de Capri e nenhuma outra medida foi tomada. As mulheres abriram mão dos monóculos e das piteiras e passaram a ser mais discretas. Dusmet era inteligente demais para não perceber que o encanto da ilha estava exatamente na sua mistura de artes, cultura e permissividade.

A grande jogada social de Fassini foi convidar Edda e Ciano a passarem a lua de mel no Hotel Quisisana em 1930, pois Capri era tudo o que Edda mais gostava: não convencional, tolerante e divertida. Era o mais próximo de Xangai que se podia chegar. Sempre que podia, viajava de trem até Nápoles, geralmente num vagão especial, onde embarcava no navio a vapor para a ilha, às vezes trazendo amigos de Roma e frequentemente acompanhada por Ghita Carrell, uma fotógrafa conhecida por seus retratos de mulheres da sociedade. Em vez de sair com outros nas expedições de barco, preferia dançar até muito tarde, jogar pôquer e ir dormir ao nascer do sol.

Em 1937, Fassini, cujo filho Munzio era amigo de Ciano, presenteou Edda com um terreno bem acima do segundo porto de Capri, a Marina Piccola, usado quando os ventos do nordeste inviabilizavam a Marina Grande. Edda contratou Dario Pater, um empreiteiro amigo da mãe, conhecido por construir moradias baratas e precárias na África, para projetar uma casa para ela. Sua primeira ideia foi considerada tão insubstancial a ponto de ser insegura, sendo substituída por uma estrutura em forma de caixa com uma vista magnífica da baía de Nápoles. Edda gostava da arquitetura modernista fascista. Era uma casa grande, de dois andares, pintada de um branco ofuscante por dentro e por fora. Tinha um grande jardim, uma pequena vinha e um terraço com uma cadeira de balanço. Os ilhéus se queixaram de que parecia deslocada em meio à estranha mistura de estilos pompeiano e mourisco tão amada pelos nativos, e se queixaram mais ainda quando ela conseguiu bloquear e privatizar a estrada pública que chegava até a casa. Mas, no geral, todos receberam bem a ilustre visitante e se mantiveram discretos quanto ao seu comportamento, ressaltando principalmente sua figura alta e magra, a voz baixa e sem sotaque e o nariz aquilino. Giorgio Campione, gerente do Quisisana, atendia a todos os seus caprichos, inclusive o de construir uma jaula nos jardins do hotel para uma onça vinda do Brasil. Ninguém gostava do animal. Certa manhã, a onça foi encontrada morta, envenenada por algumas almôndegas.

Querendo sua casa sempre banhada por luzes brilhantes, Edda decorou-a com móveis de madeira clara, sofás de chita florida, piso de parquet, azulejos com desenhos de peixinhos e pratos de cores diversas. Instalou persianas elétricas, nunca vistas na Itália, a não ser em filmes americanos. Construiu duas grandes lareiras abertas para o inverno e cobriu a casa com glicínias. Duas enormes águias de pedra, de asas abertas, empoleiravam-se nas colunas da entrada. Seu guarda-costas, um ex-carabiniere chamado Costanzo Strina, era conhecido localmente como *"u maiale"*, o porco, por ter ganhado uma aposta de que não conseguiria comer cem raviólis de uma só vez. Rumores sobre a extravagância de Edda, poucos deles verdadeiros, se espalharam pela ilha. Dizia-se que tinha gastado 3 mil liras com cada uma das muitas maçanetas de coral incrustadas de ouro.

Quando Ciano vinha a Capri, em geral ficava menos de um dia, chegando a Marina Piccola de hidroavião vindo de Óstia, com seu traje branco de safári e sapatos brancos de luxo. Enquanto era levado até a costa por um barco a remo, os que assistiam erguiam os braços fazendo a saudação fascista.

Edda era apenas uma das muitas celebridades fascistas atraídas pelas praias permissivas de Capri.[21] Balbo era um frequentador assíduo, até seu exílio na Líbia, e Farinacci e Bottai passavam férias na ilha. Apesar de o jazz ter sido proibido na Alemanha por ser "música negra", não havia lugar em Capri onde não se ouvissem ragtime, blues ou suingue, a qualquer hora do dia ou da noite. Mas, como o fascismo exigia que tudo fosse italiano, Louis Armstrong foi rebatizado como Luigi Fortebraccio e Benny Goodman se tornou Beniamino Buonuomo.

O príncipe Umberto e Maria José tinham uma casa não muito longe da de Edda, onde chegavam do Palazzo Reale de Nápoles na sua lancha azul-marinho. Desobedecendo a todos os regulamentos e usando o dinheiro que Ciano lhe dera para cuidar da saúde, Malaparte estava construindo uma casa "triste, rígida, severa", projetando-se no alto de um penhasco, só acessível a pé, com um telhado tão grande que dava para andar de bicicleta e uma sala de estar quase totalmente vazia, para poder se concentrar na vista das janelas de vidro laminado. Era vermelha e sem árvores em volta. Mantendo-se fiel às suas outras posses como referência, a *Casa Come Me* vermelha parecia um enorme tijolo jogado num recife.[22]

Na esteira dos fascistas da moda vieram os nazistas, que foram recebidos por Edda no porto. Goering foi um dos primeiros a chegar, saudado por uma multidão no cais de braços erguidos gritando "Heil

Hitler". Foi a primeira vez que a suástica foi vista na ilha. Depois, voltou com Emmy e ocupou uma suíte no Hotel Quisisana. Teve o azar de ser mordido no nariz por um macaco de estimação pertencente a um dos outros hóspedes. Os Goerings gastavam muito nas novas butiques de Capri. Por algum momento, pareceram interessados em comprar a Villa San Michele, de Axel Munthe, embora houvesse rumores de que Goering estava agindo como fachada para Hitler, que, fascinado por astrologia e pelo Santo Graal, achou que Anacapri poderia ter poderes astrais mágicos. Hess, Hans Frank, Goebbels e sua esposa Magda também vieram, muitas vezes em lanchas fornecidas pela prefeitura de Nápoles. Um grupo da Juventude Hitlerista nadou até as grutas, exibindo seus corpos musculosos.

Era comum Edda cruzar com Raimonda e Fabrizio quando saía da cama e eles estavam voltando da praia para almoçar, os filhos observando-a atentamente para avaliar seu humor. Quando estava de mau humor, a mãe parecia feia e ossuda e brigava com a governanta. Edda pouco se misturava com os nativos, evitava proximidade, recusava-se a juntar-se aos intelectuais da ilha quando eles saíam montando jumentos para fazer piquenique e passava muito tempo jogando paciência com um baralho trazido de Xangai. Raramente saía de casa sem óculos escuros. Mas fez amizade com um dos moradores mais excêntricos de Capri, um joalheiro chamado Pietro Capriano, conhecido como Chantecler – da peça teatral de Edmond Rostand sobre um galo –, que usava calças vermelhas brilhantes e camisas de seda de várias cores e tomava banho de sol nu. Capriano era um gozador e só a intervenção de Edda o salvou de ser deportado quando jogou uma bombinha aos pés do príncipe Umberto.

Não era de estranhar, então, que Capri, um ninho de excêntricos e fascistas em movimento, também fosse um ninho de espiões. Telefones eram grampeados, pessoas eram seguidas, cartas eram abertas. O principal espião entre os homens de Bocchini era o secretário do partido, Pagano – embora fosse também espionado pela OVRA –, mas havia muitos outros, entre garçons, porteiros e até mesmo entre os turistas. Eles espionaram Capriano, cujos relatos sobre excessos chegaram à mesa de Mussolini em Roma, que acabou ordenando que o joalheiro fosse mandado embora da ilha sempre que Edda estivesse lá. Eles espionavam Edda, atropelando-se para ver se era mesmo verdade que ela nadava nua perto dos rochedos ao luar, dormia com os homens que hospedava e ia a festas em que os convidados se fantasiavam de animais selvagens e se envolviam em orgias dignas dos romanos.[23] E espionaram a obscura Madame Carmen, uma médium em quem Edda cometeu o erro de confiar, que vivia a importunando para obter favores de ser apresentada a pessoas.[24]

Das muitas coisas de que Edda foi acusada, talvez só fosse culpada da dificuldade para pagar suas dívidas de pôquer. Mas, como ela disse mais tarde, agora grande parte da Itália fascista, alimentando-se avidamente de rumores que Bocchini não conseguia evitar, acreditava que Edda tinha dormido com cerca de 40 mil homens, o que teria feito Madame de Pompadour, Ninon de Lenclos e Madame de Maintenon parecerem ingênuas ou freiras em comparação.

No final dos anos 1930, havia algo cada vez mais desesperado, quase febril, nos esforços para promover e exaltar o fascismo. Era notável nos excessos do pedante e absurdo Starace, em seu empenho incansável para libertar o italiano de palavras estrangeiras – piquenique virou "*picche nicche*", por exemplo – e na sua campanha para fazer as pessoas usarem "*Voi*" em vez de "*Lei*" (muito feminino). Por nunca ter havido um pensamento muito original por trás da "doutrina do fascismo" e os fascistas sempre terem sido mais claros sobre o que eram contra do que eram a favor, as campanhas geradas pelo MinCulPop, que ganhavam corpo e forma nos jornais pró-regime, eram uma mixórdia – contra mulheres muito magras ("*la donna crisi*"), liberais, socialistas, sindicalistas, homens não masculinos.[25]

As proibições de mencionar a idade ou problemas de saúde de Mussolini se tornaram draconianas, e as fotografias do Duce, o "príncipe da juventude", eram meticulosamente examinadas e adulteradas antes da publicação; as selecionadas eram marciais e muitas vezes equestres, para evocar vitoriosos cônsules romanos. Os documentários do LUCE mostravam Mussolini discursando para multidões "oceânicas". O Duce era o maior astro do cinema da Itália.[26] Como ele mesmo disse: "A ideia de tentar separar Mussolini do fascismo, ou o fascismo de Mussolini, é a coisa mais inútil, mais grotesca, mais ridícula que se pode imaginar". Edda, sua sombra feminina, era fotografada sempre que se deixava ver.

O fato de ela evitar os holofotes só alimentava histórias sobre seus poderes ocultos.

O túmulo do imperador Augusto no centro de Roma, finalmente escavado e sem casas ao redor, foi celebrado com uma Exposição Augusta de Romanità, e Mussolini foi presenteado com uma águia viva como sinal de a tradição imperial ter passado o bastão ao fascismo. A construção da EUR, a Esposizione Universale Romano, na estrada para Óstia, estava em andamento. Essa nova cidade de granito, mármore e travertino, com arcos e colunas, foi projetada para se tornar uma vitrine de "grandiosidade e monumentalismo". Retratado como excepcional, mas também como muito humano, o "pai espiritual" da nova Itália, Mussolini, era onisciente e podia corrigir todos os erros. "Onde está o Duce?", perguntou *Il Corriere della Sera*.[27] "Está em todos os lugares [...] Você não sente que ele o está ouvindo?" Cinquenta pessoas trabalhavam na secretaria do Palazzo Venezia respondendo às muitas milhares de cartas endereçadas a ele, muitas agora expressando insatisfação com a burocracia do partido, mas raramente dirigidas pessoalmente ao Duce, que era considerado acima de todas as coisas.

Parte desse desejo frenético de fazer os italianos se comportarem como verdadeiros fascistas pode ser visto nos filmes produzidos na então recém-inaugurada Cinecittà de Roma.[28] Como Mussolini vinha dizendo há anos, o cinema era *"l'arma più forte"*, a arma mais forte do regime, e algumas das melhores lembranças de Edda da Villa Torlonia eram as sessões de cinema noturnas. No início da era fascista, a indústria cinematográfica italiana era uma bagunça. Embora o país tenha sido um dos pioneiros do cinema mudo, a falta de mercados estrangeiros, o aumento dos custos de produção e sobretudo a falta de criatividade fizeram com que o enorme apetite dos italianos pelo cinema fosse alimentado por Hollywood. O público adorava Charlie Chaplin, Mae West e Cary Grant, gostava de bigodes, de cabelos com permanente e sobrancelhas depiladas, virando as costas para as pítons e bruxas, os crocodilos e as virgens nas telas de um filme de aventura italiano chamado *Silva Zulu*. Para se contrapor à influência da mulher americana livre e aguerrida, o MinCulPop travava uma batalha constante para promover a florida e fecunda *donna-madre*. O que todos os *gerarchi* concordavam era que o filme, mesmo evitando a propaganda, deveria transmitir uma imagem reconfortante da vida italiana, culta e bem-educada, na qual os desertos da África eram transformados no Jardim do Éden e o campo se tornava o verdadeiro repositório dos valores italianos. "*Strapaese*", a glorificação da pátria, forneceria um baluarte contra a invasão de comportamentos estrangeiros.

Então, em 1934, uma série de medidas protecionistas foi criada para limitar as importações estrangeiras, principalmente americanas. Instituiu-se uma escola genuinamente radical de cinematografia experimental e foram criados vários jornais e revistas sobre cinema. Fundos privados e estatais eram concedidos a produtores e distribuidores e foi criada uma corporação que reunia cineastas, donos de cinemas, músicos e integrantes do LUCE. Parte do ímpeto por trás dessas mudanças veio de Vittorio Mussolini, que, com 22 anos, convenceu o pai a deixá-lo ir aos Estados Unidos para falar com Hal Roach, o produtor dos seus adorados *O Gordo e o Magro*. Vittorio foi convidado para um chá na Casa Branca e voltou dizendo que o presidente Roosevelt havia proposto um encontro com Mussolini em águas neutras no meio do Atlântico. O plano não deu em nada, e os sonhos de Vittorio de ter laços com os americanos logo foram desfeitos pelos produtores italianos rivais.

Em setembro de 1935, um incêndio destruiu os antigos estúdios dos Cines em Porta San Giovanni. O lançamento da pedra inaugural da Cinecittà foi na Via Tuscolana, construída em tempo recorde por 1.500 operários, no modelo de Hollywood. Os cartazes mostravam uma mulher rechonchuda, forte, sensual, enérgica e atraente. Profeticamente, como os jornais logo noticiaram, no dia em que Mussolini chegou para a inauguração oficial, 28 de abril de 1937, as fustigantes rajadas de vento forte e granizo pararam quando seu cortejo chegou, deixando o Duce banhado pelo sol.

Mussolini detestava filmes de gângsteres, preferindo as comédias. Foi imposta a "*fascistizzazione sottile*", um tipo sutil de censura em relação aos temas e à moralidade. Drogas, orgias e relações entre brancos e negros eram vetadas. Contudo, apesar dessas restrições, a indústria cinematográfica italiana prosperou.[29] Sob a rubrica de "*telefoni bianchi*" – numa referência aos boudoirs, onde se viam muitos telefones brancos como símbolos do chique moderno –, comédias românticas, sentimentais e de capa e espada celebravam *femmes fatales*, pais honestos e ingênuos, patifes simpáticos, líderes impecáveis e mães nobres e abnegadas. E, no corre-corre para encontrar substitutas para Claudette Colbert e Bette Davis, eles transformaram em estrela Assia Noris, filha de um conde, com seus olhos azuis e cintura fina, que interpretava noivas, secretárias, babás e lojistas de classe média carentes de protetores. Também elencaram a acolhedora Maria Denis, de rosto redondo, nariz arrebitado e tez de porcelana como a garota caseira, que ajudava a mãe e tocava piano.[30] A sensual Luisa Manfrini, que adotou o nome de Ferida, de maçãs do rosto salientes e cílios longos, especializou-se em ser a "única mulher real num mundo de bonecas", que, apesar de fogosa, era sempre enganada. O ex-namorado de Ferida, Osvaldo Valenti, filho de um barão siciliano, um mulherengo incansável e viciado em cocaína, mas de aparência elegante e modos cavalheirescos, ganhou fama interpretando vilões viris, desonestos, nervosos e cruéis. Para rivalizar com o Oscar, foi criada uma Coppa Mussolini.

Grandes quantias de dinheiro eram gastas em locações: para um épico sobre a colonização italiana chamado *Abuna Messias*, foram usados 11 mil homens e 4 mil cavalos para uma única cena de batalha. Paralelamente a esses filmes, formou-se um novo subgênero cinematográfico, "*fotoromanzi*", revistas com fotogramas de filmes ou sequências especialmente filmadas com as falas em balões, como nas tirinhas em quadrinhos. Seus editores ansiavam por histórias sobre os Cianos. Qualquer vislumbre de Edda era uma fotografia valiosa; o fato de quase sempre estar carrancuda fazia pouca diferença.

Os italianos adoraram esses novos filmes, assim como adoravam toda a panóplia do teatro fascista.[31] Em um único ano, foram vendidos 310 milhões de ingressos. Os *gerarchi*, por sua vez, amavam as novas estrelas, cortejavam-nas, faziam amor com elas, espelhavam-se no seu sucesso. Cinecittà tornou-se uma mina de ouro para os espiões de Bocchini, com atores figurantes complementando suas rendas com relatórios regulares sobre "agentes da corrupção", festas decadentes e alucinadas e falatórios antifascistas.[32] O próprio Starace era considerado um "grande consumidor de bailarinas". Mas o controle da cultura pública, seja no cinema, seja no teatro ou nos livros, nunca chegou aos níveis da Alemanha nazista, onde, em 1937, Goebbels proibiu centenas de livros, peças, filmes e quadros, bem como seus autores. Na Itália, fofocas, cartuns e piadinhas engraçadas continuaram a circular impunemente, servindo de válvula de escape para um regime que pretendia se apresentar como poderoso, moderno e livre de vícios e crimes, da pobreza, de lares desfeitos e de desemprego, mas, ao mesmo tempo, consciente e bem-humorado em relação às fragilidades humanas.

Logo após seu retorno da Etiópia, Vittorio conheceu uma garota milanesa, Orsola Buvoli, e os dois se casaram em fevereiro de 1937, antes de ele completar 21 anos, na igreja de San Giuseppe, como Edda e Ciano.[33] As fotografias mostram Ciano com um sorriso malicioso, Rachele de casaco de pele e vestido decotado e Edda com os olhos brilhantes. Mas não houve nenhuma grande recepção na Villa Torlonia, com Rachele dizendo que nunca mais passaria por aquela provação. Houve menos presentes extravagantes, embora Franco tenha mandado uma cigarreira de ouro. Bruno também se casou logo, também na San Giuseppe, com Gina Ruberti, filha de um inspetor do Ministério da Educação. Espiões da OVRA informaram que sua família tinha "sentimentos fascistas extremamente elevados". Starace presenteou Bruno com um aspirador de pó recém-inventado. Os dois filhos se envolveram em encrencas, mas todas foram logo abafadas. Bruno matou uma mulher mais velha num acidente de automóvel e teve um caso que resultou em gravidez. Vittorio teve um romance de verão em Riccione com uma mulher casada. Apesar das reclamações de Mussolini de que a Villa Torlonia estava se esvaziando e de não querer que saíssem de lá, os dois filhos e suas mulheres se mudaram para apartamentos no centro de Roma. Os almoços de domingo, que reuniam toda a família, precisavam contar com a presença de todos, inclusive com a muitas vezes impaciente e relutante Edda.

Em 1936, quando Ciano foi nomeado ministro das Relações Exteriores, Mussolini ainda brincava com a ideia de restabelecer a amizade com a Grã-Bretanha, maculada pela guerra da Etiópia, e tinha esperança de ainda atuar como uma potência para restabelecer o equilíbrio na Europa. Mas a Alemanha foi rápida em reconhecer a Itália como um império, e o poder nazista estava claramente aumentando. Em 1º de novembro de 1936, na Piazza del Duomo de Milão, Mussolini usou pela primeira vez a frase de que Roma e Berlim representavam um "eixo", em torno do qual todos os Estados europeus "que desejam a paz podem revolver". Ficou furioso quando os britânicos convidaram Haile Selassie para a coroação de George VI, em maio de 1937, e quando os britânicos e franceses assinaram um acordo para proteger navios mercantes no Mediterrâneo de submarinos italianos que, segundo eles, estavam "conduzindo atos de pirataria". Ciano disse a Zangrandi, amigo de Vittorio, que a França e a Grã-Bretanha eram "fracas e maduras demais, como frutas podres e bexigas de banha".

Enquanto isso, Hitler continuava cortejando Mussolini, chegando até Edda e Ciano e enviando emissários a Roma com convites ao Duce para fazer uma visita oficial à Alemanha. A embaixada alemã em Roma foi instruída a fazer todo o possível para solapar as relações entre Roma e Londres e a continuar repetindo que a Alemanha realmente queria adotar muitas das ideias do regime fascista.

Mussolini exigiu que não fosse obrigado a usar trajes formais de noite (com os quais não se sentia na sua melhor forma) e que tivesse oportunidade de conhecer alemães comuns – para melhor demonstrar sua habilidade oratória com as multidões. A visita foi marcada para 24 de setembro de 1937.

Os preparativos foram precedidos de meticulosos cuidados de ambos os lados. Mussolini e Ciano chegaram a Munique em seu trem particular, com uniformes dourados e prateados especialmente desenhados para a ocasião, e acompanhados por um seleto grupo dos mais prestigiados jornalistas da Itália. "Nós precisamos parecer mais prussianos do que os prussianos", observou Ciano.[34] Nenhum rei jamais fora recebido com tanta pompa e glória. Hitler e uma vasta comitiva esperavam na estação central, enfeitada com guirlandas, também de uniforme. Embora os dois ditadores tivessem se conhecido em Veneza em 1934, foi o momento em que os dois países e as duas "revoluções" realmente se encontraram. Para os jornalistas reunidos, o encontro assumiu um significado enorme. Um grande desfile pelo coração de Munique foi seguido por uma exibição de manobras navais no mar Báltico e uma turnê pelas fábricas de Essen. Mas foi Berlim que deixou Mussolini e Ciano deslumbrados com o poderio alemão.

Quando o trem de Mussolini se aproximou da estação Heerstrasse, o trem de Hitler entrou em um trilho paralelo e por um quarto de hora os dois trens seguiram lado a lado, com os ditadores acenando de pé nas janelas – uma operação exaustivamente ensaiada de antemão – até Hitler passar à frente para chegar ante a plataforma a fim de cumprimentar Mussolini formalmente. A estação fora decorada com seda branca brilhante e uma linha dupla de bustos de imperadores romanos, com uma clara referência a Mussolini como seu sucessor. Soldados com capacetes de aço e imensas multidões aplaudindo enfileiravam-se nas estradas de Charlottenberg, Tiergarten e Unter den Linden, onde bandeiras alemãs e italianas tremulavam, com a águia alemã entrelaçada com o machado e os fasces italianos.[35] Nos telhados, homens da SS espreitavam armados de metralhadoras. O ponto alto aconteceu na noite seguinte, quando, depois de um desfile de 36 mil soldados, um milhão de pessoas se reuniram no Olympia Stadium para ouvir Mussolini e Hitler falarem, com suas palavras transmitidas por toda Alemanha e Itália. "A força de nossas duas nações", declarou Hitler, "é a garantia mais forte para a preservação de uma Europa civilizada." Apesar de a resposta de Mussolini ter sido parcialmente abafada por uma chuva repentina e trovões estrondosos, ele conseguiu dizer que a Alemanha era "a maior e mais genuína democracia".[36]

Um tom de exaltação, quase de fervor religioso, insinuou-se nas reportagens dos jornalistas. Falou-se muito de uma ocasião sagrada e heroica e de um "movimento tumultuoso da multidão". Entrevistados, os berlinenses descreveram Mussolini como "bronzeado, atlético e vivaz", com um "sorriso radiante". *Il Giornale d'Italia* publicou que Mussolini havia "dominado a multidão, que o aplaudiu como um timoneiro domina as ondas". Coube à irreverente Martha Dodd observar que a gesticulação alucinada e o maxilar maciço de Mussolini o faziam parecer "um buldogue louco, ao mesmo tempo ridículo e enlouquecedor".[37]

A visita foi toda coreografada para impressionar, e impressionou. Apesar de ter se queixado de Goering ter deixado seu leão de estimação pular nele e de Goering ser "espalhafatoso e pretensioso", Mussolini voltou para casa impressionado com a grandeza, com as enormes multidões obedientes, os desfiles imaculadamente ordenados e perfeitamente ensaiados. Já tinha comentado com Rachele que os soldados italianos marchavam como se estivessem carregando uma mala para tomar um trem, e agora ordenou que seu exército adotasse o passo de ganso, chamando-o de "*passo romano*", dizendo que os gansos sagrados do Capitólio salvaram Roma dos gauleses e se impunham gloriosos em algum lugar entre a águia e a loba.

Mais importante, em 6 de novembro de 1937, convencido pelo que tinha visto do poderio alemão, ele assinou o Pacto Anticomintern com Hitler. Em 11 de dezembro, retirou a Itália da Liga das Nações. A Itália, declarou, ficaria "lado a lado" com a Alemanha contra o bolchevismo. Como disse em discurso para a multidão, o país marcharia com seu novo amigo "até o fim", o que foi uma surpresa para os italianos, até então ensinados a pensar na revolução fascista como limpa e salutar, nos nazistas como violentos e grosseiros e em Hitler como um criminoso paranoico. Ciano comentou que nunca tinha visto Mussolini tão aliviado por não estar mais isolado, nem tão feliz.

CAPÍTULO 12

A MORTE CHEGA A ROMA

Mussolini soube que Edda estava grávida de novo quando a viu fumando em uma recepção e foi repreendê-la, como sempre fazia quando a pegava com um cigarro.[1] Edda replicou que era adulta, estava grávida e podia fazer o que quisesse.

Marzio nasceu na Via Angelo Secchi, em 18 de dezembro de 1937, três semanas depois de a Itália ter assinado um acordo tripartite com a Alemanha e o Japão. Ciano acordou Fabrizio e Raimonda para contar que tinham um irmão, de olhos azuis e cabelos louros. Chegaram telegramas de felicitações de Hitler, Goering, Hess, Goebbels e de toda a família real italiana. No diário que começou a escrever logo após ser nomeado ministro das Relações Exteriores, Ciano anotou que Edda tinha escolhido o nome e que gostava de suas conotações políticas e proféticas relacionadas à guerra. Marzio logo se tornou Mogli, o menino-lobo d'*O Livro da Selva,* de Kipling. Se Dindina tinha sido "a filha do erro", Mogli seria o "filho da razão", símbolo de uma nova proximidade encenada entre Edda e o marido. Fabrizio diria mais tarde que a primeira vez que percebeu que ele e os irmãos não eram como as outras crianças foi em um dia quando seu motorista o deixou pegar o volante a caminho da escola. Tinha sete anos e era tão pequeno que parecia que o carro estava se dirigindo sozinho. Ao serem parados, o policial viu quem era, acenou para seguirem e parou o trânsito para eles.

A exemplo dos pais, os Cianos caíram num padrão. Ciano era o disciplinador e, assim como o pai, era duro com o filho, recorrendo a tapas que o garotinho encarava estoicamente. Era mais delicado com Dindina, mas ela também era esbofeteada quando atacava Ciano com raiva pelos castigos ao irmão. Edda assumia o papel de contadora de histórias, organizadora de brincadeiras e travessuras, e as crianças a chamavam por seu nome de batismo, incomum para a época e uma marca da sua falta de proximidade com os filhos. As babás estavam sempre por perto. Há poucas evidências de que Edda os tenha levado em passeios culturais. Foi por insistência de Ciano que eles nunca presenciaram as brigas do casal, algumas das quais instigadas pela mãe de Ciano, Carolina, conhecida por dizer aos amigos que sua nora tinha 40 mil amantes. Carolina dizia que, quando não se trancava lendo romances americanos, Edda "saía com o primeiro homem que encontrasse". Quando viajava, nem sempre Edda se lembrava de mandar cartões-postais para os filhos, embora em certa ocasião tenha pensado em levar para casa um bezerro encantador que se afeiçoou a ela. "Não quero voltar para casa e encontrar vitela no meu sofá", telegrafou Ciano ao saber da ideia. Mas não conseguiu impedi-la de voltar com um pequeno leopardo e duas jiboias. Edda tinha um interesse por animais que seres humanos raramente despertavam.

A ficção da recente harmonia entre os Cianos era necessária. Toda a Roma sabia e fofocava sobre as infidelidades de Ciano e seus muitos flertes com mulheres da sociedade, a quem entretinha com histórias sobre os políticos e diplomatas que conhecia, indiscrições imediatamente relatadas a Mussolini.[2] Essas informações também chegavam aos alemães, que aprenderam como bajulá-lo, infiltrando mulheres sedutoras em sua comitiva para servirem como espiãs. Conforme relatos enviados a Berlim, Ciano tinha se referido a Hitler como um "novo Parsifal", e a Goebbels como um "coxo", referindo-se a uma lenda nibelunga de quarta categoria. Ciente dos perigos dessas indiscrições, Edda alertou-o a se lembrar de que era um ministro de Estado, a quem eram confiados segredos, e a não se envolver em "mexericos".

O falatório e a inveja em torno dos excluídos do Petit Trianon, da nobreza menor e dos *gerarchi* fascistas que não eram convidados para as grandes ocasiões eram vingados por conversas venenosas. As maneiras displicentes de Edda, diziam, eram uma influência corruptora para as mulheres mais jovens. Como alguém disse com ressentimento, os

Cianos consideravam o mundo como um vasto campo de caça de prazeres e privilégios, onde muito poucos tinham permissão para caçar.

Elisabetta Cerruti, a esposa húngara do ex-embaixador da Itália em Berlim, agora um tanto marginalizada, fez um retrato frio de Edda na época.* Escreveu que não havia "nenhuma convenção contra a qual ela não esteja em guerra" e que Edda "faz questão de se comportar sem consideração com pessoas mais velhas e dignas". Capaz de ser encantadora e inteligente quando desejava, "sua conversa não é nada espirituosa", e a veemência com que desdenhava a França e a Grã-Bretanha era prova de que não tinha "nem estilo nem senso de humor, somente um amargo sarcasmo". Com o olhar firme e a voz gutural do pai, era "extremamente autoritária". Mas, na verdade, a Signora Cerruti nunca gostou de Edda. Outros, como George Nelson Page, o jornalista ítalo-americano e agora chefe da inspetoria de televisão e rádio do MinCulPop, que gostava dela, lembrou-se depois de pequenos jantares na Via Secchi muito animados e divertidos. A Duchessa di Sermoneta, outra observadora perspicaz e muitas vezes maliciosa da sociedade romana nos anos 1930, comentou que tanto Ciano quanto Edda apresentavam suas melhores características em casa, apesar de feias e desconfortáveis, e de Edda fazer brincadeiras de criança.

Edda fez outras visitas à Alemanha, continuou amiga de Magda Goebbels e organizava jantares quando nazistas mais graduados vinham a Roma. Goering vinha em busca de arte, hospedava-se no Excelsior e andava vestido de branco e com sua batuta de marechal. Emmy, sua mulher, estava pensando em chamar sua nova filha de Edda. Começando a perceber gradualmente que os nazistas não eram mais os anfitriões encantadores dos primeiros encontros, mas sim duros e claros sobre o que queriam, Edda foi perdendo parte do seu entusiasmo em relação a eles. Comentou que Goering era na verdade o "primeiro papagaio da Alemanha", repetindo fielmente tudo o que Hitler dizia, e se opunha veementemente a Ribbentrop, que logo seria nomeado ministro das Relações Exteriores, dizendo que ele a deixava "nauseada". Ciano e Ribbentrop

---

* Martha Dodd, a jornalista americana sediada na Alemanha, disse sarcasticamente do gordo e barrigudo embaixador que lutar com ele teria sido "como lamber o rabo de um elefante".

se desprezaram desde o início, e até von Bismarck, amigo de Ciano e conselheiro alemão em Roma, referia-se ao futuro ministro das Relações Exteriores como "tão imbecil que chega a ser um milagre da natureza".

Jornais estrangeiros fizeram insinuações escabrosas sobre as visitas de Edda à Alemanha, sugerindo que ela era uma "Messalina" que ia para ter casos com os guarda-costas "jovens, robustos, altos, bonitos e loiros" de Hitler,* e que era o tipo de mulher que não hesitaria em dormir com o próprio pai ou com os filhos.[3] A essas histórias, assim como a quaisquer outros relatos sobre como ela procurava locais solitários para viver suas nefandas aventuras, Edda reagia com exasperação e azedume. Sabia que poucos gostavam dela, mas se recusava a sorrir em ocasiões públicas para parecer mais simpática. Também percebeu que sua aversão a compromissos e seus acessos de exuberância a faziam parecer mais decidida, mais segura de si do que de fato era.

Um dos erros de Mussolini foi acreditar que Ciano era, e sempre seria, totalmente leal e acrítico para com ele. Apesar de se mostrar devidamente reverente e tímido na presença do sogro, dizendo que "a verdade é que se trabalha por uma única razão – para agradá-lo", Ciano vinha se sentindo nitidamente mais inseguro em relação à política externa de Mussolini. E, à medida que o Duce se tornava progressivamente mais fechado e avesso a qualquer discordância, Ciano não sabia como confrontá-lo. Uma inquietação recíproca começou a surgir, uma pequena sombra projetada entre os dois, com Ciano cada vez mais frustrado e Mussolini cada vez mais isolado e mais convicto da sua própria excepcionalidade.[4] Como Mussolini sabia muito bem por meio de seus espiões, Ciano alimentava planos de sucedê-lo, deixando claro para os amigos que se considerava seu herdeiro, seu delfim. Mesmo que no fundo pouco se interessasse pela ideologia do fascismo, Ciano se via como um dos novos aristocratas do poder, no qual ele estava profundamente interessado.

Ciano também vinha enfrentando uma onda de antipatia e reprovação do público. Em junho de 1937, Carlo e Nello Rosselli, dois proeminentes antifascistas italianos, foram assassinados na Normandia e,

---

* Messalina foi uma imperatriz romana e esposa do imperador Cláudio. Teve sua história distorcida e, por isso, sua imagem e seu nome são associados à promiscuidade e à infidelidade. [N.E.]

mesmo sem nenhuma evidência imediata e irrefutável apontando o envolvimento de Ciano, houve uma grande suspeita de ele ter ordenado os assassinatos. Ciente de sua impulsividade e falta de tato, de sua crescente ambição e senso do próprio valor, Nelson Page conferiu pelo menos parte da culpa a Dino Alfieri, o amigo mais próximo de Ciano e agora ministro do MinCulPop, um homem tão frio e cáustico quanto Ciano era ingênuo e crédulo.

Ciano também não fazia nada para ganhar a admiração dos diplomatas estrangeiros em Roma, que ficavam estupefatos com sua arrogância e suas indiscrições. Jean-Paul Garnier, o primeiro-secretário da embaixada da França, foi apenas um dos que comentou sobre o hábito de Ciano "imitar o sogro", com o queixo empinado e seus pronunciamentos estudados. Joseph P. Kennedy, o embaixador dos Estados Unidos em Londres, voltou de uma viagem a Roma enfurecido com a incapacidade do ministro das Relações Exteriores de se concentrar em questões mundiais durante um jantar, de tão impressionado que ficou com as belas jovens convidadas para agradá-lo. Afirmou nunca ter conhecido um "idiota mais vaidoso ou pomposo".

Nada disso passava despercebido por Mussolini, a quem Bocchini continuava fornecendo informações diárias sobre as transgressões dos seus ministros. Pelas cartas anônimas que chegavam diretamente ao Palazzo Venezia, sabia perfeitamente bem que as palhaçadas de Ciano prejudicavam não só a família como também a imagem do próprio regime, e que os modos abruptos e muitas vezes desastrados de Edda estavam angariando inimigos.[5] Uma das cartas falava do "seu genro [...] um paspalho que faz toda a nação vomitar [...] corneado, promovido, condecorado" apenas por nepotismo, enquanto sua mulher não passava de uma rameira. "Nossa paciência tem limites", alertou o missivista anônimo, "Tomem cuidado. Você e ele. Mas ele primeiro." O senhor não tem vergonha, perguntou outro, de ser pai de uma filha que está trazendo "desonra para as mulheres italianas"? Nos relatórios da OVRA, havia muitas referências ao suposto uso de álcool e drogas por Edda, uma grande quantia de dinheiro escondida no Brasil e joias e ouro que ela levava para o exterior em suas viagens para guardar em bancos estrangeiros.[6]

De um espião da OVRA em Paris, chegou um boato de haver planos para "eliminar" Edda por parte de membros extremistas da Frente

Popular Francesa, que consideravam Edda não só "muito inteligente" mas a verdadeira arquiteta da proximidade cada vez maior da Itália com a Alemanha. Com certeza era um exagero, embora sua aparente amizade com nazistas mais graduados tivesse sido amplamente divulgada. Quando o espião número 353 investigou mais, descobriu que a afirmação era infundada. Mesmo assim, Bocchini considerou a ameaça "extremamente grave" e aumentou a segurança da família. Ao ouvir o boato, Ciano perguntou se ele também não estava na lista de possíveis alvos a serem assassinados e ficou chocado quando foi informado de que não era considerado suficientemente importante. Edda não deu importância, mas era uma demonstração da seriedade com que era vista pelo mundo da política internacional.

Mussolini lia as cartas e os relatos sobre os descuidos da filha, mas parece ter comentado pouco ou nada com Edda, preferindo falar com um amigo: "Muito se fala, talvez demais, sobre a influência de Edda sobre mim. Ela vive de acordo com seus instintos. Eu a amo muito. Eu a ouço como ouço a todos, mas tomo minhas decisões sozinho". Os dois continuaram próximos, trocando mensagens e telegramas em todas as ocasiões. "Magnífico. Você não poderia ser mais '*Mussoliniano*' nem o povo mais entusiasmado ou mais politicamente consciente", Edda telegrafou ao pai depois de um discurso em Gênova na primavera de 1938. "Eu o abraço." Mussolini a tinha encarregado de lidar com os pedidos – de pensões, férias, assistência médica – que chegavam à sua mesa todos os dias. Só no ano de 1937, ela pagou pouco mais de 12 milhões de liras.

Mergulhado em seu envolvimento romântico com Claretta Petacci, Mussolini também não estava em posição de repreender Edda.[7] Quando o caso começou, ele estava no auge do seu poder e prestígio. Tinha transformado a Itália num império e era reverenciado, particularmente por mulheres e jovens apaixonadas. Mais tarde, estimou-se que ele teve nove filhos ilegítimos com oito mulheres diferentes, com a maioria das quais manteve boas relações, embora seus casos fossem geralmente marcados por relações sexuais passageiras e casuais, que logo o entediavam, sem muita conversa ou ternura.

Com Claretta, porém, principalmente no começo, Mussolini se mostrou gentil e amoroso, quase paternal. Dizia que ela era "sua alma, sua primavera, sua juventude". Grampos no telefone de Claretta revelaram um novo tom na sua voz, mais solícita e delicada, fazendo um dos espiões mais antigos da OVRA exclamar: "Essa mulher vai ser a ruína de Mussolini e da Itália!".[8] Foi instalada uma linha direta na casa dela, para não ser usada pelo resto da sua família. Em um único dia de 1938, foram registrados treze telefonemas para ela.

O noivo de Claretta, Riccardo Federici, com quem ela se casou no verão de 1934, foi enviado para a África e depois para Tóquio como adido aeronáutico. De acordo com um dos boatos que circularam em Roma, Mussolini perguntou formalmente à mãe de Claretta, Giuseppina – uma mulher prepotente, definida por um espião como uma mistura "de boxer com uma cariátide" –, se poderia fazer amor com sua filha.[9] Uma vez concedida a permissão, foi estabelecida uma rotina. Claretta acordava tarde, tomava café na cama, enrolava os cabelos, arrumava-se com muito esmero e esperava o telefonema de Mussolini. Na maioria das tardes, ela chegava por uma entrada lateral do Palazzo Venezia, no automóvel da família com motorista ou no sidecar de uma motocicleta, com um casaco protegendo o vestido. Era levada à Sala dello Zodiaco – com afrescos, um teto azul e dourado, duas poltronas, um gramofone e um banheiro – e se acomodava para esperar, às vezes pintando delicadas imagens dos seus sonhos. Quando Mussolini era retido por assuntos urgentes, a espera podia durar várias horas, durante as quais ela preparava um chá, fumava furtivamente um cigarro proibido, retocava a maquiagem, olhava fotos antigas e experimentava roupas que havia deixado lá. Como alguém comentou quando ela morreu, a vida de Claretta foi uma "longa espera".

Quando Mussolini chegava, ela fazia tudo que podia para distraí-lo e agradá-lo, anotando mais tarde em seu diário "*Sì*" para registrar uma relação sexual, e também onde e quando tinha se dado. "Como um louco", ela escreveu um dia. "Como uma fera ferida, é divino." Uma vez Mussolini a mordeu e ela reclamou que tinha machucado gravemente uma orelha. Na maioria das vezes, as anotações no diário eram cheias de empolgação. Mussolini falava sobre sua vida, sua família, seu passado; ela escutava. O nome de Edda aparecia com frequência, com Mussolini dizendo a Claretta como ela era intratável, como era inadequada para um "emprego digno" e como não gostava da babá prussiana contratada para domar seus netos. Disse que Edda era uma "mulher realmente difícil, estranha. Mas eu a domino". Deixou claro que, de suas duas filhas, Edda era a que ele realmente amava e de quem se sentia mais próximo.

Claretta era bonita, apesar de um pouco pesada, com o cabelo cortado na moda, curto e encaracolado, olhos azuis muito brilhantes e os pulsos e dedos cobertos de pulseiras e anéis – uma mulher que não se poderia deixar de notar. Era romântica, sensual e muito feminina. O romance, pontuado por brigas e ciúmes, deixava Claretta tremendamente desconfiada de outras amantes e Mussolini, atormentado por sua possível infidelidade. Por um breve período ela se entusiasmou com um pretendente rival, um personagem meio tristonho chamado Luciano Antonelli, que vivia de serviços prestados a bares e restaurantes. Infelizmente, Giuseppina falou sobre o caso com o vizinho, que por acaso era espião da OVRA. A notícia chegou rapidamente a Mussolini, que chamou Giuseppina e a ameaçou. O que ficou conhecido como "*il caso Antonelli*" durou algumas semanas, com brigas e cenas ternas de reconciliação entre Mussolini e Claretta, seguido por um período de manifestações apaixonadas da parte dele. Os dois começaram a falar sobre encontrar uma casa para ela, longe de olhares indiscretos, de fácil acesso. Às vezes eles se encontravam em Óstia, onde Claretta era levada de barco até um local combinado para embarcar na lancha de Mussolini, após o que os dois se deitavam ao sol bebericando conhaque. Mussolini sempre voltava à Villa Torlonia para jantar. Após ter sido deixada em casa, Claretta comia e, depois, se sentava para escrever para ele em papel cor-de-rosa, fazia anotações no seu diário e ficava esperando por uma última ligação, tarde da noite. Em suas respostas, Mussolini assinava como "Ben". Foi para Claretta que Mussolini afirmou que os ingleses eram um povo "porco", egoísta, bêbado e desmiolado, "cretinos" como os franceses.

Nunca ficou esclarecido o quanto Rachele, com sua própria rede de espiões, sabia sobre Claretta. Fazia comentários filosóficos sobre o marido. Certa vez disse: "Eu aceitaria ser vendada só para tê-lo comigo".[10] E, para um vizinho intrometido, que a alertou para ficar de olho em Mussolini, respondeu: "Ele é um homem bonito, e graças a Deus não um '*invertito*' como muitos de vocês".

*

No inverno de 1937, ficou claro que Hitler estava de olho na Áustria. Mussolini teve um encontro com o chanceler austríaco Kurt von Schuschnigg, em La Rocca delle Caminate, e disse que, apesar de todas as antigas diferenças entre a Itália e a Áustria, seu apoio à Áustria permanecia "inalterado". Desesperado para evitar uma invasão, Schuschnigg concordou em nomear um nazista austríaco, Seyss-Inquart, como ministro do Interior, e anunciou a realização de um plebiscito. Em visita a Roma, Goering assegurou a Mussolini que a Alemanha não faria nenhum movimento militar sem antes consultar a Itália.

Em 12 de março de 1938, tropas alemãs marcharam para a Áustria e a decretaram como parte do Reich alemão. Mussolini só recebeu a notícia quando eles já tinham atravessado a fronteira.[11] Uma longa carta conciliatória de Hitler, com manifestações de amizade para toda a vida, pouco fez para tranquilizá-lo. No entanto, Mussolini decidiu não reagir, mas disse a Ciano em particular que temia que a Tchecoslováquia fosse a próxima. E os perigos de ter uma Alemanha forte, expandindo suas fronteiras para o Alto Ádige, mesmo sendo uma suposta aliada, não passaram despercebidos a ninguém.

Contudo, a invasão da Áustria pela Alemanha, a Anschluss, foi um duro golpe. Mussolini há muito considerava aquilo inevitável, mas não o previra tão cedo e agora tinha caído na rede de Hitler. Pretendia fazer um acordo com os britânicos antes que isso acontecesse, para estabelecer o Pacto das Quatro Potências, e assim garantir um longo período de paz para a Europa. Eden, agora secretário do Exterior britânico e sempre relutante em confiar nos italianos, acreditava que Mussolini e Ciano eram fundamentalmente irracionais e vacilantes. Afirmando que não negociaria com ditadores, já havia interrompido as negociações sobre a retirada das tropas italianas da Espanha e se abstido de reconhecer a Itália como um império. Quando as negociações sobre um acordo com a Itália foram conduzidas pelas suas costas, Eden renunciou. A notícia chegou ao Palazzo Colonna em Roma, sendo comemorada com um banquete festivo. Lorde Halifax, que o substituiu, foi mais conciliador. Grandi, como embaixador em Londres e muito interessado em promover a amizade entre a Itália e a Grã-Bretanha, já havia feito grandes esforços – indo além de suas ordens – para retratar os italianos como razoáveis. Chamberlain estava em busca de uma fórmula pela qual a

Itália retiraria seus soldados da Espanha "assim que terminasse a guerra civil", e que a isso se seguiria o reconhecimento do império italiano. Em 16 de abril de 1938, foi assinado um acordo anglo-italiano regulamentando interesses recíprocos no Mediterrâneo, na África e na Ásia. Isso provocou um pedido de negociações por parte da França. "Esses ditadores são homens de lua", escreveu Chamberlain a Sir Robert Vansittart, subsecretário do Ministério das Relações Exteriores.[12] "Eles precisam ser pegos na hora certa."

Até o final de 1937, Hitler ainda não havia feito nenhuma pressão por uma aliança militar com a Itália, afirmando que suas próprias forças eram suficientes e continuando cético quanto à competência italiana. Agora, preocupado com que a Anschluss pudesse levar a Itália a uma aliança mais estreita com a Grã-Bretanha e a França, começou a se insinuar. A Anschluss não foi bem vista pela opinião pública italiana, e Mussolini teve dificuldade em explicá-la ao Parlamento. Mas ainda não estava disposto a se desvencilhar de Berlim e se agarrou a um relatório recente de um espião da OVRA, afirmando que Hitler não emitia sinais de desejar uma guerra: ele queria uma Alemanha maior e acreditava poder conseguir isso por outros meios. Quando o embaixador britânico em Roma, Lorde Perth, queixou-se a Ciano sobre os contínuos ataques aéreos italianos na Espanha, Mussolini observou que fizera uma mudança para não ser visto como um violonista, mas sim como um guerreiro.

A tão planejada segunda visita de Hitler a Roma foi grandiosa, o evento mais coreografado ocorrido na Itália entre as guerras, uma exibição de ostentação e magnificência com que Mussolini pretendia igualar, se não ofuscar, a ocorrida na sua própria visita à Alemanha. Em 2 de maio de 1938, três trens especiais transportando quinhentas pessoas – que incluíam metade do governo alemão, a maioria dos líderes do partido, proeminentes jornalistas e esposas de ministros – partiram de Berlim para o que Paul Schmidt, o intérprete de Hitler, mais tarde chamou de a "invasão da Itália".[13] Frau Ribbentrop, que se considerava a primeira-dama do Reich, queria ser apresentada à família real italiana e pedira a Edda para mostrar como fazer reverências. Na estação de Brenner, na fronteira italiana, a plataforma havia sido acarpetada e formações do exército italiano e do Partido Fascista estavam alinhadas para receber os alemães.

Os trens chegaram a Roma à noite, onde o rei, Mussolini e suas comitivas esperavam para recebê-los na estação de Ostiense, totalmente reconstruída para a ocasião. Casas ao longo da linha férrea foram repintadas e as mais degradadas, demolidas. Uma frota de carruagens puxadas por cavalos, com Hitler e o rei liderando o caminho, passou por fontes iluminadas, pelo Arco de Constantino e pelo Coliseu, iluminado em vermelho para parecer estar em chamas. Nos dois lados das ruas, repletas de multidões aplaudindo, chamas tremeluziam em antigas ânforas romanas, iluminando as ruínas. Assistindo de uma varanda, Elisabetta Cerruti comentou: "A morte entrou em nossa bela capital".

Seguiu-se uma semana de festividades. Sob um céu sem nuvens, com o mar verde-escuro, foi organizado um desfile naval de encouraçados, contratorpedeiros e cruzadores na baía de Nápoles, onde uma centena de submarinos submergiu simultaneamente para ressurgir alguns minutos depois com perfeita precisão e disparar suas armas. Quando o encouraçado que transportava Hitler passou por Capri, a vila de Tibério foi apontada. Hitler observou em silêncio. Tomou-se o cuidado para que todas as crianças apresentadas a ele fossem loiras e de olhos azuis.

Um jantar de gala foi realizado na Sala dei Corazzieri do Quirinal, com seus frisos de afrescos e tapeçarias flamengas, iluminada por candelabros e repleta de uma profusão de rosas.[14] Houve certo mal-estar com o inconfundível olhar de escárnio de Hitler ao observar o rei e os cortesãos elegantes e cheios de joias e sua óbvia preferência pela companhia de Mussolini. Indagado se gostaria de passar revista às tropas a cavalo, segundo a tradição italiana, respondeu que detestava cavalos. Correram boatos em Roma de que Hitler havia pedido uma mulher antes de ir se deitar – com Ciano explicando que o pedido fora por uma empregada para arrumar sua cama – e de ter se queixado de que o Quirinal o fazia lembrar das catacumbas. Hitler disse mais tarde que achou desagradável ficar no palácio e ficou furioso quando os lacaios retiraram um prato que estava saboreando. Também não gostou de saber que o Museu do Vaticano estava fechado e que o papa tinha se retirado para Castel Gandolfo para "respirar um ar melhor", tendo declarado em uma recente encíclica: "O antissemitismo é inadmissível; somos todos espiritualmente semitas". A suástica, declarou o papa Pio XI, era uma "cruz inimiga da cruz de Cristo".

A incessante rodada de compromissos terminou com um suntuoso e teatral banquete no Palazzo Venezia. Muito champanhe fluía pela sala. Edda e Ciano encabeçaram a fila de dignitários apresentados a Hitler, mas Nelson Page notou que a expressão do Führer se manteve um tanto fechada e distraída. O *Paris Match* dedicou uma reportagem de capa à visita, e não foi o único jornal a observar que Edda – apesar de só ter 28 anos – era certamente a mulher mais influente da Itália, que herdara a independência rebelde de seus antepassados, bem como o orgulho, a ambição e a paixão responsáveis pela grandeza do seu pai. Influente, sem dúvida; mas teria algum poder real? Como espectadora da maioria dos eventos internacionais e participante de alguns, ela estava muito bem posicionada para fazer ouvir suas opiniões e nunca demorava a dizer a Ciano e ao pai o que pensava. Durante os dias de ansiedade e incertezas de 1938 e 1939, passou a maior parte do tempo em Roma, fazendo longas visitas ao pai na Villa Torlonia. Eles se falaram constantemente, mas o que ela disse, o que aconselhou, nunca foi registrado.

Apesar de toda a sua grandeza, a "invasão da Itália" não foi exatamente como Hitler esperava.[15] O programa foi planejado intencionalmente pelos italianos para não deixar espaço para conversas sérias e, nas ocasiões em que Hitler e Ribbentrop deixaram claro que queriam uma discussão, Mussolini e Ciano foram evasivos, temendo serem levados a comprometer a Itália com atitudes que relutavam em adotar. Os alemães tinham preparado a minuta de um tratado para uma aliança militar e política germano-italiana, que uniria inexoravelmente os dois países, fosse em segredo, fosse formalmente, como os italianos preferissem. Houve uma conversa desconfortável e amarga entre os dois ministros das Relações Exteriores, na qual Ribbentrop foi teimoso e insistente e Ciano se manteve escorregadio. Quando uma versão corrigida da minuta foi devolvida por Ciano aos alemães, alguns dias depois, foi considerada muito limitada e suas subsequentes palavras a Ribbentrop pareceram apenas enfatizar a relutância dos italianos em estabelecer relações mais próximas. "A solidariedade existente entre nossos dois governos", declarou Ciano, "já foi tão claramente evidenciada nesses últimos dias que um tratado ou aliança formal são supérfluos." Schmidt recebeu as palavras de Ciano com um sorriso sarcástico.

Quando o contingente alemão partiu, o rei teria declarado que Hitler era uma "espécie de degenerado psicofísico", enquanto Mussolini disse a Ciano que achava que Hitler usava ruge nas bochechas. A análise feita pelos alemães foi igualmente azeda. Goebbels disse que Victor Emmanuel era um homem muito pequeno para se sentar num trono. Hitler, por sua vez, referiu-se a Ciano como um *"viennese cafe ballerino"* e depois o chamaria de "o rapaz repulsivo". A visita alemã custou à Itália 70 milhões de liras, e uma das praças de Ostiense foi rebatizada de Piazzale Adolf Hitler, mostrando que a Itália também podia orquestrar uma exibição suntuosa e impressionante.

Uma coisa que a visita oficial revelou foi a precariedade da relação entre Mussolini e o rei. Em termos de aparências, era extremamente cordial, com o rei ratificando as leis de Mussolini sem muitos protestos, e Mussolini referindo-se ao relacionamento entre os dois como "um quarto duplo com duas camas". O exército obedecia ao rei, a milícia obedecia a Mussolini, e em eventos públicos tocavam-se tanto a "Marcha Real" como a "Giovinezza". Mas Mussolini, que muitas vezes era ouvido dizendo que a monarquia era uma "superestrutura inútil" e o rei um nanico ridículo demais para aprender o *passo romano*, ficou muito incomodado ao se ver constantemente ofuscado pelo rei durante a visita de Hitler, forçado a um segundo plano, com Victor Emmanuel e Hitler juntos sob os holofotes. Em seu diário, Ciano anotou que Mussolini passou a chamar o rei de "árvore morta", "homenzinho amargo e indigno de confiança" e "galinha velha". A Itália recém-militante, começou a sugerir Mussolini, deveria na verdade estar sob um único comando: o dele. O problema era como se elevar de cabo à mesma patente militar do rei. Alguém propôs que ele fosse nomeado Maresciallo d'Italia, mas já havia vários. Starace teve a ideia de criar o posto de *"Primi Marescialli"* para Mussolini e o rei, com tranças especiais nos uniformes para indicar um paralelo entre os dois. A proposta foi votada em regime de urgência pela Câmara e pelo Senado e logo foi aprovada.

Ninguém, no entanto, chegou a pensar em consultar o rei, que, ao ser informado, ficou furioso. Declarou ter sido um golpe mortal contra sua "prerrogativa soberana" e disse que teria abdicado se a situação mundial não estivesse tão conturbada. Depois de muito examinar e consultar a Constituição, foi levado a ver que não tinha escolha a não ser assinar. "Isso é um insulto à Coroa", disse a Mussolini.[16] "E precisa ser o último." Foi a partir desse momento, escreveu mais tarde Vittorio, filho de Mussolini, que o rei começou a planejar uma vingança, enquanto Mussolini e Ciano acreditavam cada vez mais que a Itália deveria se tornar uma república o mais rápido possível.

CAPÍTULO 13

HESITAÇÃO

Até a invasão da Etiópia, Mussolini não se mostrou interessado em raça. Contudo, com medo de os italianos nas colônias se misturarem livremente com os africanos, decidiu que era hora de impor uma "disciplina racial". Os italianos eram mais viris, mais fecundos e inteligentes que "povos de pele escura", com médicos e historiadores sendo chamados para provar essa superioridade física e mental. Ordens e decretos sobre segregação foram postos em prática, embora sem muito efeito: os homens italianos eram conhecidos por terem relações com as mulheres locais em todas as colônias. A questão racial – discutida, questionada – estava no ar, embora nem sempre a favor dos italianos. Um musicólogo alemão, Hans Engel, elaborou uma tabela racial mostrando que os italianos do sul – de cabeças pontudas, corpos pequenos, nervos excitáveis e tendências ao páthos e ao bel canto – tinham 34% de talento musical, enquanto os alemães do Sul – com cabeças e corpos "medianos", personalidades estáveis e "temperamentos alegres" – tinham 74%.[1]

Contudo, a ideia do italiano "puro", que habitava a península há milhares de anos, criou raízes entre os *gerarchi*.[2] De início, Mussolini desprezava o antissemitismo de Hitler e sentia-se ofendido pelos alemães acreditarem que os arianos nórdicos, loiros de olhos azuis, eram superiores aos italianos mais morenos e mais baixos. Porém, em 1937, o fator "pureza" passou a incluir "não judeu". Tudo começou com artigos antissemitas no *Il Corriere della Sera* e no *Il Giornale d'Itália,* fomentando uma campanha contra os "bolcheviques plutocráticos-judeus", com afirmações como "os judeus não pertencem à raça italiana".³ Depois se disseminou numa mixórdia de supostos estudos científicos envolvendo biologia, antropologia e ocultismo. Os judeus, alertava o *Segundo Livro do Fascismo*, eram "exaltadores do dandismo, do cultismo, da licenciosidade, do amor livre, do feminismo" e "desprezavam a família e os filhos" – em suma, o tipo de italiano que Mussolini não queria em sua nova Itália.⁴ Até os ditadores da moda aderiram. A "boa" moda era ariana, "suave, maternal, opulenta e sinuosa", em oposição à moda judaica "ruim", excessivamente magra e angulosa.

Depois de 1945, foram feitas tentativas de absolver o fascismo italiano de um racismo genuíno, com afirmações de que o antissemitismo foi somente uma importação alemã. Na verdade, começou gradualmente, com Mussolini e Ciano insistindo em que não haveria perseguição a judeus. Um censo realizado em agosto de 1938 contabilizou pouco mais de 50 mil judeus na Itália, dos quais cerca de 48 mil eram cidadãos italianos, há muito assimilados à vida da Itália, com um número significativo deles inscrito no Partido Fascista. Mais de duzentos dos primeiros partidários de Mussolini, todos judeus, tiveram um papel proeminente nas suas gestões. Em 3 de dezembro de 1937, Ciano escreveu em seu diário: "Não acredito que devemos lançar uma campanha antissemita na Itália. O problema não existe para nós. Não há muitos judeus e, com algumas exceções, eles não fazem nenhum mal [...] os judeus nunca devem ser perseguidos como tal". Mas também escreveu que Mussolini havia se referido aos Estados Unidos como um país de "negros e judeus", cuja "corrosão ácida" destruiria qualquer país que permitisse isso.⁵ Também se ouviu Mussolini dizer que os judeus poderiam ser mandados para a Somalilândia, onde havia um "frenesi de tubarões", para serem comidos. E o embaixador americano, William Phillips, relatou uma conversa em que Mussolini, ao discutir sobre possíveis locais para um Estado judeu, anunciou: "Não há espaço para judeus na Europa e eles vão ter de ir embora".⁶ Durante a discussão, Phillips observou que Ciano não disse nada e que "poderia muito bem estar usando uma libré!".

Havia também um pequeno número de racistas e antissemitas declarados entre os *gerarchi*. Foi elaborado um Manifesto sobre Raça, rigorosamente analisado por Mussolini, e, em 6 de outubro de 1938, o

Grande Conselho aprovou um programa de exclusão sistemática de judeus de vários setores da vida italiana – que incluía escolas, o exército e o funcionalismo público. Com sua pusilanimidade característica, o rei declarou não ser antissemita, mas assinou o decreto-lei que dizia: "Os judeus são um ninho de vespas, não vamos pôr nossa mão neles". Pio XI condenava o racismo nazista "ateu, materialista", mas manteve silêncio sobre a questão da perseguição, mesmo porque o Vaticano tinha um longo histórico de antissemitismo. No final do ano, muitos judeus tinham sido demitidos dos seus empregos e passado a educar os filhos em casa. A exclusão dos judeus foi recebida com alegria pelos jovens e fanáticos membros da Gioventù Universitaria Fascista, afirmando que isso "purificaria a atmosfera" e recomendando que os judeus usassem pulseiras de cores vivas para alertar contra "o perigo de infecção [...] como com um cão raivoso".[7]

Os judeus estrangeiros, muitos chegados à Itália como refugiados da Alemanha nazista, começaram a procurar novos locais de asilo, e vários judeus italianos começaram a pensar em emigrar. Uma delas foi Margherita Sarfatti, que, afastada de Mussolini, decidiu que chegara o momento de deixar a Itália. "*La bella ebrea agli occhi azzuri*" – a bela judia de olhos azuis – tinha caído em desgraça. Em conversa com Claretta, Mussolini definiu-a como "uma bruxa feia" cuja carne fedia.[8] Há uma história totalmente improvável de ela ter sido incitada a ir atrás de Edda para ser flagrada com um gigolô e levada a uma delegacia, onde passou a noite numa cela por não estar com nenhum documento de identidade. Margherita embalou suas joias, dinheiro e alguns de seus quadros mais valiosos e cruzou a fronteira para a Suíça antes de ser calorosamente recebida na França. Segundo outra história, Mussolini ficou furioso e mandou alguém para trazê-la de volta. Ela se recusou a voltar.

Como em muitos aspectos do fascismo, até mesmo o antissemitismo era vacilante e confuso. Um dos *gerarchi* antissemitas mais antipáticos, um padre renegado chamado Giovanni Preziosi, foi designado para supervisionar a implantação das novas políticas raciais, mas ao mesmo tempo Bocchini foi instruído a não aplicá-las com muito rigor. Os gabinetes governamentais foram inundados com pedidos de isenções e pelo menos alguns foram aceitos.[9] Edda convenceu Ciano a intervir pelo seu namorado judeu de infância, Dino Mondolfi, depois de saber pela mãe que ele estava detido na prisão de San Vittore, em Milão. Quando os zelosos burocratas de Capri se preparavam para deportar a população judaica estrangeira da ilha, Edda ajudou o pintor surdo alemão Hans Julius Spiegel – cujas danças nuas divertiam os habitantes locais desde os anos 1920 – a fugir da prisão, embora mais tarde ele tenha sido internado na Calábria. Mas os Cianos se enquadraram, aparentemente sem protestar, quando os Pecci-Blunts organizaram uma festa de aniversário de 18 anos para a filha e informantes lembraram a Bocchini que não só havia judeus na família como eles eram de uma *"italianità"* muito duvidosa. O aviso chegou a tempo de todos os convidados italianos – inclusive os Cianos – recuarem, mas não os estrangeiros, que chegaram de Paris e Londres em 28 carros só para se inteirarem que a família tinha cancelado a festa e ido para o campo. Publicamente, Edda não dizia nada, apesar de sua simpatia natural e até um tanto anárquica por pessoas com problemas e de aderir a causas individuais quando algo nelas a atraía.

A reação às novas leis antissemitas entre os italianos foi variada, com muitos expressando indignação. Os habitantes de Florença, Turim e Trento foram manifestamente contrários. Por algum tempo, houve protestos. Mas depois, como já havia acontecido com outros decretos fascistas, a agitação diminuiu ou pelo menos pareceu diminuir. Mussolini também escolheu essa época para embarcar numa cruzada contra a burguesia, protestando contra sua complacência, as concessões, o derrotismo e sua vida fácil, dizendo que anos de brandura "liberal" tornaram o país fraco e impotente.[10] Ele precisava de guerreiros, não de ovelhas, e só o sofrimento poderia fortalecer o país. Starace sugeriu eliminar a palavra *"insediare"* – instalar –, dizendo que sugeria uma *"sedia"*, uma cadeira, e, portanto, carecia de vigor marcial. Homens afeminados, mulheres andróginas, casais sem filhos vivendo no luxo com cachorrinhos, homossexuais, "invertidos" não pertenciam à Itália. "O credo do fascismo é o heroísmo", anunciou Mussolini; "o da burguesia é o egoísmo." Farinacci declarou que nenhum verdadeiro italiano poderia ser antifascista, pois "o antifascismo, por definição, não é italiano", mas sim estrangeiro, judeu ou homossexual. Ouviu-se Starace dizer que, quando um editor judeu de Módena se suicidou, ele pulou de uma torre para "economizar o custo da bala".

Combinados com o *passo romano*, a campanha "*anti-Lei*" (Com *Lei* [*Ela*] sendo decretada como uma palavra estrangeira, servil, feminina e agramatical) e o antissemitismo, esse ataque aos valores e ao modo de vida que os italianos passaram a desfrutar – baixíssimas taxas de criminalidade, nenhuma greve, melhores condições de vida, celebração da família, de Deus e da *patria* –, foi perturbador, principalmente porque Mussolini confiou esse novo ataque "*anti-borghese*" às mãos do exigente e obsessivo Starace, o que causou muito incômodo.

Também assinalou mais um passo no distanciamento que muitos italianos começavam a sentir em relação ao regime fascista. Quando os pântanos de Pontine, ao sul de Roma, foram drenados e os nortistas empobrecidos foram trazidos para cultivar a terra recuperada, foi feita uma grande publicidade à felicidade e ao contentamento de todos. Mas a satisfação inicial durou pouco. Os fazendeiros logo se viram endividados para pagar empréstimos que aumentavam a cada ano, com as famílias confinadas em um "grande gueto isolado", onde a malária ainda reinava. Apesar de todas as medidas de Mussolini, o campo continuou sendo o lugar de onde as pessoas queriam fugir. O rescaldo da Grande Depressão também acabou com o mito de a Itália ter se tornado uma grande potência, pois continuava claramente subordinada aos mercados econômicos dominados pela França, pela Grã-Bretanha, pela Alemanha e pelos Estados Unidos. Até mesmo as grandes cerimônias, tão caras a Mussolini, como as 15 mil mulheres de toda a Itália – donas de casa do campo com seus xales, moças da Toscana de vermelho e azul-celeste, operárias de macacão azul –, trazidas para desfilar saindo do Circo Massimo na Via dell'Impero, começaram a parecer vazias.

Mas os italianos aguentaram as coerções do fascismo por mais de quinze anos, não menos por definirem o totalitarismo como algo normal, e continuaram com suas vidas diárias. Eles se acostumaram a viver num mundo de corrupção de baixo nível, a traçar seus caminhos em meio a cabalas e *vendettas* e a negociar os "*raccomodazioni*", os labirintos de acordos mandante-clientelistas. O antissemitismo propiciou aos mais malévolos mais um campo fértil para denunciar os vizinhos. Mas nem isso levou à rebelião os mais éticos, os que passaram os anos fascistas escondidos, esperando por tempos melhores; pelo menos por ora.

*

Às vezes morna, às vezes fria, a interminável dança de Mussolini com a Grã-Bretanha e a França continuou, com suas mudanças de humor criando ondas, aproximando-se e afastando-se da Alemanha, buscando a paz e encontrando motivos para o isolamento.[11] O que Ciano chamou de "grande orquestra europeia" continuou a tocar. Mais tarde seria sugerido que o fracasso de Mussolini em entender a verdadeira natureza de Hitler fez parte do colapso da outrora respeitada diplomacia da Itália, quando diplomatas profissionais, sintonizados com todas as nuances do poder, foram substituídos por correligionários fiéis, que também eram ignorados por Mussolini.[12] Outra causa teria sido sua cautela visceral com estrangeiros de cujas opiniões instintivamente desconfiava. Malaparte escreveu um diálogo imaginário e cômico entre Mussolini e o embaixador Lorde Perth para ilustrar a imensa lacuna entre o que era dito e o que era entendido.[13] "Mussolini dizendo: 'Como vai você?' significa 'Eu quero saber como você está'. Lorde Perth dizendo: 'Como vai você?' significa 'Na verdade eu não quero saber como você está' [...] Mussolini diz: 'Eu quero', Lorde Perth diz: 'Eu gostaria'[...] Mussolini diz: 'Eu acho'. Lorde Perth diz: 'Suponho, posso sugerir, posso propor, posso acreditar'..." A expressão de Mussolini, continuou Malaparte, era a de um homem que sabia o que era pôquer e o que não era; a de lorde Perth era de um homem que sabia o que era críquete e o que não era.

Então, Hitler anunciou que invadiria a Checoslováquia se os Sudetos, com sua grande população alemã, não fossem imediatamente cedidos à Alemanha. Em 26 de setembro de 1938, Ciano escreveu em seu diário: "É a guerra. Que Deus proteja a Itália e o Duce". No dia 28, às 10 horas da manhã, quatro horas antes de expirar o prazo do ultimato de Hitler, Lorde Perth informou a Mussolini que Chamberlain queria que ele interviesse e atuasse como mediador. Encantado com a chance de se tornar um pacificador, Mussolini concordou. Após uma enxurrada de telefonemas, Hitler aceitou um adiamento de 24 horas. Às 18 horas e 30 minutos daquela noite, Mussolini e Ciano estavam em um trem para Munique. Mussolini estava de ótimo humor, fazendo preleções a seu séquito sobre a decadência dos britânicos, suas solteironas frustradas e seu amor excessivo pelos animais. François-Poncet notou que ele parecia usar uma máscara "Cesariana" e se sentia totalmente à vontade.

O acordo foi assinado às 2 horas da madrugada do dia 30. Apesar de o acordado ter sido a anexação de grande parte dos Sudetos, em troca do compromisso de Hitler de aquela ser sua última reivindicação territorial na Europa, a ilusão de que a guerra havia sido mais uma vez evitada permitiu a Mussolini – bem como a Chamberlain e Daladier – voltar para casa como heróis. A URSS não foi convidada a comparecer. Os tchecos não foram consultados.

Enquanto o trem de Mussolini viajava em direção ao sul da Itália, as pessoas se ajoelhavam nos trilhos. O rei esperava para recebê-lo em Florença. Em Roma, apareceu na varanda do Palazzo Venezia para uma recepção tão arrebatadora quanto a recebida na sua proclamação do império. Mas o Duce não ficou muito satisfeito. O profundo alívio do povo porque não haveria guerra, confirmado pelas muitas cartas chegadas ao seu gabinete e pelos relatórios de Bocchini, pareceu-lhe mais uma prova de que os italianos não eram guerreiros, mas sim pacifistas, o que lhe causava uma sensação de vergonha.

Em tempos passados, Mussolini sentia muita afinidade com a França. Jean Valjean e Napoleão eram seus heróis; Sorel e Proudhon, seus mentores intelectuais. Mas as relações azedaram e seu antigo amor se transformou em desconfiança e raiva. A França, disse a Ciano, era um país arruinado por "álcool, sífilis e jornalistas".[14] Não havia um embaixador da França em Roma desde que os franceses se recusaram a reconhecer o império da Itália e só depois da queda do socialista Leon Blum e da ascensão ao poder de Edouard Daladier, mais conciliador, foi nomeado um novo embaixador. O escolhido foi François-Poncet, o cortês e astucioso ex-embaixador em Berlim, que ficou encantado por estar na Itália, entre homens menos "desumanos", depois de lidar com os "lúgubres" alemães.[15] Admitiu que os dois ditadores tinham em comum uma paixão pelo poder, pela grandeza e pela glória e que ambos eram nervosos, cínicos e habilidosos em dissimulação e oratória, mas preferia o italiano "espirituoso, sedutor, ágil", de voz "alta" e risada "truculenta" ao alemão rígido com seus "olhos fixos, cinzentos e globulares" e voz áspera e rouca. Quando François-Poncet assumiu o cargo, Mussolini estava mais uma vez vacilando entre a Alemanha de um lado e a Grã-Bretanha e a França do outro, por isso teve uma recepção fria. Falava-se, em Roma, sobre a proibição de livros, revistas e roupas de origem francesa.

Novas esperanças de concessões por parte da França culminaram em uma ocasião desagradável, cuidadosamente arquitetada por Ciano e Mussolini, quando, em novembro de 1938, deputados fascistas se levantaram na Câmara na presença de François-Poncet, que estava lá como convidado, e começaram a entoar "Túnis! Savoy! Nice! Djibouti!" – os territórios na mira de Mussolini.[16] Jornalistas que cochilavam na sala de imprensa acordaram perplexos. François-Poncet se retirou. Apesar das manifestações em frente à embaixada francesa e dos insultos que ouvia por onde passava, orquestrados por Starace, François-Poncet continuou sorridente e imperturbável. A sociedade romana ignorou a rixa e continuou aceitando convites para a embaixada francesa, o requintado Palazzo Farnese. Numa carta interceptada pelos italianos, François-Poncet escreveu ao Quai d'Orsay que, enquanto na Alemanha lidava com "verdadeiros cavalheiros, aqui tenho de lidar com criados que se tornaram patrões". A manobra de Ciano deixou um gosto amargo na relação, e a imprensa italiana foi instruída a protestar contra a França e exigir que todos os 44 milhões de italianos cuspissem nos franceses.[17] Daladier seguiu firmemente contra qualquer movimento de reaproximação.

A dança continuou. Em janeiro de 1939, foi a vez da Grã-Bretanha. No dia 11, Chamberlain e Halifax chegaram a Roma, aparentemente como um sinal de reconciliação entre os dois países após as dificuldades na Etiópia e na Liga das Nações ou, como disse o correspondente americano William Shirer, "para apaziguar o Duce". Chamberlain, comentou Shirer, parecia vaidoso e lembrava um pássaro ao andar pela plataforma da estação de Roma, guarda-chuva na mão e acenando com a cabeça para os residentes britânicos reunidos. Mussolini foi visto "exibindo um belo sorrisinho" e trocando comentários cômicos com Ciano. Para a recepção no Campidoglio, os palácios renascentistas foram enfeitados com magníficas tapeçarias e iluminados por tochas flamejantes que faziam a estátua de Marco Aurélio a cavalo parecer "gigantesca e com covinhas douradas".

Os britânicos não trouxeram presentes, mas tinham esperança de conseguir evitar que Mussolini se aproximasse ainda mais de Berlim.[18] Historiadores discordam sobre quem, Mussolini ou Chamberlain, acreditava ter mais a ganhar com o encontro. Chamberlain e Halifax certamente queriam a ajuda de Mussolini para evitar a guerra, enquanto

Mussolini esperava ganhos materiais. Quando abordou a questão acerca de a Grã-Bretanha aceitar uma cota maior de judeus, Chamberlain disse temer que isso apenas aumentasse "o antissemitismo já existente em muitas partes do país". Depois de muitos banquetes e passeios turísticos, os britânicos partiram, acreditando ter dado alguns passos para ajudar Mussolini a "escapar dos encargos alemães". Chamberlain disse ao rei George VI que ficou "favoravelmente impressionado" com Mussolini e achou seu senso de humor "razoável", embora tivesse presenciado um "acesso de mau humor" num banquete.

Ao ser informado de que a pessoa com mais influência em Roma era Edda, que se sentira menosprezada durante sua visita a Londres e por isso assumira uma postura fortemente antibritânica, Eden comprou o maior e mais extravagante buquê de flores que encontrou em Roma e mandou para ela como uma "homenagem do primeiro-ministro".[19] Quando os dois se conheceram, Eden a achou amigável e hospitaleira, mas duvidou, disse ao rei, que "ela se preocupasse muito com política". Mas ele não estava presente durante as conversas que ela mantinha com o pai; e Edda tinha aperfeiçoado seu ar de inescrutabilidade.

A moderação e os eufemismos britânicos deixaram Mussolini e Ciano convencidos de que a timidez e a indecisão dos estadistas britânicos eram o que os limitava a uma "apreensão ilimitada com força cada vez maior das potências do Eixo", uma impressão logo transmitida a Berlim. Enquanto Mussolini enviava a Chamberlain um telegrama expressando sua fé na "amizade ítalo-britânica", Ciano telefonava para Ribbentrop assegurando que a visita havia sido "absolutamente inócua". Muita coisa deixou de ser dita e muito pouco foi compreendido. A paródia de Malaparte era horrivelmente precisa. Mussolini disse a Ciano que Chamberlain e Halifax não tinham a fibra de Drake,* que se tornaram os "filhos cansados de uma longa série de antepassados ricos". Quando o trem saiu da estação de Roma, os residentes britânicos cantaram "For He's a Jolly Good Fellow" ("ele é um bom companheiro"). Mais tarde, sir Percy Loraine, que sucedeu lorde Perth como embaixador em Roma, diria que, no momento em que as sanções britânicas à Etiópia foram

---

* Sir Francis Drake, almirante inglês que circum-navegou o globo entre 1577 e 1580, é um dos oficiais navais mais renomados da era elisabetana. [N.T.]

feitas, teria sido também o momento em que a Itália deu as costas à Grã-Bretanha e que não havia como voltar atrás.[20]

Em fevereiro de 1939, morre Pio XI, o papa responsável pelos Acordos de Latrão e que ocasionalmente se opunha a Mussolini, sem fazer segredo do seu horror aos pogroms alemães. Seu sucessor foi Pio XII, o mundano, viajado e muito diplomático secretário de Estado do Vaticano, que vinha de uma família de banqueiros, falava oito línguas e conhecia intimamente a Alemanha. Uma troca de visitas entre o rei e o novo papa, até então inéditas, foi considerada o prenúncio de uma nova era de paz entre a Igreja e o Estado fascista, após um período de divergências sobre o controle das mentes e almas dos jovens italianos. Foi uma ocasião magnificente, a corte em trajes de gala completos, com véus de renda, tiaras, caudas e adornos. As senhoras foram instruídas a se ajoelharem quando o papa entrasse. Pesadas de tanta pompa, algumas não conseguiram se levantar depois.

O apaziguamento de Hitler com a ida de Mussolini a Munique tinha sido um equívoco. Em setembro de 1938, talvez a Alemanha estivesse muito fraca para lutar contra a França e a Checoslováquia, ainda mais com os russos prontos para intervir. Porém, tendo assumido a enorme e valiosa siderúrgica tcheca Skoda, aumentando assim tremendamente a produção do seu arsenal militar, o exército alemão usou aquele respiro para aumentar suas divisões operacionais de 30 para 73. Em 14 de março de 1939, mais uma vez sem comunicar ao seu aliado Mussolini, Hitler marchou para Praga, anexou a Boêmia e transformou a Eslováquia num protetorado alemão, descumprindo assim suas promessas de Munique. "Não acredite que este seja o fim", observou Churchill. "Isso é apenas o começo." Para um furioso Mussolini, foi mais um sinal de que Hitler era forte demais para ser detido e que seria melhor para a Itália ficar ao seu lado.

Enquanto Madri sucumbia às forças de Franco e a Guerra Civil Espanhola se encaminhava para o seu triste fim – com a Itália contabilizando 3.189 mortos, 12 mil feridos, perdendo 759 aviões e acumulando um déficit de 40,4 bilhões de liras –, Ciano foi responsável por outro grave erro.[21] Pouco antes, escrevera em seu diário que a sorte era uma "prostituta que se oferece fugazmente e depois se passa para outros. Se não souber como agarrá-la pelos cabelos, você a perde". Em 7 de abril de 1939, sob o pretexto de que a expansão da Alemanha nos Bálcãs deveria ser detida, e querendo provar que a Itália tinha seus próprios planos militares, soldados italianos invadiram a Albânia, o país mais pobre e atrasado da Europa e quase um protetorado italiano. O rei Zog, além de amigo pessoal de Ciano, foi uma das testemunhas no seu casamento. Por um momento, ao que parece, Ciano, convencido de que a guerra seria rápida e fácil e traria prestígio à Itália, chegou a falar em "eliminar" seu amigo, o rei, talvez com veneno.

A campanha correu muito mal. A força expedicionária italiana foi mal-organizada, com tropas mal coordenadas e com os navios enviados para o transporte de homens e armas descobrindo que os portos tinham pouco espaço para aportar. Se os albaneses tivessem um pequeno exército, provavelmente os italianos teriam sido derrotados. Depois de recusar uma proposta que na prática entregava o controle total do país à Itália, o rei Zog fugiu para a Grécia e a coroa da Albânia foi oferecida a Victor Emmanuel. O porto de Saranda foi rebatizado como Porto Edda. Mas a agressão caótica da Itália foi suficiente para convencer os britânicos e os franceses de que os italianos não estavam de fato em busca de paz. Os dois países uniram forças para garantir apoio não só à Polônia – claramente o próximo alvo de Hitler –, como também à Grécia e à Romênia e iniciaram hesitantes negociações com a URSS no sentido de um pacto militar. Enquanto em Roma Bocchini ordenava que ninguém interferisse de forma alguma na Albânia, por ser "uma rixa de Ciano e eu absolutamente não quero problemas com ele", Ciano se pronunciou satisfeito com sua vitória. Mandou instruções ao MinCulPop "para não ser mesquinho com a tipologia" ao relatar suas façanhas ao Grande Conselho. Mas a Albânia, como muitos haviam alertado, era de pouca utilidade para a Itália. Seu petróleo tinha um custo de refino muito alto e os conquistadores não ganharam nada com a invasão, inclusive tendo de injetar dinheiro para o desenvolvimento do país.

Mussolini, ainda hesitante, ainda esperando instigar outra conferência quadripartite e obter concessões da França, ainda oscilando entre a ganância e o medo, aproximou-se mais da Alemanha.[22] Como aliado de Hitler, acreditava que uma fatia maior do bolo estaria ao seu alcance. Os italianos precisavam ser vistos, afirmou, não como "rameiras", mas como "novos homens fascistas", embora tenha sido acusado por Balbo no Grande Conselho de "engraxar os sapatos da Alemanha". Em maio de 1939, Mussolini mandou Ciano a um encontro com Ribbentrop em Milão para concluir uma aliança com a Alemanha, que foi assinada em Berlim no dia 22. Denominado como um "pacto de amizade e aliança", unindo os dois países em uma assistência mútua em caso de guerra, logo ficou mais conhecido como "pacto de aço".

Embora o significado do pacto fosse óbvio, nem Ciano nem Mussolini parecem ter considerado de antemão exatamente o que isso implicaria, e Ciano não fez os preparativos adequados para um encontro que deveria saber ser crucial. Mostrou-se passivo e distraído. Durante suas conversas com os alemães mais graduados, não demandou nem obteve nenhuma estimativa sobre quando as hostilidades poderiam começar, aceitando as vagas garantias de que Hitler não queria uma guerra pelos próximos quatro ou cinco anos. Também não conseguiu nenhum acordo sobre consultas recíprocas, ou de que um ataque à Polônia não seria a faísca para uma guerra mais abrangente. Terminada a reunião, Eva Braun, amante de Hitler, tirou fotos de Ciano de sua janela com uma teleobjetiva; queria ser apresentada a ele, dizendo que o achava atraente, mas Hitler recusou. Naquela noite, depois de uma tarde no Salon Kitty com a presença de um grupo de belas mulheres treinadas em espionagem para agradá-lo, Ciano, finalmente entendendo as implicações daquele dia, pôs a cabeça entre as mãos e comentou: "Isto não é aço, é dinamite".

Em 6 de junho de 1939, depois de uma opulenta refeição num restaurante em Lucca, o pai de Ciano, Costanzo, teve um ataque cardíaco e morreu. Ele tinha 62 anos. "A notícia cruel de sua morte me atingiu de repente como um golpe traiçoeiro", escreveu Ciano em seu diário no seu gabinete no Palazzo Chigi. Comparou o fato com uma "amputação". A anotação no seu diário naquele dia encheu quatro páginas de palavras estranhas e altamente sentimentais endereçadas ao pai, relembrando os tempos que passaram juntos. Não mencionou sua infância muitas vezes coagida e intimidada.

Depois de dar ordens para que Costanzo fosse vestido com seu uniforme de almirante, com todas as condecorações navais e fascistas, Ciano juntou-se ao longo cortejo atrás do caixão, levado por um canhão puxado por sete cavalos emplumados. Um choroso Victor Emmanuel visitou o caixão, exposto no quartel-general fascista, e fez uma saudação romana. Todos os luminares fascistas compareceram. Até Edda, observou Ansaldo, "se emocionou, e foi quem rezou por mais tempo". Mussolini, que veio de Forlì, passou duas horas ao lado do caixão. Enquanto a maior parte da congregação na catedral de Livorno se agitava, Ansaldo notou que Mussolini tinha se preparado para ficar absolutamente imóvel. Um esquadrão naval ancorado na baía disparou seus canhões. Ciano pretendia, como escreveu no seu diário, construir um mausoléu para o pai, "para que todos nos lembremos do seu espírito imortal". Cobriu-se com véu o fato de Costanzo ter sido extremamente corrupto, mesmo para os padrões dos *gerarchi* fascistas, usando os dois irmãos, ambos almirantes, como testas de ferro para uma grande rede de empresas, de estaleiros a armamentos, que o tornaram um dos homens mais ricos da Itália. Mussolini sabia de tudo, informado por Bocchini e seus espiões, mas, como fizera com outros que se mantiveram leais por ocasião do assassinato de Matteotti, achou mais político não dizer nada.

Quando Ciano voltou a se encontrar com Ribbentrop na sua casa de verão perto de Salzburgo, em meados de agosto, ficou sabendo que a Alemanha estava prestes a invadir a Polônia.[23] Foi informado por Ribbentrop que Hitler estava "irredutivelmente decidido a lutar". Igualmente inquietante e ainda mais surpreendente foi a notícia de que a Alemanha iria assinar um pacto de não agressão com a URSS, que excluía a Itália e que dava à Alemanha carta branca em relação à Polônia. As relações entre os dois, nunca calorosas, tornaram-se geladas. Segundo suas anotações, Ciano perguntou a Ribbentrop: "Vocês querem Danzig?". Ao que Ribbentrop respondeu: "Mais do que isso. Nós queremos a guerra!".

Durante todo o inverno de 1938 e boa parte de 1939, as dúvidas de Ciano quanto a uma aliança com a Alemanha não pararam de aumentar. Agora voltava de Salzburgo convencido de que os alemães eram traidores, "possuídos pelo demônio da destruição".[24] "Eles nos enganaram e mentiram para nós. E hoje estão prestes a nos arrastar para uma aventura que não queremos [...] seria um crime e o cúmulo da loucura!". Seu diário registra cada vez mais suas esperanças de manter a Itália fora da guerra e sua posição o distanciou ainda mais de Mussolini, que continuava hesitando entre o desejo de fazer da Itália uma nação guerreira e a percepção de que a Itália não estava de fato em condições de lutar. No fundo, escreveu Ciano, Mussolini "não quer ganhar isso ou aquilo: ele quer a guerra". Edda também dava mostras de querer a guerra e agora, mais do que nunca, ela e Ciano não concordavam. Acompanhando os eventos de perto, ouvindo o pai e o marido discutirem sobre cada reviravolta, Edda escreveu mais tarde que Ciano "lutou contra mim enquanto eu tentava convencer meu pai a ficar do lado da Alemanha como aliado militar". Mas não era apenas o poderio da Alemanha que a atraía. Havia também uma impaciência arraigada em sua natureza, e qualquer hesitação a deixava irritada.

Por mais que Edda se sentisse afastada de Ciano, e por mais que protestasse contra a formalidade e o tédio das viagens oficiais ao exterior, algumas não podia evitar. Em fevereiro de 1939, Edda acompanhou o marido à Hungria, à Iugoslávia e à Polônia, sendo recebida em Varsóvia por uma guarda de honra, aparentemente para caçar bisões na casa de campo do presidente, mas também como demonstração de solidariedade. Ciano levou seu habitual séquito de jornalistas.[25] Ansaldo, agora seu assessor de imprensa oficial, comentou ironicamente: "Caça a faisões, caça a lebres, caça a javalis, caça a lobos [...] Basta... Vamos torcer para não acabarmos em caçadas humanas". Após dias de banquetes e recepções e de uma visita ao túmulo do reverenciado estadista polonês Jozef Pilsudski na Cracóvia, Ciano ficou até tarde da noite com sua comitiva na casa onde se hospedava. Disse a todos que seu maior desejo era evitar a guerra. "Ele pensou ser maior do que era", observou um cáustico conhecido romano.[26] Deixou-se iludir por pensar que tinha nas mãos todos esses ministros das Relações Exteriores que o levaram para caçar.

Muito mais divertida foi a viagem de Edda a Veneza. Jogou pôquer com Nelson Page e perdeu 5 mil liras. Em um almoço oferecido por Elsa Maxwell, sua anfitriã comentou que doía ouvir tanto alemão falado nas ruas. Edda, rindo, respondeu que na "próxima guerra" Itália e Alemanha lutariam lado a lado e que, "quando estivermos em guerra contra a Inglaterra", esperava que os americanos se aliassem a eles. Ainda estava em Veneza quando recebeu um telegrama de Rachele dizendo que o rei havia concedido a Ciano o prestigioso Collare dell'Annunziata, a mais alta condecoração real, persuadido por Mussolini que seria um insulto não fazer isso depois de uma campanha tão bem-sucedida no exterior. Agora Ciano também era "*cugino*", primo, do rei.

Em Roma, no verão de 1939, enquanto a Europa pairava à beira da guerra, nunca houve tantos jantares esplêndidos oferecidos em *palazzi* privados, com tanto uísque comprado barato nas fontes do Vaticano, tanta prata e ouro em exibição nem tantos criados de libré. Dançar era uma mania, particularmente a Lambeth Walk, desaprovada como uma importação britânica. A memorialista Claudia Patrizi escreveu que havia "um ar de falsidade", com lindas mulheres falando inglês e homens elegantes que a lembravam de uma "máfia internacional" se exibindo como na época do Diretório de Paris. "Os *nouveaux riches* eram os mais esnobes e a aristocracia, a mais venal [...] mentirosos e obsequiosos". Todos se dirigiam uns aos outros como "*tu*".

As conversas giravam em torno de sexo e intrigas, e a frivolidade nunca pareceu tão absurda a Claudia Patrizi, como que zombando da austeridade e do puritanismo do regime e para afastar os pensamentos sobre a guerra. Maridos foram decretados como meros incômodos e as mulheres se dividiam em três categorias: as frígidas, as acessíveis e as intocáveis, consideradas inúteis por já terem um par. À meia-noite, escreveu Claudia, os músicos chegavam aos grandes *palazzi* e a dança começava. Edda adorava dançar. Os poucos aristocratas do *ancien régime*, convidados para conferir respeitabilidade e estilo, tentavam participar das festividades, mas não conseguiam por serem muito desajeitados e reservados. Os espiões de Bocchini estavam presentes em todas essas reuniões, muitas vezes disfarçados de convidados. Ciano nunca parecera tão vaidoso, tão cheio de energia e tão triunfante quanto quando o *beau monde* mandava seus convites a ele e a Edda – que raramente aceitava – e as mulheres bonitas competiam por sua atenção. Os visitantes estrangeiros passavam as noites em sua *garçonnière* ou no Palazzo Chigi, onde ele tinha um quarto particular com um divã. Quanto mais a situação política internacional se tornava complicada e ameaçadora, mais seguro de si Ciano parecia, fosse no Circolo della Caccia, fosse no Palazzo Colonna ou no clube de golfe de l'Acquasanta, onde suas indiscrições irresponsáveis eram assiduamente notadas e logo retransmitidas à comunidade diplomática. Seus acólitos o bajulavam, observavam seu humor, ouviam suas tiradas contra Mussolini – a quem agora se referia como "*il vecchio*", o velho – e toleravam seus caprichos. Os espiões de Bocchini ouviam e reportavam. Ele e Edda ainda faziam piadas. Certa noite, numa recepção, Ciano estava beijando as mãos de uma longa fila de mulheres que lhe foram apresentadas, mas não percebeu que entre elas havia um cavalheiro idoso de bigode; para deleite de Edda, Ciano beijou a mão dele também.

Naquele mês de março, a *Newsweek* estampou Ciano na capa; em julho, foi a vez de a *Time* estampar Edda. Foi uma distinção extraordinária e reveladora. O repórter da *Time* escreveu: "Esquálida, pálida, exuberante em habilidade, personalidade e inteligência, Edda era uma das mulheres mais intrigantes e manipuladoras da Europa". Usava "calças diplomáticas", tinha um "marido um tanto medíocre" e era negligenciada por um regime que se recusava a reconhecer as mulheres. Às vezes era loira e às vezes morena, e usava arminho em Viena e vison na Polônia. Estava claro que esperava "suceder ao pai no poder". O *Sunday Mirror* se referiu a Edda como "a mulher número um da Itália". Em um mundo em que os talentos das mulheres continuavam amplamente não reconhecidos, essas homenagens devem ser vistas dentro do contexto, mas era um sinal do quanto Edda se destacava no cenário internacional, de como os observadores entendiam a realidade da sua influência junto ao pai e ao marido e do quanto era conhecida não só na Europa como também nos Estados Unidos. Muitas vezes seu nome era comparado ao de Eleanor Roosevelt, e ela ainda não tinha completado 30 anos.

Muito avessa ao frenesi social de Roma em torno das grandes intrigas políticas, Edda preferia passar seu tempo em Capri. Às vezes levava os filhos junto, mas o mais comum era ficarem com as babás. Houve temores de que a invasão da Itália à Albânia afastasse os turistas, e de fato alguns preferiram ficar em casa, mas o verão de 1939 em Capri foi mais glamoroso que qualquer outro anterior. A riquíssima Mona Williams Bismarck, de olhos verdes e muito bonita, dava festas picantes para atrizes e milionários, enquanto o compenetrado Alberto Moravia saía montado num burrico para fazer piqueniques nas montanhas. Havia um festival de cinema todas as noites. Capri estava cheia de *dopolavoristi*, membros dos clubes de lazer pós-expediente, trazidos do norte por *treni popolari* baratos. No seu auge, chegaram a desembarcar até 4.500

viajantes num único dia e foram tomadas medidas para reduzir esse "espetáculo indecoroso, indisciplinado, semeador de confusão".

Comentou-se que Edda andava se comportando de maneira estranha. Sempre fonte de fofocas, boatos, insinuações e relatórios de espionagem, dizia-se que vagava pelos rochedos à noite, muitas vezes bêbada. Um médico afirmou ter visto uma cicatriz na sua têmpora, exatamente igual à deixada por uma bala. Um zeloso informante da OVRA disse que ela era uma "*spendaccione*", uma gastadora nas butiques da ilha. O pouco confiável Malaparte insistia em que a tinha visto numa noite de tempestade pulando de telhado em telhado como um gato de bruxa, chorando, atormentada por ataques de depressão.[27] Disse que Edda o fez lembrar de heroínas trágicas do submundo, proferindo pressentimentos fúnebres. Afirmava que Mussolini e Ciano agora dependiam totalmente dela. Amigos mais confiáveis notaram que Edda se achava uma fracassada e lamentava pelo seu caráter, de ser muito fraca para lutar pelas coisas em que acreditava – embora com a enigmática Edda às vezes fosse difícil ver o que eram. Falava de Ciano como mesquinho e infiel e dizia que só lhe restava se dedicar à família, uma observação tão fora da personagem que é difícil pensar ter partido dela.

No começo do ano, a Câmara dos Deputados foi rebatizada de Câmara Fascista e das Corporações e os deputados, de uniformes pretos, fizeram a saudação romana ao rei em seu trono e à rainha Elena no camarote real. Apesar do pacto de aço, Mussolini continuou a se esquivar em ziguezague entre a Alemanha, a França e a Grã-Bretanha; ainda acreditando que a paz seria possível, ficou mais isolado do que nunca. O diplomata Bastianini fez um retrato revelador do Duce nesse período. Mussolini, escreveu, se fechou "com a arrogância de um estoico e o orgulho de um cínico que acredita que ninguém pode entendê-lo".[28] Inquieto, atormentado, paranoico, vendo o mundo exterior como cada vez mais hostil, ele se convenceu de que "o mundo precisa ser tomado de assalto". Apesar de, no passado, ainda tolerar críticas e algumas discussões, agora parecia ter assumido algumas das atitudes abruptas e rancorosas de Hitler. Os italianos precisavam aprender, repetia, "a se tornarem menos simpáticos e mais duros, implacáveis e odiosos".

Quando os membros do Grande Conselho sugeriram que a Itália deveria se distanciar do Eixo, ele respondeu: "Nós não somos prostitutas políticas". Mussolini ficou abalado com o fato de Hitler não cumprir suas promessas, mas um afastamento da Alemanha representaria concordar com seus oponentes e com o rei, que passou a se referir aos alemães como "rufiões e canalhas", o que teria lançado dúvidas sobre sua habilidade política.

Apesar de todo o seu isolamento e relutância, Mussolini era muito inteligente e Bocchini, um analista muito eficiente do forte sentimento antialemão na Itália para não saber que uma guerra seria tremendamente impopular, que o exército, a marinha e a força aérea tinham pontos fracos fatais e que qualquer guerra teria o risco de ser longa e terrível. Mas também estava convencido de que a França e a Grã-Bretanha, democracias liberais cansadas e sem dinamismo, nunca entrariam em guerra. Quando Chamberlain anunciou que a Grã-Bretanha reagiria se a Polônia fosse atacada, optou por não levar a sério. Não deu atenção quando Grandi lembrou que a Grã-Bretanha sempre precisava de uma razão moral para ir à guerra. Em 1914, eles tiveram a Bélgica; agora, tinham a Polônia. Os frequentadores do Palazzo Venezia relataram, contudo, que Mussolini parecia profundamente apreensivo. "Tendo provocado o vento, ele agora temia a tempestade."

Hitler há muito planejava tomar a cidade livre de Danzig e o corredor que separava a Alemanha da província da Prússia Oriental, desde 1936 nas mãos de uma maioria nazista. Era uma área definida por François-Poncet como o "símbolo da liberdade da Europa". Mesmo quando parecia estar considerando seu próximo passo, Hitler já organizava suas tropas. Mussolini, encantado com seu papel como pacificador em Munique, propôs uma conferência em San Remo em que as quatro grandes potências poderiam revisar o Tratado de Versalhes. Antes que pudesse acontecer, às 4 horas e 30 minutos da manhã do dia 1º de setembro, a Wehrmacht invadiu a Polônia. Foi dado um ultimato para Hitler retirar suas forças, após o que as discussões poderiam prosseguir. Hitler ignorou. "A última nota de esperança morreu", escreveu Ciano em seu diário. Às 11 horas da manhã de 3 de setembro, a Grã-Bretanha declarou guerra; a França a seguiu às 5 horas da tarde.

A Itália, porém, não foi à guerra. Detestando a ideia de neutralidade, que considerava um sinal de fraqueza, mas querendo espaço para respirar a fim de manter suas opções em aberto, Mussolini optou pela palavra "não beligerância", definida por alguns como uma "obra-prima de imaginação linguística". Ao anunciar sua decisão da sacada sobre a Piazza Venezia, Mussolini parecia pálido. Hitler achava que a Itália o acompanharia na guerra, apesar do seu pedido de impressionantes 170 milhões de toneladas de matérias-primas ter sido recusado e de só ter obtido uma fração disso. No fim, acabou aceitando a omissão italiana. Hitler disse que esmagaria a Polônia sem a ajuda da Itália e que depois seguiria em frente para derrotar a França e a Grã-Bretanha.

Os embaixadores da França e da Grã-Bretanha, convocados para ouvir a notícia de Ciano no Palazzo Chigi, ficaram surpresos e aliviados. Mussolini, o homem que certa vez declarou ser melhor viver um único dia como leão do que uma vida inteira como ovelha, agora se sentia desconfortável entre as ovelhas. Mas era o que Ciano queria. Ele abriu as três grandes janelas do seu gabinete e acendeu todas as luzes. "Pelo menos os romanos podem ver alguma luz aqui", declarou. Edda se sentiu aliviada pela espera ter acabado. Ansiava por ação, movimento, convicção; mas não pensou muito sobre onde tudo isso levaria.

CAPÍTULO 14

A ESPERA

Nos nove meses seguintes, os italianos ficaram à espera.[1] Após uma onda de alívio e uma forte alta no mercado de ações, eles seguiram com suas vidas normais, evitando falar sobre política, desfrutando da ilusão de que se manteriam intocados. Os filhos nascidos nesse período foram batizados de Roberto, em homenagem ao Pacto Tripartite Roma-Berlim--Tóquio. Em Roma, passeavam pela Via Veneto no início da noite e viajavam a Óstia para aproveitar os últimos dias quentes de verão. O rei e a corte se retiraram para trás de um muro de formalidades. Corria o boato de que, se houvesse guerra, o Vaticano garantiria que a capital permanecesse uma "*città aperta*", uma cidade aberta, inviolável. Homens com idade entre 20 e 25 anos foram convocados, mas logo mandados de volta para casa porque não havia uniformes e nem onde dormir. Alguns trilhos de bonde foram substituídos por ferro. Foram lançadas campanhas sobre economizar, não desperdiçar e improvisar.

Continuaram os planos para uma grande exposição a ser realizada em 1942, para marcar o vigésimo aniversário do regime e a inauguração do novo bairro de EUR. Coelhos eram valorizados, como alimento e pele. De Chirico se ofereceu para pintar os retratos de Edda e Ciano, que estava todo paramentado com medalhas e o Collare. Ciano se opôs ao seu retrato terminado, mas o de Edda foi considerado bem fiel.[2] Foi retratada com um vestido longo preto e o cabelo castanho-avermelhado preso e repartido ao meio; formosa, quase bonita.

O inverno de 1939 foi excepcionalmente frio.[3] Todas as noites havia jantares nos *palazzi* de Roma e os Ciano compareceram a muitos deles.

As apostas no jogo eram cada vez maiores – até Ciano jogava *chemin de fer* enquanto beliscava o traseiro de "suas jovens queridinhas", como observou a Duchessa di Sermoneta. Certa noite, ao sair de um jantar oferecido pelos Cianos, ela descreveu uma cena que a fez pensar em Versalhes antes do Terror, com os lacaios "em suas librés mal ajustadas" levando bandejas repletas de champanhe, Ciano despenteando os cabelos de uma jovem ao seu lado na mesa de jogo forrada de cédulas e o ar azulado de fumaça. Não tinha nada contra Edda ou o marido, acrescentou, "exceto suas maneiras". Gabriella di Robilant, que também jantava com os Cianos, foi mais cáustica. Os dois jogavam *pinnacolo* no baralho em "absoluta intimidade" e eram "anfitriões tão despretensiosos que quase poderiam ser confundidos com "*signori*", isto é, pessoas de boas famílias.

Mussolini raramente era visto. Revezava-se entre o Palazzo Venezia e a Villa Torlonia, mas se recusava a receber diplomatas estrangeiros ou até mesmo seus próprios *gerarchi*. As reuniões do Grande Conselho duravam somente 1 hora, e Mussolini, sombrio e amargo, era o único orador. Sir Percy Loraine, o íntegro e digno embaixador britânico, considerado menos simpático aos fascistas do que Lorde Perth, só se reunia com Ciano. Os dois se davam bem, encontravam-se no L'Acquasanta e jantavam juntos no Palazzo Colonna. Mas Ciano também lia as cartas e telegramas interceptados escritos por Loraine, enquanto o médico de Ciano, que por acaso também era o de D'Arcy Osborne, embaixador britânico no Vaticano, transmitia informações valiosas sobre o círculo de Ciano, que logo chegavam a Londres. Ouvindo as fofocas de sempre, Loraine escreveu a Halifax que se dizia que Mussolini estava ficando senil.[4] "A única criatura humana de quem ele realmente gostava, sua filha Edda, o desgraçou [...] Tornou-se uma ninfomaníaca e leva uma vida de promiscuidade sexual muito sórdida em meio a uma nuvem etílica." Roma não tinha perdido nada de seu deleite com a maledicência.

A irmã de Ciano, Maria Magistrati, era doente desde a infância. O pai deles, Costanzo, a obrigava a comer, mas ela cuspia tudo o que engolia. Era assustadoramente magra, com horror à comida, e teria desistido do casamento se Mussolini não tivesse sido convidado a ser uma das testemunhas. (Ao vê-la tão magra, Mussolini disse a Margherita Sarfatti: "Uma mulher sem seios é como um colchão sem almofadas, desconfortável".) Em outubro de 1939, já branca como mármore, começou a empalidecer e morreu duas semanas depois, provavelmente de tuberculose. O funeral, a exemplo do de Costanzo alguns meses antes, foi realizado na Catedral de Livorno, com a presença de muitos *gerarchi*, diplomatas e suas famílias. Quatro *squadristi* veteranos carregaram o caixão. Ouviu-se Ciano dizer que tinha perdido "a única pessoa que realmente me amava". François-Poncet, que era amigo de Maria em Berlim e chamava de "*élégante et séduisante*", viu-se ao lado do novo embaixador da Alemanha, Hans Georg von Mackensen, enviado para substituir von Hassell, cuja aversão a Ciano e aos fascistas o fez ser chamado de volta.

No final do mês, de repente foi anunciado que Mussolini estava reorganizando seu conselho de ministros. Nenhuma razão foi apresentada. Starace – considerado o homem mais odiado da Itália por seus decretos draconianos e ridículos, mas na verdade pouco mais do que uma sombra de Mussolini – foi exonerado do cargo de secretário do partido e mandado para a Milizia. Ao saber que seria demitido, escreveu a Mussolini: "Perdoe-me, Duce. Perdoe-me [...] e não duvide de mim". Até mesmo Ciano pensou que sairia prejudicado: quando Starace chegou à Piazza Venezia implorando para ser recebido, Mussolini gritou para sua secretária: "Chute-o escada abaixo". Bottai, o verdadeiro crente na doutrina fascista, deixou o cargo de ministro para fundar a *Primato*, uma revista cultural destinada a ser uma vitrine do regime, mas que, confirmando as ambiguidades do fascismo, acolhia colaboradores conhecidos como críticos do regime. Alguns o chamavam de "raptor", que via os intelectuais como suas "presas".

A mudança de guarda acomodou amigos e aliados de Ciano, entre eles Pavolini, nomeado chefe do MinCulPop, e Ettore Muti, um herói da guerra da Etiópia de olhos verdes e queixo quadrado que parecia um deus grego, mas não muito inteligente. Assim como os outros recém-chegados, era vaidoso, egoísta, frio, politicamente ingênuo e ainda na casa dos trinta, pois Mussolini agora queria cortejar os *gerarchi* mais jovens. Roma falava abertamente sobre "*il gabinetto Ciano*", o gabinete de Ciano. Edda parecia ter chegado mais perto do centro do poder.

De fato, Ciano passou os meses desde o início da guerra, talvez o período mais lúcido e determinado da sua vida, planejando como manter a Itália fora da guerra. Tendo passado a vida inteira tentando agradar, primeiro o pai, depois Mussolini, parecia finalmente ter encontrado algo em que acreditava. Havia se tornado, como disse um historiador, "inflexível em sua política de neutralidade". Seu posicionamento resultou numa explosão repentina de popularidade e amizade com outros *gerarchi* com ideias semelhantes – Balbo, Grandi –, que até então não tinham tempo para ele. Mas também aumentou a amarga hostilidade dos alemães, que se declararam surpresos por ele ainda não ter sido exonerado. O diplomata Friedrich von Schulenburg definiu o clã Ciano como "tubarões sem escrúpulos e com uma avidez autodestrutiva", e Edda como "uma ninfomaníaca frenética e obstinada".[5]

Em um discurso de 2 horas na Câmara em meados de dezembro, Ciano fez louvores ao "heroísmo polonês" e elogiou calorosamente os esforços de Mussolini pela paz.[6] Não mencionou a palavra "Eixo". Corriam boatos de que ele aspirava assumir o controle do governo. Por um momento, o lobby pró-alemão pareceu derrotado; os pacifistas pró-Aliados, pró-monarquia e pró-Vaticano estavam em ascensão.

Porém, no início de 1940, os ventos começaram a mudar. Mussolini saiu da hibernação, parecendo enérgico, com uma expressão "sombria e feroz".[7] Sumner Welles, o subsecretário de Estado dos Estados Unidos, enviado por Roosevelt para pedir calma e moderação, teve uma recepção fria. Ele achou Mussolini "pesado e estático", movimentando-se com um "esforço elefantino", com "rolos de carne" no rosto, parecendo muito envelhecido.[8] Seu encontro com Ciano foi um pouco melhor. Ele saiu do Palazzo Chigi declarando, com alguma surpresa, que o ministro das Relações Exteriores fora cordial e receptivo. Ciano disse o quanto detestava Ribbentrop, que se ressentia amargamente da falta de consideração de Hitler pelos termos do tratado do Eixo e que estava fazendo tudo que podia "para mitigar a brutalidade alemã". Mas então ocorreu um infeliz incidente, quando treze navios italianos que transportavam carvão da Alemanha foram bloqueados pelos britânicos no Canal da Mancha. Estudantes desfilaram em frente às embaixadas britânica e francesa com caixões cobertos com bandeiras. Os romanos observaram os novos ventos, medindo a temperatura do humor de Mussolini. A Alemanha tinha voltado à ascensão.

Depois de Roma, Sumner Welles foi a Berlim, onde observou que as expressões faciais das tropas de choque eram "subnormais em sua assustadora brutalidade".[9] Lacaios de librés de cetim azul-claro e cabelos empoados o conduziram à presença de Hitler, com quem Welles tentou estabelecer alguns entendimentos básicos para um "mundo são". As mãos de Goering o impressionaram por terem "a forma das patas escavadoras de um texugo". Saiu de Berlim com a desanimadora conclusão de que o futuro agora estava nas mãos dos alemães.

Em 10 de março de 1940, Ribbentrop chegou a Roma, claramente com a intenção de lembrar os italianos de seu compromisso com o Eixo de ficar ao lado da Alemanha. Dez dias depois, Hitler e Mussolini encontraram-se numa estação nevada no Passo do Brennero. Sabendo exatamente como jogar com as ansiedades e ambições de Mussolini, Hitler disse que em breve lançaria uma ofensiva contra os Aliados, mas garantiu que não precisava da ajuda da Itália. Ficou clara a inferência de que Mussolini não era mais um jogador importante numa eventual guerra. Era tudo o que o Duce mais temia: perder os despojos que certamente se seguiriam a uma rápida vitória alemã. Na plataforma, Hitler falava e Mussolini ouvia. "Como decano dos ditadores", observou Ciano, "Mussolini não estava acostumado a tal tratamento."[10] Quando ele e Ciano voltaram a Roma, Mussolini parecia preocupado, e logo escreveu ao rei dizendo que a Itália não poderia permanecer neutra para sempre sem se tornar outra Suíça: "O problema não é se a Itália vai aderir ou não [...] mas quando".[11]

Ciano ficou desalentado. Disse a amigos que tinha medo de a guerra realmente acontecer, que odiava os nazistas por sua desumanidade e que Hitler e Ribbentrop eram "dois loucos [...] que queriam a destruição do mundo". Anfuso comentou sobre o que Ciano afirmou sobre o sogro: "Ele quer a guerra como uma criança quer a lua". Certa noite, em um jantar na Via Angelo Secchi, Ciano ficou calado, mas Edda estava animada, insistindo em jogar *pinnacolo* depois do jantar, cantando "Boops-a-Daisy", dizendo não se interessar por política e que queria que tudo acabasse para poder voltar a viajar. Sua aparente alienação e indiferença aos eventos mundiais nem sempre são fáceis de explicar. Contudo, dividida entre o marido e as visões conflitantes do pai, o distanciamento pode ter sido sua única opção.

Quando Daniele Varè, chefe de Ciano na China, veio a Roma para discutir a perseguição aos católicos na Alemanha, ficou impressionado com o contraste entre o clima agitado e tempestuoso do Palazzo Venezia e a sutileza, paciência, sabedoria mundana e sutileza que viu no Vaticano.[12] Num rápido encontro com Ciano, perguntou o que Mussolini estava fazendo. "Ele está tendo aulas de política com o gato na Villa Torlonia", respondeu Ciano. "O gato nunca erra".

Em 10 de maio, Ciano foi convidado para um jantar oferecido na embaixada alemã. Quando ia saindo, Mackensen disse que talvez precisasse falar com ele durante a noite. Ligou às 4 horas da manhã dizendo que precisava ver Mussolini imediatamente. Mackensen informou ao Duce e ao ministro das Relações Exteriores que a Alemanha estava prestes a invadir a Bélgica, a Holanda e Luxemburgo. Quando Mackensen saiu, Mussolini disse a Ciano que havia se decidido: a Itália iria à guerra. A espera tinha acabado. Ciano protestou. Anotou no seu diário: "Ele não se dignou a responder". Até mesmo Edda agora pressionava pela guerra, dizendo ao marido que a Itália não podia mais ficar à margem sem perder a honra. O registro de Ciano no diário foi condescendente: "Pena que nem ela, tão inteligente, queira ser racional". Disse a Edda que, em vez de se intrometer, ela faria melhor indo a Florença para o festival anual de música, registrando em seu diário: "Eu a ouvi com uma civilidade impessoal".

Mas disse ao seu amigo Orio Vergani que estaria perdido se Edda o deixasse. Confidenciou ao amigo que, apesar de estar farto dos seus ataques à sua "germanofobia", tudo "depende dela"; Edda era o centro da sua vida. Tentou explicar à mulher como seu comportamento poderia ser perigoso, mas "com Edda você não pode discutir. Ela é uma mulher rígida, estranha. Você nunca sabe o que esperar. Às vezes ela me assusta". Não foi a única manifestação de Edda em favor da guerra. Pouco tempo antes, tinha feito uma visita ao pai e o repreendeu por "essa neutralidade que parece tão desonrosa". "Esse é o tipo da conversa que Mussolini quer ouvir, a única que ele leva a sério", escreveu Ciano.[13] Mais tarde, lembrando-se desse período, Edda parece quase envergonhada: "Eu era extremamente belicosa e germanófila". As opiniões de Edda eram conhecidas pelos *gerarchi*. Como Enrico Caviglia, um soldado de destaque e observador sagaz da cena romana escreveu em seu diário, Edda foi inquestionavelmente "uma influência sobre o espírito fraco de seu pai".[14] Quando visitava Mussolini, ela pedia determinação. Rachele pouco falava.

As tropas alemãs avançaram para o sul através da Bélgica e da França, e o governo de Paul Reynard entrou em colapso. Na Grã-Bretanha, após uma derrota na Noruega, Chamberlain foi substituído por Churchill. Surpreso com o fato de a Linha Maginot não ter resistido, Mussolini se preparou para a guerra. Hitler disse a ele que era uma "travessia do Rubicão". Chegaram cartas do papa, dos franceses, de Roosevelt e de Churchill oferecendo concessões e implorando que Mussolini ficasse fora do conflito.

Em 25 de maio de 1940, a Força Expedicionária Britânica começou a se retirar de Dunquerque. Em 29 de maio, Mussolini informou aos seus *gerarchi* reunidos que sua decisão estava tomada: se a Itália não entrasse agora, perderia qualquer chance de status de grande potência. Alguns, como Balbo, ficaram chocados. O rei, que se opunha fortemente à intervenção, foi convencido de que não tinha escolha senão assinar a declaração de guerra: ele também não queria perder os espólios, e estava preocupado com o futuro da Casa de Saboia. A decisão de Mussolini, disse sir Robert Vansittart a Halifax, "é um caso claro de paranoia sifilítica". Na noite de 9 de junho, Mussolini ordenou o blecaute de Roma.

Às 4 horas e 30 minutos da tarde do dia 10 de junho, Ciano recebeu Loraine e François-Poncet no seu gabinete, usando um uniforme de coronel da Força Aérea. François-Poncet disse que jamais conseguiria considerar um italiano como inimigo e os dois ficaram visivelmente comovidos. "Não se deixe matar", disse François-Poncet. Foi a última vez que se encontraram. Loraine foi "lacônica e inescrutável". Disse ter esperança de a Itália não estar apostando no cavalo errado, já que a Grã-Bretanha "não tinha o hábito de perder suas guerras". Churchill escreveu a Mussolini: "Será tarde demais para impedir que um rio de sangue flua entre os povos britânico e italiano?".

Por volta das 6 horas e 30 minutos daquela noite, Mussolini saiu na varanda acima da Piazza Venezia. Era uma noite abafada, o siroco soprava. Ele parecia corpulento e sua voz estava rouca, mas os olhos brilhavam.[15] A multidão na praça, geralmente tão jubilosa com suas aparições, parecia tensa e sombria. Alguns portavam cartazes com caricaturas de Churchill e John Bull. "Nós vamos vencer", declarou. "*Popolo italiano*! Às armas!" Chegara a hora de recuperar as "riquezas e o ouro" sobre os quais os Aliados detinham o monopólio. Houve poucos aplausos. O acadêmico e historiador Piero Calamandrei anotou no seu diário: "A partir de hoje, aconteça o que acontecer, o fascismo acabou". Ciano escreveu no seu diário: "Estou triste, muito triste. A aventura começa. Que Deus ajude a Itália". Mas Edda não compartilhava de seus sentimentos. "Fiquei absolutamente encantada", admitiu mais tarde.

Na manhã seguinte, Edda pegou um trem para Turim com uma empregada. Pretendia ingressar na Cruz Vermelha e alugou um quarto no Albergo Principe di Savoia. Não contou a ninguém o que estava fazendo, mas evidentemente era algo que planejava havia muito tempo. Deixou um bilhete para Ciano; ele e Mussolini ficaram furiosos. Naquele dia, bombas britânicas começaram a cair sobre as cidades italianas.

Em certo sentido, a Itália estivera em guerra pelos últimos 5 anos. O conflito com a Etiópia, as sanções impostas pela Liga das Nações e os sacrifícios exigidos pela Guerra Civil Espanhola acostumaram os italianos à escassez e ao racionamento. Foi um mês de junho inesperadamente frio e ventoso. Diplomatas britânicos e franceses embarcaram em trens para voltar para casa, enquanto em Londres suas contrapartes italianas partiram de trem para Glasgow e depois de barco para Lisboa, levando um Botticelli que ficava na embaixada e uma fortuna em dinheiro.[16] Milhares de italianos que viviam na Inglaterra foram confinados e os mais desafortunados embarcaram no *Arandora Star* para ficarem exilados em Toronto. Contudo, o navio foi atingido por torpedos e todos os que estavam a bordo morreram. Em Roma, foram baixadas ordens para que judeus estrangeiros, antifascistas e outros indivíduos "perigosos" fossem detidos, levando a uma onda de denúncias.

A LUCE começou a exibir cinejornais triunfalistas, mostrando os soldados italianos bonitos, viris e vitoriosos e os inimigos feios, covardes e antipáticos, e atribuindo a queda da França ao fato de os franceses consumirem muita gordura e álcool, terem poucos filhos e se entregarem a relacionamentos inter-raciais. Os jovens estudantes fanáticos da Gioventù Universitaria Fascista se voluntariavam aos milhares, dizendo que só a guerra devolveria à Itália os seus dias de glória heroica, sob "homens de verdadeiro valor moral". A Catedral de Milão substituiu suas grandes janelas por telas. Os salões de dança foram fechados. No blecaute, os bondes roncavam como fantasmas pelas cidades escuras. Depois de

Torino, a RAF bombardeou La Spezia, Livorno, Cagliari, Trapani e Palermo. A população fugiu para o campo.

As italianas, já acostumadas a substituir o algodão e a seda por tecidos sintéticos, foram informadas de que dali em diante deveriam se concentrar na "autarquia", consumindo apenas o que fosse fabricado na Itália.[17] A *giubba d'orbace*, um casaco feito com o antes desprezado tecido áspero da Sardenha, foi decretada como prática, assim como as mulheres que abriam mão de suas meias de seda. Os estoques de sabão começaram a acabar, depois os de macarrão, de arroz, de açúcar e de pão. Mesmo assim, o Festival de Cinema de Veneza foi particularmente glamoroso, embora os filmes fossem quase todos italianos ou alemães, com estes exibindo o melodrama cruelmente antissemita *Jud Süss*. Pelo menos por algum tempo, os italianos aceitaram acreditar no que lhes diziam: que a guerra seria vitoriosa e, acima de tudo, que seria curta.

Enquanto Edda iniciava seu treinamento na Cruz Vermelha no hospital militar de San Giovanni Battista, um reduto da alta sociedade da moda, Ciano assumiu o comando de um esquadrão de bombardeiros baseado em Pisa, reportando a Edda seus triunfos aéreos. Segundo os espiões da OVRA, a força aérea o considerava um "amador e incompetente".[18] Foi chamado a voltar por Mussolini para discutir os termos do armistício francês acordado entre Hitler e Pétain. Os italianos esperavam obter uma generosa distribuição de concessões na França e no Norte da África, mas saíram com quase nada. A assinatura do armistício em Roma, em 24 de junho, não rendeu despojos. Uma ofensiva italiana nos Alpes, sob chuva e neve, terminou com mais uma humilhação. Seis mil e quinhentos italianos morreram e mais de 2 mil voltaram com queimaduras de frio.

O que estava claro agora, como já há muito tempo, era que a Itália não estava em condições de travar qualquer tipo de guerra. Faltava quase tudo: combustível, aço, cobre, zinco, armas, artilharia, uniformes, veículos... Os nove meses de neutralidade foram desperdiçados vendendo armas aos Aliados e deixando de investir os lucros em matérias-primas extremamente necessárias ou na construção de abrigos antiaéreos. Apenas 19 das 74 divisões estavam completas em homens ou armas, e o combustível de aviação só era suficiente para 2 meses. Para piorar, não havia apetite para a guerra, nem entre os soldados, nem entre os civis.

Como observou Mussolini: "Com um exército como este, só se pode declarar guerra ao Peru". A velocidade do avanço alemão mostrou uma nova face de uma guerra com a qual a Itália não podia competir: velocidade, manobrabilidade, poder aéreo feroz.[19] Tampouco a Itália estava à altura dos Aliados, como logo ficou claro. Edda encontrava-se a bordo de um navio-hospital quando uma flotilha italiana, transportando uma carga considerável de suprimentos para as forças na Líbia e acompanhada por uma impressionante escolta, entrou em conflito com uma frota aliada a caminho de Malta com reforços. A Batalha de Punta Stilo que se seguiu resultou em consideráveis baixas para os italianos. "Um pesadelo", escreveu Edda mais tarde.[20] "Aquela pobre carne humana queimada, dilacerada, retalhada..." A guerra estava trazendo à tona seu lado "mais empático".

A guerra não terminou rapidamente, como prometido por Mussolini. Ao contrário, continuou se espalhando. Ciano fez uma visita a Berlim, onde o intérprete Paul Schmidt comentou sobre a ganância de suas aspirações e Hitler o advertiu de que seria um erro acender uma fogueira nos Bálcãs, o que só provocaria uma retaliação russa. Durante uma recepção, Ciano escolheu uma das convidadas de boa aparência "como antepasto" e a levou para um passeio de barco no lago, debaixo de uma chuva torrencial. Um diplomata de língua afiada registrou que a "dama em questão", apesar de não ser nenhuma freira, ficou extremamente chocada com suas "maneiras e liberdade de expressão". O correspondente americano William Shirer definiu Ciano na época como "ridículo" com sua "saudação fascista", acrescentado que ele tinha sido "o palhaço da noite". Ciano voltou a Roma professando uma mudança de sentimentos um tanto surpreendente em relação aos alemães: até Hitler agora lhe parecia razoável e de mente elevada, apesar de ter divertido amigos dizendo ter visto Goering com um pijama rosa e lilás e uma peruca ruiva e o rosto pintado, parecendo totalmente despreocupado com a guerra.

A advertência de Hitler sobre os Bálcãs foi ignorada, assim como relatórios confiáveis do adido militar em Atenas de que os gregos estavam bem armados e prontos para lutar. Acreditando que a atrasada Grécia poderia ser um alvo fácil, Ciano tinha planos de subornar políticos e generais gregos, mas o dinheiro desapareceu. Em 8 de outubro, os alemães – mais uma vez sem informar ou consultar seus parceiros italianos – invadiram a Romênia e logo tomaram Bucareste, apesar de a Romênia já ter se aliado aos alemães. Encorajado por Ciano, Mussolini se decidiu por um ataque semelhante à Grécia, tanto para demonstrar que a Itália também poderia jogar o jogo da Alemanha quanto por temer que os portos do Peloponeso se tornassem santuários para a Marinha Real Britânica. O marechal Badoglio, comandante do Estado-maior da Itália, reiterou que os gregos "resistirão como leões", mas foi ignorado. Seiscentos mil soldados italianos foram mobilizados. Ciano afirmou que seria uma "*Blitzkrieg* italiana".

A campanha começou mal e só fez piorar. As chuvas atrasaram o ataque em algumas horas quando a força aérea não pode sair do solo. Os soldados italianos não tinham roupas de inverno, suas armas eram inferiores às dos gregos e eram terrivelmente mal-alimentados e mal comandados. As estradas eram horríveis, o terreno hostil e as distâncias, assustadoras. Os soldados chafurdavam na lama e os veículos pesados afundavam e atolavam. Nos desfiladeiros das altas montanhas, quando começou a nevar, os homens se limitavam à comida trazida para as mulas, congeladas em trincheiras cavadas nas rochas. Correu um boato de que Mussolini, ao saber da neve e do gelo, comentou: "Dessa forma os nanicos vão morrer e essa raça medíocre será melhorada".

Em janeiro de 1941, Mussolini decidiu de repente que nove ministros de alto escalão e oficiais fascistas precisavam se alistar e viver os mesmos riscos e tribulações dos soldados. Os sedentários *gerarchi* ficaram indignados. A Câmara e o Senado foram fechados por tempo indeterminado. Ciano mandou fazer um caríssimo casaco de pele e partiu com seu esquadrão para uma base em Bari, com Mussolini reassumindo o controle do Ministério do Exterior. Certa noite, houve uma festa barulhenta no Hotel Impero e Ciano foi um dos vários oficiais que soltaram fogos de artifício, cantaram canções de guerra, jogaram pôquer e importunaram as jovens locais, depois dizendo aos amigos o quanto gostava da vida no hotel: "Mais liberdade e uma puta por noite".[21] Ficou zangado quando o sogro insistiu que comparecesse ante uma comissão de inquérito com os outros, escrevendo a Mussolini que sua falta de confiança nele havia "deixado uma ferida no meu coração que nunca poderá ser curada".

Hitler estava a caminho de um encontro com Mussolini em Florença quando recebeu a notícia do ataque à Grécia. Ficou furioso e incrédulo. À medida que as baixas italianas aumentavam e a ofensiva começava a se transformar numa retirada, a Alemanha relutantemente despachou reforços. A posição da Itália estava se reduzindo rapidamente à de um sócio minoritário desprezado, indisciplinado e insatisfeito. A maré da campanha virou a favor do Eixo quando os alemães logo privaram os gregos de seus já reduzidos suprimentos alimentares. A campanha grega custou aos italianos 13.755 mortos e mais de 50 mil feridos e a perda de 64 aeronaves e um submarino. Churchill ironizou Mussolini por "atiçar terceiros do lado do tigre alemão" e depois ter a audácia de fingir que a vitória era dele. Os alemães chegaram a Atenas em 27 de abril e, 1 mês depois, já tinham tomado Creta. Foi assinado um armistício humilhante, a princípio somente entre a Grécia e a Alemanha. Implantou-se um regime fantoche e a Grécia foi dividida entre a Alemanha, a Itália e a Bulgária. Os fracassos militares da Itália eram um sinal sinistro do que estava por vir.

Durante a ofensiva da primavera, Edda passou nos exames iniciais de enfermagem e, apesar de ainda pouco treinada, mexeu os pauzinhos para embarcar num navio-hospital, o *Po*, com destino à Grécia. Mesmo detestando o cheiro de desinfetantes e praticamente deixando de comer, revelou-se uma enfermeira surpreendentemente querida e dedicada. A vida na Cruz Vermelha não era exatamente do seu agrado, pois o esperado era que as enfermeiras representassem toda a dignidade da feminilidade fascista, mas deu a Edda uma oportunidade de provar sua força e eficácia. E ela adorava a ação. Proibidas de entrar em cafés ou falar com oficiais, as enfermeiras eram regularmente inspecionadas pela presidente da Cruz Vermelha, a princesa do Piemonte, e um bando de damas aristocráticas.

Na noite de 14 de março, o *Po* foi atingido por dois torpedos enquanto estava ancorado perto do porto de Vlorë, no Adriático albanês, esperando para receber feridos. Edda estava na sua cabine lendo P. G. Wodehouse, quando ouviu gritos.[22] Pensou em qual dos casacos vestir e procurou sua mascote da sorte, um gato com olhos de vidro azul, antes de subir ao convés e ver o navio submergindo e começando a afundar, com a maioria dos botes salva-vidas danificados pelo ataque. Viu a enfermeira-chefe ser arrastada e engolida pelas ondas. Um marinheiro gritou para ela pular. Edda subiu na amurada e pulou na água gelada. Era lua cheia e o mar estava cheio de gente tentando se manter à tona. Mais tarde, ela descreveu a cena: "Santa Rita!' Eu gritei, 'me ajude!' [...] Senti o frio subindo pelas pernas e fiquei com medo de ter cãibras [...] Quando o navio virou, vi minha amiga, outra enfermeira, sendo esmagada pelo mastro". Santa Rita, diga-se de passagem, era a padroeira das causas perdidas. A enfermeira ferida era Ennia Tramontani, sua melhor amiga, e 22 outras morreram afogadas com ela. Nadadora exímia, Edda ficou 5 horas agarrada a uma boia até um sobrecarregado barco salva-vidas afinal abrir espaço para ela, com um marinheiro oferecendo um casaco e um pouco de conhaque. Mais tarde, disse que se recusou a pensar na morte, certamente enfeitando sua história, preferindo olhar para a lua e pensar que era tão brilhante que dava para ler um jornal, com as ondas a lembrando das pinturas de Chirico. Emergências despertavam o melhor de Edda.

O repórter italiano Indro Montanelli – outra testemunha pouco confiável – estava na praia quando os sobreviventes foram trazidos e descreveu Edda como tímida e orgulhosa. Continuava com o casaco camelo e luvas brancas, mas tinha perdido os sapatos. "Ela sentou numa cadeira fumando e bebendo uma mistura de rum e café", escreveu, depois respondeu às perguntas com relutância e "falta de graça", evidentemente odiando o papel de heroína. Mussolini, que estava na Albânia na época, correu para Vlorë, com Ciano chegando no dia seguinte. Edda recebeu 52 telegramas parabenizando-a por sua salvação. Posteriormente, foi uma das quinze enfermeiras a receber medalhas por seu "apurado senso de sacrifício" quando o navio afundou, mas o que ela realmente fez, "além de sobreviver", como relatou, nunca foi explicado. As perguntas só provocavam respostas impacientes. Perigo e episódios do destino não eram coisas para se ater ou se entregar. Mais tarde ela diria que trabalhar como enfermeira foi um dos momentos mais felizes da sua vida, "longe da atmosfera pesada de Roma, vivendo entre pessoas inteligentes".

Dez dias depois, Edda foi transferida para um hospital de campanha em Dhermi, perto da frente de batalha. "Encontramos a condessa na linha de frente, em meio à música dos canhões, e ela está <u>muito bem</u>", escreveu um amigo a Sebastiani, secretário de Mussolini.[23] Ação e se mostrar útil eram coisas pelas quais Edda ansiava. O perigo era seu antídoto contra o tédio e a languidez.

O fiasco da campanha da Grécia, na qual a Itália tinha despejado uma quantidade extravagante de dinheiro, homens e recursos, foi amplamente visto como culpa de Ciano. "Chove um ódio universal sobre Ciano", observou o jornalista Ugo Ojetti, e as pessoas começaram a dizer abertamente que ele tinha substituído Starace como o homem mais odiado da Itália. E não só na Itália: os britânicos o odiavam por tê-los feito acreditar que estava do lado deles e os alemães, porque agora o consideravam o líder de uma máfia aristocrática hostil, composta por "cretinos, remanescentes de um mundo fossilizado do qual Mussolini não conseguiu se libertar". Houve rumores de que Edda pretendia deixá-lo. Em Roma, os senadores pediam abertamente a demissão de Ciano.

Montanhas de cartas anônimas chegaram ao Palazzo Venezia dizendo que Edda tinha perdido todo o senso de dignidade familiar ao dedicar sua vida ao álcool e às drogas, enquanto o especulador e parasita Ciano era acusado de "imoralidade e depravação".[24] Um espião da OVRA reportou que no Palazzo Chigi reinava "uma enorme anarquia espiritual: o caos é total". Quem contrariasse Isabella Colonna era eliminado. Mussolini optou por não fazer nada.

Por pior que tenha sido a guerra na Grécia, a situação piorou ainda mais no Norte da África. O ás da aviação, Balbo, que se opunha fortemente à guerra, mas voltou obedientemente ao seu esquadrão, foi abatido por engano por uma bateria antiaérea italiana quando se aproximava para pousar em Tobruk. Mussolini parecia curiosamente impassível, só comentando depois que Balbo tinha sido "um excelente soldado, um grande aviador, um autêntico revolucionário [...] o único que teria sido capaz de me matar". Mussolini sempre temeu a popularidade de Balbo e circularam rumores de que o acidente teria sido parte de uma conspiração para eliminar seu rival.

Em meados de janeiro de 1941, mesmo com perdas catastróficas aumentando na Grécia, o exército italiano, sem tanques ou infantaria motorizada para uma guerra no deserto, ficou imobilizado no Norte da África e os britânicos avançaram em direção à Cirenaica. Sete navios enviados para abastecer a Líbia foram afundados, apesar de protegidos por um comboio de contratorpedeiros. Em maio, quando Haile Selassie voltou ao trono em Addis Abeba, o breve momento da Itália como um império terminou abruptamente.

Apesar dos rumores que chegavam a Mussolini e Ciano sobre os planos alemães de atacar a aliada Rússia, a notícia da invasão, Operação Barbarossa, em 22 de junho, foi uma surpresa. Aconteceu como sempre, sem aviso prévio, no meio da noite e, pela primeira vez, Edda, Mussolini e Ciano concordaram que a invasão fora um erro. Como escreveu mais tarde, Edda nunca poderia esquecer a observação feita por Goering de que seria um erro abrir uma segunda frente. A princípio, os alemães se deslumbraram com o rápido avanço em direção a Leningrado e a Moscou mas, em 1º de julho, o Exército Vermelho tinha se mobilizado e resistia fortemente. Tropas italianas, 62 mil homens em 216 trens, foram despachadas para apoiar os alemães na frente oriental, com a garantia de os russos serem mais como os africanos que como os europeus e que se comportariam como "ovelhas".[25] Tal como aconteceu na Grécia, eles logo descobriram que suas armas obsoletas, equipamentos de rádio quebrados, os uniformes de verão e munição insuficiente de nada valiam contra os russos, uma descoberta que se tornou ainda mais amarga quando viram os alemães voando nos seus veículos blindados enquanto eles se arrastavam a pé pelas nuvens de poeira. Quando chegou o inverno, com temperaturas caindo para 35 graus abaixo de zero, muitos soldados italianos morreram.

O estratégico porto líbio de Bengazi caiu nas mãos dos britânicos e 130 mil italianos foram feitos prisioneiros antes de Rommel chegar com reforços. "Nunca tantos se renderam a tão poucos", observou Anthony Eden.

A família Mussolini também sofreu sua cota de tragédias.[26] Rachele sempre se preocupou mais com Bruno, agora com 23 anos e servindo na Força Aérea. Vivia dizendo que ele era muito ousado e que deveria ter mais cuidado, ao que Bruno sempre respondia ser tão cauteloso que tinha "lesmas" no avião. Virou uma saudação entre os dois. Depois da campanha da Grécia, Bruno passou 1 mês na Alemanha, voltando e falando com admiração sobre a disciplina e o comprometimento dos alemães. Em 7 de agosto, foi à Pisa com seu esquadrão para testar um novo avião quadrimotor. Decolou sem problemas, mas se espatifou e espalhou destroços na aterrissagem. Vittorio, que estava olhando, pegou uma bicicleta e pedalou freneticamente até o local. Bruno ainda estava vivo, emaranhado nas cordas de um paraquedas, mas morreu logo depois.

Mussolini ligou para Rachele, que estava em Riccione durante o verão, e os dois correram para Pisa. De repente, os dois pareciam muito velhos. Mussolini manteve a expressão impassível. Rachele pediu a Gina, mulher de Bruno, para ir ao hotel onde ele tinha passado a noite para buscar seus lençóis. Naquela noite, Rachele sonhou com Bruno dizendo que estava com muito frio. O enterro, em Predappio, foi outro grandioso evento fascista, com gente nas ruas para ver o cortejo fúnebre passar. Como havia feito quando o irmão morreu, Mussolini escreveu um livro de memórias sobre seu segundo filho. O dinheiro das vendas de *Parlo con Bruno* – uma estranha combinação de sentimentalismo, reminiscências ternas e determinação revigorante, evocando uma figura heroica não facilmente reconhecível pelos que se lembravam dele como tímido e silencioso – ficou para os órfãos dos pilotos. A filha de Bruno, Marina, tinha acabado de fazer 1 ano e a mãe prendeu a medalha dele no vestido da bebê. Edda escreveu a Romano, seu irmão mais novo: "Estou completamente arrasada." Mantendo a reserva dos Mussolinis, não disse mais nada.

Quando o ataque japonês a Pearl Harbor, em 7 de dezembro de 1941, fez os americanos entrarem no conflito, Mussolini declarou guerra aos Estados Unidos. As ruas de Roma se encheram de *squadristi* portando caricaturas obscenas dos Roosevelts, uma delas de Eleanor usando uma tábua de privada como colar. Ciano estava mais pessimista que nunca. Olhando para a Via del Corso da varanda do Palazzo Chigi, disse a um visitante: "Nós vamos ver tanques americanos chegando aqui".[27] Sempre que passava por Roma, Edda continuava fazendo doações de caridade, que cada vez mais iam para próteses de membros de soldados feridos. Para sua irritação, Claretta começou a fazer o mesmo e a se autodenominar "*Eccellenza*".

A produção de novos aviões na Itália era irrisória. Os três encouraçados afundados pela RAF em Taranto, no final do outono de 1940, foram seguidos por três cruzadores 6 meses depois, postos a pique em Cabo Matapan. Os comandantes militares mais velhos se atolavam em brigas sobre informações estatísticas inúteis e desencontradas. Enquanto a Itália cambaleava de desastre em desastre, reduzida a pouco mais que um satélite do Terceiro Reich, com seus soldados indisciplinados, desprezados pelos alemães e amotinados, Mussolini não dedicava seu tempo às várias campanhas militares, mas ao que a Itália se tornaria assim que a guerra acabasse. Sua antiga úlcera o atormentava constantemente e, um dia, a empregada de Rachele o encontrou se contorcendo no chão. Rachele pensou que ele estava morrendo.

CAPÍTULO 15

DANÇANDO DE FESTA EM FESTA

Nos primeiros dias da guerra, a crescente comunidade alemã em Roma foi mantida um tanto a distância pelo *beau monde*.[1] Mas agora que parecia estar do lado vencedor, os grandes *palazzi* abriram suas portas para os alemães. Uma apresentação do concerto *Ariadne auf Naxos*, realizada nos jardins da embaixada alemã, encantou os convidados quando os rouxinóis se juntaram ao canto. O príncipe Otto von Bismarck, neto do Chanceler de Ferro, chegou como conselheiro com sua esposa Ann-Mari, de uma "beleza nórdica semelhante a uma deusa", enviada para conquistar a amizade de Ciano.[2] A princesa, que diziam adorar festas, logo se tornou muito próxima de Filippo Anfuso, o chefe de gabinete de Ciano, um siciliano de cabelo escuro engomado.

A mais bela do grupo de alemãs que disputava as atenções do ministro das Relações Exteriores era Veronica Klemm, mulher do assessor econômico, que usava ternos de marinheiro da moda. Como observou a perspicaz Signora Cerruti, todos "dançavam, jogavam golfe e flertavam enquanto o mundo se aproximava cada vez mais da tragédia". Um massagista chamado Felix Kersten, "gordo e gentil como um Buda", surgiu em Roma como um presente de Himmler aos seus amigos romanos. Logo se juntou ao Petit Trianon, fazendo massagens no Grand Hotel e pedindo para ser pago não em dinheiro, mas em peças de seda e caixas de chocolates.

Uma figura alemã mais ambígua era Eugen Dollmann, que fazia pesquisas históricas em Roma desde o final dos anos 1920 e, agora, atuava regularmente como intérprete para os nazistas mais graduados que chegavam a Roma, tendo ingressado na SS em 1937. Dollmann era um quarentão culto, inteligente, amável, esnobe e delicado, além de um estudioso perspicaz dos costumes da socialite italiana. Parecia mais um membro da socialite romana que um heroico soldado alemão, notou um visitante, "com o cabelo penteado para trás e gestos quase efeminados". Dollmann era próximo do chefe de polícia Bocchini e dizia achar Himmler "ridículo e destoante" e Heydrich assustador, com suas "mãos brancas como lírios" projetadas para um "estrangulamento prolongado".

As princesas romanas adoravam e festejavam Dollmann, que ia a todos os lugares com um grande pastor-alemão, e comentavam que a política externa da Itália sob Ciano se transformara em um "labirinto eroticamente perfumado".[3] Dollmann nunca gostou do ministro das Relações Exteriores, definindo-o como "*um signore un po' soft*", mas gostava de Edda e se perguntava como uma mulher "causticamente inteligente, caprichosa como uma égua selvagem e dotada de uma feiura puro-sangue" não via a podridão da corrupta sociedade romana e o perigo do cerco nazista. Com seus "olhos de Mussolini que irradiam tudo e todos que olhavam", ao mesmo tempo frágil e poderosa, inteligente e cética, concluiu que Edda era muito envolvida com sua vida privada e muito empenhada em se divertir; mas o que ele talvez não tenha detectado foi a determinação dela em não querer ver o que estava acontecendo. Dollmann não tinha tempo para os "tagarelas" de Roma, desdenhando-os como "frívolos, amorais, irresponsáveis, fisicamente fascinantes", mas carentes de quaisquer qualidades intelectuais.

Quando Goering vinha a Roma, em frenesis de gastança, definidos por Elisabetta Cerruti como "pequenas incursões", trazia cigarreiras, decoradas com uma suástica e o distintivo do Partido Nazista – de ouro e pedras preciosas para os fascistas de alto escalão, de prata e pedras semipreciosas para os mais baixos na hierarquia.[4] Com seu imenso casaco de zibelina, ele parecia, segundo Ciano, "algo entre um automobilista de 1906 e a meretriz da ópera". A essa altura, Ciano realmente não gostava de nenhum dos líderes nazistas, apesar de, no auge da guerra, ter passado uma semana caçando com Ribbentrop e Himmler na Boêmia, embolsando 620 faisões; porém, deixava que eles o cortejassem para mais tarde poder repetir seus absurdos no Golf Club, enquanto os que ele dizia eram retransmitidos para Berlim.[5]

Ao ouvir as indiscrições de Ciano, Nelson Page cogitou se deveria tentar silenciá-lo, sabendo que cada palavra seria literalmente repetida em Berlim. "Mas era tarde demais", escreveu depois. "E Galeazzo já se encaminhava rapidamente em direção ao seu destino." A antipatia de Ciano por Ribbentrop tinha aumentado.[6] Ele o considerava um "homem de gelo", inchado e afetado depois de ter recebido o Collare dell'Annunziata do rei por ocasião da assinatura do Pacto de Aço. Se referia à sua contraparte alemã como "*il fesso*", o tolo. Grandi se queixava de o ministro das Relações Exteriores alemão ter o tato de um "elefante andando sobre pratos".[7]

De sua parte, de início os alemães consideraram Ciano como um incômodo a ser tolerado, mas agora começavam a considerá-lo muito perigoso, especialmente à luz de seus comentários sobre a Alemanha, repetidos por seus espiões. No início de 1941, Hitler entregou a Mussolini um dossiê secreto – que depois desapareceu e nunca foi encontrado – com relatos do desprezo ostensivo de Ciano pelo Eixo, seu desejo de paz a qualquer custo e também sobre as especulações financeiras da família. Descrevia longamente as festas da Principessa Isabella Colonna, os casos escandalosos com atrizes e a corrupção do Petit Trianon. Himmler considerou tudo como conversa fiada, mas gostava de se referir a Isabella como "*la quinta colonna*", a quinta coluna. Hitler, no entanto, levou tudo mais a sério, o que alimentou sua já pronunciada aversão a Ciano. Quando o memorando vazou, a princípio, o *beau monde* romano ficou com medo, mas logo assumiu uma complacência maliciosa, tratando-o como divagações de um servidor desleal fazendo truques sujos.[8] Com os amigos, Ciano se gabava de que Mussolini "nunca me jogaria aos lobos", mas Malaparte notou que ele agora parecia temeroso.

Aparentemente o dossiê também continha muito sobre Edda, suas indiscrições sobre Franco e Pétain e as piadas imprudentes sobre Himmler e Ribbentrop, bem como seus supostos muitos casos amorosos em Capri. O que salvou Ciano da exoneração, segundo se dizia, foi o fato de o memorando ser extremamente hostil a Edda e de Mussolini não ter intenção de sacrificar a filha. Pensou-se ter sido obra de um agente de Ribbentrop, mas ninguém conseguia descobrir exatamente quais eram todos os informantes naquela cidade de espiões. Assim, a *principessa* continuou lisonjeando seus visitantes alemães, desprezando Rachele como plebeia, rezando para a monarquia resistir e sonhando com Ciano como um futuro primeiro-ministro com tendências anglófilas, "dançando de festa em festa".[9] Edda seguiu com sua vida errática e independente, sem ouvir ninguém, alternando entre Roma e seus deveres na Cruz Vermelha, deixando como sempre os filhos com a babá e falando quando tinha vontade, mas sem parecer pesar suas palavras.

Foi nessa época, refletindo sobre o cruzamento das conversas que percorriam Roma, que uma revista egípcia chamada *Images* definiu Edda não mais como apenas influente, mas como "a mulher mais perigosa da Europa".[10] Segundo a revista, Edda "governava o pai com mão de ferro". Essa visão foi aceita em muitos círculos, mas, como tantas outras coisas na vida de Edda, deve ser colocada dentro do contexto. Seu poder nunca teve muita concretude, até porque ela era mulher e se entediava rapidamente com as minúcias das decisões cotidianas. Contudo, sua proximidade com o pai e a confiança que Ciano tinha nela, combinadas com sua impaciência com equívocos, a tornavam formidável, mesmo que ela pouco desconfiasse disso.

Em novembro de 1940, o chefe de polícia Arturo Bocchini sofreu uma hemorragia cerebral durante um festival luculiano*, na véspera do seu aniversário de 60 anos, morrendo nos braços de sua jovem amante.[11] Seu funeral foi espetacular, com a presença de Heydrich e Himmler, a quem ele mandava caixas de espaguete e tomates todo Natal. Foi um evento suntuoso: a polícia montada em uniforme de gala, bandas tocando marchas fúnebres e um longo cortejo de *gerarchi*, funcionários públicos, ministros, regimentos da polícia e soldados. Bocchini pediu que fossem escritas em sua lápide as palavras: "Em tempos difíceis ele fez todo o bem, e o mínimo possível de mal".

Desde então, o sucessor de Bocchini, Carmine Senise, passou a informar Mussolini e Ciano sobre o estado de espírito da Itália. Senise encontrou 21 milhões de liras em notas de mil liras e muitos documentos incriminatórios no cofre do gabinete de Bocchini. Erroneamente,

---

* Referente a Lúculo, um orador brilhante, político e general romano do século I a.C. [N.T.]

como se veria depois, Ciano definiu o malvestido e amarrotado Senise como um "bom homem, mas um tagarela, superficial e teatral", quando na verdade era um tipo muito astuto e perigoso. A OVRA, que herdou de Bocchini, tinha agora 56 funcionários, 319 agentes e um grande número de subagentes, ocupados em grampear telefones, vigiar e subornar prostitutas e amantes dos *gerarchi*. Foi via Senise que Ciano ficou sabendo que vários fascistas graduados recebiam dinheiro de judeus em troca de documentos falsos e proteção.

Curiosamente, Roma continuou igual. A capital foi quase totalmente poupada dos intensos bombardeios realizados pelos Aliados em outras cidades. A Cinecittà continuou a produzir filmes escapistas, mostrando os italianos sob uma luz heroica. Os filmes americanos foram proibidos, mas Goebbels enviou a Mussolini uma das primeiras cópias de *E o Vento Levou*. O jovem diretor Rossellini trabalhou em *Luciano Serra Pilota*, um filme que glorificava a força aérea, e Vittorio Mussolini, vencedor da Coppa Mussolini no Festival de Cinema de Veneza, dividindo o prêmio com o *Olympia*, de Leni Riefenstahl. Na primavera de 1941 foram vistos os primeiros seios nus na tela, mas ninguém soube ao certo quem venceu quem na disputa – Doris Duranti, a exótica "diva do regime" de cabelos negros, ou a ardente e sensual Clara Calamai.

Pavolini, um protegido de Ciano, começou um caso com Doris Duranti, que se deleitava na vida boa dos ricos *gerarchi*, e a levou à casa de Ciano em Livorno. Certa noite, durante uma festa, quando os convidados exigiram um "ministro nu", Pavolini teria tirado toda a roupa. Ele era casado e tinha três filhos; Mussolini o chamou para dizer que era preciso desistir de Doris. Pavolini recusou. Mussolini assistiu a um dos filmes com ela e falou: "Agora eu entendo". Pavolini foi um dos *gerarchi* mais ambíguos do regime. Como disse a um amigo: "Eu montei em um tigre e agora não consigo descer".

Com a guerra, os cartunistas ficaram mais ousados e mais antissemitas. Um deles criou um catálogo de "tipos" sociais considerados como "manchas, bolhas, casos de imoralidade, anomalias, inversões" a serem ridicularizados, juntamente com "janotas diletantes, consumidores da moda volúveis" e comerciantes negros, todos exageradamente caricaturizados e muitos com feições semitas grotescas.

As constantes derrotas militares causaram uma acentuada deterioração na saúde de Mussolini. Suas dores de estômago pioraram e ficaram mais frequentes. Em seu diário, Rachele escreveu como os ataques eram provocados por más notícias da guerra. Depois da morte de Bruno, sua viúva, Gina, foi morar com Marina na Villa Torlonia, assim como Vittorio, que agora trabalhava para a LUCE na força aérea, filmando ataques aéreos. Romano e Anna Maria ainda estavam na escola. Romano não era melhor aluno que seus irmãos mais velhos, tendo amigos que faziam suas lições de casa, mas Anna Maria era disciplinada, diligente e "cheia de curiosidade". Continuava encurvada pela poliomielite, mas era implacável consigo mesma e não deixava isso atrapalhar sua vida normal.

A rede de espionagem de Rachele aumentou, com seus informantes trazendo inúmeras histórias de malfeitos. Opunha-se fortemente a alguns dos *gerarchi* e corriam rumores de que ela teria engendrado a queda de Starace. Segundo o relato, Rachele se vestiu de camponesa e foi à casa de Starace em Rocca di Papa, com o filho Romano e uma câmera, onde registrou um luxo incrível. Também disse a Mussolini que Starace era conhecido por usar milicianos para exercitar seus cães. O passar do tempo não a tornou menos desdenhosa com a grandiosidade e, quando assistiu a uma missa de réquiem pelo duque de Aosta, morto num campo de prisioneiros no Quênia por tuberculose e malária, chegou com roupas simples de luto, chorou copiosamente e insistiu em voltar para casa como tinha vindo, a pé. Essa simplicidade era muito ridicularizada nos *palazzi* romanos.

Por outro lado, também proporcionava uma cobertura inteligente para sua ganância. Quando resolveu comprar a vila que a família alugava todos os verões em Riccione e os proprietários se recusaram a vender, ela não só exerceu uma forte e ameaçadora pressão como os obrigou a negociar a casa por uma fração do valor real. Uma das casas vizinhas foi compulsoriamente demolida para a construção de uma quadra de tênis e outros proprietários foram forçados a vender lotes adjacentes. A eclosão da guerra não detém sua ânsia por propriedades; entre fevereiro e março de 1942, Rachele comprou mais duas vilas em Riccione.

Na Rocca delle Caminate – agora também dela, apesar de ter sido um presente do Estado para Mussolini –, Rachele era vista frequentemente sentada numa almofada, num banco duro no salão central, onde

Mussolini realizava suas reuniões, escrutinando os rostos dos homens presentes em busca de sinais de deslealdade. Ciano referia-se ao seu protegido, o inescrupuloso arquiteto Dino Prater, como o "pequeno Rasputin da Villa Torlonia", mas Edda, que nunca pensou muito nas fraquezas da humanidade, considerava as excentricidades da mãe como "as consequências da menopausa". As relações entre Ciano e a sogra, que ele dizia viver num "estado contínuo e injustificado de superexcitação", não melhoraram com o passar dos anos.[12]

Sempre que recebia licença da Cruz Vermelha, Edda voltava para Capri, agora praticamente vazia de estrangeiros, com casas fechadas, a igreja inglesa tomada como "território inimigo" e postos antiaéreos instalados na Marina Grande. As autoridades fascistas tinham feito listas dos "ociosos" e "dedicados à libertinagem". Em 1941, Edda ficava na companhia de Emilio Pucci, um jovem oficial da força aérea, com quem tinha esquiado em Cortina e ido a Florença para o Maggio Musicale, e foi provavelmente em Capri que os dois começaram um caso.[13] Pucci, quatro anos mais novo, era alto e muito magro, com um rosto comprido, melancólico e ligeiramente equino; ele a chamava de "*una divina piccola darling*" e dizia que era "perceptiva, leal e direta".[14] Ambos muito interessados em moda, foram avistados usando roupas combinando. Mussolini tinha proibido bailes durante a guerra, mas Edda continuou dançando. Via com desconfiança mulheres de calças, mas ela praticamente só as usava. Um espião reportou que ela e os filhos comiam massa branca refinada, não mais encontrada nas lojas, e que saíam em carruagens puxadas por cavalos ingleses.[15]

Em maio de 1942, Edda estava de volta à Cruz Vermelha e decidiu retornar à Alemanha para visitar as cidades bombardeadas de Hamburgo, Lübeck e Bremen, a caminho da frente oriental. Esperou irritada por um passe em Berlim, reclamando que Ribbentrop, "aquele papagaio", a estava boicotando, até finalmente convencê-lo a providenciar um transporte particular, embora continuasse a desfrutar da sociedade alemã e a admirar a coragem dos amigos durante os bombardeios. Consta que Hitler estava ansioso por sua visita, dizendo que, em comparação com a "fútil e degenerada" aristocracia italiana, era um prazer conversar com uma "mulher inteligente e encantadora como Edda Mussolini".[16] Goebbels e Magda organizaram um jantar, com Goebbels dizendo depois que a achara "excepcionalmente séria" e "extremamente inteligente". Magda deixou uma profunda impressão em Edda ao dizer que, se a Alemanha perdesse a guerra, "todos nós vamos nos matar, inclusive as crianças", e que já tinha o cianureto preparado.[17] Magda estava com 40 anos, era consideravelmente mais velha que Edda, com 31, e mãe de um menino mais velho e cinco filhas pequenas.

Alguns dias depois, Ribbentrop conheceu Ciano e reclamou que Edda havia se tornado "intoleravelmente caprichosa". A mesma informação chegou ao rei, que a repetiu a Mussolini, que por sua vez disse a Ciano para parar com as tagarelices da esposa. A essa altura, no entanto, Edda já tinha causado mais problemas ao visitar um campo de trabalhadores italianos, onde viu as condições chocantes e conversou com um trabalhador que fora espancado por um supervisor alemão. Antes de partir para a frente oriental, repreendeu Hitler pelo tratamento dispensado aos trabalhadores italianos. "O que não vai mudar nada", comentou Ciano. Mussolini ordenou que ela não contasse o que tinha visto a ninguém.

Ignorando os avisos de Hitler quanto aos perigos do fronte, mas aceitando as vacinas do seu médico particular, Edda partiu para a frente oriental. Trabalhou em hospitais do setor italiano e escreveu a Ciano da bacia do Dom, dizendo ter se apaixonado por um menino de 2 anos, loiro e de olhos azuis, querendo até adotá-lo e levá-lo para casa.[18] "Não, pelo amor de Deus, é só o que nos falta", respondeu Ciano apressadamente. "Nós já temos problemas suficientes." Os comandantes se queixaram do incômodo da presença de Edda, mas relatos sentimentais e açucarados sobre seu trabalho chegaram a Roma. Edda disse mais tarde que, no tempo que passou na frente oriental, vivia em um estado constante de medo das muitas minas não detonadas e espalhadas por toda parte; foi um dos raríssimos momentos em que admitiu lhe faltar coragem. Os girassóis estavam florindo e ela começou a aprender russo com uma jovem companheira.[19] Um dia, viu uma divisão Panzer alemã passar ruidosamente a caminho de Stalingrado. Achou que a vitória alemã estava assegurada.

As relações de Edda com o pai começaram a ficar tensas. Quando estava de licença em Roma, ela fazia sermões sobre as restrições na vida das enfermeiras, que eram proibidas de usar calças e de dançar com os soldados. Os dois logo perdiam a paciência, com as discussões muitas vezes terminando com Edda se retirando. Mas algo mais profundo havia mudado. Edda sabia sobre Claretta havia muito tempo e constatar que o pai tinha alguém mais próximo do que ela criou uma barreira entre os dois, apesar de as interceptações dos telefonemas com Claretta indicarem que a paixão de Mussolini tinha arrefecido. Mesmo quando, absorto pela guerra, Mussolini se afastava, Claretta fazia cenas melodramáticas, chorava e escrevia cartas desesperadas e pegajosas. Uma gravidez ectópica foi interrompida por uma cirurgia; foi anunciada uma segunda gravidez, que se provou ser falsa.

No nono aniversário do primeiro encontro dos dois em Óstia, Mussolini a presenteou com um bracelete com a inscrição: "Clara, eu sou você e você sou eu. Ben". Os Petaccis se mudaram para a Villa Camilluccia, uma suntuosa residência de setecentos metros quadrados e 32 cômodos, reformada gratuitamente por arquitetos que acreditavam, com razão, que isso ajudaria suas carreiras. Mussolini começou a visitá-la no período da tarde. Um espião relatou ter conseguido entrar na casa e disse que havia portas de cristal e paredes com afrescos, um banheiro de mármore preto com banheira com mosaico rebaixado, um quarto todo rosa e uma piscina, "tudo de muito mau gosto".[20]

Os Petaccis não perderam tempo. O pai de Claretta ganhou uma coluna no diário *Il Messaggero*, enquanto a irmã, Myriam, de 18 anos, foi admitida nos estúdios da Cinecittà. Os diretores a achavam insípida, mas admiravam seu busto generoso. No entanto, o irmão corrupto de Claretta, Marcello, foi quem mais se aproveitou da relação da irmã, com promoções imerecidas em sua carreira médica e fortunas acumuladas em extorsão, lavagem de dinheiro e transações cambiais. Tornou-se o chefe da cirurgia de um hospital militar em Veneza, o que o eximiu do serviço militar. Seus muitos interesses comerciais variavam de zinco a aço, de sardinhas a cacau. Espiões da OVRA relataram que Roma reverberava com os boatos sobre a "cortesã" de Mussolini. O clã Petacci, observou um oficial graduado da polícia, estava "causando mais danos a Mussolini do que quinze batalhas perdidas".

O corrupto e ganancioso *gerarca* Guido Buffarini-Guidi era conhecido por ser o protetor de Marcello, incrementando seus rendimentos vendendo documentos para judeus – para provar que não eram judeus –, orientado por um colega que fizera uma lista precisa de preços de acordo com o patrimônio do cliente ou o tipo de documento. O mesmo acontecia por todo o país: advogados, professores e funcionários públicos eram obrigados a "se arianizar" como cidadãos – por um preço. A atmosfera em Roma, escreveu Ciano em seu diário, parecia a decadência "do final do Império Romano".[21]

Quando soube dos rumores sobre Claretta, Edda finalmente decidiu agir. Chegaram a ela as notícias de que as pessoas em Roma chamavam abertamente a casa de Claretta de "o mais importante dos ministérios", pois era onde carreiras eram feitas e desfeitas. Edda foi almoçar com o pai, falou sobre o que diziam em Roma e pediu a ele que pusesse um fim a todos aqueles escândalos. Mussolini ouviu, concordou e repetiu piamente que Rachele era a mulher mais importante da sua vida. Mas Claretta não estava disposta a desistir. O caso continuou. Alertou seu amante quanto ao "rei anão" e os *gerarchi* intrometidos, chamando-os de "um ninho de cobras imundas". Disse que Ciano era infiel e traiçoeiro.

Marcello também não desistiu. Conseguiu uma lucrativa troca de divisas com um comparsa bem relacionado na Espanha e teria escapado com outra pequena fortuna se um cofre, contendo dezoito quilos de ouro e confiado à mala diplomática, não tivesse caído nas mãos de um ministro, que avisou Ciano. Este entregou o dinheiro a Carmine Senise, que o devolveu à Banca d'Italia. Desta vez, não houve como escapar. Marcello recebeu ordens de se alistar na marinha em Taranto, mesmo ainda tentando lutar pela devolução do seu ouro. Claretta foi barrada no Palazzo Venezia. "Petacci é um imbecil", declarou Mussolini. "A mulher vai ser liquidada e todos esses imbróglios serão encerrados." Só que não foram, é claro. Claretta disse que estava sendo tratada como uma "ladra ou prostituta" e logo voltou com Mussolini, instando-o a ser "o titã, o gigante, o dominador do mundo" e jurando vingança.

CAPÍTULO 16

O COMPLÔ

Mussolini sonhava em entrar no Cairo montando um cavalo branco, proclamando a vitória não para as potências do Eixo, mas para os italianos.[1] Porém, em 23 de outubro de 1942, o Oitavo Exército Britânico, sob o comando de Montgomery, realizou um ataque bem-sucedido contra tropas italianas e alemãs, em menor número e menos bem armadas, em El Alamein; na noite de 7 de novembro, os primeiros soldados aliados desembarcaram na Argélia e no Marrocos. Em fevereiro de 1943, após meses de combates intensos, os soldados alemães sobreviventes de Stalingrado se renderam ao Exército Vermelho. A longa retirada para o oeste transformou-se numa debandada e eles se recusaram a dar gasolina e negaram carona nos caminhões aos italianos, que recuavam com eles.[2] Na bacia do Dom, a divisão Torino perdeu nove em cada dez de seus homens. Os dezessete meses da campanha na Rússia custaram à Itália mais de 100 mil mortos. Dois terços dos 70 mil homens feitos prisioneiros morreriam, fosse em marchas forçadas, fosse em campos de prisioneiros de guerra soviéticos. À medida que as notícias de derrotas e de soldados cansados, deprimidos e indisciplinados chegavam a Roma, Mussolini alternou suas atenções às diversas frentes de batalha, às vezes truculento, às vezes otimista, às vezes acusatório, decretando ordens e imediatamente revogando-as.

Claramente não estava bem, tentando manter os espasmos de dores agudas sob controle comendo só legumes e sopa. Sua insônia piorou e parecia envelhecer dia após dia. Uma interceptação da OVRA o pegou dizendo a Claretta: "Eu me sinto com a cabeça vazia. Perco o contato com as ideias, com as palavras". Os tratamentos com diferentes especialistas só pareciam agravar seu estado. Um deles disse a Rachele suspeitar que Mussolini tivesse com um câncer terminal no estômago, mas novos exames mostraram apenas gastrite e uma úlcera duodenal aguda. Continuou emagrecendo. Foi-se o tempo em que jornalistas escolhidos eram convidados para vê-lo levar seu cavalo Thiene saltar no parque da Villa Torlonia. Quando Edda foi vê-lo um dia, ficou impressionada com sua aparência. Escreveu a Ciano que o pai estava "irritadiço, deprimido" e também muito zangado. E acrescentou: "Tenho uma sensação de sufocamento e medo". Quando Ciano sugeriu a Mussolini que a Itália deveria considerar uma proposta de paz, o sogro respondeu que havia decidido "marchar com a Alemanha até o fim". O próprio Ciano, observou um alto funcionário governamental no Palazzo Chigi, estava dando impressão de ter perdido totalmente a coragem, atacando os alemães, xingando, andando de um lado para o outro, zangado e taciturno, dizendo aos colegas que "só resta esperar o colapso".

A atitude de Mussolini, pegando todos de surpresa, foi reorganizar seu gabinete no que ficou conhecido como o "terremoto ministerial" de 6 de fevereiro de 1943. Ele de repente anunciou a exoneração de quatro dos seus principais *gerarchi* e transferiu outros seis para outros cargos. A notícia repercutiu nas capitais europeias, todos tentando decifrar seu significado. Ciano, Grandi e Bottai – que ouviram a notícia na Rádio Londres – estavam entre as baixas e, dizia-se, Mussolini fora influenciado pela informação de que os alemães tinham perdido toda a confiança em Ciano. Os homens que os substituíram, embora considerados leais, o deixaram mais isolado que nunca. Quando Mussolini informou Ciano sobre sua decisão, ofereceu-lhe a escolha entre uma tenência na Albânia ou uma embaixada no Vaticano. Ciano optou imediatamente pelo Vaticano, onde estaria livre da tutela de Mussolini, mas ainda bem posicionado para buscar alternativas independentes de paz; também estava convencido de que o destino da Itália seria determinado em Roma. Prevendo astutamente que Mussolini perceberia o que havia feito e mudaria de ideia, entrou de imediato em contato com o Vaticano e teve seu novo cargo de embaixador aprovado. Quando Mussolini realmente disse a ele que tinha mudado de ideia, já era tarde demais.

Quando procurou o Duce para discutir sua nova nomeação, Ciano disse que tinha guardado todos os documentos que confirmavam a traição dos alemães, para o caso de serem necessários. Apesar de todos os desentendimentos, Ciano nunca perdeu sua veneração pelo sogro.[3] "Eu gosto de Mussolini", escreveu em seu diário. "Gosto muito dele e o que mais vou sentir falta será do meu contato com ele." Em seu luxuoso novo gabinete no Palazzo Borromeo, na Via Flaminia, logo conhecido como "*il piccolo Palazzo Chigi*", disse a amigos que era hora de "pôr um fim ao desastre da guerra" e que agora estava em melhor posição para sobreviver à crise inevitável. Levou com ele dezesseis volumes de seus diários, os primeiros agora escondidos com a mãe. Ao vê-lo deixar o Ministério das Relações Exteriores, Bottai teve a impressão de que a impaciência anterior de Ciano com Mussolini estava se transformando numa antipatia visceral.

Edda se sentia cada vez mais desconfiada e atenta ao andamento das coisas e culpou o clã Petacci pela saída de Ciano do Ministério das Relações Exteriores, dizendo que era uma vingança por ter aconselhado o pai a se livrar de Claretta. Enquanto Ciano se preparava para assumir suas novas funções, houve um momento cômico quando o carro oficial não chegou para levar toda a família para a primeira audiência com o papa. Ciano em traje completo de embaixador, Edda com um vestido longo e mantilha preta, Dindina com seu vestido de comunhão e os dois meninos tiveram de se espremer no Topolino de Ciano e sair pela cidade. Quando chegaram, o dia não melhorou. Durante a audiência, Marzio, de 6 anos, sentado no colo de Edda, tentou pegar o telefone de ouro do papa e, por alguns segundos, o menino e o pontífice disputaram fisicamente o aparelho. O papa suspendeu a audiência. Houve relatos de que o Vaticano não estava satisfeito com a nomeação de Ciano, alegando que ele não conseguira conter as tendências belicosas de Mussolini. "Quanto à repulsiva condessa Ciano", ouviu-se um informante comentar, "eles estão dizendo que é dever da Igreja acolher as ovelhas que se desgarram."[4]

Coube a Vera, esposa de Diego von Bergen, o embaixador alemão no Vaticano, apresentar Edda formalmente às madames da aristocracia Negra papal. Vera consultou Dollmann, que sugeriu um chá para a ocasião, desde que houvesse também coquetéis e pelo menos alguns homens entre os convidados. As aristocratas papais chegaram à Villa

Bonaparte, que já fora residência da irmã de Napoleão, Pauline, na hora marcada, usando vestidos pretos, cinza-escuros ou roxos de gola alta e luvas. Ficaram esperando num salão amarelo com afrescos de Perugino. Por um longo tempo, nada aconteceu. Quando finalmente fez sua entrada, Edda usava sandálias douradas e joias modernas e chamativas. Sem luvas. As senhoras tomaram o chá com uma consternação visível. Edda não quis chá, mas aceitou um coquetel. Então, comportando-se exatamente como o pai, deu tudo de si para conquistar as convidadas. Fez perguntas sobre elas, ouviu com atenção, simpatia e sorrisos, foi modesta e educada. Uma a uma, as madames foram se derretendo. Ficaram lá até o cair da noite, encantadas.[5]

Não muito antes de os Cianos assumirem seu novo papel, um relatório da polícia observou: "O antifascismo está se enraizando por toda parte – de forma ameaçadora, implacável e silenciosa".[6] Pessoas se queixavam de que a Itália não era mais um país, mas sim um "campo de pilhagens". Ouviu-se um jornalista dizer que todos deveriam se divertir enquanto podiam, "pois estamos destinados a acabar enforcados na Piazza Venezia". Roberto Rossi, espião 557, enviou um relatório sobre a revolta dos italianos comuns com os *gerarchi:* "ineptos, arrogantes, muitas vezes desonestos, sempre covardes". Havia um sentimento de que "o fascismo acabou, a nação está podre". Era verdade: toda a tessitura do regime fascista de 20 anos estava se desfazendo. O intenso bombardeio de cidades – os Aliados estavam convencidos de que a melhor maneira de fazer os italianos rejeitarem Mussolini era atingindo duramente seu moral – expôs o fato de as defesas aéreas e os abrigos antiaéreos serem totalmente inadequados. Muitas partes de Milão, Turim e Gênova foram reduzidas a escombros e famílias desesperadas começaram a invadir os abrigos particulares dos ricos com picaretas. As estradas da Itália estavam congestionadas de pessoas fugindo para o campo, onde viviam como na Idade Média, trocando o pouco que conseguiam economizar por comida. Na Páscoa, havia anúncios nos jornais pedindo o empréstimo ou aluguel de uma galinha para as crianças poderem comer os ovos.

Por toda parte, as pessoas estavam cada vez mais famintas. Não havia nada que não fosse racionado a não ser batatas e as rações só forneciam mil calorias por dia. Cada centímetro quadrado de terra em Roma era cultivado. O mercado clandestino floresceu, e, por telefones que sabiam estar grampeados, as donas de casa falavam em "coisas redondas", que significavam ovos, e "coisas brancas", que eram feijões. Como não havia açúcar, as confeitarias fecharam. Em Roma, os Colonnas e os Dorias começaram a desmontar e empacotar suas coleções de arte. Ezra Pound, há muito admirador dos fascistas, fez uma série de transmissões contra Roosevelt na Rádio Roma e foram decretadas ordens proibindo que fotos de Charlie Chaplin, Bette Davis ou Myrna Loy aparecessem (por serem judeus).

Roma foi posta em estado de blecautes noturnos, com a proibição de quaisquer luzes, mesmo em vestíbulos e corredores, em bombas de gasolina e relógios elétricos. A cidade ficou às escuras, mas Nelson Page continuou a dar festas para os jogadores, às quais Edda ia e perdia dinheiro sempre que estava na cidade. Como se fosse possível, a divisão entre as classes se tornou ainda mais extremada: quando Gabriella di Robilant abriu uma nova casa de moda na Piazza di Spagna – da qual Edda, a família real e muitas estrelas de cinema eram clientes habituais –, a embaixada espanhola organizou um jantar suntuoso, com criados de libré.[7] Como ponderou di Robilant, era "como os últimos dias de Pompeia". Sempre rápidos em ridicularizar e fazer piadas, os romanos inventaram nomes para pessoas e eventos conhecidos.[8] Edda tornou-se "a garota em cada porto"; a família Mussolini eram "os demônios voadores"; a vitória virou "a eterna ilusão".

Por muito tempo, os italianos culparam os generais ineficientes e medrosos e os venais e não confiáveis *gerarchi* pelos males da Itália, dizendo que escondiam de Mussolini os verdadeiros fatos da guerra. "Se o Duce realmente soubesse..." E estavam certos em desconfiar deles e desprezá-los: muitos soldados e fascistas proeminentes eram de fato corruptos, tendo passado seus anos no poder acumulando fortunas, recompensando seus favoritos, punindo seus inimigos e comprando lotes de terrenos conforme Roma se expandia e crescia. Quando foi informado de que o fascismo tinha se tornado uma "*mangiatoia*", um cocho, Mussolini teria respondido: "Talvez, mas é importante que não sejamos nós que comemos". Mussolini sempre foi, e continuou sendo, um homem de gostos relativamente modestos: de todos os seus *gerarchi*, provavelmente ele era o menos aproveitador.[9]

A capital estava cheia de *garçonnières*, apartamentos de solteiro, usados por esses homens para levar as estrelas da Cinecittà, deixando seus gabinetes no meio da tarde sem se dar ao trabalho de esconder para onde iam. Como registrou mais tarde o escritor e político comunista Giorgio Amendola, o que definiu o regime fascista no final não foi a violência, mas a corrupção; um mundo sombrio de cinismo, extorsão, uma luta darwiniana pela sobrevivência e um vírus ao qual poucos pareciam imunes.[10] Descaso em todos os níveis: um relatório da polícia constatou que a Principessa Colonna continuava a oferecer jantares para 150 pessoas, não menos luxuosos que antes da guerra. Como amiga íntima de Ciano, ela gozava de "imunidade especial".

O mito da grandeza e onisciência de Mussolini, o culto ao Duce como pai da pátria, que perdurou com tanta força por mais de duas décadas, estava finalmente desvanecendo numa velocidade surpreendente, substituído por críticas e hostilidade. Nos bares e cafés, os sussurros dos dissidentes ficaram mais altos. Até o fiel e dedicado Bottai anotou em seu diário: "O homem que sempre esteve certo agora quase sempre está errado".[11] Pessoas começaram a se referir a Mussolini e a sua careca como "*provolone*", numa referência ao queijo redondo e brilhante. Quando setenta bombardeiros britânicos lançaram bombas incendiárias sobre Milão, atingindo dois hospitais e matando 48 pessoas, uma pichação em tinta verde apareceu numa parede da cidade: "DUCE PORCO ASSASSINO".[12] Slogans como "acredite, obedeça, lute", antes tão poderosos, passaram a ser considerados ridículos. A grande experiência fascista, que prometia estabilidade, prosperidade e senso de direção, acabou sendo um equívoco. O colapso da Itália fascista tinha começado, e nada parecia capaz de impedi-lo.

Entrementes, as notícias da guerra eram sombrias.[13] Em maio de 1943, as forças italianas e alemãs no Norte da África foram apanhadas por um ataque em pinça; as tropas se renderam em 12 de maio, com quase 90 mil italianos sendo feitos prisioneiros. Na Rússia, os sobreviventes da derrota de Stalingrado lutavam para voltar para casa, dizendo às famílias que alguns companheiros preferiram se matar a enfrentar novos combates. Dos campos de trabalhos forçados na Alemanha vinham histórias de supervisores alemães atacando trabalhadores italianos com seus cães. Havia agora 270 mil prisioneiros italianos nas mãos dos

Aliados, e mais 45 mil estavam desaparecidos. Com os aviões aliados ao alcance da costa italiana, havia pouco a fazer para impedir desembarques na Córsega, na Sardenha ou na Sicília; a questão agora não era se, mas quando aconteceriam. Mussolini parecia ter perdido a confiança em todos ao redor e demitiu seu chefe de gabinete, Ugo Cavallero, e o chefe de polícia, Carmine Senise. Himmler se ofereceu para treinar uma guarda especial para ele, uma Divisão "M", formada por jovens fascistas e equipada pelos alemães.

Em seu gabinete na Piazza Venezia, segundo Ciano, Mussolini se alternava entre um "transe de otimismo" e longos períodos em que percebia o desastre total a que a Itália se encaminhava. Mussolini escreveu a Claretta que três pessoas "agora são as mais odiadas: eu, você, o conde Ciano, que talvez seja o mais odiado de todos nós". Disse aos *gerarchi* que, se os inimigos se atrevessem a pousar em solo italiano, eles seriam devolvidos ao mar como cadáveres. Mas nem naquele nem em qualquer outro momento de seu regime Mussolini mostrou qualquer compreensão real de estratégias ou prioridades militares, preferindo avançar em solavancos esporádicos, embaralhar generais e tropas, recusar-se a ouvir especialistas que não concordavam com ele, sempre obcecado pela memória da "vitória mutilada" da Itália no final da Primeira Guerra Mundial.[14] Passava horas remexendo em minúcias da vida pública, ponderando sobre coisas como a data em que os guardas de Roma deveriam mudar para seus uniformes de verão.[15]

Sobre um aspecto da guerra da Itália, no entanto, as vacilações no coração da liderança tiveram um papel útil, embora inesperado.[16] Os quatro anos das leis antissemitas foram marcados por uma intensa discriminação aos judeus, inclusive com algumas internações e exílios internos, contra os quais nem o rei nem o Vaticano esboçaram mais do que débeis protestos. Mas houve muito pouca violência física, a não ser de alguns fascistas excessivamente zelosos, mesmo com todas as dificuldades para ignorar o fato de que o antissemitismo era um dos pontos de discórdia mais chocantes com a Alemanha.

Quando ocuparam a Croácia, a Eslovênia, a Dalmácia e a Grécia, as tropas italianas começaram a ajudar e proteger os judeus que ali encontraram, prisioneiros ou deportados, fossem cidadãos locais, fossem estrangeiros. E, quando os alemães avançaram para o sul e ocuparam toda a França, em 11 de novembro de 1942, anexando as regiões controladas por Vichy e consignando os Alpes Marítimos, o rio Var e mais seis outros departamentos para a Itália, os diplomatas e a polícia italianos designados para lá agiram da mesma forma. A essa altura, cerca de 20 mil judeus viviam no sul da França e outros 5 mil tinham fugido para lá. A administração civil de Vichy já começava a entregá-los aos nazistas.

Como primeiro passo, os novos ocupantes italianos notificaram Vichy de que só eles tinham o direito de prender ou confinar judeus, independentemente da sua nacionalidade, nos departamentos que controlavam. Um inspetor de polícia italiano, Guido Lospinoso, foi enviado de Roma, aparentemente para pôr ordem nas questões judaicas. Porém, na prática, ajudado por um importante banqueiro de Módena, Angelo Donati, e por um padre católico chamado Père Benoit, Lospinoso fez o contrário. Obstruiu, protelou, perdeu listas, esqueceu coisas. Os judeus foram escondidos, munidos de documentos falsos. As furiosas exigências de Ribbentrop por listas de judeus para deportação eram relevadas e acobertadas. Quando o ministro das Relações Exteriores alemão finalmente foi falar pessoalmente com Mussolini para resolver as coisas, o Duce desconversou, concordou, mas não fez nada, jogando para ganhar tempo, acuado entre a ira de Hitler e o que temia ser a hostilidade do seu povo.

Há apenas evidências esparsas nos arquivos ou nas memórias da época quanto ao papel de Ciano no tratamento do povo judeu por parte da Itália, menos ainda sobre a parte de Edda. Aparentemente, era um dos muitos assuntos com os quais ela não via necessidade de se preocupar além de ajudar alguns amigos. Mas tanto como ministro das Relações Exteriores quanto como embaixador no Vaticano, parece haver poucas dúvidas de que Ciano sabia o que estava acontecendo. Em agosto de 1942, seu amigo Otto von Bismarck disse a Brasco Lanzo d'Ajeto, chefe de gabinete de Ciano, que as deportações de judeus da Croácia resultariam na "sua dispersão e eliminação". Dino Alfieri, agora embaixador da Itália em Berlim, confirmou que as SS estavam de fato promovendo execuções em massa. Ciano teria sido informado sobre os dois fatos. Mesmo que os detalhes do que mais tarde seria chamado de Holocausto não fossem totalmente conhecidos, com certeza havia informações suficientes para que Ciano – bem como o Vaticano, o papa, os

Aliados e o Comitê Internacional da Cruz Vermelha – tivesse qualquer ilusão de que homens, mulheres e crianças judias não estivessem sendo sistematicamente chacinados. Ante a escolha de provocar Hitler ou provocar os italianos, que continuavam em sua maioria simpatizantes dos judeus, Ciano, assim como Mussolini, parece ter preferido prevaricar e não fazer nada.

Laval, Vichy e os nazistas, bem como vários amigos de Ciano do Petit Trianon, acreditavam que as instruções para proteger os judeus vinham do próprio Ciano.[17] Consideravam-no a "inspiração" que os motivava. Cyprienne del Drago disse mais tarde que, "apesar de Galeazzo não gostar muito de judeus [...], ele ajudou a salvá-los". Em dezembro de 1942, ao ser informado de que o prefeito francês dos Alpes Marítimos havia dado ordens para os judeus se registrarem e se encaminharem para os campos de concentração alemães mais ao norte, Ciano decretou que "a disposição em relação aos judeus deve ser suspensa". Essas medidas, disse o prefeito, vieram "pessoalmente" de Ciano, acrescentando que os judeus deveriam ser tratados, como na Itália, "com humanidade".[18] Heinz Röthke, o encarregado alemão para assuntos judaicos, também afirmou que Ciano era a "inspiração" por trás dessas ordens, fosse por esperar ganhar simpatia para si mesmo e a Itália, fosse porque sua cidade natal de Livorno era, juntamente com Ferreira, Roma e Veneza, a "cidade judaica da península". Na Croácia, na Grécia e no sudeste da França, soldados, diplomatas e policiais italianos continuaram refutando as ordens para prender judeus. E talvez só por causa da aprovação tácita de Ciano, nos 7 meses que se estenderam de 11 de novembro de 1942 ao verão de 1943, a maioria dos judeus na França ocupada pela Itália sobreviveu.

A princípio, os alemães ficaram encantados por Ciano ter perdido seus poderes como ministro das Relações Exteriores, mas logo perceberam que na verdade ele tinha se tornado mais perigoso, mais capacitado para disseminar seus esforços para tirar a Itália da guerra, por estar livre do controle de Mussolini.[19] Os alemães acreditavam que ele se tornara o líder da facção contra o Eixo. "A corrupção fascista fede muito", observou Goebbels.[20] "Ciano corrompeu toda a tripulação." Edda avisou ao marido que ouviu dizer que os alemães estavam falando que Ciano tinha ficado "fisicamente repulsivo". Para os amigos, Edda parecia estar anormalmente magra, tomando muito uísque, fumando demais e vivendo sob um "véu de silêncio atormentado". Quando estava com Ciano, ela o escrutinava com seus olhos negros reflexivos, como se houvesse mais, muito mais, que quisesse dizer a ele.[21]

Ciano era astuto demais para não conhecer os limites da amizade e da lealdade da sua pequena corte, e também sabia perfeitamente bem que agora era universalmente odiado. Mau orador em público, com a voz ora rouca, ora esganiçada, nunca se tornara o "homem do povo" de Mussolini. Continuava à beira da piscina do L'Acquasanta, rodeado de mulheres bonitas, parecendo incapaz de não expressar suas dúvidas sobre Mussolini, sobre a guerra, sobre a necessidade de paz. Parecia totalmente descuidado com a própria segurança. Quando seu amigo Vergani perguntou por que ele não renunciava, respondeu que era tarde demais e que seu dever agora era tirar a Itália da guerra. "Eu temo por você", disse Vergani. "'Pelo que vai acontecer com você." Ciano respondeu que ninguém jamais confiaria em sua boa-fé. "É preciso provar, mesmo que isso signifique pagar com a própria pessoa [...] Tanta gente inocente está morrendo. Por que eu não devo correr o mesmo risco?" Começou a dizer aos amigos que eles não deveriam ser vistos em sua companhia, pois tinha certeza de que os alemães estavam anotando seus nomes. Tinha engordado, parecia mais queixudo, com olheiras fundas e escuras sob os olhos que nunca se desviavam. Mais tarde, Vergani diria que nessa época Ciano o fazia lembrar de um "menino brincando com tigres pelas grades de uma jaula. Agora me parecia que ele tinha entrado na jaula das grandes feras adormecidas armado apenas com um chicote muito fino".

Roma fervilhava de fofocas sobre os Cianos e sua decadência. Era como se, depois de anos de animosidade reprimida, os italianos agora se sentissem livres para ver o filho favorito de Mussolini como um símbolo dos males do país. Havia histórias de que Edda e os filhos comiam bifes todos os dias, enquanto as pessoas comuns não viam mais carne. Uma "mulher da primeira hora" anônima – ou seja, uma fundadora do Partido Fascista – escreveu para dizer que os vestidos decotados sem mangas de Edda eram "dignos de uma *cocotte*", uma meretriz;[22] outra jurava que ela tinha escondido dez quilos de ouro atrás de uma parede do seu apartamento.[23] Dizia-se que se cercava de gigolôs e passava as noites "jogando dados como uma negra do Harlem" sem deixar que os seus convidados ganhassem e que sempre fora no fundo uma "*vieille fille*", pois tinha o "espírito, o temperamento e as venetas caprichosas e despóticas de uma velha".

O maledicente Malaparte dizia que ela estava apaixonada pela morte. Contou que um dia, ao se encontrar com ela no Palazzo Colonna, Edda falou: "Meu pai nunca terá a coragem de se matar". Ao que ele teria respondido "Mostre a ele como dar um tiro em si mesmo". Ainda segundo seu relato, no dia seguinte teria recebido a visita de um inspetor da polícia dizendo para evitar Edda no futuro. O episódio parece implausível, mas Malaparte também escreveu que Mussolini achava que Edda era "seu único inimigo, seu verdadeiro rival [...] sua consciência secreta [...] Ele pode governar em paz, mas será que consegue dormir em paz? Edda é impiedosa, atormenta suas noites.[24] Algum dia haverá derramamento de sangue entre pai e filha".

Edda se sentia inútil em Roma. A Duchessa di Sermoneta a encontrou um dia saindo do cabeleireiro Attilio, na Piazza di Spagna, um viveiro de espiões e informantes, ainda de bobes e desleixada, com uma saia xadrez e meias grossas de lã. Parecia envelhecida, mas dizia: "O que importa minha aparência?". Edda resolveu ir à Sicília para trabalhar com a Cruz Vermelha num hospital civil em Monreale, dizendo a Ciano, que implorou para ela não ir, que "queria ir até o fim".

Ao chegar a Palermo, só viu caos e miséria. Pessoas que tinham perdido suas casas nos bombardeios viviam nas sarjetas ou sob as rochas; faltava carne há 5 meses e agora não havia pão porque os trezentos fornos panificadores de Palermo tinham sido todos destruídos. Os telefones não funcionavam e a água era escassa. Os soldados estavam "fugindo como lebres para as montanhas". Edda conversou com as pessoas, inspecionou a área, fez um relatório e o enviou para Maria José, presidente da Cruz Vermelha. Não teve resposta. Então escreveu uma carta longa, detalhada e urgente para o pai. Nem mesmo na Albânia e na Rússia, explicou, ela tinha visto tanto sofrimento ou tanta dor. Disse que o pai deveria considerar a Sicília como uma "área de desastre", como se tivesse sido atingida por um terremoto. Mande comida, escreveu, principalmente pão e macarrão, bem como remédios. "Eles estão morrendo de fome e de frio. Literalmente [...] A situação é gravíssima e de um momento para o outro pode se transformar numa catástrofe, até mesmo política [...] O que estão dizendo aqui é que o Duce não sabe. Mas agora você sabe." Mais uma vez, a infelicidade e o perigo ensejaram o melhor de Edda. Mussolini mandou 50 mil liras para serem distribuídas e proibiu os jornais de cobrirem a situação.

Um dia, Raimondo Lanza apareceu no hospital e a levou para o Castello di Trabia. Fazia calor, Edda entrou no mar e depois deitaram juntos nas pedras, rindo e relembrando os velhos tempos. Foi um último momento de despreocupação. Mussolini enviou apelos desesperados pedindo ajuda dos alemães, mas Hitler, tendo sofrido grandes perdas numa batalha de tanques em Kursk, tinha pouco a oferecer. Edda estava de volta à enfermaria do hospital quando, em 10 de julho, os Aliados desembarcaram sete divisões de infantaria nas costas da Sicília, com 4 mil aviões e 285 navios de guerra. A Operação Husky foi o maior ataque naval realizado até então. Depois de meses de intensos bombardeios, com muita escassez de comida, os sicilianos não ofereceram resistência. Edda foi instruída a retornar imediatamente a Roma, para o caso de a Sicília ficar isolada do continente. Sua simpatia pelos alemães parecia esvanecer rapidamente e o amigo que viajava com ela no trem a viu fazer o sinal depreciativo de um corno, com os dedos mínimo e o indicador, para um trem cheio de soldados alemães que passou devagar pela linha férrea paralela.

Em 19 de julho, Mussolini teve um encontro com Hitler perto de Feltre. Auxiliares ouviram as 2 horas de discursos e reclamações de Hitler na antessala. Agora que Mussolini era um homem derrotado, o contraste entre eles era gritante: Hitler foi cruel, vingativo, bombástico; Mussolini parecia inseguro e equivocado. Às vezes, ouvia-se um suspiro de Mussolini. Ele já sabia que jamais conseguiria aviões, divisões blindadas ou materiais de guerra, sem os quais não poderia continuar lutando. Também teve de engolir o fato de o marechal de campo Kesselring ter sido posto no comando das forças conjuntas germano-italianas baseadas num quartel-general em Albano, ao sul de Roma.

Naquele dia, enquanto os dois ditadores conversavam, quatro ondas sucessivas de bombardeiros causaram morte e destruição pela primeira vez a Roma. Nos dias anteriores, eles tinham lançado panfletos sobre o bairro popular de San Lorenzo; agora lançavam bombas. Os pássaros dos muitos jardins de Roma alçaram voo agitados, formando grandes redemoinhos escuros sobre a cidade. Os primeiros relatórios de rádio estimaram o número de mortos em trezentos; número que logo subiu para 2.500. O ataque não foi tão letal quanto em Hamburgo ou Dresden, mas mandou uma mensagem incisiva aos italianos. Um dos principais aquedutos, o Acqua Marcia, foi atingido e o abastecimento de água da capital praticamente cessou. O papa Pio XII visitou o local e passou 3 horas andando pelas ruínas, com a batina branca manchada de sangue. Pessoas se reuniram ao seu redor e aplaudiram. Quando o rei chegou, foi vaiado. Naquela noite, o horizonte de Roma iluminou-se com um grande incêndio, transformando a cúpula de São Pedro num recorte preto estampado no fundo carmesim.[25]

Foi nesse contexto – de derrotas militares em todas as frentes, desembarques dos Aliados na Sicília, raiva e descontentamento se espalhando por toda a Itália, disputas e *gerarchi* corruptos – que as conspirações contra Mussolini tomaram forma. Como Susanna Agnelli disse mais tarde: "Todos estavam tramando. Tornou-se o esporte nacional".

Os conspiradores eram muitos e dos mais variados.[26] Incluíam o rei e a família real; sua infeliz nora Maria José, aliada aos antifascistas, mas considerada "intrometida" pelos outros; o recém-demitido e desleixado chefe de polícia Carmine Senise; vários *gerarchi* e generais graduados que já discutiam a deposição de Mussolini; e o Vaticano, que desde 1942 vinha sondando os Estados Unidos sobre a formação de um novo governo no exílio. Alguns queriam um resultado, outros desejavam algo diferente. Mas com o que todos concordaram era que Mussolini precisava cair e que o próximo passo seria um processo de paz em separado. Fontes do Vaticano informaram que os Aliados haviam afirmado categoricamente que não negociariam com os fascistas, "sejam quem forem, nem mesmo Grandi e Ciano", e que os fortes bombardeios continuariam a menos que os italianos e o rei agissem. Contudo, que todos se reunissem, conspirassem, fizessem promessas e formassem coalizões, ninguém tomou providências. Quase todos os seus movimentos eram conhecidos pelos alemães e pelos Aliados por meio de seus informantes em Roma.

Utilizando seus próprios espiões, Mussolini vinha acompanhando os vários complôs, mas se recusava a levá-los a sério. Depois de uma audiência recente, acreditava que o rei gostava dele e que o apoiaria em caso de golpe. Também dizia que os *gerarchi* não seriam capazes de operar sem ele, pois tinham uma "inteligência modesta, extremamente limitada, inseguros sobre o que acreditavam e dotados de muito pouca coragem". Ao ouvir que Ciano falava mal dele, que se referia ao sogro como "aquele tirano louco que quis esta guerra", Mussolini chamou-o ao Palazzo Venezia, mas se mostrou estranhamente crédulo e indulgente quando Ciano reafirmou sua total lealdade.

Como todos os romanos e até mesmo os alemães sabiam, Ciano estava de fato tramando, embora nesse estágio Edda talvez não soubesse nada sobre isso. Já tinha conversado com clérigos importantes no Vaticano e mantinha boas relações com Pio XII desde antes de ele ser nomeado papa. Parece claro que também fez sondagens em separado com os britânicos. Conhecia Maria José, chegando a alertá-la sobre a iminente invasão do seu país, a Bélgica, antes que ocorresse, provocando a fúria dos alemães e levando Hitler a chamá-lo de "traidor do Eixo". Teve audiências com o rei, que foi amigável, porém evasivo. Conversou com os generais descontentes. Seu gabinete tornou-se um centro de intrigas. Como disse seu amigo del Drago, todos queriam aquele "rapaz impulsivo, exuberante e corajoso a seu lado". O próprio Ciano continuou se sentindo estranha e absurdamente seguro, vendo sua demissão como ministro das Relações Exteriores como prova de não ser uma criatura de Mussolini e que, embora os italianos agora o odiassem, logo o amariam se tirasse a Itália da guerra. Não havia, escreveu Bottai, "nenhuma amargura nele, apenas uma alegria venenosa, uma vontade de perdição ou suicídio".[27]

A paralisia em que os conspiradores pareciam ter caído em junho e julho foi finalmente rompida quando Mussolini voltou do seu encontro com Hitler perto de Feltre praticamente de mãos vazias, ainda insistindo que a Itália continuaria ao lado da Alemanha. O bombardeio de San Lorenzo foi um lembrete vívido da vulnerabilidade da Itália. Passaram-se dias em inflamados diálogos clandestinos. Havia temores de que o irresoluto rei não tivesse a determinação para desempenhar seu papel e que a conhecida capacidade de persuasão e táticas intimidatórias de Mussolini fossem suficientemente fortes para reprimir qualquer rebelião.[28] O primeiro movimento foi conseguir que Mussolini convocasse uma sessão do Gran Consiglio, marcando a data para 24 de julho. A segunda foi fazer com que Grandi e Bottai decidissem sobre o texto da moção que pretendiam apresentar. Seria curto e simples: pediriam a renúncia de Mussolini, a entrega da autoridade militar ao rei e dos assuntos de Estado a um corpo funcional de ministros.

Em 22 de julho, Grandi foi visitar Mussolini para informá-lo sobre o que aconteceria. Mussolini se mostrou glacial. Naquela mesma tarde, Grandi se encontrou com Ciano. Apesar de não serem amigos, sugeriu que Ciano se mantivesse afastado, por ser marido de Edda e para sua própria segurança. Ciano recusou, dizendo que Costanzo, seu pai, teria preferido que ele agisse. Até Edda, que estava em Livorno com os filhos e a sogra, acreditava que deveria haver uma mudança de governo. "Se o meu pai só consegue se manter no poder por causa do apoio dos alemães, é melhor ele renunciar", disse a Ciano. "Não é mais uma questão de ser fascista ou antifascista. Agora precisamos apenas ser italianos." Grandi e alguns outros *gerarchi* trabalharam na moção, tornando-a mais curta e mais clara, tendo como ponto crucial Mussolini passar todo o poder político e militar ao rei. Os amigos que viram Ciano naquele dia o acharam nervoso e agitado, porém resoluto.

Senise, com a ajuda do novo chefe de polícia, Renzo Chierici, que pensava como ele, era quem planejava os eventos que se seguiriam à reunião do Gran Consiglio. Acreditava-se que agora o rei estava firme, tendo dito a um assessor: "O regime não está mais funcionando. Precisamos mudar, custe o que custar". O plano era que, depois de falar com o rei, Mussolini fosse preso por carabinieri leais à coroa. Mas ninguém sabia como as pessoas se comportariam naquele dia – se a milícia de Mussolini iria intervir, se os *gerarchi* manteriam a coragem...

Nada dessa conspiração escapou aos espiões de Rachele. Ela ficou preocupada e furiosa enquanto continuava tentando prevenir Mussolini, com Claretta fazendo o mesmo em suas muitas conversas diárias. Não muito antes, Rachele tinha chamado Eugen Dollmann – tão enigmático como sempre quanto aos seus verdadeiros sentimentos quanto à Itália que amava e à Alemanha a quem servia – para uma visita à Villa Torlonia. Andando de um lado para o outro, Rachele fez um discurso sobre os desastres enfrentados pela Itália e as traições planejadas pela monarquia e por *gerarchi* rivais. Fazia muito calor e seu pó facial escorria pelas bochechas enquanto andava. Disse a Dollmann que fora Ciano, um homem interessado apenas em "luxo, modismos sociais e boa vida", que tinha causado a infelicidade da sua família. Seus espiões já a haviam informado que ele estava entre os conspiradores. Edda era e sempre seria uma Mussolini.

A 187ª – e última – reunião do Gran Consiglio começou às 5 horas e 15 minutos da tarde sufocante de sábado, 24 de julho de 1943. Grandi – que chegou a escrever a Mussolini dizendo que tudo o que desejava na vida era trabalhar "perto do Duce, aquecido por sua fé, revigorado por sua energia, galvanizado por sua genialidade" – diria mais tarde que estava com duas granadas nos bolsos para o caso de precisar lutar para escapar. Havia 28 homens presentes, todos de uniforme preto fascista, alinhados em forma de ferradura, com Mussolini no meio, sobre uma plataforma elevada. A Sala del Pappagallo tinha piso de mármore e paredes forradas de veludo azul e pesados lustres de ferro forjado. Mussolini abriu os procedimentos e amarrou a discussão por quase 2 horas em assuntos militares.

Os conspiradores, cada um a seu modo, mais preocupados com seus interesses pessoais que com o bem-estar da Itália, decidiram que Grandi, Bottai e Ciano falariam. Quando finalmente abriu-se o debate, Grandi propôs que a liderança atual fosse reexaminada. Declarou que o regime "destruiu e matou o fascismo [...] A responsabilidade por esse desastre não é do fascismo, mas da ditadura".[29] Todos esperaram Ciano falar; quando o fez, foi claro e preciso. A Alemanha tinha enganado os italianos, afirmou, e Mussolini fora enganado por Hitler. "Nós não somos os *traidores*, mas sim os *traídos*."

Visivelmente zangado, mexendo o maxilar como se estivesse balbuciando respostas furiosas, Mussolini manteve os olhos negros fixos no genro. À meia-noite, pediu que a reunião fosse encerrada; Grandi insistiu em que fizessem apenas uma pausa de 30 minutos. No saguão, alguns dos *gerarchi* pareciam menos seguros sobre onde residia sua lealdade.

Depois do intervalo, Mussolini começou um novo discurso. Como registrado depois por Grandi, o Duce, por vezes zangado, ameaçador, lisonjeiro e confiante, "mágico e o mestre" até o fim, negou todas as acusações e afirmou que o fascismo, a revolução, o partido, a ditadura e Mussolini eram "inseparáveis". Olhando friamente ao redor da sala, ele os acusou de corrupção e de fazer fortunas ilícitas. Grandi ofereceu a Ciano outra chance de se afastar; Ciano recusou.

Por volta das 2 horas da manhã, depois de 9 horas de conversa, a moção de Grandi foi posta em votação e, um a um, os homens se levantaram para declarar sua posição. Os conspiradores esperavam obter doze votos a favor. Acabaram conseguindo dezenove, com sete contra e uma abstenção. Farinacci votou por uma moção ligeiramente diferente de sua autoria. Entre eles havia muitos que simplesmente queriam alguma mudança, sem pensar o que implicaria. Um *gerarca* mais velho, chamado Marinelli, era surdo demais para acompanhar o que estava acontecendo, mas mesmo assim votou a favor. Encerrada a votação, Mussolini levantou-se, aparentando indiferença, e falou: "Vocês trouxeram uma crise para o regime. Está encerrada a sessão". Aquilo deixou todos confusos e incertos; eles esperavam fúria e resistência e não sabiam como interpretar aquela calma e resignação. Ao encontrar uns amigos, Ciano disse que não adiantava ir para a cama, pois provavelmente seria preso, mas que o rei tiraria Mussolini do poder e então "eu estarei livre".[30] Ao deixar o Palazzo Venezia, um dos *gerarchi* disse a Ciano: "Você sabe como é, algumas coisas a gente paga com a vida".

Mais tarde, os acontecimentos da noite seriam definidos como uma traição. Como órgão consultivo, o Gran Consiglio não tinha poder de fato, mesmo que suas propostas fossem perfeitamente legítimas. Mussolini poderia ter mandado prender todos os seus membros, exatamente o que Rachele implorou que fizesse quando ele voltou para casa e descreveu os acontecimentos. Quando falou do momento em que Ciano votou contra ele, Rachele gritou: "Ele também!". Mais tarde, ela diria que, de todos os golpes desferidos contra o marido, aquele tinha sido o pior. Depois, as pessoas se perguntariam se a aparente indiferença de Mussolini à votação não teria sido genuína, por ter percebido ser aquela a única opção para retirar a Itália da guerra. Às 3 da manhã, Mussolini ligou para Claretta dizendo que estava tudo acabado e que ela deveria começar a pensar em se salvar.

A audiência quinzenal de Mussolini com o rei estava marcada para as 5 da tarde de domingo, 25 de julho. O Duce passou o dia visitando as vítimas dos ataques aéreos de San Lorenzo e recebendo o novo embaixador japonês, Hidaka. Antes de sair para o Quirinal, falou com

Claretta, parecendo mais esperançoso. Assim como Rachele, ela implorou para ele não ir.

O rei o recebeu na escadaria do Quirinal. Os três carros de Mussolini, com seus detetives e a escolta, ficaram do lado de fora do portão. A audiência durou apenas 20 minutos. O rei de olhos remelentos, nariz adunco e mandíbula prognata se mostrou constrangido, porém cordial, comentando que Mussolini era agora o homem mais odiado da Itália. Anunciou que tinha decidido substituí-lo por Badoglio, o duque de Addis Abeba, de 71 anos, um homem que quase todos consideravam calculista, ganancioso e incompetente. Estava, portanto, pedindo a renúncia de Mussolini. O rei repetiu várias vezes: "Sinto muito, sinto muito. Mas a situação não poderia ser diferente". Assegurou que garantiria a segurança do Duce "com minha própria cabeça".

Enquanto Mussolini descia os degraus da escada, preparando-se para ir até o carro, foi barrado no caminho por um capitão dos carabinieri. "Sua Majestade me deu ordens para proteger sua pessoa", disse o homem. Conduziu Mussolini para longe do seu carro, em direção a uma ambulância que o esperava e o ajudou a entrar. O veículo partiu em alta velocidade, mas poucas pessoas foram informadas sobre para onde estava indo. Ninguém ergueu um dedo para protegê-lo – nem as divisões mais próximas da milícia, nem o Partido Fascista fundado por ele, tampouco seus guarda-costas presidenciais. O que estava acontecendo era mais do que a maioria dos *gerarchi* esperava ou, como se veria, desejava.

PARTE TRÊS
ÊXODO

CAPÍTULO 17

A MORTE ANDA PELO TELHADO

Edda, os três filhos e a mãe de Ciano passaram a noite de 24 de julho em um abrigo antiaéreo em Livorno. Só tarde da noite do dia 25, quando ela já estava dormindo, Ciano telefonou. Parecia agitado, mas suspeitava de que os espiões da OVRA estariam na escuta. "Tem um *tramontana** soprando", falou.[1] "Mas não exatamente para nós. Venha imediatamente." Era o código entre eles para problemas. Edda não ficou particularmente surpresa: já esperava notícias de que o rei havia assumido alguns dos poderes do pai. Ciano disse que estava mandando um carro buscá-los. O carro não chegou, mas alguns carabinieri vieram para levá-los à estação para pegar um trem para Roma. Edda estava mais preocupada com uma bolha dolorida e com o fato de a sogra estar vestida como se fosse a um coquetel.

Edda começou a ficar apreensiva quando chegaram à estação e viram que alguém tinha rabiscado todos os vagões "Abaixo, Mussolini! Viva o rei!" e feito desenhos do seu pai, com o queixo saliente. Desembarcaram em Roma muito tarde e foram recebidos por um automóvel e uma escolta de carabinieri para levá-los à Via Angelo Secchi. "Onde está o *nonno* Duce?", perguntou Fabrizio. "Não sei, Ciccino, como poderia saber?", respondeu Edda. As ruas estavam em alvoroço. Talvez fosse o período do carnaval. Edda encontrou Ciano quase em prantos, que disse: "Nós precisamos sair da Itália". "Aqui eles vão nos matar."

---

* Um vento forte e frio do norte dos Alpes.

Ao voltar para a Via Angelo Secchi, bem tarde na noite anterior, seu carro foi cercado por uma multidão furiosa e ameaçadora gritando: "Abaixo os *gerarchi*!" Ao relatar os eventos do Gran Consiglio, insistiu que nunca quis prejudicar o pai dela, mas acreditava sinceramente ser essencial alguma mudança na estrutura do governo para a sobrevivência da Itália.

Edda não conseguia falar com Rachele desde que as linhas da Villa Torlonia foram cortadas. Quando finalmente conseguiu falar com ela, descobriu que a mãe tinha sido alertada sobre a prisão de Mussolini por um telefonema anônimo, e que teve tempo de avisar Vittorio, que a foi buscar no seu Topolino e os dois conseguiram fugir por um portão dos fundos. Com Anna Maria e Romano em Riccione com a viúva de Bruno, Gina, Rachele estava sozinha. Ao cair da noite no dia 25, multidões hostis e zombeteiras se aglomeraram na frente dos portões. No momento ela estava segura, protegida por soldados mandados por Badoglio para substituir seus guardas habituais, embora os homens também tenham vasculhado a Villa Torlonia, em busca de quaisquer papéis possivelmente incriminadores. Quando Anna Maria e Romano foram informados do que tinha acontecido, Rachele disse que "eles não ficaram com medo; na nossa família medo é uma palavra que não existe".[2]

Badoglio e Senise tinham preparado seu golpe com muito cuidado. Os soldados desarmaram a polícia, que pensavam ser leal a Mussolini, e assumiram as centrais telefônicas. Quando o rei anunciou que o marechal Badoglio substituíra Mussolini, às 22h45 de domingo, Badoglio fez seu próprio anúncio. "*La guerra continua*", declarou: a guerra continua. O que exatamente quis dizer com isso ele não explicou, e os ouvintes preferiram não ouvir suas palavras, mas sim o que desejavam ouvir, que a Itália iria negociar uma paz. Todos festejaram alucinadamente. Por toda a Itália, homens e mulheres que aparentemente tinham apoiado as duas décadas do fascismo desencadearam uma onda de destruição desenfreada. Mussolini queria que os italianos não pensassem, mas obedecessem. Quando perceberam que estavam livres, o apetite deles por vingança foi incontrolável.

Em Livorno, um grande busto de Costanzo foi derrubado e alguém escreveu numa parede da Via Costanzo, "*via anche il figlio*", "vamos nos livrar do filho também".[3] Estátuas de Mussolini foram derrubadas, fotos rasgadas, desfiguradas e cuspidas, as águias romanas esmagadas. Uma mulher americana, escondida num convento em Roma, descreveu fragmentos rasgados de retratos de Mussolini caídos "como neve nas calçadas".[4] A grande estátua de bronze do Duce, de autoria de Giuseppe Graziosi, transportada pelos Apeninos num carro de boi desde Florença a Roma, foi atacada, com a cabeça de Mussolini sendo arrancada e arrastada pelas ruas.[5] Pessoas tiraram os distintivos do Partido Fascista das lapelas e guardaram fotos incriminatórias de si mesmas com dignitários fascistas. Gabriella di Robilant escreveu: "Nós pensamos que iríamos enlouquecer de alegria [...] 23 anos de servidão cancelados em 1 minuto". Adegas foram arrombadas e as pessoas traziam tachos para pegar vinho. Os treze magníficos cavalos de Mussolini desapareceram dos estábulos da Villa Torlonia. Mas, quando a alegria deu lugar ao desejo de vingança, fascistas conhecidos foram retirados de suas casas e espancados. O Press Club, considerado um centro das notícias falsas e de propaganda fascista, foi saqueado. Da noite para o dia, Roma se tornou o "grande porto do antifascismo", quando os líderes da oposição saíram de seus esconderijos – mais velhos, mais grisalhos – querendo agir, fazendo planos e propostas, com opiniões conflitantes e lufadas de fervor político.[6] Só que não concordavam em nada. "É difícil ser um homem livre", escreveu Corrado Alvaro no *Il Mercurio*.

Enquanto a Itália se deliciava com o que via como uma nova liberdade, Badoglio já estava montando um gabinete de dezesseis ministros, a maioria deles ex-fascistas de alto escalão e seis militares, todos subservientes a ele. Não incluía Grandi nem qualquer outro conspirador. Os prisioneiros políticos foram realmente libertados na semana seguinte, o Tribunal Especial que baniu tantos opositores políticos para as ilhas foi dissolvido, mas a censura continuou em vigor e foram decretadas ordens para atirar em desordeiros, "para matar, como em batalha". Nos dias que se seguiram, 81 grevistas foram mortos a tiros e outros 320 ficaram feridos. Foi decretada lei marcial e proibidas as reuniões públicas. Embora as leis antissemitas não tenham sido imediatamente rescindidas, ficou entendido que não seriam mais aplicadas. Um novo tipo de ditadura estava se formando.

O rei, com uma "frieza piemontesa", tinha feito uma jogada muito inteligente. Induzindo os conspiradores a pensar que poderiam desfrutar de um futuro sob seus auspícios, na verdade os usou para se livrar de Mussolini. Mas nunca pretendeu recompensá-los. Foram dadas instruções para prender os "traidores", os 19 conspiradores. Acusado de "conspirar contra o Estado", Bottai foi preso e encaminhado ao presídio Regina Coeli. Farinacci refugiou-se na embaixada alemã. Grandi, depois de alguns dias como presidente do Conselho, fugiu para Portugal. Pavolini foi para a Alemanha, levando 32 moedas de ouro dadas pela sua amante, Doris Duranti. Ciano e Edda, apesar dos guardas postados em frente à porta, permaneceram momentaneamente intocados e um cortesão de alto escalão veio pedir para Ciano continuar em seu posto no Vaticano, dizendo que o rei protegeria todos os que pertencessem à Ordem da Annunziata. Mas Ciano tinha certeza de que Badoglio não era amigo nem confiável, pois sabia muito bem que Ciano possuía documentos provando que o marechal havia feito negócios escusos na Etiópia e na Grécia.

Só 4 dias após o golpe Rachele finalmente teve notícias de Mussolini. Depois de passar um tempo no quartel dos carabinieri em Trastevere, agora estava sob forte vigilância na ilha de Ponza, uma antiga prisão para antifascistas, e pedia para Rachele mandar roupas, livros e comida. Ela preparou um pacote com frango, tomates, tagliatelle e algumas meias e uma gravata. Mussolini passou seu aniversário de 60 anos na ilha, quando recebeu de Hitler as obras completas de Nietzsche, que pouco fizeram para combater o tédio esmagador que o oprimia. Trabalhou num pequeno volume com seus pensamentos, que chamou de *Pensieri Pontini*. Será que os vinte anos de fascismo, ele se perguntou, realmente não passaram de "uma ilusão? [...] Superficiais? Não havia nada neles de real importância?". Escreveu que queria "assassinar o tempo, antes de ele me assassinar". À noite, jogava cartas com os guardas. Para sua irmã Edvige, escreveu: "Quanto a mim, considero-me extinto em três quartos [...] O passado está morto.[7] Não me arrependo de nada. Não desejo nada". Claretta e sua família conseguiram fugir para o lago Maggiore, onde sua irmã Myriam tinha uma casa, de onde continuou a escrever cartas apaixonadas a Mussolini que não podia postar, pois não tinha ideia de onde ele estava.

Em agosto de 1943, por ordem de Badoglio, toda a família Petacci foi presa, sob o pretexto de ter roubado tapetes persas, mandada a seguir para a prisão de Novara, onde as mulheres foram postas numa cela com prostitutas e reclamaram de pulgas, escorpiões e baratas. A Signora Petacci teve uma "crise de histeria". Antes de sair de Roma, Claretta conseguiu despachar a maior parte de seus objetos de valor, junto com duas grandes malas de couro com seus vestidos de baile e casacos de pele.[8] Quando a polícia chegou para confiscar o conteúdo da Villa Camilluccia, eles a encontraram quase despojada de qualquer objeto de valor. Em um vazamento no banheiro da casa de Marcello, foi encontrada a escritura de um castelo recém-adquirido.

Apesar de todos os seus espiões, os Aliados, bem como os alemães, não tinham visto o que estava por vir.[9] Para ganhar tempo, os alemães divulgaram um comunicado dizendo que Mussolini tinha renunciado por motivos de saúde. No gabinete de guerra em Londres, Churchill especulou se a Itália agora proporia paz, mas ainda assim continuaria incapaz de conter a inevitável agressão alemã. Refletindo se deveria tomar o que Macmillan definiu como uma linha "dura, suave ou alternante", os britânicos concluíram ser necessário bombardear mais e mais intensamente as cidades italianas, para garantir uma rápida capitulação. O "arquidiabo Mussolini" e seus "seguidores demoníacos" teriam o castigo que lhes era devido. Os britânicos deixaram claro que consideravam o rei velho e sem iniciativa, seu filho Umberto como "fraco e irresoluto" e que toda a massa de fascistas estava se entregando a uma "ilusão coletiva".

Badoglio encontrava-se de fato numa posição impossível e não lidava bem com isso. Nem ele nem o rei planejaram o que aconteceria a seguir. Os Aliados tinham deixado claro em Casablanca, em janeiro, que não aceitariam nada da Itália a não ser a rendição incondicional; os americanos poderiam ter abrandado, mas os britânicos se mantiveram firmes. Os dias se passaram, emissários secretos foram mandados de Roma para negociar melhores condições, mas voltaram humilhados, sem obter concessões. O rei e Badoglio procrastinavam, conversavam, pensavam em como evitar que Mussolini fosse resgatado e que os alemães soubessem que estavam na verdade fazendo planos para romper com as potências do Eixo. Um encontro absurdo entre italianos e alemães importantes, no qual todos os presentes tentavam enganar os outros quanto às suas reais intenções, foi descrito como "uma orgia de mentiras".[10] Em Roma, os antifascistas continuaram lutando pelo poder. Ao participar de uma reunião desses líderes da oposição, Nelson Page disse que sentia como se estivesse vendo "um mundo de fantasmas tomados por um frenesi repentino, que dançavam uma sarabanda trágica e sem rumo". Em toda a Itália, os trabalhadores das fábricas entraram em greve.

O rei decidiu se livrar de sua nora intrometida, para ela não atrapalhar ainda mais suas propostas secretas para os Aliados, mandando Maria José e seus filhos para o norte para passar o resto da guerra em um hotel cheio de senhoras mais velhas na margem do lago de Thun. Também teve a precaução de mandar para a Suíça várias carruagens lacradas com seus objetos de valor; Badoglio já tinha se apossado de uma conta secreta em nome de Mussolini, supostamente de 2,5 milhões de dólares e convertido em francos suíços. Hitler, depois de um paroxismo de fúria por ninguém ter previsto o golpe com precisão, ameaçou mandar uma divisão blindada para prender o rei, o novo governo e até o papa.

Na Via Angelo Secchi, o clima piorou. Nos primeiros dias, Ciano se apegou à esperança de que ainda pudesse desempenhar algum papel no novo governo italiano, porém logo ficou claro que tinha inimigos por toda parte. Certa manhã, as crianças acordaram com o cheiro de fumaça: eram os pais queimando papéis. Sempre que perguntavam a Edda onde estava Mussolini, ela respondia vagamente que ele estava cansado e descansando. O Vaticano deu a entender que já não queria Ciano. Quando ele pediu para emitirem passaportes para ele e a família, eles recusaram, dizendo que não podiam fazer nada por um "criminoso de guerra" procurado pelos Aliados. Para o amigo Anfuso, por quem tanto fizera e que agora se recusava a ajudar, Ciano era como um jogador de pôquer, vencido numa mão em que "apostara todo o seu patrimônio". O que Edda achou mais difícil foi constatar que os antigos amigos, agora virando as costas para eles "como serpentes", eram os mesmos que mais os bajularam durante os seus anos no poder.

Em 5 de agosto, em resposta a um público cada vez mais irritado e vingativo com os que consideravam responsáveis pelos crimes do fascismo – todos convenientemente esquecidos dos seus próprios ganhos ilícitos –, uma comissão de inquérito sobre o patrimônio dos *gerarchi* foi instituída por Badoglio sob a égide de um juiz importante; uma jogada arriscada, dado seu passado tremendamente ganancioso. Sua missão era examinar tudo o que fora adquirido desde o advento do fascismo, em 1922, até 24 de julho de 1943. As denúncias começaram a chegar.[11] "Precisamos fazer a turba gananciosa sofrer", escreveu um furioso informante. "Assim como nós sofremos em silêncio." O novo ministro das Relações Exteriores, Raffaele Guariglia, disse a Isabella Colonna que, como não era possível dar a paz aos italianos, dariam a eles "fascistas para devorar". Entre esses petiscos, estavam os detalhes das aventuras sexuais dos *gerarchi*, publicados nas primeiras páginas dos jornais. Em 29 de agosto, o longo caso de amor entre "Clara e Ben" foi recontado em detalhes, junto com depoimentos de Angela Curti e de outras amantes de Mussolini. Ao ver os artigos, Rachele afirmou não saber nada sobre aquilo. Roma adorou as revelações.

Contas estrangeiras, caixas e cofres de bancos foram invadidos, com confiscos de prata, linho, casacos de pele e valiosas obras de arte. Na casa de um proeminente fascista, em Turim, foi descoberta uma montanha de comida – presuntos, salames, açúcar e uma língua de vitela – que havia muito não se encontrava nas lojas. A casa de Farinacci continha documentos que comprovavam a propriedade de uma gráfica, ações de um jornal, de um apartamento e de uma vila em Roma e outra em Milão. Também uma casa em Nápoles e 6 milhões de liras em ouro e ações. Na bolsa da sua secretária, foram encontradas chaves de mais caixas e cofres de banco. Descobriu-se que Pavolini gastou "grandes quantias" com Doris Duranti – apesar de ela ter se queixado depois que ele nunca lhe dera um buquê de flores –, enquanto outros documentos registravam uma propriedade em Lucca, um apartamento em Roma, móveis antigos, peles e joias.

Logo depois aconteceu o inevitável: a comissão voltou a sua atenção à família Ciano, definida como a mais "ladra" e possuidora de "riquezas espetaculares". Dizia-se que Edda e Ciano enterraram riquezas incalculáveis em baús no jardim da casa em Livorno. Segundo a comissão, a fortuna fora acumulada por Costanzo: o herói dos mares se revelou um grande aproveitador e fraudador. Mas o que havia deixado para Ciano, e que Ciano aumentara desde então, incluía vários grandes blocos de apartamentos em Roma, lojas, fábricas, vilas e terrenos, além do muito lucrativo *Telegrafo* e gráficas em Livorno. Ciano ficou indignado com a publicidade, e escreveu uma carta raivosa e imprudente a Badoglio tentando explicar e minimizar sua riqueza.

Em 14 de agosto, os Aliados cumpriram sua ameaça e todas as grandes cidades da Itália foram bombardeadas.[12] Igrejas, hospitais, museus, universidades e cemitérios foram arrasados. Famílias desabrigadas tomaram as estradas. Correu o boato sobre explosivos sendo lançados em forma de brinquedos, bonecas e lápis, para matar mais cidadãos. Como publicou o *Gazette* de Lausanne, "os italianos parecem estar vivendo as consequências de um enorme terremoto". O verão foi excepcionalmente quente e os mosquitos estavam ferozes.

Vigiados de perto em seu apartamento, os Cianos ficaram mais afeiçoados um ao outro. Muitos ex-amigos do Petit Trianon os abandonaram ostensivamente, mas alguns se mantiveram leais, particularmente o grupo de madames aristocráticas anglófilas. As duas filhas de Daniele Varè vieram visitá-los e Ciano citou os versos do poema de Kipling: "If you can meet with Triumph and Disaster / And treat those two impostors just the same."*[13] Depois disso, uma delas comentou com o pai que Ciano estava enfrentando um desastre com mais dignidade do que jamais havia demonstrado durante os anos de triunfo. Quando Susanna Agnelli foi visitá-los, foi recebida por Edda em um cômodo e por Ciano em outro. Os dois pareciam pálidos e agitados.[14] Ciano perguntou a ela: "Diga a verdade: você acha que eles vão me matar?". Susanna respondeu: "Sim, acredito que vão". Ciano continuou: "Serão os Aliados ou os alemães?". Ao que ela respondeu: "Um dos dois". Susanna o instou a sair da Itália o mais rápido possível e voltou para casa com medo de que, até aquele momento, ele ainda não tivesse realmente entendido o perigo que corria. Edda dizia a todos que ligavam que ela sempre se lembraria dos amigos que a apoiaram. Emilio Pucci veio dizer que, acontecesse o que acontecesse, nada havia mudado em seus sentimentos e

---

* Se você puder encontrar o Triunfo e o Desastre / E tratar esses dois impostores da mesma forma. [N.T.]

que poderiam contar com ele se precisassem de ajuda. Alertado por seus superiores a manter distância do casal, ele não atendeu.

Então, em 24 de agosto, Ettore Muti, de quem Ciano gostava e a quem promovia, foi preso em Fregene e morto a tiros numa floresta de pinheiros; nunca ficou estabelecido se de propósito ou por acidente. Mas a morte de Muti deixou todos nervosos, até porque acreditava-se que, de todos os *gerarchi*, ele poderia ter mobilizado apoiadores para o lado de Mussolini.

Sair da Itália começava a parecer impossível. Franco disse que aceitaria Edda e os filhos, mas não Ciano; amigos sugeriram um avião particular, mas isso só se aplicaria a Ciano. Um dia ele disse a Edda, mostrando um revólver: "Você precisa atirar em mim. Olha, eu sento na cama e você atira". Edda decidiu que seria o momento de agir. Mais uma vez, seus pontos fortes – decisão, ousadia, determinação – entraram em ação. Era um pouco como se, libertada da longa ambiguidade da sua posição, agora não só pudesse tomar as rédeas dos acontecimentos como também fosse capaz de sentir e expressar emoções há muito reprimidas.

Sabia que Dollmann gostava dela e mandou uma mensagem a ele por intermédio de Candido Bigliardi, um amigo da marinha dos tempos de Xangai. As versões do que aconteceu a seguir são discordantes, mas parece que Dollmann veio falar com ela e Edda o convenceu a ajudar e que ele teria recrutado Wilhelm Höttl, um oficial da SS do Gabinete Central de Segurança do Reich. A princípio, Hitler hesitou, dizendo que poderia salvar os "parentes de sangue do Duce", mas não o traiçoeiro Ciano. Mas depois teria cedido. Um segundo encontro secreto ocorreu entre Edda e Herbert Kappler, um homem de olhos pequenos e penetrantes e cabeça ossuda, chefe da SS em Roma. Embora ninguém soubesse, não havia tempo a perder: Badoglio acabava de ordenar a prisão de Ciano.

Na manhã de 27 de agosto, enquanto sua empregada atraía o guarda postado na porta para o parque, Edda e os filhos partiram para sua habitual caminhada matinal. Ela usava um vestido de linho e sandálias, mas disse às crianças para vestirem uma camada dupla de roupas. Raimonda levou um patinho de brinquedo. Eles foram recolhidos por um carro com placas falsas e levados para a academia alemã, onde Ciano, que fugiu por um muro dos fundos e foi pego por outro carro, juntou-se a eles. Um caminhão militar os levou até o aeroporto de Pratica di Mare, onde um avião Junkers, com os motores ligados, os esperava com Höttl a bordo. Houve um momento aterrorizante durante o trajeto, quando o caminhão foi parado por um bloqueio na estrada, mas o motorista pensou rápido, apelou para sua patente e eles foram liberados. Edda e Ciano estavam com os bolsos cheios de joias e dinheiro. Na noite anterior, uma amiga de Edda foi vista saindo da casa usando um dos seus casacos de pele mais caros, enquanto um oficial alemão, disfarçado de entregador de flores, levou outros objetos de valor. Soube-se mais tarde que Höttl usou dinheiro falso para subornar os homens que guardavam os Cianos, assim como antes tinha usado grandes quantidades de dinheiro com espiões dentro do Palazzo Colonna e em outros lugares.

Edda foi informada de que o avião os levaria à Espanha, de onde poderiam ir para a América do Sul. Ao perceber que pareciam seguir uma rota diferente, foi informada de que fariam uma parada em Munique para reabastecer antes de voar até Berlim para pegar documentos falsos e de lá seguir para Madri. Fazia muito frio no avião e eles tomaram o conhaque oferecido pelos alemães para se aquecer. Porém, quando desembarcaram em Munique, um general da SS os esperava para levá-los a uma vila no lago de Starnberg, onde seriam "hóspedes" do Führer até os documentos ficarem prontos. A ansiedade diminuiu um pouco quando Ernst Kaltenbrunner, chefe do Gabinete Central de Segurança do Reich, chegou para tirar suas fotos para os novos passaportes. Ciano usou um bigode falso e seria um argentino de ascendência italiana. Edda era Margaret Smith, uma inglesa nascida em Xangai.

Em Roma, quando chegou a notícia da fuga bem-sucedida, Gabriella di Robilant escreveu no seu diário: "É certo que, ao fugir, Ciano assinou sua própria sentença de morte". Correu um boato de que Edda teria morrido de hemorragia; outro dizia que tinha se suicidado.[15] Arruaceiros fascistas locais cercaram a casa de Carolina Ciano em Ponte a Moriano e ameaçaram queimá-la viva por ser mãe "de um traidor que tinha escapado".[16]

Então, um comunicado chegou à vila no lago de Starnberg dizendo que Hitler gostaria de se encontrar com Edda – mas não com Ciano. Em 3 de setembro, ela foi levada em um pequeno avião para o quartel-general de Hitler. Houve muita turbulência e ela dividiu uma garrafa de conhaque com outro passageiro nervoso. Hitler foi acolhedor, garantiu estar trabalhando em um plano para resgatar Mussolini e que não tinha intenção de mantê-la na Alemanha contra sua vontade. Hitler já havia dito que Edda era "a mais alemã de todos os italianos". "O que fez o seu pai ter a ideia de convocar o Gran Consiglio?", perguntou. "Mein Führer, eu não faço ideia", foi sua resposta. Passou a noite no trem do Führer com Vittorio, que teve permissão para se juntar a ela depois de fugir da Itália para a Alemanha.

No dia seguinte, aniversário de 33 anos de Edda, chegaram flores de Hitler, de Himmler e de Ribbentrop. Quando reencontrou Goebbels, ficou chocada por já ter gostado dele ou o admirado. O recém-descoberto antagonismo foi mútuo. Em seus diários, o ministro da Propaganda anotou que passou a acreditar na história de que a mãe de Edda era na verdade Angelica Balabanoff, o que a tornava meio judia; isso explicava, nas suas palavras, sua "sexualidade desenfreada".

Edda voltou a se encontrar com Hitler, que mais uma vez garantiu que ela não tinha nada com que se preocupar. Para horror dos alemães reunidos, Edda acendeu um cigarro, coisa que ninguém jamais fazia na presença do Führer. Cometeu então o que, mais tarde, considerou um erro fatal. Quando de repente Hitler disse que estava confiante de que a Alemanha venceria a guerra, ela disparou: "Não! A guerra está perdida!". Acrescentou que só restava fazer um acordo de paz com pelo menos um dos inimigos do Eixo. Hitler, claramente muito irritado, discordou.[17] Ela então piorou as coisas ao pedir que ele providenciasse que o dinheiro que havia trazido da Itália fosse convertido em pesetas. Vittorio, que estava traduzindo, ficou espantado com sua franqueza. Depois de mais algumas trocas de acusações duras, Edda saiu, também enraivecida e já ponderando se o suicídio não seria a melhor opção. Ribbentrop acalmou-a um pouco, dizendo que os odiados guardas da SS dentro da vila poderiam ser substituídos por empregados e que o Führer realmente queria que a filha do seu melhor amigo fosse devidamente protegida.

Edda voltou para a vila, determinada a se convencer da boa-fé dos alemães. Os dias passaram. Nenhum passaporte chegou. De tempos em tempos, havia uma troca de guarda do lado de fora. Ela percebeu o quanto haviam sido transformados em prisioneiros quando um guarda da SS recém-chegado matou casualmente um gatinho de quem Marzio, de 6 anos, gostava e levava aonde fosse. Inquieta e mal-humorada, Edda andava de um lado para outro, agitada; Ciano parecia apático. "Ela não tinha meias-medidas, fosse em questões de amor, fosse de ódio", observou Höttl. A família se manteve unida.

Rachele continuava em Roma. Depois de muitos dias de silêncio e incerteza, tendo perdido todo contato com Edda e Vittorio, de repente foi informada de que seria levada para Rocca delle Caminate, onde se reuniria com Romano e Anna Maria. Passou por "indignidades indescritíveis" durante uma desagradável viagem de carro para o norte, tratada como uma criminosa comum e apalpada pelo general Polito, que acompanhou Mussolini até Ponza. Descobriu que Rocca havia sido vandalizada. A família foi proibida de sair do local e o telefone foi cortado. Romano, com 16 anos, passava os dias tocando piano; Anna Maria, com 14, lia.

O paradeiro exato de Mussolini continuou sendo um mistério só conhecido por um pequeno número de pessoas.[18] Correram rumores de que havia sido levado para Chipre pelos Aliados. Aterrorizado com a suspeita que os alemães estivessem planejando resgatá-lo e suspeitando de que Ponza não era seguro, o governo de Badoglio o transferiu primeiro para a remota ilha de la Maddalena, na Sardenha, depois para um hotel no alto dos Abruzos, em Gran Sasso, uma encosta rochosa cheia de fendas 2 mil metros acima do nível do mar, só acessível por teleférico. Eles tinham motivos para fazer isso, pois Höttl e seus homens estavam em seu encalço.

Em Roma, as negociações com os Aliados vacilavam, com Badoglio e o rei procedendo tão tortuosamente que os britânicos e os franceses se sentiram confusos e desconfiados. Badoglio continuou tirando uma soneca à tarde, ganhando tempo e rezando por milagres. Como disse um ativista antifascista, Badoglio havia se tornado o "mais astuto dos enganadores". Os italianos tinham sido informados de que, independentemente do que acontecesse, não seriam reconhecidos como aliados de imediato. Mas as discussões secretas para um armistício continuaram com o entendimento de que uma divisão americana de paraquedistas desceria em Roma para ajudar a defender a cidade contra a temida vingança dos alemães. Em 3 de setembro, em um olival em Cassibile, na Sicília, o armistício entre a Itália e os Aliados foi, finalmente, assinado – secretamente.

Roma, entretanto, parecia cheia de alemães, que se faziam passar por visitantes, mas tão pálidos e com um andar militar tão pronunciado que eram identificados como soldados. Houve muitas conversas entre o rei e Badoglio sobre o melhor momento para o anúncio de que um armistício fora assinado, com os italianos querendo que o pouso dos paraquedistas dos Aliados perto de Roma acontecesse primeiro. Porém, quando ficou claro que os Aliados pretendiam fazer os desembarques coincidirem com o anúncio e deixar o exército italiano enfrentar os alemães dos dois lados do Tibre, Badoglio prevaricou e pediu um adiamento. Era um blefe atrás de outro. Rudolf Rahn, um diplomata de carreira que serviu na República de Weimar e, depois, com os nazistas, chegou para tentar evitar que o rei e Badoglio mudassem de lado. Os Aliados ficaram surpresos com a má-fé e a duplicidade italiana. De qualquer forma, a essa altura tanto a invasão aliada no sul quanto o momento do anúncio já haviam sido fixados. O general Eisenhower cancelou o desembarque das tropas aerotransportadas americanas em Roma.

Às 6 horas e 30 minutos da noite de 8 de setembro, com Badoglio reclamando da precipitação dos Aliados, Eisenhower anunciou na Rádio Argel que a Itália havia assinado um armistício. Tendo desembarcado em Salerno 5 dias antes, os Aliados começaram a avançar para o norte, em direção ao que Churchill chamou de "o ventre mole da Europa". Às 19h43, Badoglio se pronunciou na Rádio Roma para confirmar o acordo conjunto, demorando menos de 1 minuto para dizer umas poucas 75 palavras. Mais uma vez, suas palavras na rádio foram ambíguas: os italianos foram instruídos a reagir a qualquer ataque, de onde quer que viesse, e ao mesmo tempo a não lutar contra os Aliados. Por um tempo, as pessoas acreditaram que fosse algum truque, mas, então, Frascati foi bombardeada. Quatrocentos italianos morreram, mas Kesselring e o quartel-general alemão não foram atingidos.

O que se seguiu foram mais caos e trapaças. Percebendo que os alemães pretendiam ocupar a Itália e se opor aos Aliados a cada passo do caminho, o rei, a casa real, Badoglio e muitos ministros saíram de Roma em um longo cortejo de veículos antes do amanhecer de 9 de setembro. Levaram criados, documentos de Estado e muitas malas cheias de dinheiro e joias. Perto de Tivoli, a bomba-d'água do automóvel da rainha quebrou e os passageiros foram transferidos a outros veículos. Os carros seguiram para Ortona, onde um barco os esperava, mas, como não podia levar todos, Badoglio teve de fazer uma seleção entre os generais que se acotovelavam freneticamente tentando embarcar.

De lá navegaram para Brindisi, onde Badoglio e o rei pretendiam estabelecer seu governo, sem se importar com o fato de estarem efetivamente condenando os italianos abandonados a se tornarem reféns do inimigo. Anos de subserviência ao fascismo suprimiram do rei qualquer vestígio de heroísmo. Ele e Badoglio não deixaram nenhuma ordem para os militares. Depois de algumas valentes tentativas de resistência nas periferias de Roma, homens muitas vezes armados apenas com espingardas de caça capitularam aos alemães, enquanto os aterrorizados romanos tentavam se tranquilizar, imaginando que os Aliados não poderiam estar longe. A notícia de que na verdade eles ainda estavam muito ao sul foi ruim, mas o pior era ver caminhões cheios de soldados alemães entrando na cidade vindos do norte e do sul e montando metralhadoras nas esquinas.[19] Logo, começaram a parar pessoas nas ruas para tirar suas joias e relógios e a invadir casas para saquear objetos de valor. Alguém escreveu numa parede: "Não queremos alemães nem ingleses. Deixem-nos chorar sozinhos". O Flora Hotel foi transformado em tribunal militar. O clima era de histeria e abandono.

Os alemães tiveram 45 dias para preparar o exército para o iminente armistício, informados por seus serviços secretos. Eles os usaram bem, protegendo o crucial passo do Brennero e trazendo divisões do norte da Itália. Agiam rapidamente para ocupar centrais telefônicas, delegacias de polícia, usinas elétricas, portos e aeroportos. O marechal de campo Kesselring, com oito divisões, assumiu o comando. Foi imposto um toque de recolher; jornais foram censurados; foram decretadas ordens para que os romanos não andassem perto de nenhum dos hotéis requisitados pelos alemães e que nenhum homem tivesse permissão para andar de bicicleta. Cartazes foram colados nas paredes dizendo que franco-atiradores, grevistas e sabotadores seriam sumariamente fuzilados. O novo locutor da Rádio Roma falava com sotaque alemão. Todas as investigações sobre ganhos ilícitos dos fascistas foram canceladas. Os cervos do zoológico foram abatidos e comidos pelos novos ocupantes, bem como os pavões do jardim da embaixada alemã. A Itália, anunciou Kesselring, era agora uma zona de guerra, sujeita à lei marcial alemã. Cidades caíram uma a uma. Teve início um reinado de terror.

As poucas e vagas ordens militares de Badoglio, destinadas a confundir os alemães, acabaram confundindo os italianos: por toda a Itália, soldados italianos nos quartéis não sabiam o que fazer. Alguns mais engenhosos escaparam, trocaram os uniformes por roupas civis e voltaram para casa com planos de organizar uma resistência. Os mais desafortunados, que ficaram nos quartéis aguardando ordens, foram logo aprisionados pelos alemães. Em poucos dias, trens começaram a rumar para o norte, levando homens para campos de prisioneiros de guerra na Alemanha. A impressionante pilhagem empreendida pelos alemães contabilizou 4.553 aviões, 15.500 veículos e 32 milhões de galões de combustível. O encouraçado *Roma*, de 3.500 toneladas, orgulho da frota italiana e que havia partido para um porto dos Aliados, foi afundado por Junkers: 1.352 marinheiros morreram afogados, junto com seu almirante. Na Cefalônia, 8.400 soldados italianos que tentaram resistir foram mortos, com seus corpos empilhados e incendiados.

Em 10 de setembro, o Comando Supremo Alemão emitiu um comunicado: "As forças armadas italianas não existem mais". A Itália tornou-se um campo de batalha entre os alemães e os Aliados, em que logo eclodiria uma guerra civil entre italianos e italianos – os seguidores fascistas de Mussolini lutando contra o número cada vez maior de resistentes –, com os alemães explorando e saqueando impiedosamente o país que ocupavam. De Brindisi, o rei transmitiu ao seu povo: "Eu sei que posso contar com vocês, assim como vocês podem contar com o seu rei até o sacrifício final". Os romanos ficaram enojados. Capri foi tomada pelos Aliados e o contra-almirante sir Anthony Morse passou a residir como governador na casa de Edda. Em Nápoles, foi oferecido um banquete ao general Mark Clark. Ele manifestou sua preferência por peixes, mas, como os barcos de pesca não podiam sair por causa das minas, pareceu que lhe foi servido o valoroso filhote de peixe-boi do aquário, cozido com molho de alho.[20]

Hitler manteve sua promessa a Edda. No frenesi de 8 de setembro, Mussolini foi esquecido pela liderança italiana. Talvez tivesse sido levado para o sul com o rei e entregue aos Aliados, conforme acordado nos termos do armistício. Porém, na verdade, o que aconteceu foi uma dramática e sofisticada operação de resgate. Em 12 de setembro, um oficial da SS de 1,87 de altura chamado Otto Skorzeny, com um rosto forte e robusto marcado por cicatrizes de duelos, ex-estudante de engenharia e amigo de Kaltenbrunner, comandou doze planadores e um avião de reconhecimento para pousar na frente do Gran Sasso, emergindo de um banco de nuvens. Apesar dos 250 carabinieri e policiais guardando o Duce, nenhum tiro foi disparado e, depois, houve especulações sobre os italianos terem sido cúmplices no resgate – talvez também no de Ciano –, temendo revelações que os dois poderiam fazer ante um tribunal de crimes de guerra. Dizia-se que o chefe de polícia, Carmine Senise, teria sugerido que um Mussolini espancado e humilhado seria melhor para a Itália que um morto, e comunicado por rádio ao Campo Imperatore para não oferecer resistência. Do hotel, o Duce foi levado para o pequeno avião, que decolou e por pouco não se chocou contra a escarpa. Mussolini foi transportado a um aeroporto nas planícies e depois para a Alemanha.

Mais cedo naquele mesmo dia, soldados alemães chegaram a Rocca delle Caminate e informaram a Rachele e aos filhos que todos embarcariam num avião para a Alemanha.[21] Ela teve 15 minutos para fazer as malas. Partiram de Forlì em um bombardeiro e precisaram mudar de rumo para evitar os aviões aliados. Rachele estava jantando no Hotel Quattro Stagioni, em Munique, quando um oficial chegou para dizer que Mussolini havia sido libertado e estava a caminho da Alemanha. Ela se encontrou com ele no aeroporto. Mais tarde Rachele escreveu que o marido estava quase irreconhecível, muito pálido, muito magro, usando botas de esqui e um casaco velho. Passaram a noite no magnífico Karl Palast Hotel, cheio de lustres e tapetes grossos, onde o quarto de Mussolini era tão impressionante que ele preferiu sair da sua rotina e dormir no quarto de Rachele. Disse a ela que, mesmo quando foi expulso do Quirinal, na tarde do dia 26, ainda não tinha ideia do que estava acontecendo. Na manhã seguinte, foi levado ao quartel-general de Hitler. Goebbels referiu-se a Rachele como *"una brava contadina italiana"*, uma corajosa camponesa italiana. O encontro entre Hitler e Mussolini, acrescentou, foi "profundamente tocante [...] um exemplo de lealdade entre homens e camaradas".

Edda soube do resgate quando voltou a Munique. Passou vários dias entre pedidos e bajulações frenéticos antes de ver o pai. Voltou do encontro aliviada, dizendo que Mussolini parecia ter aceitado que o voto de Ciano no Gran Consiglio não tinha sido um ato de traição, mas sim a expressão de um desejo de ver as coisas mudarem. Relatou que ela e o pai "se reencontraram" e que acreditava que, se as coisas corressem mal, "nós lutaríamos lado a lado".[22] Ciano ouviu, mas continuou extremamente cauteloso. A família inteira foi então se encontrar com Mussolini e Rachele no Hotel Karl Palast. Muito magra e com os olhos brilhantes, Edda estava tensa e hesitante; Ciano criticou Badoglio e negou veementemente qualquer intenção de trair o sogro. Houve um almoço muito estranho, com todos os doze membros do clã presentes, agora na Alemanha. Mussolini parecia estar se afogando em roupas grandes demais para ele. Ciano, por sua vez, estava bem-vestido num elegante terno cinza-claro e um requintado lenço de bolso. Mais tarde Rachele comentou que seu genro a lembrava de tudo o que ela odiava na "aristocracia romana corrupta".

A sala de jantar era enorme, com pinturas flamengas de animais e flores; Mussolini sentou-se numa cadeira majestosa à cabeceira da mesa. Ciano continuou a reafirmar sua inocência e lealdade; Edda falou pouco e não comeu nada; Rachele, implacável, se manifestou furiosamente, atacando o genro. Mussolini parecia curiosamente indulgente. De vez em quando, surpresos com a possibilidade de tal encontro entre um traidor e o sogro traído, oficiais alemães espiavam pela porta para assistir àquela estranha modalidade de teatro e a fraqueza da alma italiana. Uma névoa fria parecia pairar pela sala. Edda perguntou se as crianças podiam sair do recinto e um oficial da SS as escoltou para fora. "Se depois de todas as suas tristes experiências", anotou Goebbels em seu diário, "o Duce se põe mais uma vez nas mãos da filha Edda, que na verdade é uma reles e vulgar meretriz em cujas veias corre sangue judeu, não haverá como ajudá-lo politicamente."[23] Acrescentou que Hitler gostaria que Mussolini entregasse Ciano a ele para ser fuzilado imediatamente, e também que Edda fosse para uma prisão, onde poderia recuperar seu juízo. Depois daquele almoço, Vittorio escreveu: "A morte andou pelo telhado da nossa casa". No carro que os levou de volta à vila, Ciano disse baixinho a Edda: "Seu pai me disse que garantiu minha segurança com a sua própria cabeça a prêmio".

Hitler chegou a pensar em substituir Mussolini por outro *gerarca*, talvez Pavolini, ou até mesmo Farinacci – apesar de Goebbels considerá-lo um "idiota desajeitado" – e instalá-lo num novo Estado sobre o qual tivesse controle. Mas acabou propondo a Mussolini a formação de um novo governo no extremo nordeste da Itália, no pequeno vilarejo de Gargnano, no lago Garda. A cidade vizinha de Salò daria seu nome ao novo Estado, Salò ou Repubblica Sociale Italiana, do qual Mussolini gostou, pois parecia enfatizar seu lado socialista de esquerda. Apesar de toda a conversa sobre lealdade e camaradagem, os termos oferecidos pelos alemães aos italianos foram severos. Mussolini deveria continuar no Eixo; fornecer trabalhadores italianos para o esforço de guerra alemão, juntamente com máquinas e mercadorias; a Alemanha, por sua vez, anexaria as duas províncias fronteiriças de Venezia Giulia e Alto Ádige. Teoricamente, Mussolini exerceria o poder; na prática, seria pouco mais que um servo obediente, com todos seus movimentos vigiados, uma espécie de marionete, não muito diferente da situação instituída na França de Vichy. Além disso, Hitler disse a Mussolini que desejava uma punição exemplar para todos os traidores do Gran Consiglio, especialmente para Ciano, que fora quatro vezes traidor: do Eixo, do Fascismo, da Itália e da sua família.[24] Em seu diário, Goebbels anotou que Ciano era "um traidor de proporções singulares", e que aquele genro que parecia uma "bola de futebol inflada" deveria ser rapidamente eliminado.

Vários *gerarchi* conseguiram escapar para a Alemanha e esperavam a chegada de Mussolini. Farinacci e Pavolini estavam lá, assim como Maresciallo Graziani, veterano de algumas das piores atrocidades na Etiópia, e esses homens foram transferidos para o castelo de Hirschberg, na floresta de pinheiros da Baviera, para planejar o novo governo. A presença constante de uma guarda de honra alemã e de um oficial da SS, mais o fato de sua única ligação com o mundo exterior ser por meio de uma central telefônica militar alemã, era um lembrete de que deviam sua existência à tolerância dos alemães. Em 18 de setembro, Mussolini proclamou sua nova Repubblica pela Rádio Munique.

A princípio, com uma voz monótona e quase inaudível, mas depois recuperando um pouco da sua antiga vivacidade e firmeza. Após um período de "isolamento moral", declarou, voltava a estabelecer contato com o mundo.

CAPÍTULO 18

NO QUE NOS TORNAMOS?

Nem Ciano nem Edda tinham qualquer ilusão: a posição de Ciano era extremamente precária. Passaram-se os dias. Com Mussolini pondo-se em dia com seus planos políticos, Edda insistindo para que ele fizesse os alemães cumprirem a promessa de Dollmann de deixá-los ir para a Espanha e Rachele gritando com Ciano que, proibido de deixar a vila a não ser sob guarda, começava a achar que poderia estar melhor na Itália do que em prisão domiciliar na Baviera. Rachele passou a se referir ao genro como um "putanheiro arrogante". Mais tarde, Höttl descreveria viagens para fazer compras em Munique, onde Ciano continuava procurando companhia feminina entre as vendedoras. Goebbels observou que Edda estava "se comportando como uma gata selvagem [...] sempre que é contrariada, quebra pratos e móveis". Comentou que ele e Hitler haviam decidido que seria melhor mandá-la para uma "casa de correção". Seria culpa de Edda, acrescentou, se Ciano, "esse fungo venenoso", fosse aceito de volta por Mussolini. Mais tarde, Daniele Varè diria que teve acesso à cópia de uma longa carta de Ciano a Edda, anunciando que planejava se matar e explicando os passos pelos quais passou a odiar os alemães e a acreditar que a Itália precisava se salvar.

Conforme os dias se arrastavam e nenhum passaporte chegava, Ciano e Edda começaram a discutir a possibilidade de trocar os diários de Ciano pela sua segurança, e até abordaram o assunto com Höttl. Explicaram ao oficial nazista que os diários não só continham detalhes de diversas negociações diplomáticas entre líderes europeus nos anos que antecederam a guerra, muitas inesperadas e até mesmo comprometedoras, mas também lançavam uma nova luz sobre vários líderes alemães rivais que disputavam o poder, particularmente Ribbentrop. Höttl manifestou interesse. Tanto ele quanto Kaltenbrunner odiavam Ribbentrop e gostariam de desgastar sua influência.

Ciano tinha deixado os diários e outros papéis importantes com seu tio Gino, que fora secretário de Costanzo e do próprio Ciano e de quem Edda gostava muito por ter saldado suas dívidas de jogo no passado. Depois de muita irritação, Edda persuadiu os alemães a deixá-la ir a Roma para recuperar os diários. Viajou com o nome de Emilia Santos, uma enfermeira em missão na Itália, e foi acompanhada por duas integrantes da SS, também se passando por enfermeiras, e um padre. Chegou a Roma no final de setembro, esperando ficar com amigos. Poucos se dispuseram a acolhê-la, com vários graus de aspereza, cortando suas ligações. Lola Giovinelli pediu especificamente que não fosse à sua casa, para evitar "estranheza". Mas Delia di Bagno concordou imediata e calorosamente em hospedá-la, um gesto nada pequeno numa cidade em que o nome "Ciano" se tornara um veneno.

Roma tinha sido declarada uma cidade aberta, uma *città aperta*, o que a tornava teoricamente protegida de qualquer atividade militar. Na prática, os alemães andavam à vontade. O comandante, general Mälzer, governava com certa indulgência, mas o verdadeiro senhor da cidade era Kappler, chefe da SS, que usava policiais italianos como capangas. A Gestapo ordenou que a comunidade judaica pagasse cinquenta quilos de ouro, alertando que suas famílias seriam feitas reféns caso não fosse atendido. O ouro foi entregue, mas em 16 de outubro os alemães prenderam as famílias judias assim mesmo. Algumas mães conseguiram entregar os filhos a vizinhos e amigos antes de serem embarcadas em caminhões com destino aos campos na Polônia.* A Rádio Roma lançava ataques aos líderes dos Aliados, referindo-se a Churchill como um "palhaço triste", um "Mefistófeles gordo e mal-humorado" com cara de vaca; a Eden como um "bolchevique honorário" e afirmando que Roosevelt governava os Estados Unidos "com as sinagogas [...] e a bolsa de

---

* Dos 1.023 deportados, 207 eram crianças. Só 15 homens e 1 mulher sobreviveram.

valores".[1] As mulheres britânicas eram retratadas como tendo "cotovelos de couro, mãos de pugilistas, pele áspera e vozes como discos de gramofone arranhados".

Ex-fascistas saíram de seus esconderijos e agora desfilavam pelas ruas de camisas pretas, com insígnias alemãs e suásticas nos uniformes. O Palazzo Braschi, um antigo palácio papal com uma magnífica escadaria, foi transformado em um centro de tortura. Todos os grandes hotéis foram requisitados. Bicicletas foram proibidas, mas os astutos romanos as converteram em triciclos, adicionando rodas de carrinhos de bebê. Transformada numa capital sem governo, Roma virou uma cidade cinzenta, fechada, miserável, com falta de comida. O pão tinha a consistência de uma cola, parecia lama e não tinha gosto de nada.

Vários membros do "clã Ciano", seu Petit Trianon, foram presos e postos na prisão Regina Coeli.[2] "Ah! São muitas!", escreveu Gabriella di Robilant referindo-se às amantes aristocráticas de Ciano. Avisada a tempo, Isabella Colonna se refugiou na embaixada da Espanha, mas Virginia Agnelli ficou detida em San Gregorio, uma antiga escola católica para crianças de boas famílias, onde dividia um quarto com a Principessa Caetani. As refeições das madames eram mandadas de um restaurante. O príncipe Doria se disfarçou de padre; a filha alta e imponente e a mãe tingiram os cabelos louros de preto, passando-se por lavadeiras.[3]

Os antifascistas que foram tolos a ponto de passar os 45 dias de Badoglio se iludindo de que a Itália estava prestes a sair da guerra voltaram à clandestinidade.[4] Muitos se esconderam em instituições religiosas como conventos, casas paroquiais, seminários pontifícios, colégios e hospitais administrados há séculos pelo Vaticano em suas propriedades extraterritoriais. Acostumados por longos anos vivendo na clandestinidade, os que voltaram a ser perseguidos souberam se adaptar deixando a barba crescer, usando óculos e chapéus. Apesar de os alemães saberem muito bem o que acontecia, a imunidade do Vaticano foi em grande parte respeitada e, com o passar das semanas, cada vez mais e mais ex--soldados, judeus, industriais, príncipes e escritores se refugiaram dentro de suas muralhas, atrás de limites bem guardados.

Na basílica de San Giovanni in Laterano, os líderes da oposição refugiados faziam suas reuniões na sacristia, com um rádio escondido no porão. Em um dos colégios do Vaticano, mil pessoas ocupavam um espaço construído para duzentas. A família Carandini conseguiu encontrar refúgio não só para os membros da família como também para trinta valiosas vacas frísias e três touros, que de outra forma teriam sido confiscados pelos alemães. O que aconteceu nos meses seguintes foi um jogo de total ambiguidade, com os alemães vigilantes e o Vaticano mantendo seu status respeitado e impedindo uma insurreição antes da chegada dos Aliados. Roma tornou-se terra de ninguém, onde tudo podia ser comprado e vendido, com os alemães despojando a cidade de suprimentos, recursos, alimentos e o ouro da Banca d'Itália e mandando jovens para campos de trabalho na Alemanha. A Cinecittà foi saqueada, com seus estúdios transformados em depósitos para o exército alemão. De tempos em tempos, Pio XII aparecia em sua janela na praça de São Pedro para rezar e consolar os fiéis, entre eles muitos soldados alemães.

Edda chegou a Roma no início de outubro. Gino tinha enterrado alguns papéis de Ciano sob uma árvore no jardim da sua casa em Ponte a Moriano, perto de Lucca. Com o fiel Emilio Pucci como motorista, Edda dirigiu até lá para buscá-los, só para descobrir que tinham desaparecido. Carolina, sua sogra, sugeriu pagar uma recompensa pelo que chamou de "papéis da família" desaparecidos e, na manhã seguinte, foram deixados no portão. Outros papéis, inclusive as anotações de Ciano sobre conversas com Ribbentrop e um arquivo chamado "Germânia", foram recuperados de um esconderijo em Roma. Edda escreveu com gratidão que Delia di Bagno tinha se tornado sua "cúmplice" e fazia tudo o que podia para ajudar.

O apartamento da Via Angelo Secchi estava lacrado pela polícia. Edda chamou mais uma vez seu amigo da marinha, que mandou um marinheiro forte que conseguiu arrombar a porta e recuperar outros objetos de valor. Algumas joias que deixou com amigos foram devolvidas, mas alguns se recusaram se encontrar com ela para fazer o mesmo.[5] "Edda estava deprimida", lembrou Umberto Zanotti Bianco, amigo da família e também antifascista. "Dizia coisas horríveis sobre a Alemanha e falou que pretendia defender o marido e ficar ao lado dele." Depois disso, Edda foi para Rocca delle Caminate, onde Mussolini havia chegado, acompanhado por uma escolta especial da SS fornecida por Hitler, para continuar as conversas sobre a criação do seu novo governo, onde podia ser visto andando inquieto de um lado para o outro no grande salão, às vezes parando para olhar os Apeninos ao longe. Constatou que nem todos os seus ex-ministros e amigos atendiam às suas ligações. Os encontros de Edda com o pai eram afetuosos até ela falar de Ciano, suplicando por proteção ao pai dos netos dele; Mussolini reagia friamente. Disse que seria bom ela se internar numa clínica para "curar seus nervos em frangalhos". Rachele continuou hostil e implacável.

Edda estava de volta a Roma quando, em 19 de outubro, soube que Ciano, informado de que poderia retornar à Itália para se alistar como piloto da nova república de Mussolini, tinha voltado para Verona. Foi acompanhado por soldados da SS fortemente armados e pairam dúvidas sobre se ele se ofereceu ou foi coagido. Antes de partir, deixaram que se despedisse dos filhos. "*Ciao, bambini*", falou.[6] "Não nos veremos por algum tempo." As crianças não disseram nada. Então ele disse a Fabrizio: "Ciccino, sempre se comporte com honra". Ficaram olhando em silêncio quando ele foi levado embora.

Quando o avião pousou em Verona, os guardas da SS, sem dizer nada, entregaram-no à milícia italiana que aguardava no aeroporto. Mais tarde, Ciano diria que, ao olhar para os rostos rígidos e impassíveis dos alemães ao redor, "tive a sensação imediata de ter cometido um erro enorme e irreparável", que para continuar no poder "esse maldito Mussolini não vai hesitar nem por um momento em oferecer minha cabeça numa bandeja de prata a Hitler".[7] Ciano foi levado direto para a prisão de Scalzi, um antigo convento carmelita.

Usando um turbante de malha bege, um casaco de pele de coelho e meias de lã vermelhas, Edda partiu imediatamente para ver o pai. Invadiu uma reunião de *gerarchi*, olhou fixamente para cada um e disse a Pavolini que não era momento de guardar rancor contra seu ex-amigo. "Rancor?", replicou Pavolini. "Ele merece muito pior." Edda levantou-se de um salto, derrubou a bolsa no chão e exclamou: "Eu tenho a sensação de que o pior ainda está por vir e será o pior para todos, você vai ver". O secretário de Mussolini, Giovanni Dolfin, mais uma vez ficou impressionado com a semelhança dela com o pai, principalmente quando jogava a cabeça para trás e olhava para a pessoa a quem se dirigia, esperando uma resposta, cheia de desdém e impaciência. Edda anunciou amargamente ao grupo reunido que agora sentia vergonha de ser italiana. Antes de partir, passou 2 horas sozinha com Mussolini, que a informou de que haveria um julgamento dos traidores de 24 de julho; mas, acrescentou, tudo correria bem.

Pela primeira vez em 82 anos, a Itália voltou a ser um país dividido: um reino com um "*piccolo Quirinale*" no sudeste sob Badoglio e o rei, governando quatro províncias; uma nova república fascista no nordeste; e o restante da Itália um campo de batalha, onde os Aliados abriam caminho para o norte e lutavam contra a resistência dos alemães.

Quando chegou o momento de tomar posse do seu Estado de Salò, Mussolini foi a Gargnano antes de Rachele e os filhos para se instalar na Villa Feltrinelli, uma bela casa com piso de mármore rosa, colunatas e uma pequena torre no meio de um pomar de oliveiras.[8] Os cinegrafistas da LUCE, que também se transferiram para o norte, filmaram o Duce com um belo e novo uniforme militar. Foram montados escritórios na vizinha Villa delle Orsoline, e trinta homens de Romagna foram recrutados para substituir os guardas alemães de Mussolini. Mas os alemães não se afastaram. Rudolf Rahn, que havia servido na França de Vichy e visto como fazer um governo fantoche funcionar, chegou de Roma como o emissário pessoal de Hitler, "não só para transmitir a Hitler os intermináveis problemas e queixas de Mussolini", mas para ficar de olho "nesse experimento pouco auspicioso de fantoche político". Rahn era um homem grande e pesado, de olhos muito claros e sobrancelhas espessas, seco e autoritário. Também era próximo de Ribbentrop. Mussolini ficou muito irritado ao descobrir que demorava menos de 1 hora para que tudo o que dissesse e fizesse fosse comunicado a Berlim.

Algumas semanas depois, Rachele viajou com Romano e Anna Maria, logo seguida por Vittorio e família, a viúva de Bruno e a filha. O observador Dolfin ficou impressionado com a intensidade com que Rachele conservava o comportamento e a aparência de uma camponesa romagnola: dinâmica, enérgica, impulsiva, obcecada por limpeza e ordem e totalmente avessa a frivolidades. Romano foi matriculado em um liceu próximo, e Mussolini às vezes ia de bicicleta para a escola com ele. Os novos ministros se acomodaram onde houvesse espaço – com refugiados das cidades bombardeadas ocupando todas as casas – e, por algum tempo, o MinCulPop funcionou em um vagão de trem numa linha férrea abandonada. A maior parte da nobreza ficou em Roma, mas algumas esposas e amantes seguiram seus *gerarchi* para o norte, alugaram vilas e passavam suas tardes jogando bridge. Mussolini mal havia se acomodado quando Edda apareceu, como uma das Fúrias, discutindo ferozmente com o pai e suplicando para ele intervir em favor de Ciano, antes de retornar a seu refúgio em uma clínica em Ramiola, ao sul de Parma. Para sua irmã Edvige, Mussolini disse que não conseguia entender por que Ciano simplesmente não se absteve de votar naquela noite do Gran Consiglio.

Claretta também optou por seguir seu Ben, chegando antes de Rachele. Libertada da prisão por uma intervenção de Mussolini, instalou-se na Villa Fiordaliso, uma construção rosa de quatro andares, onde Mussolini a visitava duas ou três vezes por semana. Os moradores locais a apelidaram de Villa dei Morti, pois ninguém nunca via alguém chegando ou saindo.

O lago Garda e a nova Repubblica Sociale Italiana acolheram os mais duros e intransigentes dos antigos *gerarchi*. O tremendamente corrupto Guido Buffarini-Guidi, que fez fortuna vendendo documentos falsos para judeus, foi nomeado ministro do Interior; Alessandro Pavolini tornou-se o novo secretário do Partido Fascista. Vittorio recebeu a tarefa de estabelecer uma rede de colaboradores leais, mas era considerado arrogante e incompetente pelos colegas. Como comentou Dolfin, era um "garotão forte" convidado a jogar um jogo cujas regras não conhecia.[9] Rachele, ocupada no restabelecimento de sua própria rede de espiões e informantes, logo conseguiu que Dolfin fosse substituído por Vittorio como secretário de Mussolini. Também comprou galinhas, coelhos e uma vaca. O imenso arquivo de Mussolini, apreendido por Badoglio após o golpe e despachado para o norte, desapareceu misteriosamente. Na sua bandeira, Salò usou as tradicionais cores vermelha, branca e verde, mas, no lugar das armas de Savoy, havia uma águia segurando os fasces com as garras.

Complôs e conspirações vicejavam. Giovanni Preziosi, o ex-padre antissemita responsável pela primeira edição italiana dos *Os protocolos dos sábios de Sião*, mandava anotações sobre Mussolini e seu círculo a Berlim. Como observou Goebbels, Mussolini parecia não ter aprendido nada: continuava cercado por "traidores, maçons e defensores de judeus", com Vittorio desempenhando um papel "odioso", não por falta de caráter, mas por pura burrice. Astutamente, porém, o Duce deixou claro que pretendia continuar o trabalho de investigação sobre os lucros ilícitos obtidos pelos *gerarchi*, de modo a conhecer seus podres e ter alguma influência sobre eles.[10] As histórias das especulações e do tráfico de Guido Buffarini-Guido logo chegaram à sua mesa. Pavolini ficou indignado quando seus próprios ilícitos se tornaram conhecidos.

Dois oficiais alemães vigiavam Mussolini o tempo todo de perto, e os alemães controlavam sua central telefônica com o mundo exterior. Participavam das reuniões e inspecionavam tudo o que saía do seu gabinete, bem como os jornais e a estação de rádio que transmitia de Salò. Quando Mussolini, humilhado e injuriado, mandou Vittorio a Berlim para reclamar, Ribbentrop respondeu que os italianos fariam melhor provando sua boa-fé com uma "ação vigorosa contra a traição e o derrotismo".[11] Acompanhando de Roma os acontecimentos na República de Salò, Gabriella di Robilant observou: "No que nos tornamos? Que calamidade. Que vergonha".

Mussolini anunciou que pretendia seguir duas políticas: retornar ao seu antigo radicalismo socialista, nacionalizando a indústria italiana, e criar um exército republicano com os soldados italianos agora presos na Alemanha. Os alemães vetaram as duas medidas, mas acabaram concordando, com muita relutância, em recrutar quatro divisões italianas e treiná-las eles próprios, na Alemanha. Fizeram poucos esforços para esconder que consideravam Salò útil para ajudar a governar a Itália e como fornecedor de produtos químicos, bens industriais e alimentos; mas não muito mais do que isso. Para contrariedade de Mussolini, o Vaticano se recusou a reconhecer seu novo Estado; o mesmo fizeram a Suíça, a Turquia, a Argentina, a Espanha e Portugal.

No final de outubro, o frenético Pavolini tinha arregimentado 25 mil membros num recém-constituído Partido Fascista, afastando todos os que haviam flertado com Badoglio, bem como os "plutocratas, os ricos e os *nouveaux riches*". Velhos obstinados afluíram a Salò, enchendo as cidades do norte com milícias, exércitos particulares, mercenários, aventureiros, todos furiosos e com a intenção de caçar e punir os "inimigos da Itália e do fascismo". Poucos intelectuais atenderam ao apelo, entre eles o filósofo Giovanni Gentile e o futurista F. T. Marinetti. Pavolini apregoava um retorno à verdadeira alma do totalitarismo: combativo, de aço e implacável.

Em 10 de novembro, foi realizada uma conferência em Verona, então uma cidade-fortaleza de nazistas e fascistas, com um grande arsenal e uma prisão, onde Ciano era o prisioneiro número 11.902. O plano era lançar as bases do novo Estado italiano. As reuniões foram previsivelmente caóticas, algumas pedindo a abolição da propriedade privada, outras pedindo que todos os cidadãos portassem uma arma. A "decadência da monarquia" foi ruidosamente ridicularizada e o rei foi definido como "traidor e fora da lei". Houve muitos debates sobre os judeus, tanto italianos como estrangeiros, e ficou decidido que seriam considerados "inimigos do povo". Foram detidos, aprisionados e, afinal, deportados. A tensão aumentou quando chegou a notícia do fuzilamento de um importante fascista em Ferrara, resultando em insistentes clamores de vingança. Uma expedição punitiva foi imediatamente despachada para lá, onde onze cidadãos foram presos e fuzilados ao acaso. Seus corpos foram cortados em pedaços, dando início ao tom bárbaro e frenético dos meses seguintes.

Os cerca de cem delegados finalmente elaboraram um manifesto de dezoito pontos, mas todos pareciam muito mais interessados em como conduzir uma guerra contra os rebeldes e os vira-casacas e, sobretudo, no que aconteceria com os dezenove traidores de 25 de julho. Houve uma votação aprovada por unanimidade para a criação de um Tribunal Especial para levá-los a julgamento e puni-los.[12] Um coro de vozes cantava: "*A morte Ciano! A morte Ciano!*". Pavolini, outrora criatura de Ciano, dócil e servil, mas agora jacobino em sua pureza severa e quase mística, era quem clamava mais alto por justiça.

CAPÍTULO 19

CUMPRINDO COM SEU DEVER

Mussolini garantiu que Edda teria permissão para ver Ciano. Ela voltou a Verona e foi até o Carcere degli Scalzi, onde o diretor italiano a princípio relutou em deixá-la entrar, mas, enfim, concordou em levá-la até a Cela 27. Um velho *squadrista*, Luigi Chinesi, foi escalado para ficar com eles. Edda conseguiu falar baixinho para Ciano que os diários estavam seguros. Ciano pediu que ela providenciasse o envio da sua bagagem que estava na Alemanha, junto com seu Collare dell'Annunziata. Edda teve permissão para voltar no dia seguinte, e mais uma vez, 5 dias depois, quando os dois falaram sobre os filhos. Foram muito carinhosos um com o outro. A mulher cujo casamento foi marcado por inúmeros casos amorosos e uma camaradagem amigável, porém distante, parecia estar descobrindo um novo tipo de paixão. Era como se, tendo se protegido por tanto tempo dos muitos casos do marido atrás de um muro de indiferença, agora sentisse que poderia realmente amá-lo. A languidez e o olhar frio com que costumava observar o mundo ao redor desapareceram, substituídos pela afeição e uma sensação de urgência.

Hildegard Beetz, de 22 anos, trabalhava como secretária de Wilhelm Höttl na época da fuga dos Cianos de Roma, recém-casada com um major da Luftwaffe. Era pequena, de cabelos castanhos, romântica, inteligente e bem-vestida. Por sempre parecer tão alegre, Kaltenbrunner, o chefe dos serviços secretos, a apelidou de Felicitas. Quando Höttl ouviu falar dos diários, ainda antes de Ciano voltar para a Itália, ele mandou Beetz à vila no lago de Starnberg para ver o que mais ela poderia descobrir, já que falava italiano muito melhor do que ele. Sua primeira impressão de Ciano foi que era vaidoso, frívolo e muito convencido, embora fisicamente bem atraente. Mas viu em Edda uma má esposa e má mãe.

Mas Frau Beetz logo se afeiçoou a Ciano, dizendo que ele era "*un uomo solo*", um homem sozinho, que precisava de apoio. Se ela se apaixonou por ele, como alguns mais tarde afirmaram – e ela mesma tanto afirmou quanto negou –, é impossível saber. O que se sabe, no entanto, é que, quando Ciano foi preso, ela se aliou a Edda em sua batalha para salvá-lo. Enviada a Verona por Höttl para descobrir uma forma de obter os diários, agora nas mãos de Edda, acabou se tornando sua intermediária. Quando necessário, mentia para seus superiores se achasse ter informações que pudessem prejudicar Ciano. Quando um colega de escola de Ciano, Zenone Bernini – que se entregou à polícia para sua família não ser feita refém –, chegou como prisioneiro em Le Scalzi, Ciano disse a ele que todos sabiam que Hildegard era uma espiã, "mas ela é minha espiã".

Depois das três primeiras visitas, Edda teve sua permissão para visitar Ciano negada até 27 de novembro, após o que foi a Gargnano para reclamar com o pai que o marido não tinha permissão para sair da cela, nem mesmo para se exercitar. Mussolini ficou surpreso e disse que iria averiguar. Dolfin, que estava presente, descreveu Edda naquele dia: "Desgrenhada, pálida, magra, parecendo ter muita dificuldade para esconder sua agitação [...] Ela está sofrendo e sua natureza impulsiva precisa de uma válvula de escape". Após sua visita a Ciano em 27 de novembro, Edda foi totalmente proibida de entrar na prisão, sem nenhuma explicação. Na guarita, os homens faziam piadas depreciativas e vulgares sobre ela. Ela batia nas portas, se enfurecia e implorava, mas sem sucesso. Ao interceptarem uma furiosa carta acusatória escrita por Edda ao pai, Hitler e Goebbels se perguntaram: "Que tipo de educação o Duce pode ter dado à filha para ela escrever uma carta como esta?".

Edda continuava morando na clínica de Ramiola, com o nome de Emilia Santos. Fabrizio, Raimonda e Marzio estavam na Alemanha, e ela temia que Hitler os mantivesse como reféns. Dolfin escreveu para dizer que Mussolini queria que ela se mantivesse muito atenta às crianças, para que elas não "fossem expostas a atos hostis". Preocupada, Edda pediu a Vittorio que as levasse para a Itália.¹ Vittorio dirigiu até Berlim, onde conheceu um subsecretário de Relações Exteriores durante um ataque aéreo num bunker, embaixo do Adlon Hotel. Foi informado de que as crianças não teriam permissão para deixar a Alemanha. Quando voltou a Ramiola para contar a Edda, ela o repreendeu. "Você me prometeu", continuou repetindo. Vittorio sempre teve um pouco de admiração por sua irmã mais velha. Engatou um trailer na traseira do carro e partiu mais uma vez para Berlim. Dessa vez, explicou ao subsecretário que Mussolini precisava ter os filhos e netos por perto, que a família reunida era importante para os italianos e os tornaria mais resignados com a presença dos ocupantes alemães. O subsecretário aceitou a história, um tanto relutante, e providenciou gasolina para a viagem de volta. Vittorio e os três sobrinhos, com a bagagem no trailer, partiram imediatamente para a Itália. Continuaram dirigindo até Bolzano, onde ficaram detidos por um pesado bombardeio americano, com as crianças se encolhendo enquanto as explosões enchiam o céu acima. Edda ficou extremamente aliviada ao vê-los, deu seu beijo formal em cada filho, agradeceu a Vittorio e começou a planejar uma fuga para a Suíça. Apesar de toda a sua emoção recém-descoberta, o alívio não incluía demonstrações de afeição física.

A pessoa que recrutou para ajudá-la foi o fiel Pucci. Eles organizaram a fuga das crianças meticulosamente, passando vários dias dizendo em voz alta na frente da equipe e dos outros pacientes da clínica que pretendiam passar o Natal com Carolina Ciano em Varese. Não havia tempo a perder. Certa noite, um dos primos mais fanáticos de Pucci chegou à clínica ameaçando sequestrar Edda e fazê-la pagar pela traição de Ciano. Ela só teve tempo de se esconder.

Em 9 de dezembro, Pucci levou as três crianças de Ramiola para Milão.² Dois amigos da família, um dos quais morava em Como, perto da fronteira com a Suíça, levaram as crianças para conhecer um contrabandista. Edda não tinha dinheiro vivo, mas concordou em pagar a travessia com suas joias, incluindo o broche presenteado pelo rei e a rainha no dia do seu casamento. Passaram uma noite na cabana de um pastor, com Raimonda encolhida num grande berço. Na noite do dia 12, aniversário de 10 anos de Raimonda, eles passaram por baixo do arame sob uma lua cheia, de mãos dadas. A polícia suíça estava à espera, só avisada sobre algumas crianças, e acenou para elas do lado suíço. Elas ganharam chocolate, que Marzio, com 5 anos, disse mais tarde nunca ter visto antes.

Depois de uma noite na residência do bispo de Lugano, foram levados a um convento na aldeia vizinha de Neggio e adotaram novos nomes. Fabrizio, de 12 anos, tornou-se Jorge; Raimonda virou Margarita; e Marzio, Pedro. O novo sobrenome seria o da mãe, Santos. Agora Edda estava livre para concentrar todas as suas energias em salvar Ciano, que ficara na Itália. Carolina, sempre extremamente crítica com sua nora errante, admitiu que nunca pensou que Edda pudesse ser tão dedicada e obstinada.

Em 18 de dezembro, Edda dirigiu até Gargnano para confrontar o pai mais uma vez.[3] Ele a recebeu no seu gabinete, como se quisesse sublinhar que o destino de Ciano não era um assunto de família. Toda a admiração de Edda pelos alemães havia desaparecido. Por 2 horas, as pessoas na antessala ouviram-na repreendendo o pai por se tornar um lacaio de Hitler e tentando, com todos os argumentos que conseguia pensar, convencê-lo a intervir no julgamento a seguir. No mínimo, argumentou, isso provaria que ele ainda tinha algum controle sobre os acontecimentos. Mussolini alternou entre o silêncio e a raiva. Bateu várias vezes os punhos na mesa. A certa altura, Edda falou: "Você está louco. A guerra está perdida. Os alemães estão acabados". Quando saiu, furiosa, ouviram-na dizer: "Está tudo acabado entre nós, acabado para sempre, e se você se ajoelhar na minha frente morrendo de sede e implorando por um copo de água eu vou derramar a água no chão diante dos seus olhos". Dolfin, mais uma vez vendo sua partida, pensou em como Edda podia ser formidável e no quanto devia ter deixado outras mulheres ciumentas e ressentidas. Ela "defendeu o marido com todas as suas forças [...] sozinha, em uma atmosfera de hostilidade". Considerou sua aparência "desleixada" e disse que ela estava ainda mais pálida e mais magra, agora parecendo incapaz de manter sua habitual máscara de indiferença.

Mussolini encontrava-se numa posição impossível. O interrogatório dos prisioneiros em Verona tinha começado alguns dias antes e ele foi informado de que Ciano estava jogando toda a culpa pelas desastrosas decisões da política externa da Itália no sogro. Ao aceitar a oferta de Hitler de ajudá-lo a instituir o novo governo de Salò, Mussolini disse a si mesmo que seria capaz de mitigar o tratamento cada vez mais predatório e severo da Alemanha aos italianos. Mas para isso teria que parecer forte. Agora poderia estar achando que, se mostrasse fraqueza, Hitler o deporia e arrasaria a Itália. Mussolini parecia mais velho, abatido física e mentalmente, dormia pouco e tinha cólicas constantes. Sua pele estava amarelada. Novos exames confirmaram uma úlcera duodenal. Hitler mandou seu médico pessoal, Georg Zachariae, que mudou sua dieta, eliminando os 2 litros de leite que tomava todos os dias e substituindo-os por frutas, peixe e muitas vitaminas. Seu paciente, observou o médico alemão, estava "um ruína, evidentemente à beira da cova".[4] Em 1937, Mussolini disse a um visitante: "Nunca conheci a delicadeza, a serenidade que vem com uma infância feliz: é por isso que sou amargurado, fechado, duro, quase selvagem". Agora sentia-se totalmente sozinho. Os dias se passaram em silêncio, com longos períodos de tristeza e desalento. Graves e silenciosos, ministros iam e vinham. Mussolini sempre odiou lagos, e olhava com desagrado para as águas ainda cinzentas do lago Garda.

O Natal foi uma ocasião triste que não melhorou quando Romano, que saiu pelo lago com alguns soldados italianos, não voltou. Uma tempestade desabou e equipes de resgate foram despachadas para procurar o barco desaparecido. Romano estava a salvo, pois os soldados encontraram um porto seguro para ancorar; mas se passaram 24 horas até ele voltar a seus pais frenéticos.

Mussolini sabia que Ciano era odiado por todos, pelos fascistas, que o culpavam por derrubar o governo, e pelos alemães, que o responsabilizavam por semear sentimentos anti-Alemanha. Em 10 de dezembro, Mussolini declarou ao jornalista Carlo Silvestri, referindo-se ao julgamento por vir, que Edda não conseguia entender sua posição. "Eu não estive envolvido, não estou envolvido e não vou me envolver." A justiça deve seguir seu curso. Em uma anotação sem data feita de próprio punho, escreveu: "Seria bom se Ciano soubesse que, apesar de tudo, eu não o abandonei". Exatamente o que o Duce quis dizer com essas palavras não está claro. E por trás de seu agonizante dilema havia um fato simples: Edda não era apenas sua filha favorita, mas uma das poucas pessoas, talvez a única, de quem se sentia realmente próximo. Ele a amava de uma forma que nunca havia realmente amado os outros filhos; ou talvez nem mesmo Rachele.

Ainda proibido de se exercitar, a vida de Ciano na prisão melhorou muito com a presença de Frau Beetz, que chegava quase todas as tardes às 2 e ficava com ele 5 ou 6 horas. Jogavam cartas e xadrez, faziam chá, torradas e castanhas assadas num fogão a lenha que lhe era permitido quando esfriava e sua asma brônquica voltava; enquanto ele lia, Frau Beetz ficava sentada em silêncio. Quando conversavam, Ciano podia falar livremente, dizendo o quanto sempre desconfiara dos alemães e o quanto passara a desprezar Mussolini e Rachele. Fossem quais fossem os verdadeiros sentimentos de Frau Beetz por Ciano, a posição em que se encontrava era excitante e romântica. Edda confiava nela.

O Carcere degli Scalzi estava lotado com outros conspiradores, embora a maioria tivesse evitado ser preso.[5] Tullio Cianetti, ministro das Corporações que, depois da reunião do Gran Consiglio, escreveu uma carta cheia de pesar e desculpas a Mussolini, foi preso, seguido por Carlo Pareschi. Pareschi, um amigo de Balbo, que parecia um guerreiro medieval, estava ausente da câmara quando a moção de Grandi foi lida, mas, quando voltou, ouviu os outros votarem *"Si"* e pensou que deveria fazer o mesmo. Starace também foi preso, embora não estivesse presente no Gran Consiglio, e agora passava os dias correndo de um lado para o outro no corredor para se manter em forma e escrevendo cartas suplicantes a Mussolini, que não respondia. Os prisioneiros foram estritamente proibidos de se encontrar. Certa noite, um grupo de oficiais alemães bêbados, brandindo pistolas e trazendo prostitutas, invadiu a prisão exigindo ver "o famoso traidor". Puxaram as cobertas de Ciano, que dormia, uma das prostitutas fez uma falsa reverência e um dos oficiais apontou uma arma para a cabeça de Ciano gritando: "Bum! Bum!". Giovanni Marinelli, o mais velho dos chamados conspiradores, ouviu o barulho, gritou por socorro e caiu de joelhos.

Durante um de seus tempestuosos encontros, Edda disse a Mussolini que bastariam apenas dois homens determinados para libertar Ciano. Não demorou muito para suas palavras serem transmitidas por espiões a Berlim, e os graduados oficiais alemães em Gardone foram duramente repreendidos por terem permitido que Edda tivesse acesso ao pai. Outra figura um tanto enigmática chamada Wilhelm Harster, um bávaro baixo e inteligente de mãos grandes, pele envelhecida e meio manco, que era o chefe da Gestapo na Itália, se interessou pela questão dos diários. Temendo qualquer tentativa de resgate de Ciano, oficiais da SS foram enviados para ficar de guarda na porta da cela de Ciano. Revezando-se em turnos, os homens jogavam cartas numa mesa com cadeiras no corredor. Tinham ordens de atirar para matar se detectassem problemas. Quando Ciano os viu chegar, disse a Mario Pellegrinotti, um dos guardas com quem fizera amizade: "Ai! Ai! Isso cheira a morte".

Edda não teve permissão para voltar à prisão. Ciano escreveu para dizer a ela que a comida era razoável e que ele "lia, lia, lia [...] Eu penso muito em você. Com esperança e com tristeza [...] e sempre com uma saudade infinita". Edda respondeu: "*Gallo mio*, fique calmo e sereno e acredite em mim quando digo que não só sinto uma profunda solidariedade pelo que está passando, como também uma certeza absoluta de que, se a justiça existe, tudo vai dar certo no final". Em 8 de dezembro, Ciano disse a Edda o quanto queria vê-la, mesmo que só por meia hora, para ela lhe dar forças. "O tempo nunca passa. Realmente, o tédio é um inimigo invencível." Em 14 de dezembro, ela respondeu. As crianças estavam bem. "Sei o quanto você deve se sentir triste, mas continue forte. Estou sempre perto de você." Os dois nunca tinham parecido tão próximos. Uma carta escrita no dia 17 foi triste. Chovia, o céu estava cinzento e as árvores nuas. Mais uma vez, Edda não conseguiu visitar o marido na prisão. "Estou vivendo uma vida normal porque não quero que as pessoas vejam no meu rosto que estou sofrendo. Dias horrendos virão e devemos ser como ferro para resistir." O dia 18 de dezembro foi o aniversário de 6 anos de Marzio; já fazia 2 meses que Ciano não via os filhos. "É como o preto e o vermelho na roleta", escreveu a Edda. "Tudo depende de onde a bola para. Tudo em que acredito agora é no destino. E eu o aceito."

Depois de uma estada de duas semanas em Berlim, Frau Beetz voltou a Verona, deprimida. As notícias sobre as intenções dos alemães em relação aos conspiradores não eram boas, apesar de terem resolvido recuar e deixar aquelas questões para os italianos, assegurados pelo impiedoso Pavolini de que o julgamento seria breve e com o resultado certo. Rahn foi instruído a não intervir. Ciano disse a Frau Beetz que estava se preparando para a morte. Passava os dias corrigindo e editando uma introdução para os seus diários e escrevendo cartas a Mussolini e a Churchill, culpando "um homem apenas" – Mussolini – por levar a

Itália ao abismo por "uma túrbida ambição pessoal". Disse a Churchill que havia feito arranjos para seus diários e vários documentos a serem entregues aos Aliados. Disse que iriam revelar tudo. Para Edda, escreveu que estava achando o ócio e o tédio "esmagadores, sutis, penetrantes, invencíveis" e profundamente humilhantes, já que em nenhum outro momento da sua vida ficara sem ter nada para fazer. E acrescentou: "Penso em você sempre com muito amor".

O Natal sempre foi uma boa ocasião para os Cianos, que nunca deixaram de passar a data juntos. No dia de Natal, o capelão da prisão, dom Giuseppe Chiot, foi autorizado a usar uma mesa como altar no corredor, e os presos acompanharam a missa das celas. Naquela manhã, Edda chegou a Verona, decidida a ver Ciano. Bateu em todas as portas, ligou para Mussolini, mas não conseguiu falar com ele e, ao anoitecer, não tinha feito nenhum progresso. Resolveu ir até a prisão. O diretor, Sergio Olas, era um homem cortês e compreensivo, mas não podia fazer nada. Então, lembrou que Frau Beetz estava com Ciano e a chamou.

As duas mulheres conversaram, deram-se as mãos, e Edda entregou um buquê de flores para ela dar a Ciano, junto com uma caixa de bolos, um frasco de sua colônia favorita e uma carta. Também deu um frasco de cianureto, pedido por Ciano e obtido com alguma dificuldade numa farmácia de Ramiola. Em troca, Frau Beetz deu a Edda seis novas páginas manuscritas para acrescentar aos diários. A carta de Edda ao marido dizia: "De resto, nem paredes nem homens podem me impedir de estar sempre perto de você. Não devemos chorar. Não é mesmo, *Gallo*, que não devemos e, acima de tudo, não devemos ser vistos chorando". Mesmo nessas circunstâncias, a determinação de toda a vida dos Mussolinis de não mostrar nenhuma vulnerabilidade não enfraqueceu. Mas, quando recebeu a carta, Ciano chorou. Para a mãe, Ciano escreveu que nunca pensou que Edda teria feito tanto por ele.[6] Disse que ela havia se revelado "uma esposa excepcional. Uma mulher excepcional".

Edda foi uma última vez a Gargnano, onde teve uma briga final furiosa com Mussolini; ela o chamou de Pôncio Pilatos. O pai disse que o julgamento estava totalmente fora de suas mãos. Tendo conhecido e admirado o pai a vida toda por sua força e poder, nunca questionando sua capacidade de controlar o mundo ao redor, Edda não acreditou. Antes de deixar a Villa Feltrinelli, Rachele gritou para ela que, de todos os traidores, Ciano era sem dúvida o mais vil. No dia 27, em resposta a uma carta de Ciano lamentando o fato de não sair da cela há mais de 70 dias, Edda respondeu com uma carta severa, mas carinhosa: "Fique calmo e não se deixe vencer pelo desconforto e pelo tédio. Saber lidar com o tédio é uma arte". Parecendo um tanto reconfortado, ele respondeu que o que mais sentia falta era do ar fresco e das visitas dela. "Querida, adorada, Deda, penso em você o tempo todo."

Claretta já tinha culpado o "vil, imundo, [...] falso" Ciano por ter sido o "principal ator" na conspiração para derrubar Mussolini, afirmando que Edda, ao ficar ao lado do marido, não merecia nenhuma piedade, mesmo se mostrando agora penitente e suplicante. Disse também que Edda era uma traidora infame. Porém, com a aproximação do julgamento, Claretta pode ter tentado intervir, escrevendo uma carta a Mussolini, embora haja algumas dúvidas sobre sua autenticidade. "Ben, salve este homem. Mostre aos italianos que você ainda é senhor da sua própria vida." Ao saber sobre o que ela fizera, Ciano escreveu a Claretta: "A sentença é uma conclusão previamente determinada, mas vou garantir que a verdade seja conhecida". Acrescentou que pretendia provar aos filhos que não era um traidor.

Em 30 de dezembro, Edda escreveu mais uma vez a Ciano. "Eu só tenho um desejo para o Ano-Novo: que você seja libertado e que ninguém nunca mais ouça falar de nós. *Gallo*, meu querido, eu o abraço com infinita afeição, e as crianças também. E ainda sou como você me conhece". Era uma mulher bem diferente daquela dos dias frios e reservados.

O julgamento foi marcado para 9 de janeiro. Em 28 de dezembro, a caminho de Scalzi, Frau Beetz foi ver Wilhelm Harster, o chefe da SS, agora alocado em Verona, alertou que, se Ciano fosse executado, Edda entregaria imediatamente todos os seus papéis aos Aliados, com possíveis danos graves aos alemães e até ao próprio Hitler. Harster se mostrou cético, mas concordou em enviar um telegrama codificado para seu superior, Kaltenbrunner, que o levou a Himmler. Os dois proeminentes nazistas concordaram em que os diários poderiam ajudá-los a desacreditar Ribbentrop e decidiram por uma missão de resgate para levar Ciano para o exterior. E assim foi lançada a "*Operazione Conte*". Hitler não foi informado.

Dois soldados holandeses da SS foram a Verona. O plano era dizer que tinham vindo ajudar na vigilância do prisioneiro. No dia marcado, passando-se por extremistas fascistas determinados a garantir que Ciano fosse devidamente punido, subjugariam os guardas alemães e levariam Ciano, primeiro para a casa de um amigo na Hungria e de lá para a Turquia. Em troca, Kaltenbrunner e Himmler receberiam todos os diários e documentos de Ciano, embora exatamente o que continham permanecesse em segredo. Na véspera de Ano-Novo, Harster foi encontrar Kaltenbrunner em Innsbruck para fechar o acordo, já assinado por Ciano. Kaltenbrunner exigiu ver evidências de sua boa-fé. Frau Beetz correu para Ramiola para dizer a Edda, que estava doente e de cama, que os alemães precisavam de provas da autenticidade dos papéis. Pucci e Frau Beetz se ofereceram para ir a Roma pegar o material, ainda escondido atrás de uma parede secreta no apartamento do tio Gino. Dois oficiais da Gestapo os acompanharam pelas estradas nevadas da montanha; a viagem durou 16 horas. Eles pegaram o material e partiram em seguida. Mas o automóvel parou e ficou preso num monte de neve. Só chegaram a Verona em 6 de janeiro, onde encontraram Edda à beira de um colapso nervoso, imaginando que Pucci havia sido preso, o qual trouxe oito volumes de diários, dezesseis atas de reuniões e uma maleta, mas deixou o arquivo "Germânia" escondido sob o sobretudo da força aérea como um trunfo potencial. Foi selecionada uma amostragem de cada um deles, copiada e mandada para Berlim. Evidentemente tentado pelo material incriminador dos papéis, Kaltenbrunner telefonou dizendo para prosseguir com o resgate.

Edda foi instruída a esperar na placa do quilômetro 10 da estrada principal de Verona a Brescia às 9 horas da noite de 7 de janeiro. Deveria trazer o máximo de dinheiro possível para Ciano usar no exílio. Naquela manhã, ela e Pucci, cheios de entusiasmo e otimismo, juntaram o dinheiro e documentos e partiram para o encontro. Mas os dois pneus traseiros do antiquíssimo Topolino de Pucci estouraram. Edda amarrou tudo o que pôde embaixo do vestido, deixando o resto com Pucci, e fez sinal para um carro, que a levou a Brescia. O veículo transportava dois fascistas importantes, mas eles não a reconheceram. A partir de Brescia, ela continuou a pé, com seu casaco de pele e turbante, tropeçando e às vezes caindo nas estradas escorregadias, pegando uma carona no guidão de um garoto que passava de bicicleta. Chegou ao encontro com 2 horas de atraso. Não encontrou ninguém. A noite estava fria e nebulosa. Esperou várias horas e depois foi até Verona, para o hotel de Frau Beetz. Assim que ele abriu a porta, Edda recebeu uma notícia terrível. A "*Operazione Conte*" tinha sido cancelada.

Existem diferentes versões sobre a sequência de eventos que levaram ao cancelamento do resgate.[7] O mais provável é que Ribbentrop tenha de alguma forma sabido do plano e contou a Hitler, que então convocou Kaltenbrunner e Himmler. Os dois admitiram a intenção de obter um material possivelmente incriminador e embaraçoso para a liderança alemã e explicaram que acharam melhor manter Hitler de fora. Goebbels e Ribbentrop, que suspeitavam que os diários continham coisas que poderiam de fato prejudicá-los pessoalmente, opinaram sobre a questão. Hitler cancelou a operação e disse a Kaltenbrunner que ele seria responsabilizado pessoalmente se Ciano escapasse. De acordo com uma fonte alemã, ao ser informado de que Ciano certamente seria morto se fosse a julgamento, Hitler declarou: "Mussolini nunca permitirá que o pai dos seus amados netos seja executado".

Ao se inteirar do ocorrido, Edda ficou perturbada e agressiva. Frau Beetz entregou-lhe uma carta de Ciano. "*Edda mia*, enquanto você ainda está sob a doce ilusão de que em algumas horas eu estarei livre, para mim a agonia começa agora. Deus abençoe as crianças." Pediu que ela as criasse respeitando os princípios de honra de que fora imbuído pelo pai. Propôs que fizesse uma última tentativa de salvá-lo escrevendo cartas para Mussolini e para Hitler e que, depois, deveria fugir para a Suíça, levando os diários com ela. Quando terminou de ler a carta, Edda soltou um gemido: "Acabou. Acabou".

Voltou para Ramiola e escreveu três cartas: uma para Harster, uma para Hitler e uma para o pai. Disse a Harster que, se Ciano não fosse entregue na estação de Berna dentro de 3 dias, ela tornaria tudo público e "desencadearia a mais terrível campanha contra o Eixo". Explicou que Frau Beetz deveria acompanhar seu marido a Berna, onde então receberia todos os documentos, após o que, jurou, eles nunca mais teriam notícias dela ou da sua família. Todos desapareceriam no silêncio. Para Hitler, escreveu que havia cometido um erro terrível ao acreditar nas promessas dele para sua família e que "eu fui enganada". Acrescentou só ter hesitado em se voltar contra os alemães porque os soldados italianos e alemães estavam lutando e morrendo lado a lado. Dirigindo-se ao pai simplesmente como "Duce", escreveu: "Esperei até hoje que você mostrasse um mínimo de sentimento de humanidade e justiça. *Ora basta*". Se Ciano não sobrevivesse, sua vingança seria implacável. Pucci levou as cartas para Frau Beetz.

Às 6 horas e 30 minutos da manhã de 7 de janeiro de 1944 – já de posse de seus sapatos, suspensórios, cintos e gravatas –, Ciano, Marinelli, Pareschi, Gottardi, presidente da Confederação dos Trabalhadores Industriais, Tullio Cianetti, ex-ministro das Corporações, e o marechal De Bono foram levados a Castelvecchio, uma fortaleza do século XIV às margens do rio Ádige. O condecorado marechal, um dos primeiros camaradas de Mussolini, fora trazido na noite anterior de uma casa de repouso em Bergamo para Scalzi. Vestiu o uniforme militar e todas as suas medalhas. Ciano fez seu testamento "às vésperas de ser condenado injustamente". Nas paredes de Verona, pessoas fizeram pichações dizendo "Morte ao traidor" e "Edda Mussolini, filha de um porco", mas alguns também escreveram "Viva, Ciano".

O julgamento aconteceria no mesmo auditório que sediou o Congresso em novembro, um magnífico salão com painéis de madeira e bandeiras e faixas fascistas penduradas para a ocasião.[8] Pavolini preparou o ambiente meticulosamente, para conferir à ocasião uma sensação de gravidade ameaçadora, com os juízes sentados a uma grande mesa de nogueira forrada por uma toalha escura e um grande pano preto com a insígnia fascista e um crucifixo atrás. Havia muito pouca luz. O julgamento foi aberto ao público, mas só para convidados, e a galeria pública estava cheia de oficiais alemães e dignitários fascistas com seus uniformes pretos. Do lado de fora, três fileiras de guardas armados continham a multidão que se aglomerava. Pouco antes, pressionado pelo mais implacável *gerarchi*, Mussolini convocou o presidente do tribunal, Aldo Vecchini, e o orientou a fazer justiça "sem consideração por ninguém" e sem se atolar em longos argumentos processuais. "Cumpra o seu dever." O fato de não haver nenhum caso legal, de os votos do Gran Consiglio terem apenas expressado uma opinião, de não haver provas de nenhum crime ou conluio com o rei e de que vários dos votantes não sabiam bem no que estavam votando foi ignorado. E Mussolini sabia disso.

Entre os acusados, somente Ciano temia o pior. Ao entrarem na sala do tribunal, houve uma pausa quando as cadeiras de couro de espaldar alto que os esperavam foram substituídas por outras, menores e mais modestas, de madeira. De Bono parecia atordoado e ausente; Marinelli, à beira de um colapso. Ciano, com uma capa de chuva clara comprada em Munique, sentou-se no meio da segunda fila. Às 9h chegaram os juízes; todos se levantaram para fazer a saudação fascista. Desde o início, os procedimentos foram interrompidos por gritos constantes de "traidor" e "morte" vindos da plateia e os presos tiveram dificuldade em se fazerem ouvir. Todos negaram ter conspirado para depor Mussolini e feito um acordo com o inimigo. Três advogados amigos de Ciano se recusaram a assumir sua defesa e o advogado designado pelo tribunal estava intimidado e foi incompetente. Ciano fez um discurso digno, negando tudo de que era acusado, dizendo que nunca teve a intenção de trair Mussolini ou o fascismo, que simplesmente queria que o rei assumisse mais controle. Suas palavras foram abafadas pela gritaria. Havia algo mais em jogo além da traição ou não dos réus. Os homens no banco dos réus acabaram simbolizando indevidamente todo um leque de corrupção e ganhos ilícitos dos *gerarchi*; os italianos famintos, miseráveis, destituídos pelos bombardeios incessantes, precisavam de bodes expiatórios.

O primeiro dia terminou com uma ponta de esperança. Mussolini pediu a Dolfin que o mantivesse constantemente informado, o qual escreveu depois que o Duce parecia "esmagado pelo sofrimento [...] pálido, exausto, claramente fazendo um enorme esforço para parecer calmo". No dia seguinte, o tribunal foi palco para uma série de declarações sem sentido. Na manhã de 10 de janeiro, os nove juízes, nem todos concordando com as sentenças de morte, demoraram 3 horas e 40 minutos para chegar a um veredicto. A princípio, vários deles votaram por poupar a vida de todos, menos de Ciano, mas o presidente do tribunal os mandou voltar e tentar novamente até ele conseguir o voto que desejava.

À 1 hora e 30 minutos da tarde, os juízes voltaram. Fez-se um silêncio total no tribunal; até mesmo os que estavam nas galerias prenderam a respiração. Quando o juiz principal falou, foi para anunciar a morte de todos, menos do arrependido Cianetti. Ciano apontou para Cianetti e disse: "Só ele se salvou. Para nós está tudo acabado". O idoso Marinelli desmaiou. Depois de esperar 2 horas para a multidão liberar as ruas, os cinco homens foram levados de volta a Scalzi. Nicola Furlotti, chefe de polícia de Verona, foi até o quartel próximo e perguntou aos homens lá reunidos: "Camaradas, quem quer fuzilar Ciano?". Todos levantaram as mãos. Ele selecionou trinta homens, seis deles exímios atiradores, mas nenhum dos mais jovens, dizendo que a honra deveria caber aos veteranos.

Por várias horas, Ciano se recusou a assinar o pedido de clemência que deveria ir para Mussolini. Só foi convencido quando os outros disseram que isso poderia comprometer seus próprios pedidos. As portas das celas foram deixadas abertas e os homens andavam de um lado para o outro, tentando consolar uns aos outros. Só depois de muita discussão e de vários telefonemas de Frau Beetz a oficiais superiores, Dom Chiot foi autorizado a vir para ministrar os últimos ritos. Ciano disse que desejava morrer na "Igreja Católica Apostólica Romana".

Depois disso, ele escreveu duas cartas.[9] Disse à mãe que detestava lhe causar tanta dor, quando tudo o que tentou foi fazê-la feliz. "Estou me preparando para a partida com a minha alma serena", afirmou. Para Edda ele escreveu: *"Edda adorata! Adorati bambini!* A dor de me separar de vocês é grande demais para encontrar as palavras que gostaria de dizer a todos". Disse a Edda que ela era "boa, forte e generosa", confiou as crianças aos seus cuidados e a incentivou a ser corajosa nas próximas horas de angústia. "Se algumas vezes durante as nossas vidas eu estive distante de você, saiba que agora estarei com você, ao seu lado, para sempre [...] *Addio, Edda cara. Addio*, Ciccino, Dindina, Marzio. Guardo vocês no meu coração com todo o meu amor."

A exemplo de muita coisa nesta história, nem todos concordam com o que aconteceu a seguir. Ao receber a última carta de Edda, Mussolini a teria lido tarde da noite no seu gabinete. Dolfin falou que era improvável que Edda realmente se vingasse. "O caráter da minha filha é forte e violento", disse Mussolini. "Portanto, ela é capaz de tudo." Não conseguiu dormir e voltou a ter cólicas, que tinham melhorado. Rachele o ouviu andando de um lado para o outro. Às 5 da manhã, telefonou para o sinuoso e maquiavélico general Karl Wolff, chefe da SS na Itália. Começou perguntando ao alemão o que ele achava que deveria fazer. "Seja inflexível", respondeu Wolff. "E o que o Führer pensa?" "O Führer não acredita que você vá em frente com isso." Um indulto o prejudicaria aos olhos do Führer? "Sim, consideravelmente." E o que Himmler achava? "Himmler acredita que as execuções provavelmente ocorrerão." Mussolini agradeceu e disse que consideraria suas opções.

Se Mussolini recebeu ou não, como sempre insistiu, os pedidos de clemência, é outra área obscura. Em Verona, quando os condenados os escreveram, houve debates sobre quem seria o responsável por garantir que chegassem ao Duce. Pavolini certamente estava determinado a ver seu velho amigo e benfeitor Ciano morrer e temia que, no último momento, Mussolini enfraquecesse. O próprio Mussolini pode ter preferido que o assunto fosse tirado de suas mãos e transmitido mensagens conflitantes à sua equipe; ou pode simplesmente ter demorado demais. Mas, como observou Harster, os desejos de Mussolini eram irrefutáveis e seria improvável que alguém ousasse desobedecê-lo se ele realmente quisesse intervir. Um simples telefonema teria garantido indulto para os homens. Em todo caso, nenhum apelo parece ter chegado à Villa Feltrinelli, e Mussolini pôde mais tarde afirmar veementemente que nada havia chegado até ele.

Depois de dizer aos presentes que queria ser enterrado ao lado do pai no mausoléu de Livorno, Ciano voltou para sua cela e recebeu o cianureto que Frau Beetz trouxera, escondido num tubo de pasta de dente. Disse a ela que não tinha medo de morrer, mas temia a execução, que os alemães certamente filmariam e adorariam assistir depois. Engoliu o cianureto e se deitou, com Frau Beetz acariciando sua testa. Seu coração disparou violentamente. Mas nada aconteceu. Ciano comentou: "Eu vou ter que morrer de novo". Ninguém nunca descobriu por que o veneno não funcionou.

Os homens concordaram que se ninguém viesse buscá-los até as 9 horas da manhã seguinte, eles provavelmente estariam a salvo. Às 5h, ouvindo o toque dos sinos da igreja, recitaram juntos o Ângelus. À medida que a hora se aproximava, ficaram mais animados, mas Pellegrinotti, apesar de não ter dito nada, tinha visto cinco caixões sendo entregues na prisão. Às 9h05, ouviram sons de pessoas se aproximando. Os homens voltaram para suas celas. Ciano foi o primeiro a ser cumprimentado pelo prefeito e seus homens. Os outros ficaram aguardando, com a esperança de ouvirem exclamações de prazer. Fez-se silêncio. Ouviu-se um grito alto de angústia e medo vindo da cela de Marinelli. Ciano explodiu em acusações furiosas contra Mussolini. Dom Chiot, que estava por perto, disse que chegara o momento de perdoá-lo. "Não! Não!", exclamou Ciano. Mas, quando Emilio De Bono falou "Galeazzo, eu o perdoei", Ciano fez uma pausa e afirmou: "E eu também vou perdoá-lo".

Os homens foram levados ao campo de tiro do Forte Procolo. Fazia muito frio e havia neve na encosta gramada. Oficiais da SS e velhos fascistas esperavam de sobretudo. Como traidores, os condenados seriam fuzilados pelas costas, e foram dispostas cadeiras para eles se sentarem. Quando Ciano sentou, sua cadeira virou e ele caiu no chão; foi ajudado a se levantar. Todos os cinco homens recusaram vendas para os olhos. Marinelli, semiconsciente e murmurando os nomes da mulher e dos filhos, de repente gritou: "Não façam isso! Não façam isso! Isso é um assassinato!".

Os trinta homens do pelotão de fuzilamento apontaram as armas; uma equipe de cinegrafistas, como Ciano temia, começou a filmar. Os oficiais alemães tiraram fotos. Quando os tiros soaram, Ciano de repente virou para encarar as armas. Ele caiu, choramingando, e um médico apareceu correndo. Furlotti se aproximou e atirou nele mais duas vezes na têmpora. Muitos outros ainda se contorciam, e também tiveram de ser eliminados. Como comentou um diplomata alemão presente: "Foi como um abate de porcos".

Quando os corpos se imobilizaram, o prefeito ordenou que o público pudesse ver por si mesmo que os "*gerarchi* fascistas traidores" estavam realmente mortos. É improvável que, mesmo com um indulto, eles tivessem sobrevivido. Furlotti, o chefe de polícia, disse mais tarde que seus próprios homens teriam matado Ciano se houvesse algum indício de que seria poupado. "Todos nós queríamos isso. *E basta!*"

O local do enterro deveria ser mantido em segredo, mas a notícia se espalhou e centenas de pessoas chegaram trazendo flores. Dom Chiot pôs um crucifixo e um rosário entre as mãos de Ciano e rodeou o corpo com violetas. Frau Beetz, com o rosto coberto por um véu, deixou um buquê de rosas vermelhas no caixão. Ao saber que a sentença havia sido cumprida, Carolina desmaiou.

Mussolini estava no seu gabinete desde as 5h. Às 10h, Dolfin chegou para dizer que as execuções haviam sido levadas a cabo. Houve um longo silêncio. Então Mussolini observou que, embora razões de Estado tivessem decidido o destino dos conspiradores, o sangue deles continuaria em suas mãos. "Os alemães precisavam dessa tragédia, desse sangue, para convencê-los da nossa boa-fé." Nada mais foi dito, e o conselho de ministros chegou para sua reunião habitual. Como Vittorio disse mais tarde: "Com o julgamento de Verona, a família Mussolini pagou sua parte". E Mussolini tinha matado o marido da filha que amava.

Edda não sabia de nada disso. Em 8 de janeiro ela pediu aos irmãos Melocchis, donos da clínica de Ramiola, que guardassem e escondessem todos os papéis de Ciano, exceto os diários, também algumas joias, peles e suas próprias anotações pessoais.[10] Foi encontrado um local perfeito no porão, atrás de uma caixa de eletricidade de alta-tensão. Edda deixou uma mensagem na porta do seu quarto dizendo que estava doente e exausta e não queria ser perturbada, escapuliu por uma porta do porão e foi até onde Pucci a esperava de carro. Foram para o Hotel Madonnina, em Cantello, muito perto da fronteira com a Suíça, e passaram a noite lá. O hotel, uma antiga estalagem, pertencia a uma família que Edda conhecia desde a infância. Alojou-se numa suíte, com banheiro no quarto, móveis art déco e um terraço. Foram feitos acertos com um contrabandista, mas no último momento, ao descobrir quem estava levando, ele exigiu um saco de arroz, além do dinheiro prometido. De alguma forma eles conseguiram o arroz. Pucci cortou a perna do seu pijama e costurou nela os cinco diários mais importantes, cobrindo os anos de guerra.

Na tarde de 9 de janeiro, ao cair da noite, Edda guardou o maço de diários num cinto embaixo do vestido e acompanhou o contrabandista por um campo aberto em direção à fronteira, fortemente patrulhada por suíços de um lado, alemães e fascistas italianos do outro, com dezenas de homens com cachorros. Um alambrado de muitos metros de altura, com arame farpado no topo e sinos que tocavam no caso de tentativas de avanço, funcionava como uma linha demarcatória.[11] Ouviram uma patrulha alemã se aproximando e o contrabandista fez Edda se deitar até ela passar. Era uma noite clara e enluarada. Quando o contrabandista sussurrou para ela ir, Edda começou a andar, muito ereta, em direção ao alambrado, dizendo mais tarde que havia chegado a um estado em que não se importava mais com o que acontecesse com ela. Encontrou um portãozinho recortado no alambrado. Os guardas da fronteira foram avisados de que alguém entraria.

Edda disse a eles que era a Duchessa d'Aosta, mas que estava muito assustada para dizer mais. Após consultas com oficiais superiores, a polícia da fronteira permitiu que ela passasse. Só então ela apresentou seu passaporte, deu seu nome verdadeiro e pediu asilo, sob a alegação de que, se fosse apanhada pelos fascistas ou pelos alemães, com certeza seria presa e possivelmente fuzilada. Perguntada à moda tradicional suíça sobre quanto dinheiro tinha consigo, declarou ter joias no valor de 7 milhões de liras e mais de meio milhão em dinheiro. Tomou um café e foi autorizada a dormir num depósito.

Realmente, escapou bem a tempo. Às 7h do dia 9 de janeiro, Kaltenbrunner enviou um telegrama a Harster dizendo que Edda deveria ser imediatamente detida se mostrasse qualquer sinal de tentar sair da Itália. Apossar-se dos papéis de Ciano tornou-se uma prioridade para os nazistas. Harster despachou oficiais da SS para Ramiola. Na clínica, foram informados de que Edda estava dormindo. Só ao anoitecer os homens, depois de bater repetidamente à porta, forçaram a fechadura e descobriram que o quarto estava vazio. Ordens foram transmitidas, tanto para patrulhas alemãs quanto fascistas ao longo da fronteira, para encontrar e prender uma "mulher alta, com um rosto grande e quadrado".[12] Mas Edda já tinha fugido.

Agora Pucci estava correndo muito perigo. Depois de esperar 1 hora na fronteira para se certificar de que Edda estava do outro lado em segurança, voltou para Verona no seu Topolino com duas malas dela. Encontrou-se com Frau Beetz, entregou as três cartas de despedida de Edda – as que tinha escrito para Hitler, Mussolini e Harster – e voltou para a fronteira para escapar por conta própria. Mas, como estava acordado há quase 24 horas e exausto, parou para dormir. Quando acordou, às 4h, ainda na escuridão total, constatou que o carro não dava partida. Ao ouvir um veículo se aproximando, acenou com os braços na beira da estrada. Era uma das patrulhas alemãs em busca de Edda. Com a descrição que tinham recebido do seu companheiro, os soldados o reconheceram de imediato. Os soldados o espancaram, exigindo que contasse o paradeiro de Edda e onde os diários estavam escondidos. Pucci não disse nada. Por fim, foi levado ao quartel-general da Gestapo em Verona, onde soube que Ciano acabara de ser fuzilado.

Foi na prisão de San Vittore, em Milão, para onde foi depois transferido, que começou a verdadeira tortura. Pucci tinha decidido não dizer nada, acontecesse o que acontecesse. No primeiro dia, foi torturado durante 8 horas. Três homens o chicotearam e puseram parafusos nos seus dedos e nos pulsos. Ele desmaiou. Quando finalmente foi levado de volta para a cela, decidiu se matar. Tinha escondido uma lâmina de barbear na cueca e, mesmo algemado, conseguiu segurá-la entre os dentes para cortar uma veia do braço. Depois de sangrar abundantemente pela boca e pelos lábios, tentou uma veia no pescoço, mas a essa altura já estava muito fraco. Na manhã seguinte, enquanto era arrastado para a câmara de tortura, tentou e não conseguiu se jogar da sacada. Foi torturado de novo o dia todo, até ficar inconsciente numa poça de sangue. Quando voltou a si, foi empurrado contra a parede e informado de que tinha 30 segundos para falar. Pucci desmaiou. A dedicação de Pucci a Edda parece ter sido inesgotável. Mas também diz muito sobre seu charme e capacidade de inspiração.

Exatamente como e por que ele foi libertado é outro mistério da história. Uma das versões diz que Himmler decidiu que Pucci deveria ser mandado para encontrar Edda e dizer que, se falasse qualquer coisa contra a Alemanha ou publicasse qualquer história incriminadora dos diários de Ciano, ela e os filhos seriam caçados e mortos. Outra versão é a de que Frau Beetz de alguma forma interveio para que ele fosse poupado. Uma terceira é que Mussolini quis salvar o homem que ajudou sua filha. Em 18 de janeiro, Pucci saiu de San Vittore e amigos o ajudaram a atravessar o lago de barco até a Suíça. Durante 3 dias, sofrendo de terríveis dores de cabeça, tentou e não conseguiu descobrir para onde Edda tinha ido. Então desmaiou. Foi levado para um hospital em Bellinzona, onde os médicos diagnosticaram um tímpano rompido, fraturas em duas partes do crânio e hematomas graves por todo o corpo.

Com a fuga de Edda e Pucci, a Gestapo voltou a sua atenção para os que os ajudaram.[13] Voltaram ao Hotel Madonnina, prenderam o proprietário, o gerente e o padre local, que tinha participado da fuga. Todos foram levados para San Vittore e torturados. O padre morreu.

CAPÍTULO 20

A NAMORADA DE UM GÂNGSTER EM FUGA

Edda atravessou para a Suíça envolta num grande vestido de camponesa, com os volumosos diários amarrados na cintura fazendo-a parecer grávida. Um inspetor graduado foi chamado para determinar seu futuro e sua tarefa não foi fácil. No inverno de 1943, a Suíça já tinha praticamente fechado suas fronteiras para refugiados da Europa ocupada pelos nazistas, e havia muito nervosismo em aceitar qualquer um que pudesse se mostrar politicamente ameaçador à neutralidade suíça. A filha de Mussolini só poderia causar problemas. Por outro lado, os suíços se orgulhavam de sua reputação de dar asilo aos que realmente precisavam. Devolver uma refugiada que provavelmente seria morta não era uma decisão fácil a ser tomada.

Às 20h40 de 10 de janeiro, Edda foi entrevistada pelas autoridades suíças.[1] Questionada se, como apoiadora das potências do Eixo, não estaria na verdade perfeitamente segura na Itália, respondeu que era odiada por todos, pelos fascistas de Salò e pelos nazistas, e que estaria em grave perigo, particularmente porque os alemães "sabem exatamente o que eu penso deles". Ela tinha acreditado na honestidade do marido e apoiado sua mudança de opinião sobre a sensatez de uma aliança com a Alemanha. O pai, acrescentou, estava agora sem poder, impotente, um "trapo nas mãos dos alemães". Para onde gostaria de ir? Preferia a Suíça de língua francesa, já que nem ela nem os filhos falavam alemão. Quanto dinheiro tinha com ela? Edda repetiu que tinha trazido joias valiosas e uma quantia considerável em dinheiro. Terminada a entrevista, foi levada para uma das guaritas para aguardar o encaminhamento do caso ao Ministério Público Federal. Edda ainda não sabia nada sobre os eventos em Verona ou a captura de Pucci.

O veredicto suíço veio rapidamente. Edda e os filhos teriam autorização para ficar, desde que ela adotasse um novo nome falso, Elsa Pini, depositasse todo o seu dinheiro num banco suíço e concordasse em não fazer telefonemas, escrever cartas, ouvir rádio ou ler jornais. Edda aceitou e foi levada para o convento da Casa di San Domenico em Neggio, onde se reencontrou com os filhos. Fazia quase 2 meses que eles não viam a mãe, Fabrizio escrevendo mais tarde que ela parecia menor e mais velha, "muito magra e arrasada".

Na tarde de 12 de janeiro, um padre local foi enviado para comunicar a notícia.[2] Mais tarde, Edda diria que, com tudo o que tinha acontecido, ela se achava inquebrantável, com nervos de aço. A morte de Ciano, no entanto, a deixou abalada. Decidiu ser honesta com os filhos.[3] "Eu queria que o que eu tinha a dizer fosse ouvido com um fundo claro e limpo", escreveu mais tarde. Naquela tarde, ela os levou ao topo de uma montanha próxima; fazia muito frio e o chão brilhava com a geada. Puxou os três para perto e disse que o pai deles tinha sido executado. "O papai morreu [...] Ele foi fuzilado [...] morreu." Ficou em silêncio, antes de acrescentar: "Ele era inocente [...] não foi absolutamente culpa dele". Como descreveu mais tarde, Fabrizio e Raimonda "olharam para mim, petrificados, e seus olhos se encheram de lágrimas". Achou que Marzio não tinha entendido. Ele perguntou: "Qual papai?". Mas então saiu correndo, viu uma flor, colheu-a e deu à mãe, em silêncio. "Ele também tinha entendido." Revirou a flor nos dedos e disse: "Agora vamos". Naquela noite, tentou parecer alegre e forte, mas Raimonda se trancou no banheiro e começou a soluçar e bater a cabeça na parede. Um jardineiro teve de ser encontrado para arrombar a porta. Edda tirou-a do banheiro delicadamente, mas a menina continuou soluçando.

Quatro dias depois, Edda recebeu a visita do cônsul-geral italiano em Lugano. Apesar de aparentemente ser um velho amigo da família e membro do gabinete de Ciano, seu relatório às autoridades suíças sobre Edda e os filhos não foi amigável. Ele a achava "astuta, perspicaz e com uma linguagem grosseira" ao repreender Marzio por alguma coisa. Fabrizio, apesar de ser muito inteligente, parecia curiosamente indiferente à morte do pai, dizendo: "O que você espera? É tudo sobre o destino". Edda criticou tanto os alemães como as potências do Eixo, mas lembrou-se de ser grata e lisonjeira quanto à Suíça. "A mulher em questão", escreveu o cônsul, "além de ser astuta [...] é também ardilosa e perigosa."

Neggio era considerado muito próximo da fronteira, até porque já corria o boato de que os alemães pretendiam rastrear Edda e sequestrá-la, temendo que pudesse fazer "revelações sensacionais". Foi encontrado outro convento, mais no interior da Suíça, em Ingenbohl, no lago de Lucerna. As freiras de Neggio queriam que ela fosse embora, pois já a tinham impedido várias vezes de fugir para a aldeia para comprar jornais. Foram feitos arranjos para as crianças em escolas locais. Em 18 de janeiro de 1944, a família tomou um trem para Brunnen e de lá foi levada ao convento, onde ficaram com dois cômodos: um quarto com duas camas e uma sala de estar. Um certo major Reding foi designado para vigiar a família.

Os suíços queriam muito manter a presença de Edda em segredo. Demorou apenas alguns dias para a notícia vazar. "*Wo ist die Gräfin Ciano?*", perguntaram vários jornais, provocando uma enxurrada de artigos e cartas, alguns hostis e outros acolhedores. Um repórter suíço foi citado por ter dito que Edda era "a namorada de um gângster em fuga, com dentes e garras ainda afiadas".[4] Por que, perguntou outro, a "condessa fascista Ciano" deveria viver em um luxo ocioso, enquanto outros refugiados eram despachados para campos de trabalho? Essa "*perle latine*" era uma víbora e deveria ter a cabeça raspada. Na última semana de janeiro, nada menos que oito jornais britânicos se juntaram ao frenesi, com comentários nada calorosos. "Como uma das mulheres mais poderosas da Europa, ela usou toda a sua influência contra a Grã-Bretanha", escreveu o *Daily Express*.[5] Era um equívoco considerar a "primeira-dama do Eixo" como uma mulher aflita e solitária implorando pela vida de Ciano, já que não havia feito nada além de "impor sua vontade ao marido medíocre e espalhafatoso e incitar o pai idoso a excessos". A fama – e infâmia – de Edda se espalhou amplamente.

Um convento à beira de um lago suíço cinza-escuro, cercado por altas montanhas, onde todos falavam alemão e ela não tinha contato com o mundo exterior, era tudo o que Edda mais temia. Mesmo no calor e no sol da Itália, rodeada de amigos, sentia-se inquieta e exigente. Aquilo parecia uma prisão. Estava triste, com raiva e profundamente entediada. Uma noite, Fabrizio acordou e a viu lendo *As aventuras do sr. Pickwick*; só que ela não estava realmente lendo, mas chorando, em silêncio, com os ombros tremendo. No autêntico estilo dos Mussolinis, ele não disse nada.

Para seu cunhado, Magistrati, agora embaixador da Itália em Berna, ela escreveu em desespero: "Peço que venha imediatamente. Resolvi sair da Suíça e deste mundo, e morrer na Itália". Um tanto relutante, tendo sido avisado de que Edda estava muito nervosa, Magistrati pediu às autoridades federais permissão para visitá-la, e conseguiu. Encontrou uma Edda grata pela sua segurança, dizendo que os filhos estavam felizes, mas que se sentia terrivelmente sozinha e como uma vítima. Nunca maternal e nunca sem uma babá, também estava descobrindo que tinha pouca aptidão para criar filhos. Quando saiu, Magistrati prometeu tentar encontrar um visitante que falasse francês com ela, bem como pedir permissão para poder sair do convento e fazer caminhadas. Mas para isso, ressaltou, ela precisava obedecer às regras.

Edda considerava quaisquer regras intoleráveis. Nunca tinha pensado que se aplicassem a ela. Os únicos acontecimentos que agora quebravam a monotonia dos seus dias eram as repetidas visitas das autoridades policiais, que vinham averiguar seu comportamento. Um inspetor chegou às 10 horas e 30 minutos de uma manhã e a encontrou ainda na cama. Ao ser informada de que a entrevista duraria 2 horas, convidou-o a entrar no quarto e se propôs a ficar na cama e que ele usasse a mesinha de cabeceira para escrever. O inspetor concordou, resignado. Edda discorreu longamente sobre Ciano, descreveu cada passo da sua fuga mas, quando questionada sobre política ou guerra, sempre dizia que nunca teve nada a ver "com assuntos de Estado". O policial saiu sem saber nada de novo.

Porém, logo depois, uma "fonte absolutamente confiável" informou aos serviços secretos suíços que um homem se passando por capelão havia solicitado um passaporte ao Vaticano, em Roma, e acreditava-se estar indo para a Suíça para assassinar Edda, "já que ela sabe coisas que pessoas querem impedir que revele". Sua segurança foi reforçada e muitos de seus novos privilégios, rescindidos. Tudo isso resultou numa sensação mais forte de ser uma prisioneira. Olhava para o lago cinza profundo, por onde não tinha mais permissão para andar, e lamentava.

Visitas de amigos eram totalmente proibidas, "dada a natureza opinativa e agitada da mulher em questão", segundo o chefe do Departamento Político Federal, Marcel Pilet-Golaz. Como país neutro, a Suíça não podia se arriscar com as declarações políticas que Edda certamente faria. "Ela é uma maquinadora em quem temos de ficar de olho. Quanto menos contato com o mundo exterior, melhor", acrescentou, recomendando a proibição a qualquer "excesso de liberdade". No dia seguinte, acrescentou ao seu relatório. "Não podemos esquecer que ela é totalmente indesejável. Edda precisa ser impedida de mexer os pauzinhos ou 'cometer indiscrições'". Na verdade, seu "regime deve estar muito mais próximo da detenção que da liberdade". Edda não era uma convidada fácil nem amena; mas também havia algo de implacável e inclemente da parte de seus anfitriões suíços.

Uma das raríssimas cartas que recebeu foi de Pucci, ainda na Suíça, se recuperando lentamente das torturas. Tinha dez páginas e contava em detalhes tudo o que sabia sobre a morte de Ciano e sobre suas próprias dores de cabeça persistentes e perda de memória. "Um beijo nas crianças com infinita ternura", escreveu. "Estou sempre, constantemente, perto de você, com pensamentos dedicados e eternamente leal." Na sua resposta, Edda disse que o que mais sentia falta era do sol. "Este clima me deixa doente. Sinto uma tremenda saudade de Capri."

Se Edda achou sua estada forçada em Ingenbohl penosa, não foi nada se comparada à crescente irritação da madre superiora do convento, Diamira Brandenberg. "O comportamento da condessa deixa muito a desejar", escreveu às autoridades federais. "A disciplina do convento não permite a vida e os costumes de um hotel." Edda "fuma sem parar, pede conhaque e bebe 1 litro de vinho por dia". Raramente se levantava antes do meio-dia e deixava as crianças soltas, "sem nenhuma tentativa de cuidado maternal". Será que não poderia ser encontrado algum outro lugar, perguntou melancolicamente, para esta hóspede deprimida e excêntrica? Naquele momento, não havia outro lugar para ela ir.

"Estou tão desesperadamente sozinha", escreveu Edda, pouco depois, em uma das poucas cartas que conseguiu mandar a um amigo. "E, mesmo sendo uma boa guerreira, ainda tenho momentos de horror."

Acrescentou que, não fosse pelos três filhos, com certeza se mataria. "Morrer é pouco – viver é que é tão difícil."

No dia seguinte à execução de Ciano, Mussolini recebeu cópias das suas cartas finais para Edda e para a mãe. Suas mãos tremiam enquanto as lia. Para Carolina, Mussolini escreveu um tanto sucintamente que ela era "uma mulher muito inteligente para não entender como as coisas deveriam ser".[6] A outros, como o amigo espanhol de Ciano e ministro das Relações Exteriores Ramon Serrano Suñer, que mandou uma carta de condolências, respondeu que o dia da morte de Ciano foi o "capítulo mais dramático" da sua vida, em que o Estado e sentimentos pessoais colidiram de forma fatal.[7] Para Dom Chiot, que pediu para ele falar sobre a morte de Ciano, Mussolini teria dito: "No dia da morte dele, eu também morri".

Com Edda não foi tão simples. O que ele poderia dizer para trazê-la de volta? A primeira carta que escreveu para ela, no começo de março, usando como intermediário Dom Pancino, um amigo de infância, não se encontra em nenhum arquivo. Mas a resposta dela ficou registrada. Edda mandou dom Pancino dizer ao pai que "somente duas soluções poderiam redimi-lo aos seus olhos: fuga ou suicídio". Durante o breve encontro, o padre achou Edda perturbada e arrasada. Tendo ouvido o boato de que ela parecia muito gorda quando atravessou a fronteira, ele perguntou, meio constrangido se, em vista do seu estado, ela não deveria pensar em se casar. Quando voltou para a Itália e visitou Mussolini, encontrou-o reduzido à "larva de um homem", encolhido e emaciado, tão pálido que as veias se destacavam azuis no nariz.[8] No caminho de volta para Salò, tinha feito uma parada em Milão para consultar o cardeal Schuster sobre o que exatamente deveria dizer a Mussolini. O cardeal recomendou agir com cuidado, para não inflamar ainda mais a angústia do Duce.

Dom Pancino voltou a Edda em 28 de março, com outra carta. Mussolini dizia esperar que um dia ela entendesse a dolorosa e impossível situação "pessoal e política" em que se encontrava. Na carta entregue ao padre para levar ao pai, Edda escreveu: "A injustiça e a vilania dos homens, e a sua em particular, me fizeram sofrer tão intensamente que nada poderia ser pior. Rezo para que tudo termine logo". Mais amargurada, continuou: "Carrego o nome do meu desgraçado marido com orgulho. E isso conta para você, para seus servos e os seus senhores". Quando Dom Pancino repetiu as palavras dela para Mussolini, ele exigiu todos os detalhes da visita. No fim, abanou a cabeça e disse: "Não, não, isso não".

Em Roma, as reações à morte de Ciano foram variadas.[9] Daniele Varè escreveu que nunca acreditou que os amigos e ex-colegas de Ciano realmente tentaram salvá-lo. Sua vulgaridade e falta de educação eram cansativas, comentou a mordaz Duchessa di Sermoneta, mas seu verdadeiro pecado foi não ficar ao lado do sogro. Houve manifestações de pesar das madames do Petit Trianon e algumas começaram a levar na bolsa as cartas de despedida que Ciano escrevera para elas. "*Le belle amiche* estão todas em lágrimas", escreveu Gabriella di Robilant. Enquanto isso, os serviços secretos italianos, cooperando com os alemães, começaram a elaborar listas dos amigos mais próximos de Ciano para penetrar em seus círculos sociais, percebendo que nem sempre era fácil, visto que a maioria era aristocrata.[10] Alguns acharam mais prudente se esconder.

Entre os diplomatas, o veredicto sobre Ciano foi no geral implacável. Sir Miles Lampson, que conheceu bem Edda na China, anotou em seu diário que os dias de grandeza de Ciano o haviam "estragado completamente", acrescentando que "ele é muito responsável pelos males que assolaram a Itália".[11] Os romanos foram mais generosos. Gabriella di Robilant considerou que Ciano tinha se tornado um bode expiatório, talvez necessário, e que sua morte não foi uma execução judicial, mas um assassinato. Apesar de nunca ter sido uma amiga íntima, se lembrava do prazer que sentia ao encontrá-lo, "sempre querido e cheio de vida". Malaparte escreveu que Ciano era "gordo, rosado, sorridente e despótico", mas que tinha pena dele. E todos, críticos e amigos, concordavam que ele tinha morrido "como um homem e com uma profunda dignidade e resignação", mostrando mais no final do que jamais havia mostrado em vida.

De todo modo, os romanos tinham outras coisas em que pensar. Em 22 de janeiro de 1944, os Aliados desembarcaram 36 mil homens em Anzio e Nettuno, planejando se deslocar rapidamente para libertar Roma. Kesselring, no entanto, inicialmente pego desprevenido, mobilizou todas as unidades que pudessem ser usadas e formou uma aliança defensiva. Choveram granadas na praia, no porto e nos pântanos ao redor. Os Aliados pararam.

Começou a faltar alimentos em Roma e o Vaticano providenciou o envio de 150 mil quilos de farinha da Úmbria.[12] O Collegio Urbano di Propaganda Fide, da colina Janiculum, tornou-se uma Arca de Noé, um refúgio extraterritorial lotado de pessoas em fuga trazendo galinhas, porcos, mulas, dois pavões, um cavalo de corrida e uma cabra astracã. Não havia sal na cidade. Os tíquetes de racionamento eram inúteis. Refugiados vagavam pelas ruas, famintos, pois há muito já tinham vendido o que tinham de valor. Na região de Abruzzo as pessoas morriam congeladas em suas casas em ruínas. Agora só importava a sobrevivência. Com a total ausência de borracha e peças de reposição, ônibus e bondes pararam. Segundo a escritora Marjorie Jebb, todos pareciam ter envelhecido 15 anos. A Wehrmacht e a SS tomaram o palácio de verão de Doria Pamphili e usavam as estátuas romanas para praticar tiro ao alvo. Um segundo centro de tortura foi montado na Pensione Jaccarino. Quando finalmente o quartel-general fascista na Via Braschi foi invadido, foram encontrados antifascistas torturados e semimortos acorrentados e montanhas de açúcar, farinha, queijo e presunto, além de ouro e joias saqueados. Eden sugeriu lançar alimentos na cidade faminta, mas Churchill respondeu: "É com pesar que escrevo estas palavras.[13] Roma deve se esfaimar até ser libertada".

Nos grandes palácios renascentistas, com tetos altos, pisos de mármore e janelas mal-ajustadas, o frio era brutal. Roma havia se tornado um labirinto de esconderijos – em sótãos, porões, atrás de armários e em igrejas – para judeus, para membros da Resistência e para jovens, evitando os trabalhos forçados dos alemães. Desde o Congresso de Verona, em novembro, a cidade, com uma grande população judaica, virou palco de uma caça implacável aos judeus. Campos de concentração em várias partes da Itália tornaram-se estações de passagem para as câmaras de gás.[14] Havia poucos alemães para fazer buscas de casa em casa, mas muitos fascistas romanos, jovens que cresceram sem saber nada além dos imperativos fascistas e lutaram nas violentas campanhas na Etiópia e na Espanha, olhavam com admiração para o nazismo alemão, tornando-se partidários entusiásticos nas detenções. No Vaticano, Pio XII seguiu seu próprio caminho, "com nuances dolorosas de cinza", não baixando diretrizes, não fazendo denúncias, limitando-se a dar apoio tácito às atividades dos padres e freiras envolvidos no resgate dos judeus de Roma.

Então, em 23 de março de 1944, houve um ataque contra os alemães, seguido por uma atrocidade que deixou os romanos atônitos, apesar de já acostumados com a brutalidade da ocupação alemã.[15] Naquele dia, quando 156 homens de um regimento da polícia alemã marchavam pela Via Rasella, guerrilheiros italianos detonaram uma bomba de 20 quilos. A explosão foi ouvida por toda a Roma. Trinta alemães foram mortos, com seus corpos dispostos em fileiras na calçada e cobertos com flores, junto com dois civis italianos; 110 pessoas ficaram feridas. A resposta alemã foi imediata: 335 pessoas, escolhidas ao acaso, quando reféns apropriados não puderam ser encontrados, foram presas e levadas a uma pedreira abandonada na periferia de Roma, conhecida como Fossas Ardeatinas. O pelotão de fuzilamento, insensibilizado por doses de conhaque, executou-as em grupos de cinco. Eles foram alertados de que, se hesitassem, também seriam fuzilados.

Quando começou a demorar demais, os prisioneiros foram ordenados a se ajoelhar sobre os companheiros mortos. Quando todos estavam mortos, a entrada das fossas foi selada com minas explosivas, mas um jovem abriu caminho e trouxe o corpo do pai. Mais tarde, os romanos se mobilizaram para remover as pedras e substituí-las por flores.[16] Setenta e cinco dos mortos eram judeus.

A "Operação Diadema" dos Aliados, o ataque ao inimigo no sul de Roma, foi lançada em 12 de maio. O tempo estava bom, mas os alemães resistiram ferozmente. Os Aliados avançaram quilômetro por quilômetro, deixando um rastro de veículos queimados, canhões móveis destruídos e aldeias e casas incendiadas. Nunca ficou claro se os alemães defenderiam ou não Roma. Em 3 de junho, com os Aliados a apenas 20 quilômetros de distância, fluxos de caminhões e tanques começaram a deixar a cidade em direção ao norte, a caminho da Toscana. Segundo um morador, Roma parecia latejar. Fascistas desesperados, temendo as consequências da libertação, tentaram conseguir carona com os alemães, mas foram rejeitados. O som de disparos era incessante.

Na noite de 3 de junho, de repente tudo ficou em silêncio. Os americanos haviam chegado. Os sinos do Capitólio começaram a tocar. Uma a uma, por toda a cidade escura, janelas e persianas foram abertas e as pessoas começaram a ovacionar. Depois veio o som de milhares de pés, quando elas desceram correndo as escadas e saíram pelas ruas. No dia seguinte, como Ciano havia profetizado, jipes e tanques subiram a Via dell'Impero em direção à Piazza Venezia. Os romanos postaram-se ao sol nos degraus das igrejas e nas calçadas para observá-los. "Uma chuva de rosas caiu sobre homens, canhões, tanques e jipes", escreveu em seu diário uma mulher chamada Jane Scrivener. Na manhã seguinte, a cidade estava cheia de soldados aliados empoeirados, com a barba por fazer, desgastados pela batalha, porém sorridentes. Os escoceses fizeram um concerto de gaitas de fole na Piazza Venezia, usando kilts. Um diretor de cinema pouco conhecido chamado Roberto Rossellini começou a filmar *Roma, cidade aberta*. Roma estava livre.

Mas a guerra não tinha acabado. Quando os Aliados começaram a longa e difícil marcha para chegar ao norte e à República de Salò, deixaram para trás a pobreza, uma terra sem lei, o perigo e a fome. "Estávamos livres, numa terra devastada", escreveu a antifascista Giuliana Benzoni. A estratégia aliada foi a de atrair as divisões alemãs à Itália e imobilizá-las ao longo da península, mas isso também imobilizou as forças aliadas, que agora teriam de tomar a Itália aldeia por aldeia.[17] Como disse o major-general J. F. C. Fuller, estrategista e historiador militar, o "ventre fraco" de Churchill se transformou no dorso de um crocodilo. Enquanto políticos da oposição disputavam coalizões e a monarquia, ainda sediada no sul, lutava para sobreviver, a guerra civil continuou, e com ela um doloroso e muitas vezes selvagem acerto de contas com o fascismo. Roma ficou sem água, sem eletricidade, sem gás, sem telefone e, ainda, sem comida.

A amiga de Edda, Virginia Agnelli, saiu do seu esconderijo e estava com um amigo na porta do Hotel Flora, na Via Veneto, quando viu convidados começando a chegar para uma recepção oferecida pelos americanos. Elegantemente trajados, com penteados impecáveis e uma variedade colorida de chapéus, luvas, bolsas e sapatos, eram os homens e mulheres italianos que passaram os anos 1930 desfrutando dos prazeres da sociedade fascista romana, gratos pela sensação de estabilidade, acomodando-se aos seus rituais, à corrupção e à sordidez. Virginia percebeu que eles olhavam em volta um tanto furtivamente, um tanto desafiadores, com expressões que sugeriam a sensação de terem sobrevivido ao pior e que agora podiam recomeçar suas vidas apropriadamente. Respondendo a algum sinal imperceptível, começaram a se enfileirar no hotel, dando "passos de passarinho" como se tivessem sido depositados pelo vento, "tão leves e efêmeros" que mal pareciam tocar o chão. "Nós os reconhecemos", escreveu. "Nós os contamos. Estavam todos lá." Exceto, claro, "Galeazzo Ciano, porque estava morto".

CAPÍTULO 21

EDDA ESTÁ DE BOA VONTADE

Em Ingenbohl, apesar da chegada de livros, das palavras cruzadas e de um gramofone mandado por seu advogado em Genebra, Edda se sentia cada vez mais deprimida. As freiras comentavam que ela não saía mais à janela para fumar e olhar para fora. Um certo dr. Réal, chamado para examiná-la, disse que Edda tinha histórico de pleurisia, catarro brônquico, pneumonia e colite, que estava letárgica, ansiosa e mal comia. "Ela veio à Suíça para encontrar liberdade", observou, "mas acabou sendo constantemente vigiada." A madre superiora, Diamira Brandenberg, escreveu às autoridades policiais dizendo que "*questa povera signora*" precisava de mais liberdade, um pouco de sol e, acima de tudo, companhia.[1] A própria Edda enviou uma carta suplicante ao chefe de polícia de Berna, dr. Balsiger: "Eu me pergunto do que sou culpada [...] para ser tratada com tanta severidade [...] Nunca fui histérica nem fanática [...] e não sou desprovida de inteligência".

Decidiu mais uma vez procurar o cunhado de Ciano, Magistrati. "Eu estou doente", escreveu. "Não há uma parte de mim que não me incomode." Seus olhos estavam inchados, via manchas pretas e os dentes doíam. Disse estar sendo tratada como uma "*cretina*", uma coisa que ela não era. Na verdade, insistiu, era uma das poucas mulheres dotadas de um senso de disciplina e honra, e para quem "sim é sim e não é não". Se os suíços se recusassem a transferi-la para algum lugar mais livre, onde pudesse falar francês, ela preferiria ser mandada de volta à Itália e se arriscar com os alemães. Recorrendo a um de seus acessos de histrionismo, escreveu que agora era mais um fardo para os filhos do que mãe, e que de qualquer forma provavelmente morreria em breve. "Se devo morrer, prefiro morrer rodeada por meu próprio povo, pela arte italiana, sob um céu italiano", mesmo que isso implicasse ser fuzilada.

Um dia, percebendo que estava ficando sem dinheiro, Edda perguntou a seus filhos se achavam que deveriam economizar o que restava ou comprar um rádio. Eles estavam agora com 13, 11 e 7 anos. Votaram pelo rádio, foram até a aldeia, almoçaram maravilhosamente bem e voltaram para casa com o rádio, pelo qual passaram a acompanhar o desenrolar da guerra. Não muito tempo depois, ouviram um barulho estranho no jardim, tarde da noite. Edda olhou para fora, não viu nada, mas em seguida ouviu um sussurro: "Calpurnia. Calpurnia". Edda sorriu.[2] Era o código que ela e Dom Pancino usavam quando crianças. Abriu a janela e perguntou: "Onde você está?". O padre estava empoleirado numa árvore e disse que viera trazer secretamente um dinheiro de Mussolini, obtido da venda de *Il Popolo d'Italia*. Edda aceitou o dinheiro e prometeu devolver algum dia, pois se recusava a aceitar qualquer coisa dada pelo pai.

Em maio, Dom Pancino voltou com outra carta de Mussolini, com notícias da família e uma mala de coisas. "Eu ficaria muito satisfeito se você me escrevesse", dizia Mussolini. "Um abraço, *tuo papà*." Mas Edda continuou irredutível. Antes de o padre partir, entregou-lhe os diários de Ciano para serem guardados num cofre no Crédit Suisse em Berna, que deveriam ser publicados se ela morresse.

Finalmente, após muitas discussões em nível federal, as autoridades suíças cederam. Sete minutos por uma estrada particular perto da aldeia de Monthey, perto de Fribourg, havia uma Maison de Santé chamada Malévoz. Era dirigida pelo dr. Répond, psiquiatra e autor de um artigo sobre psicose em prisioneiros de guerra na Primeira Guerra Mundial, definido por um paciente agradecido como "tendo uma personalidade expansiva, aberta e extremamente fascinante". O dr. Répond manifestou interesse no "caso dessa refugiada"; era conhecido por favorecer estadias mais curtas para os pacientes e condições mais agradáveis. Malévoz ocupava uns bons sete hectares de terra, sem cercas, e as vilas individuais pareciam mais casas de veraneio que um sanatório. Não havia internados perigosos e pouca gente passava por ali, além de grupos de crianças em idade escolar. Deixando os três filhos nos seus internatos, acompanhada por um policial graduado e uma "mulher de confiança", Edda chegou a Malévoz em 21 de julho.

Ficou em um apartamento espaçoso e independente. O dr. Répond destacou uma jovem de 25 anos, francófona, para ser sua companheira constante e garantir que "Madame Pini não se entregue a atos lamentáveis". Três enfermeiras assinaram acordos de confidencialidade. Mas também havia regras: um rígido controle do telefone e das visitas; nenhuma atividade política de qualquer tipo; só fazer passeios com permissão. O dr. Répond via Edda por 1 hora todos os dias. "A paciente está menos deprimida, mais animada e está começando a mostrar interesse pela realidade", escreveu ao dr. Balsiger, que lhe pediu para fazer relatórios quinzenais, "mas continua sem apetite e dormindo muito mal."[3] Descreveu Edda como de "estatura mediana, ombros largos, com boas proporções, muito magra, cabelos castanhos, tez pálida, olhos secos, voz clara e forte". Disse que não era "sexualmente frígida", mas parecia sofrer basicamente de "exaustão mental e física". Edda disse a ele: "Eu não sou louca". Ao que ele respondeu: "Eu sei, eu sei".

No verão de 1944, começaram a se disseminar rumores sobre os diários de Ciano e o que podiam conter. No dia em que os Aliados entraram em Roma, o comunista *L'Unità* publicou que "partes interessadas" estavam impedindo sua publicação. Certamente respondendo a uma pergunta de Mussolini, Edda disse que sua intenção era vingar Ciano: "Não acredite, *padre mio*, que você ou seus amigos vão pôr as mãos nos diários do meu marido".[4] Em agosto, quando alguns fragmentos tentadores foram publicados, com a permissão de Edda, num jornal romano chamado *Risorgimento*, e depois reproduzidos por um jornal católico espanhol, o interesse e a inquietação com o que poderiam gerar aumentaram, tanto entre os Aliados como entre os parceiros do Eixo.

Os diários já tinham passado por várias aventuras.[5] Os papéis nas mãos de Harster, entregues para atrair os alemães antes do fracassado plano de resgate, foram parcialmente traduzidos, datilografados e despachados para Kaltenbrunner em Berlim. A parte deixada com os irmãos Melocchi em Ramiola, atrás da caixa de eletricidade, mais dois volumes dos diários escondidos atrás de livros, ainda não tinham sido encontrados, apesar de uma busca feita pelos homens de Harster, convencidos de que o melhor material ainda estava por ser descoberto. Mas, no final de agosto, um homem que se dizia sobrinho de um eminente ginecologista milanês chegou à clínica com uma carta, supostamente de Edda, instruindo os Melocchis a entregar tudo para ele, por questão de segurança. Convencidos de que era um impostor, os irmãos negaram ter conhecimento de quaisquer diários. Alguns dias depois, soldados da SS vieram prender os Melocchis, que, com medo de serem torturados, entregaram os papéis, junto com a bolsa de Edda. Os alemães agora tinham cinco ou seis volumes de negociações diplomáticas, os dois volumes de diários dos anos de 1937 e 1938 e um terceiro, intitulado "Germânia".

Frau Beetz foi designada para fazer um resumo do material recém-apreendido e, depois, que voltasse a Weimar, onde deveria fazer uma tradução completa de toda a coleção. Todas as noites, seu trabalho era trancado no cofre da Gestapo. Com o colapso do regime nazista, Hitler ordenou que todos os documentos, juntamente com suas traduções, fossem destruídos. Mas Frau Beetz, sem contar a ninguém, fez uma cópia extra de tudo. No devido tempo, enterrou a cópia no seu jardim, após o que passaria a ser chamada de "Os papéis do jardim de rosas".

Mas os americanos também estavam interessados. Apesar de ninguém ainda saber exatamente o que os documentos e os diários continham, ou mesmo se eram de muito interesse, eles acreditavam que poderiam ser úteis na formulação da política dos Aliados na Itália e para decidir em quem poderiam confiar no cenário político italiano em constante mudança. Já estavam sendo feitos preparativos para os futuros julgamentos de crimes de guerra, e cogitou-se que os diários de Ciano poderiam fornecer possíveis evidências para a condenação de nazistas e fascistas importantes. Edda e Ciano estavam certos ao acreditar que, como instrumentos de barganha, os diários poderiam ter salvado sua vida. A "Operação Diários de Edda C." foi deflagrada.

Por intermédio da amiga Virginia Agnelli, Edda foi apresentada a Frances de Chollet, uma americana casada com um banqueiro suíço, também conhecido de Pucci.[6] No final de outubro, Pucci teve permissão para visitar Edda e os dois discutiram maneiras de entrar em contato com os americanos. Pucci tinha recebido cartas furiosas de seus parentes, acusando-o de ter se comportado de maneira vergonhosa ao ajudar Edda e pôr em perigo toda a sua família, dizendo não querer participar "da sua ruína".[7] "Ah, Emilio, você deve ter sido enfeitiçado para ter se comportado assim", escreveram. Um correspondente do *Chicago Daily News* em Berna, Paul Ghali, investigando um boato de que Edda estaria prestes a se casar com Pucci, ficou surpreso quando de repente soube que Pucci queria um encontro, com Madame de Chollet agindo como intermediária. O que Ghali descobriu foi, como afirmou mais tarde, o maior furo da sua vida. Pucci disse a ele que Ciano havia instruído Edda a entregar os diários a Churchill ou a Roosevelt, e agora pedia a Ghali que sondasse se Allen Dulles, o advogado e diplomata de Nova York que dirigia o Gabinete de Estudos Estratégicos em Berna, poderia estar interessado. Ghali concordou em se tornar um mensageiro, mas com a condição de Edda vender os direitos para o *Chicago Daily News*. Edda concordou.

Quando Ghali e de Chollet se encontraram secretamente com Edda, no bufê da estação de Monthey, viram-na "com um vestido alegre de uma versão suíça de xadrez escocês", mostrando um "amor luminoso e deslocado por cores" e muito rímel verde.[8] Edda os deliciou com histórias sobre Ribbentrop e Himmler, a quem culpava pelos infortúnios dos Ciano, e de Eva Braun, sobre quem pouco se sabia e que ela retratou como "vulgar e desinteressante". Disse que queria "dar aos boches o que eles merecem", que as pessoas soubessem que só Ciano foi quem realmente lutou contra a entrada da Itália na guerra e que "estava sozinho". De Chollet observou que a personalidade de Edda era uma "deliciosa mistura de infantilidade, amor pela beleza e preguiça"; era uma "sonhadora", sempre honesta, uma "companheira encantadora" e que nunca se queixava.

Como funcionário americano graduado trabalhando semiclandestinamente na Suíça e amigo dos antifascistas italianos, Dulles não podia se dar ao luxo de ser visto com Edda.[9] No inverno de 1944, Berna tinha se tornado um centro nervoso de serviços secretos, tanto de países aliados como do Eixo, atraindo espiões e informantes de todo tipo. Mas Edda se recusou categoricamente a usar qualquer outro intermediário. Como Dulles escreveu a seus superiores em Washington, ela era um "caso psicopata [...] cujos motivos e conexões" eram dúbios. Foi informado de que Edda estava pedindo uma quantia considerável de dinheiro. "Naturalmente, o assunto requer um tratamento o mais discreto sob todos os pontos de vista."

Em 7 de janeiro de 1945, Dulles decidiu arriscar uma reunião. Foi de automóvel até Monthey, junto com Ghali e De Chollet. Edda conseguiu escapar da clínica sem ser vista e os encontrou no bufê da ferrovia. Seu rosto estava tão magro que os olhos pareciam enormes. Dulles percebeu que, uma vez relaxada, ela falava livremente, com explosões ocasionais de "alegria febril". Sua mente era rápida, mas pulava de um assunto a outro. De Chollet, que fez anotações sobre seus encontros, observou que Edda era "muito vaidosa e tinha muito medo de críticas adversas" e que queria ser apreciada. Ela disse a De Chollet que o pai tinha cometido um grande erro ao entrar na guerra, mas que "todas as grandes pessoas cometem erros".

Claramente carente de companhia, Edda insistiu em contar sua própria história antes de falar sobre os diários. Depois pediu para ficar a sós com Dulles. Em troca de todos os papéis que tinha, queria que ele usasse sua influência para obter asilo na Suíça para sua mãe, os irmãos e a irmã, e para ajudar a levá-la com os filhos para a Espanha ou Portugal. Também pediu para ficar com os direitos de publicação dos diários em capítulos na imprensa. Dulles respondeu que não tinha interesse em negociar, mas que ela poderia manter os direitos para a imprensa, desde que o governo americano pudesse publicar qualquer coisa que os ajudasse na guerra. Depois de mais negociações – nas quais os diários eram chamados de "os chocolates" –, foi fechado um acordo.[10] Dulles telegrafou a Washington: "Edda está de boa vontade".

Como era importante para seu status de refugiada manter os suíços de fora sobre essas transações, um capitão do exército americano que trabalhava para a OSS chegou tarde da noite a Malévoz para fotografar os diários secretamente no quarto de Edda. Conseguiu não ser detectado, mas queimou os fusíveis elétricos da clínica antes de concluir sua tarefa. Dulles decidiu então que o mais seguro seria tirar Edda da clínica uma noite, levá-la até a casa de De Chollet, em Fribourg, a 80 quilômetros de distância, fotografar as 1.200 páginas dos documentos e retorná-la ao quarto ao amanhecer. A missão correu de acordo com o planejado, mas Edda foi vista entrando no quarto às 5 da manhã, alimentando assim histórias sobre seu comportamento rebelde entre os moradores. Em 20 de janeiro, os papéis fotografados estavam a caminho dos Estados Unidos. Como Edda estava com muito pouco dinheiro e os suíços a mantinham com uma mesada apertada, Dulles fez um adiantamento de 3.500 francos suíços, referentes futuros direitos autorais. Ele queria que Washington tornasse os diários públicos imediatamente, mas o Departamento de Estado decidiu reservá-los para os julgamentos de Nuremberg. Os De Chollets adiantaram o dinheiro, tendo como garantia as joias depositadas no banco.[11]

Vários jornais começaram uma guerra de lances, mas em 9 de abril Edda assinou um contrato, como prometido, com o *Chicago Daily News*, que concordou em cobrir a oferta mais alta, de 25 mil dólares, uma quantia respeitável na época. Enquanto isso, Dulles começou a rastrear os documentos deixados em Ramiola, embora as evasivas de Edda tornassem isso difícil. Só algum tempo depois, depois da rendição alemã, ele pôde visitar os Melocchis e soube que a SS tinha chegado primeiro. Como disse o relatório da CIA, "os chocolates" foram "engolidos".

Fabrizio, Raimonda e Marzio tiveram permissão para se juntar a Edda, e ela disse a de Chollet que, depois de chegarem com uma aparência "perfeitamente horrível", eles agora eram "quase humanos de novo".[12] Aqui em Malévoz, acrescentou, com exceção de brigas ocasionais, "a vida segue tranquila e sonolenta". Ela estava se sentindo muito melhor, sonhando com um futuro "em outro lugar, livre, sem preocupações com dinheiro e com alguns amigos ao meu redor. Voltei a ser um ser humano. Você não pode imaginar o que isso significa".

Mussolini também estava se sentindo melhor. A dieta de Zachariae e o regime de hormônios e vitaminas sanaram suas cólicas estomacais e, como se recusava a comer qualquer coisa que os outros não pudessem obter, Rachele comprou uma vaca e fazia manteiga. Levou Irma, sua empregada, para a Villa Feltrinelli e as duas mulheres romagnolas faziam massas caseiras. Mussolini era muito apegado à nora Gina e à filhinha dela. Elena, sua filha com Angela Curti, o acompanhou a Salò e lia os jornais enquanto ele descansava na sua poltrona. Estava sempre com frio e queria o aquecimento ligado. Mais tarde, Zachariae reproduziu longas conversas discursivas com o Duce sobre filosofia, literatura e política. Passou a admirar e a se afeiçoar ao seu paciente, definindo-o como "corajoso e forte", um homem de otimismo sem limites, mas crédulo e infantil.

Quanto ao restante, nada tinha melhorado. As cidades do norte estavam inundadas de alemães da SS e mercenários lutando contra uma Resistência cada vez mais bem armada e bem organizada e realizando represálias contra civis. Espiões e informantes enriqueciam praticando extorsões e todas as delegacias de polícia recebiam denúncias anônimas de judeus e guerrilheiros escondidos. Em junho, Pavolini atraiu 40 mil dos fascistas mais fervorosos, "*i puri e i duri*", para formar uma nova força, a Brigate Nere, a fim de estabelecer alguma ordem nos bandos de fora da lei que proliferavam. Mas, na prática, esses homens não tinham nada de puro, eram rufiões e torturadores. Pavolini ficou obcecado com a morte. Esse homem outrora elegante desistiu de se barbear, tornou-se severo e bruto e agora corria pela zona rural em um carro aberto com o guarda-costas inspecionando seus homens. A guerra civil tinha entrado em sua fase mais sangrenta.

Na tarde de 20 de julho, logo depois que a bomba de Claus von Stauffenberg explodiu durante uma reunião no quartel-general de Hitler, matando quatro pessoas e só ferindo levemente o Führer, Mussolini chegou à Alemanha. Estava indignado com as condições atrozes impostas aos trabalhadores italianos mantidos na Alemanha, com as agora regulares deportações de judeus do norte da Itália para campos de extermínio e com a invasão da Alemanha do Alto Ádige e de Trieste.[13] Hitler fez promessas, mas não as cumpriu. "É tarde demais", Mussolini voltou dizendo. "Eu esvaziei o cálice envenenado até a última gota." Parecia pálido e infeliz, e disse a Rachele: "Os derrotados não têm amigos".[14] Mussolini tinha sido muitas coisas: romagnolo, populista, elitista, socialista, ditador. Durante quase 20 anos, desfrutou da adulação normalmente dada apenas às estrelas de cinema. Mas se deixou seduzir ao optar por acreditar que, com a Alemanha ao seu lado, poderia fazer da Itália um jogador importante no cenário internacional. Agora Hitler tinha Mussolini nas mãos, um fantoche difuso dos alemães, tentando cortejar seus últimos seguidores com promessas que sabia não poder cumprir.

O ânimo de Mussolini reviveu brevemente quando, em 13 de novembro, o general Alexandre, comandante dos exércitos aliados na Itália, diante de muita lama e chuvas torrenciais, interrompeu a campanha de inverno na Itália e ficou à espera da primavera e de melhores condições, instruindo a Resistência italiana, que por isso ficou muito vulnerável, a fazer o mesmo. O Duce começou a pensar que as tão alardeadas armas secretas de Hitler poderiam levar os Aliados a uma mesa de negociação, onde poderiam considerar Mussolini um valioso aliado na luta contra o comunismo. Em 16 de dezembro, ele se recompôs e passou 3 dias em Milão, falando no Teatro Lirico para uma multidão animada e depois percorrendo a cidade em carro aberto. Ainda não tinha perdido completamente sua magia.

Com Edda na Suíça e fechada para ele, Ciano morto, o irmão Arnaldo há muito desaparecido e o acesso fácil a amantes impedido, o relacionamento de Mussolini com Claretta ficou mais amoroso. "Você é o meu coração, só você", disse a ela. Havia visitas furtivas à Villa Fiordaliso. Mas Rachele e seus espiões se mantinham atentos. Ao descobrir que Claretta estava fazendo cópias das cartas de Mussolini, despachou uma equipe de policiais para investigar. Depois, decidiu agir. Na sua versão dos eventos, Rachele disse a Mussolini que iria sair em uma "*spedizione punitiva*" à Casa dei Morti. O Duce respondeu: "Faça como quiser".

Rachele se vestiu com cuidado, evitando cintos ou faixas que Claretta pudesse agarrar, calçou sapatos pesados com sola de borracha, chamou seu motorista e partiu levando um revólver. Eram 8 horas de uma noite tempestuosa. Recrutou o muito relutante Buffarini-Guidi – que se manteve fiel a Claretta e sua família –, e dirigiu-se até os portões da escurecida Villa Fiordaliso. Tocou a campainha várias vezes, bateu nos portões e obrigou Buffarini-Guidi a rastejar por uma abertura na cerca, rasgando as calças no processo. A vila estava às escuras e ninguém respondeu. Finalmente, um oficial alemão apareceu numa janela e concordou em deixá-los entrar.

Rachele foi levada a uma pequena sala de estar. Quinze minutos depois Claretta apareceu, pálida e com um lenço na mão. Rachele disse que ela precisava sair da área imediatamente, pois estava "perturbando a serenidade da família". Claretta chorou. Rachele odiava mulheres que choravam. Deu uma sacudida em Claretta e seguiu escada acima até o seu quarto, com uma enorme cama dossel, onde Claretta mostrou as cópias das cartas de Mussolini, antes de afundar debilmente na cama. Buffarini-Guidi serviu um pouco de conhaque, que ela tomou em golinhos para se reanimar. Disse a Rachele que Mussolini não poderia viver sem ela. Rachele ligou para Mussolini para provar que realmente estava na Casa dei Morti. Em seguida, depois de mais uma enxurrada de insultos e dizendo a Claretta que todos a odiavam e que ela certamente "teria um fim ruim", Rachele a expulsou.

Mas o drama da noite ainda não tinha acabado. Ao voltar para a Villa Feltrinelli, Rachele se trancou no banheiro e bebeu alvejante, mas não tanto que não pudesse ser reanimada. Mussolini passou o resto da noite ao seu lado. "Eu entendi que não tinha perdido o meu homem", comentou mais tarde, um tanto presunçosa. As visitas furtivas a Claretta, que se mudou para outra casa, continuaram; assim como as cartas com Mussolini, com as habituais oscilações entre a paixão e o ciúme. Tendo ouvido pela rádio seu discurso em Milão, Claretta escreveu: "De joelhos diante de você [...] Eu o apoiei com a minha alma, com as violentas batidas do meu coração, enquanto ouvia, extasiada".

A breve esperança de Mussolini de que tudo ainda poderia dar certo durou pouco. Em março de 1945, enquanto Edda concluía seu acordo com Dulles, ficou claro que os Aliados avançavam firmemente para o norte, a caminho da vitória. Mussolini enviou Vittorio numa missão secreta a Milão para pedir ao cardeal Schuster que abordasse os Aliados em seu nome, visando algum tipo de paz negociada. Mas o Vaticano, a quem o pedido foi encaminhado, respondeu que fora informado de que aos britânicos e aos americanos só interessava uma rendição incondicional. Quando Dom Pancino, em outra visita a Edda, falou sobre as iniciativas de Mussolini, sua reação foi reveladora. De repente, pareceu não estar mais zangada. "Então existe esperança? Ele vai conseguir se salvar?"

Ao retornar à Villa Feltrinelli, Dom Pancino repetiu suas palavras a Mussolini, que pareceu mais consolado por elas. Mas, quando o padre ia saindo, Mussolini falou: "Padre, vamos nos despedir agora, porque eu sei que vou ser morto". Dom Pancino o instou a pensar na sua alma. Mussolini sorriu, mas não disse nada. Em silêncio, taciturno, com o rosto lívido e cansado, ele passava horas olhando para o lago cinzento. Os lagos, costumava dizer, não eram nem mares nem rios, "mas uma espécie de traição". Disse à irmã Edvige: "Como Hamlet, o resto é silêncio".[15] Afirmou que já estava pronto há algum tempo para "entrar em um grande silêncio".

No dia 14 de abril, diante de um grupo de alemães e *gerarchi* reunidos, Pavolini esboçou um plano para um último bastião do fascismo em Valtellina. Dois dias depois, Mussolini disse ao último conselho de ministros: "Seja qual for o lugar, o fascismo tem de cair heroicamente".[16] Mas era uma fantasia e o tempo estava se esgotando. Na Villa Feltrinelli, Rachele começou a fazer as malas. Papéis e documentos foram destruídos; os *gerarchi* começaram a mandar suas famílias para o exterior.

Em 19 de abril, quando os Aliados chegaram ao Vale do Pó, Mussolini voltou a Milão para se encontrar com os líderes da Resistência no palácio do cardeal Schuster. Propôs a deposição das armas do seu exército fascista em troca da sua segurança, da sua família e dos *gerarchi* mais antigos. Mas ele não sabia que em Caserta, no sul, os generais alemães estavam negociando um armistício e que Wolff havia dito a Dulles que Mussolini "não tinha relevância em termos de rendição". Quando ficou sabendo, exclamou: "Os alemães nos apunhalaram pelas costas [...] eles sempre nos trataram como escravos". Poderia ter continuado em segurança no palácio do cardeal, onde acabaria sendo entregue aos Aliados. Em vez disso, saiu furioso e voltou para Como. Vittorio elaborou um plano para um submarino levá-los à Argentina, onde Perón lhes daria asilo; Luigi Gatti, secretário de Mussolini, sugeriu que um hidroavião pousasse no lago e os levasse para a Espanha. Claretta propôs que um barco a motor a levasse com Mussolini pelo lago até a Suíça, para de lá de alguma forma chegar à Austrália, deixando Rachele e as crianças para trás. Mussolini respondeu a todos: "Ninguém pode me ajudar". Disse a Rachele que nunca se deixaria cair nas mãos dos Aliados, pois eles o exibiriam "como uma aberração". Passou o dia 25 de abril recebendo visitantes, calmo e se preparando para partir para o norte.

"O importante é morrer bem", disse Pavolini aos cerca de 3 mil fascistas que responderam ao seu chamado para vir a Como.[17] A maioria optou por não morrer e fugiu. Às 5 horas e 30 minutos da manhã de 27 de abril, 28 carros, caminhões e veículos blindados partiram em um longo comboio ao longo da margem oeste do lago Como. Havia 177 alemães e 174 italianos, muitos deles esposas e filhos dos fascistas mais velhos. Mussolini estava entre eles, mas não Rachele, nem Romano, tampouco Anna Maria, que tinham se mudado alguns dias antes para uma vila próxima. Elena Curti foi com eles, assim como Claretta, de avental e um quepe de piloto cobrindo os cabelos, juntamente a seu irmão Marcello. Por um momento, ela tomou Elena por outra amante e fez uma cena. Claretta havia escrito à irmã: "Quem ama, morre. Estou seguindo o meu destino, que é dele".

Logo foram parados por um posto de bloqueio da guerrilha. Depois de negociações, os alemães foram autorizados a passar e seguir em direção à Alemanha. Os italianos ficaram detidos. Na aldeia de Dongo, Mussolini – de capacete e com um sobretudo alemão grande demais para ele – foi reconhecido. Como os guerrilheiros temiam uma tentativa de resgate, foi levado no dia seguinte para a cabana de um camponês perto da aldeia de Giuliano di Mezzegra. Uma Claretta estridente e chorosa insistiu em ir junto. Existem muitas versões sobre quem, precisamente, deu as ordens para sua execução e muitas teorias conspiratórias para comprová-las e refutá-las. Mas, na tarde de 28 de abril, um grupo de homens sob o comando de uma guerrilheira que atendia pelo nome de Valeria fuzilou Mussolini e Claretta nos portões de uma vila nos arredores de Mezzegra. Claretta usava seu casaco de vison e sapatos de salto alto. Mais tarde, foi dito que tentou proteger Mussolini com o próprio corpo.

Quinze dos capangas de Mussolini, Pavolini entre eles, foram executados na praça principal de Dongo. No último momento, Pavolini tinha se juntado ao comboio no seu próprio carro. Nunca disse nada sobre o que sentiu quanto à traição ao seu grande amigo Ciano. Marcelo conseguiu escapar e mergulhar no lago, mas levou um tiro no rosto e morreu. Às 4 horas da manhã de 29 de abril, 23 cadáveres foram retirados da carroceria de um caminhão na Piazzale Loreto, em Milão, onde antifascistas tinham sofrido um massacre no ano anterior. Em um final escabroso, Mussolini e Claretta foram pendurados de cabeça para baixo do telhado de uma garagem depois de a multidão urinar e cuspir nos cadáveres. Starace, o homem que venerava Mussolini e tentou transformar a Itália em um quartel fascista, foi preso nas proximidades e fuzilado. Na hora da morte, ergueu o braço em uma saudação romana ao cadáver pendurado de Mussolini. Detido pelos guerrilheiros quando tentava chegar à fronteira com a Suíça, Farinacci tentou suicídio, mas não conseguiu e foi arrastado quase inconsciente para ser executado, com a camisa rasgada e um dos sapatos perdidos. O ódio que muitos italianos sentiam agora pelos fascistas era avassalador.

Edda ouviu falar da morte do pai pela rádio. "Fiquei absolutamente imobilizada, incapaz de me mexer", disse mais tarde. "Em toda a minha vida eu nunca desmaiei [...] mas me senti como se transformada em pedra. Não conseguia levantar o dedo nem piscar. Os médicos vieram, me sedaram e me puseram na cama." Durante vários dias, ela evitou todos os jornais e escondeu tudo dos filhos. Enfim, sem querer que eles soubessem do fim horrível de "*nonno Duce*" por outros, ela os chamou para contar a verdade, como fizera depois a morte de Ciano. Fabrizio pensou: *Eles mataram outro membro da minha família.*

Quando Edda voltou à aldeia local, não pôde deixar de ver as fotos da Piazzale Loreto em todos os jornais. "Ele e aquela pobre mulher [...] e os outros, como um matadouro", comentou. Quando Dom Chiot mais tarde se ofereceu para contar os detalhes da morte do pai, ela o interrompeu, dizendo que não aguentaria. Mas Edda nunca conseguiu esquecer a foto de uma jovem guerrilheira olhando para o corpo de seu pai: "Sorrindo, sorrindo [...] Eu poderia ter entendido o ódio, o triunfo, o desprezo. Mas não aquele sorriso, satisfeito e tranquilo".[18]

CAPÍTULO 22

O AJUSTE DE CONTAS

No período de 15 meses, Edda perdeu o marido, executado com a conivência do pai; e o pai, executado pelos guerrilheiros. Estava com 34 anos, com três filhos pequenos, todos refugiados, e não fazia ideia se a mãe, a irmã e os dois irmãos continuavam vivos. No rescaldo da guerra civil na Itália, ser chamada de Ciano ou Mussolini era perigoso. Ainda bem que, como ela mesma dizia, era uma lutadora.

A Operação Sunrise, a rendição alemã na Itália, foi assinada secretamente em 29 de abril e formalizada em 2 de maio. As conversações na Suíça tinham começado vários meses antes entre o comandante da SS Karl Wolff e Allen Dulles, e provavelmente salvaram Wolff – visto como um mediador nas negociações de paz – dos julgamentos e das execuções de Nuremberg. Ao pôr fim aos combates, eles também salvaram inúmeras vidas, e também o lugar, da destruição total da indústria e da infraestrutura no norte. Havia um medo real por parte dos Aliados de que os comunistas conseguissem vencer as eleições italianas do pós-guerra, e os alemães sabiam que o anticomunismo era sua carta mais forte. Nesse caso, a Operação Sunrise foi apenas uma pausa, um momento entre o fim da Segunda Guerra Mundial e o início da Guerra Fria, quando o inimigo deixou de ser a Alemanha para se tornar a União Soviética. Com o fim da primavera e a chegada do verão, a Itália começou seu doloroso ajuste de contas, não somente com a guerra civil e a penúria a que o país havia sido reduzido, mas com seu "*ventennio fascista*", as duas décadas de ditadura fascista de Mussolini. Havia muitas contas a acertar. Em 7 de maio, a Alemanha rendeu-se incondicionalmente aos Aliados; mas só em setembro o Japão seguiria o exemplo.

O filho de Edvige, Pino, e o sobrinho de Rachele, Germano, foram fuzilados pelos guerrilheiros nas últimas semanas da guerra, mas Rachele e seus filhos ainda estavam vivos.[1] No final do dia 23 de abril, numa noite tempestuosa, foram levados para Milão, com os faróis apagados, por causa dos aviões inimigos. Lá, ela recebeu a notícia de que se encontraria com Mussolini em Como. Na noite do dia 26, estavam na casa de um amigo quando recebeu uma carta de Mussolini. Pelo menos foi o que Rachele mais tarde afirmou e Romano confirmou; mas ninguém mais viu essa carta e houve sérias dúvidas de que tivesse sido escrita. Nela, segundo Rachele – que disse ter memorizado cada palavra antes de destruí-la –, Mussolini pedia seu perdão "por todo o mal que imprudentemente lhe fiz [...] você foi a única mulher que eu realmente amei.[2] Juro por Deus e por Bruno neste momento supremo". Verdadeira ou falsa, parecia uma vingança final contra Claretta. Mussolini disse para ela pedir asilo na Suíça e para se entregar aos Aliados se eles recusassem. Segundo Rachele, Mussolini falou com ela mais uma vez por telefone para dizer: "Você vai construir uma nova vida". Depois disso, não ouviu mais nada da parte dele.

Quando Rachele e os filhos chegaram à fronteira, os suíços disseram que só receberiam Anna Maria, por causa da poliomielite. Não tendo perdido nada de sua agressividade, Rachele disse que, ao recusar sua entrada, eles estavam na verdade fazendo um favor, pois ela preferia ficar na Itália. Todos voltaram a Como para aguardar notícias. Ninguém ainda sabia nada de Mussolini. Naquela noite, eles ouviram tiros: os americanos tinham chegado. De uma janela, Rachele viu as comemorações pela queda dos fascistas explodirem em desejo de vingança e um jovem de pijama sendo linchado. Ao meio-dia do dia 29, o anfitrião trouxe um exemplar do jornal comunista *L'Unità*, com a primeira página inteira estampada com as palavras "Benito Mussolini foi executado". Foi um choque terrível.

Temendo que ela e os filhos pudessem ser atacados por uma multidão, Rachele mandou uma mensagem à liderança da Resistência, e três guerrilheiros vieram para levá-los ao quartel-general da polícia. Lá, foi separada dos filhos e levada para a prisão de San Donnino. Ao revistar sua bagagem em busca de objetos de valor, um dos guerrilheiros encontrou um pequeno retrato de Bruno e o levou, dizendo que, como todas as posses de Mussolini, aquilo pertencia por direito ao povo. Rachele teria replicado, friamente: "Nós demos a vida do meu filho ao povo". O guerrilheiro devolveu a foto. Da sua cela, ela ouviu tiros no pátio, presumindo que logo seria sua vez. Quando os filhos foram trazidos para vê-la brevemente, perturbados e trêmulos, Rachele concluiu que seu fim havia chegado. Mais tarde, Romano e Anna Maria diriam que a mãe de repente parecia menor, encolhida, porém totalmente resoluta.

Mas Rachele não foi executada. Em outra noite de vento e chuva, foi levada a uma vila à beira do lago, onde um oficial americano com um guarda-chuva a levou até uma sala, onde um rádio tocava "Singing in the Rain". Os americanos, que depois trouxeram Romano e Anna Maria, foram corteses e amigáveis. Os britânicos, a quem foram todos entregues em 10 de maio, se mostraram frios e formais. Eles levaram a família para Terni, onde uma fábrica de borracha foi transformada num campo de prisioneiros para os fascistas. Ficaram em quartos anexos ao hospital do campo. Romano estava prestes a completar 18 anos; Anna Maria tinha 16. Quando a notícia de sua presença se espalhou, começaram a receber pequenos presentes anônimos de fascistas sobreviventes e obstinados: roupas, sapatos, perfume, um chapéu de palha para Anna Maria, uma caneta-tinteiro para Romano. Vinte e sete caixas com os pertences dos Mussolini foram entregues aos Aliados e foi feito um minucioso inventário relacionando tudo, desde uma cafeteira de prata até dois pares de meias usadas de lã, um acordeão e um recipiente com feijão e farinha.

Um correspondente da United Press conseguiu entrar no campo.[3] Rachele se recusou a falar sobre Edda, só disse que "ela certamente teve uma grande influência [sobre Mussolini], mas principalmente contra ele". Por não tolerar sua ociosidade forçada, Rachele foi autorizada a entrar na cozinha, onde ela e a Principessa Pignatelli começaram a preparar tagliatelle para o acampamento e, logo, assumiram todo o serviço de refeições. À noite, contavam às companheiras de prisão histórias da vida na Villa Torlonia. Três meses depois, em 26 de julho, Rachele, Romano e Anna Maria foram transferidos para uma casinha geminada e parcialmente abandonada com vista para o mar em Forio, na ilha de Ischia. As vidraças estavam quebradas e não havia pratos nem lençóis. "Minha casa está vazia", reclamou para as autoridades, "não há nada nela." Pediu para recuperar pelo menos suas roupas quentes de inverno. Mais tarde, diria que a caixa com dinheiro, joias, a corrente de ouro de Mussolini e o bastão do marechal haviam sido roubados, junto com o revólver incrustado de pedras preciosas presenteado por Franco. E Rachele sempre odiou ilhas.

Vittorio também conseguiu sobreviver. Sabendo estar na lista de procurados pelos guerrilheiros, refugiou-se com um primo e um amigo no sanatório de um colégio em Como. Levou consigo um pequeno rádio, pelo qual ouviu a notícia da morte do pai. Vittorio passou aquelas semanas tentando manter a forma, dando voltas e mais voltas em torno da cama. Depois de 3 meses, os moradores locais começaram a suspeitar, os monges consideraram que não era mais seguro e Vittorio mudou-se, primeiro para um orfanato em Rapallo, depois foi de bicicleta até Gênova e de lá para um colégio administrado por padres franceses em Roma. Deixou crescer a barba, para esconder o famoso maxilar de Mussolini, e usava batina. Estava lá quando soube que Gina, a viúva de Bruno, teve o cabelo raspado pelos guerrilheiros, e, mesmo tendo sido libertada, morreu afogada no lago Como quando o barco a motor em que ia a um casamento com alguns oficiais britânico virou. Marina, de 4 anos, ficou órfã.

A questão agora, para os suíços, era o que fazer com seus indesejados convidados fascistas.[4] Alfieri, Bastianini e Volpi conseguiram escapar da Itália pela fronteira e obtiveram asilo. Dado o fato de até ex-fascistas menores estarem sendo caçados e executados, como as autoridades suíças poderiam devolvê-los à Itália? A guerra na Europa podia ter acabado, mas a retaliação era impiedosa. Edda, a mais proeminente de todos, representava o maior problema.

Edda observava os acontecimentos com uma apreensão cada vez maior. Em 15 de maio, escreveu ao dr. Balsiger "A guerra acabou, graças a Deus", mas reconhecendo que não seria seguro por algum tempo voltar para a Itália com os filhos e perguntando se não poderia alugar algum lugar, talvez no lago Leman, onde sua sogra, Carolina, poderia ir morar com ela? Carolina tinha tentado entrar na Suíça no início de abril, mas seu pedido de asilo fora recusado e ela mandada de volta, com o policial que a entrevistou alegando que "sua cabeça não está exatamente clara". Sabendo habilmente como encobrir seu passado, Edda lembrou ao dr. Balsiger que, independentemente do que dissessem, ela própria nunca se envolvera com política. "Mais do que nunca, só quero uma vida pacífica, mas talvez isso seja uma fantasia." Nem o dr. Balsiger nem o dr. Répond foram contra o plano, concordando que ela deveria encontrar algum local remoto onde pudesse "andar livremente", mas temiam que, se seu paradeiro se tornasse conhecido, ela pudesse ser "confrontada e abusada" pelos italianos antifascistas foragidos dos espiões de Mussolini, que conseguiram asilo na Suíça. Mas as autoridades federais foram inflexíveis: Edda teria de ficar em Malévoz.

A vida na clínica tornara-se cada vez mais desagradável. Havia uma paciente cujo noivo fora morto e que vagava pelas dependências pedindo a todos que a ajudassem a encontrar a cabeça dele, que teria sido cortada pelos alemães. Certo dia, Fabrizio olhava por uma janela quando uma garota esquizofrênica pulou do quarto andar na frente dele. Dos três filhos, ele foi o que mais estranhou a Suíça, muitas noites chorando até conseguir dormir. No internato, fugiu de pijama e chinelos em busca de Edda, com frio e desesperado. Mais tarde, diria que a morte do pai foi "como um terremoto no meu coração" e que passou a odiar o avô. As três crianças eram conhecidas localmente como "*les trois gamins*", pois Raimonda cortava o cabelo para parecer um menino.

Tanto a imprensa suíça quanto a população local, expressando o sentimento geral de repulsa em relação aos ex-fascistas, partiram para o ataque, com considerável crueldade. Corriam boatos, avidamente repetidos pela aldeia, de que Edda teria se exibido com um vestido vermelho flamejante no dia em que o pai fora executado, que se embebedava regularmente e que fora avistada em aldeias e cidades por toda a Suíça. Um artigo particularmente vituperativo foi publicado no *Feuille des Amis de Monthey*, escrito por um jornalista que nunca a conheceu, dizendo que ela passava seus dias em "um estabelecimento" na cidade – sem especificar qual, mas o significado era claro –, que recebia rapazes em seu quarto na clínica e que geralmente "se comportava de maneira escandalosa". No *France Soir*, um repórter escreveu com desdém sobre essa "ex-*femme fatale* da Europa que finge estar doente e arruinada". O *Swiss Die Nation* afirmou que Edda havia participado de uma missa satânica, uma "orgia digna dos tempos de Nero".

As histórias se tornaram tão venenosas que um certo inspetor Muller foi despachado de Berna a Malévoz para investigar. Descobriu que três quartos da população local não tinham ideia de quem era Edda e não se importavam. Durante todo o inverno, ela só tinha saído da clínica cinco vezes para visitar cidades próximas, quando em uma dessas vezes levou as crianças a um café, acompanhada por sua guarda. Um dia, foi vista andando de bicicleta. É verdade que foi vista andando descalça e às vezes passeava pela floresta à noite, mas o opróbrio que atraía a deixava extremamente angustiada.

O dr. Répond também foi levado a intervir.[5] Em 1º de junho, apresentou um longo relatório às autoridades federais, baseado nas muitas horas que passara com Edda. É um documento fascinante, embora curiosamente ingênuo. Seguindo seu interesse pela psicanálise, ele reúne as diferentes vertentes da vida de Edda, dissecando seu relacionamento com os pais, e apresenta uma imagem simpática. Escreveu que Edda era "uma personalidade muito rica e generosa, que podia ser leal e caprichosa", que odiava deixar as pessoas infelizes e era rápida em pedir perdão. "Introvertida, pouco comunicativa, hipersensível", fugia de confrontos, intrigas e jogos de poder; também estava cheia de dúvidas e "atormentada por sentimentos de inferioridade". Acreditou na história dela de que não se interessava por política e observou que havia sido educada desde a infância para se manter longe de coisas que não a preocupavam. Tinha, acrescentou, uma "visão bastante limitada e estranha" sobre muitas coisas, bem como "um senso de realidade" que muitos suíços considerariam anormal, o que a fazia parecer ingênua e cínica. Culpou suas oscilações de humor entre depressão e euforia por fazê-la parecer estranha, indisciplinada e difícil de entender. Mas afirmou categoricamente que Edda não era "nem uma Lucrécia Borgia nem uma Cleópatra".

Quanto à sua família, o dr. Répond considerou que seria um grave erro oferecer asilo a Rachele, pois soubera por Edda que sua mãe não era uma vítima inocente, mas sim "intrigante e impulsiva", que desempenhou um papel oculto, porém importante na vida de Mussolini, muitas vezes tratando-o como um idiota na frente dos filhos e das empregadas, gritando com ele como uma vendedora de peixes, com as mãos nos quadris. Especulou que Mussolini, definido por Edda como "frágil e autoritário", com a mente de um professor de escola provincial, pode ter sido levado a se relacionar com outras mulheres por essa "lamentável existência conjugal", e que possivelmente foi exatamente isso que a marcou. Para Edda, aquela visão da mãe foi uma vingança agradável.

Por outro lado, o dr. Répond culpou Mussolini pela insônia de Edda (por mantê-la acordada até tarde quando criança) e sua seletividade alimentar (causada por problemas digestivos herdados do pai) e, sobretudo, por suas violentas mudanças de humor. Apesar de sua "inteligência viva, lucidez e perspicácia", Edda havia se tornado uma "neurótica grave". Mudando de ideia sobre o comportamento dela com homens, ele agora acreditava que Edda era "absolutamente frígida". Sua incapacidade de amar plenamente, de se entregar a um homem, fora de fato a "catástrofe" da sua vida e também a causa de sua péssima reputação, pois gostava de ser amiga de muitos homens e se sentir protegida deles por causa de sua frigidez. Com base em suas conversas, Répond concluiu que, sendo naturalmente tímida, ela odiava a sociedade romana, e particularmente todos os sicofantas e bajuladores que cercavam sua família. A época mais feliz de sua vida, segundo ela relatou, foram os anos em Xangai. "Seus modos são simples e sem afetação, sem o menor traço de esnobismo", e Edda era tão sensível que qualquer crítica a deixava literalmente doente. Em vez de encarar a realidade, preferiu se transformar num avestruz.

Questionada por Répond, Edda aceitou de bom grado ter sido uma mãe falha e muito ruim em manter a disciplina. Por causa da violência da sua própria educação, conservou a rebeldia de uma adolescente, o que a tornou muito resistente a receber ordens de qualquer um e incapaz de impor ordem a sua própria família. Em suma, era "desorganizada, indisciplinada, obstinada", mas também podia ser encantadora, atenciosa, ponderada e gentil. O médico, ao que parece, caiu um pouco nos feitiços de Edda, que disse ao dr. Répond que desprezava e odiava o pai por tê-la enganado e deixado Ciano morrer; e que nunca o perdoaria. No entanto, concluiu o psiquiatra, continuava profundamente ligada a ele e sua morte a afetou muito.

Quando as autoridades federais, e depois a imprensa, ficaram sabendo que Edda estava vendendo papéis da família para uma editora estrangeira por uma quantia "colossal", a campanha para expulsá-la da Suíça se intensificou. Jornalistas acorreram a Monthey e, proibidos de falar com Edda, conversaram com os moradores locais, que ficaram muito felizes em repetir e embelezar os rumores já pitorescos. Um jovem policial do vilarejo convocou uma reunião para votar pela sua expulsão. Edda disse que agora se sentia como uma bola de futebol, chutada por todo mundo.

Mas fez pouco para ajudar sua causa. Quando compelido a lhe conceder um pouco mais de liberdade, esperando que a usasse discretamente, ela desapareceu por 24 horas com um ex-paciente do sexo masculino da clínica. Depois se descobriu que ela já tinha se aproximado de outro paciente, um alcoolista displicente e epiléptico de boa aparência que fora dispensado do exército. O dr. Répond sentiu-se traído e furioso. Dada a constante atenção da imprensa e a má reputação que aquilo rendia à sua clínica, escreveu com raiva ao dr. Balsiger para pedir que a tirasse de lá. Edda era muito inconsequente, muito rebelde, muito irresponsável e claramente incapaz de aprender com a experiência.

No nível federal, estavam sendo feitos planos para o retorno de cerca de 45 mil refugiados italianos que tinham passado parte da guerra na Suíça. Uma reunião realizada em 20 de agosto votou pela saída de Edda, mas dando permissão para os filhos ficarem com a governanta, Frau Schwarz, até as coisas se tornarem mais claras. Edda protestou, dizendo que seria tratada como uma criminosa de guerra, que evidentemente os suíços assim a consideravam, e escreveu a Dulles: "Se eles me mandarem de volta para a Itália, em breve saberei o significado da morte". Mas uma data havia sido marcada – 29 de agosto – e o Ministério das Relações Exteriores da Itália garantiu que não haveria justiça sumária. Assim como a mãe, Edda seria mandada para um campo de concentração "para sua própria segurança".

O dr. Répond acabou cedendo e disse que ela poderia ficar. Mas era tarde demais. Os italianos tomaram providências para levá-la de volta e os americanos concordaram em "organizar a recepção e a entrega". Os temores de Edda não eram infundados.[6] Escrevendo de Roma, um repórter do *New York Times* disse que os italianos agora a consideravam o "próprio centro" de um mundo fascista de intrigas sociais e políticas, comparável apenas à "era dos Bórgias", e que muitos guardavam rancores pessoais. "Se os patriotas a encontrassem", profetizou, certamente ela "sofreria o mesmo destino do pai".

Edda passou a noite do dia 28 no bufê da estação de Monthey com os filhos e vários amigos. Recuperado de seus ferimentos, Pucci também recebeu permissão para se despedir. Às 2 horas e 30 minutos da tarde do dia 29, Edda embarcou em um trem para Berna; dr. Répond, Fabrizio e Raimonda, Pucci e mademoiselle Schwartz a acompanharam na primeira etapa da viagem. Virginia Agnelli a esperou com flores em Vevey. Em Fribourg, Madame de Chollet entrou no trem. O grupo jantou no vagão-restaurante.

Cada passo do caminho foi meticulosamente orquestrado pelo dr. Balsiger, pelos guardas de fronteira suíços e pela missão diplomática dos Estados Unidos em Berna. Em Bellinzona, na fronteira com a Itália, Edda se despediu dos filhos. Deu o relógio de presente a Raimonda. Houve a habitual falta de emoção exibida em ocasiões públicas e todos recitaram juntos a frase que se tornou o mantra da família: "Deus lhe envie uma boa viagem e nenhum vento". Um jipe americano aguardava. A cancela para a Itália se abriu e o jipe partiu a toda velocidade, com Edda a bordo, seguido por uma camionete com sua bagagem. O inspetor Muller, que se encontrava presente, notou que Edda estava "vestida um pouco menos excentricamente do que às vezes em Monthey", e que mostrava "grande discrição e dignidade" e nenhum pingo de "desespero ou abatimento". Mas, quaisquer fossem os seus sentimentos, ela não os teria demonstrado em público.

Edda não foi informada para onde estava indo. Depois de 3 horas de turbulência no jipe, passando por campos repletos de escombros da guerra, chegou ao aeroporto de Linate, em Milão. Nas paredes das cidades por onde passou, ela viu pichações: "Fascistas! Lembrem-se da Piazzale Loreto!". Na manhã seguinte, foi levada para Orvieto, onde foi entregue aos italianos. Sua recepção foi fria. Recebeu ordens de se despir e foi revistada minuciosamente, nua, em uma sala com a porta aberta. O policial encarregado foi Polito, o homem que tinha espancado Rachele no caminho para Rocca delle Caminate.

Polito começou com um interrogatório formal. Quem eram os pais dela? Edda respondeu. "Não é bem assim", disse Polito com ar presunçoso, "nós sabemos exatamente quem é a sua mãe" – referindo-se ao boato absurdo sobre Angélica Balabanoff. "Bem", respondeu Edda friamente, "como eu era muito nova na época do meu nascimento, não consigo me lembrar. Talvez você faça a gentileza de me contar?" Um avião militar a levou para Catânia, e da janela Edda viu Capri lá embaixo. Por fim, Polito consentiu em revelar seu destino: a ilha de Lipari, antigo centro de detenção para antifascistas condenados por Mussolini a um exílio interno, agora transformado em um cercado semelhante para os fascistas caídos em desgraça. Era 1º de setembro, aniversário de 35 anos de Edda. Seu aniversário de 33 anos foi passado com Hitler; seu aniversário de 34 anos, segundo suas palavras, num asilo para lunáticos.

Lipari, a maior das Ilhas Eólias, era considerada pelos exilados o melhor dos institutos penais. Tinha dois portos, várias aldeias espalhadas pelas encostas e um clima ameno. Sua única indústria era de pedra-pomes. Ciprestes, palmeiras, eucaliptos, ameixeiras e limoeiros cresciam em profusão, ao lado de arbustos de alcaparras com suas características folhas roxas. Mas, por alguma razão, a vida moderna não tinha chegado lá. Quase não havia automóveis, nem estradas asfaltadas e pouco acesso à eletricidade. Era escassamente povoada; gerações de ilhéus empobrecidos tinham partido para o Novo Mundo em busca de uma vida melhor. Poucos barcos de pesca tinham motores. Os liparenses, tanto homens quanto mulheres, eram magros devido à desnutrição infantil, mas ágeis e musculosos. Quando Edda desceu da corveta da Marinha, acompanhada por soldados e oficiais, foi vista caminhando encurvada, apoiada no braço de alguém. Parecia pálida, quase emaciada; seu peso atual era 42 quilos. Ganhou uma casinha com dois cômodos, quatro carabinieri destacados para protegê-la em turnos.

Demorou algum tempo para ficar sabendo sobre as acusações contra ela, que se enquadravam em quatro categorias: favorecer o fascismo e se comportar de "um jeito fascista imoral"; contribuir para a decisão de ir para a guerra; fazer amizade com alemães graduados e promover a aliança entre a Itália e a Alemanha; e dizer a Mussolini que a neutralidade era uma "*vergogna*", uma vergonha.[7] As escutas telefônicas descobertas quando Roma foi libertada revelaram toda a extensão de favores e nepotismo em altos cargos e, ao que parecia, Edda não era totalmente inocente: um dos relatórios dizia ter ganhado cinco peles de leopardo de um homem que ajudou a comprar quatro parcos caminhões Fiat em Predappio.

É difícil determinar exatamente a veracidade das várias acusações contra Edda. Com certeza tinha um considerável interesse pela política, apesar de negar, e gostava muito do poder e dos privilégios decorrentes. Também foi, por um período, amiga de líderes nazistas e incentivou o pai a ir para a guerra no lado alemão. Teria influenciado Mussolini? Teria realmente influenciado a maré da história? Seus acusadores preferiram acreditar que sim. Edda foi condenada a passar 2 anos *in confino*, em regime de "vigilância especial número 1", por ser "perigosa para o exercício das liberdades democráticas". Um documento oficial explicava isso de forma mais completa. Edda havia sido de fato parcialmente responsável pelo "desastre militar e econômico" da entrada da Itália na guerra, e seu "teor de vida dissoluto" teve um papel em "todos os sofrimentos do povo italiano". Lendo essas acusações, Edda comentou secamente: "Não foi como se eu fosse Helena de Troia".

Temendo que o pior ainda estivesse por vir, que com o pai e o marido mortos acabasse pagando o preço por seus erros e que Lipari fosse apenas uma etapa no caminho para o julgamento e execução por crimes de guerra, Edda se dedicou a provar sua inocência. Dificilmente poderia negar que havia participado de reuniões com líderes nazistas, mas insistiu que seu papel sempre foi "puramente social". Em um longo memorando enviado às autoridades de Roma, ressaltou repetidamente sua atitude como esposa e filha obedientes, desinteressada em política, mas útil para organizar os lugares em jantares oficiais. Insistiu que só teve um cartão de afiliação ao partido quando foi forçada a ter um por Starace, em 1936. Como não falava alemão, enfatizou que não teria sido possível ter amigos nazistas.

Apesar de mentir quando a ocasião exigia, sempre houve, como o dr. Répond percebera, um forte traço de franqueza no caráter de Edda. No final do memorando, ela admitiu: "Sinceramente, eu acreditava em uma vitória alemã", e achava que o compromisso da Itália de apoiar Hitler, uma vez acordado, deveria ser honrado. Mas teriam sido realmente crimes de guerra? A polícia respondeu com um relatório severo. Os "vícios, caprichos e a sensibilidade sexual anormal" de Edda nunca devem ser esquecidos ou perdoados. Se fosse libertada, havia grandes chances de ela "provocar um perigoso ressurgimento do neofascismo". E tudo bem ela dizer que acreditava que as promessas da Itália à Alemanha tinham de ser honradas – mas de quem eram as promessas? "Não do povo italiano, mas da dinastia Mussolini-Ciano."

Foi em uma reunião no porto sobre a escassez de alimentos em Lipari que Edda foi apresentada a Leonida Buongiorno, filho de Edoardo, o trombonista comunista dono de uma agência de barcos local que ajudou Carlo Rosselli e seus amigos antifascistas a escapar do *confino* em 1929.[8] Leonida, também membro do Partido Comunista, tinha servido com os Alpinis na Grécia e na França, mas logo se juntou aos guerrilheiros da Resistência no norte. Ele diria mais tarde que sua primeira impressão de Edda foi de uma "andorinha ferida". Leonida tinha 34 anos, um ano mais novo que Edda, formado em economia e falava várias línguas; era espirituoso, irônico e tinha uma vontade de ferro.

Logo depois, Edda enviou um bilhete: será que ele gostaria de lhe fazer "*une petite visite*"? Sentia-se melancólica e ansiava por ouvir "histórias fantásticas, ternas, alegres e engraçadas". Leonida atendeu ao convite, veio e encontrou Edda na cama sob um mosquiteiro; sentiu-se um pouco constrangido, mas ficou. Começaram a conversar. Entre as muitas qualidades de Leonida estavam o calor, a exuberância e a intimidade, coisas das quais Edda havia sido privada há muito tempo. Começaram a trocar cartas, em francês e italiano. Ela se autodenominou Ellenica; ele se tornou Baiardo, em referência ao cavalo de *Orlando furioso*. Leonida contou sobre um recente caso de amor fracassado, e Edda o ironizou por levar isso muito a sério. Ele mandava muitas flores. Ela dizia que não era dada a se entregar a ninguém, pois o que mais valorizava era "se sentir limpa por dentro". Trocavam cartinhas kitsch e falavam sobre Homero, com Leonida recitando suas longas passagens da *Odisseia*.

A família Buongiorno era dona de uma vila, maior e mais confortável que a designada a Edda, caiada de branco e com terraço sob o beiral do telhado. Foi convidada a se mudar para lá e batizou-a de "*la petite Malmaison*", em referência à casa da imperatriz Josefina nos arredores de Paris. Apesar de os dois terem receio de se envolver – afinal, que casal poderia ser mais improvável que um membro do Partido Comunista com uma fascista impenitente? –, as conversas logo viraram um caso. Leonida tinha um barco e levava Edda para nadar na praia de Lazzaretto, onde ela usava um biquíni e passava horas deitada ao sol, para espanto dos ilhéus. Um dia ele a desenhou nua com um lápis carvão e emoldurou o retrato em mogno vermelho. Edda ficou preocupada por parecer velha e só gostou das pernas. Apreciava muito a bondade de Leonida e, para ela, sua naturalidade era uma coisa nova.

Certa manhã, os dois foram à ilha vizinha de Vulcano, onde a areia era preta e o ar cheirava a enxofre. Os policiais que a vigiavam se mantiveram a uma distância discreta. "Ellenica é casta", observou Leonida, sugerindo que ela se mantinha pura não por escrúpulos religiosos ou qualquer senso de moralidade, mas por causa de "uma certa mentalidade e horror à promiscuidade". Edda melhorou muito com aquela delicadeza amorosa. Tomava banhos de lama sulfurosa, engordou e ficou bronzeada com o sol. Os cabelos despenteados e suas roupas casuais combinavam com ela. Uma noite, eles dançaram foxtrote no palco vazio do teatro da aldeia.

Mas nem sempre o namoro foi tranquilo. Os dois não poderiam ser mais diferentes: Leonida era animado, falante, cheio de planos e de otimismo; Edda era inquieta, taciturna, atormentada. Sentia falta dos filhos e reclamava da sua sentença. Era sujeita a mudanças de humor e acessos de raiva e agressividade. Leonida, soldado, guerrilheiro, siciliano, acostumado a assuntos descomplicados, achava desconcertante sua instabilidade e profunda insegurança; mas a reanimava e pedia paciência. Edda pedia que ele a amasse, que desse força e mostrasse sua ternura. Era uma outra Edda, amorosa e desprotegida, livre da necessidade constante de desempenhar um papel, talvez até uma estranha para si mesma.

Em junho de 1946, Palmiro Togliatti, líder do Partido Comunista e ministro da Justiça no governo de coalizão do pós-guerra, anunciou inesperadamente uma anistia para a maioria dos crimes fascistas. Edda estava jantando em um restaurante do porto quando seus guardas apareceram e disseram que ela estava na lista para soltura imediata. Só tinha cumprido 10 meses da sua sentença de 2 anos. Recebeu a notícia de forma impassível, como costumava reagir à maioria das coisas em público. Não se sentiu tão deleitada, pois se sentia satisfeita em Lipari, onde os ilhéus tinham recebido bem sua hóspede "elegante". Mas estava livre. E, pela primeira vez desde que conseguia se lembrar, não haveria ninguém para segui-la, monitorá-la ou espioná-la.

Leonida sugeriu que ela fosse a Roma para fazer um balanço da sua situação e começar os preparativos para a volta dos filhos. Esperava – imaginava – encontrar amigos lá, mas poucos pareceram dispostos a ser vistos em sua companhia. Virginia Agnelli, que tanto fizera por ela no passado, tinha morrido recentemente num acidente automobilístico em Pisa. Sentia falta de Leonida e da "água azul de Lipari". Em Roma, escreveu, "você tem a sensação de estar vivendo em um enorme manicômio. Todos estão sempre superexcitados, agitados, nervosos, esbaforidos". Esperava que Leonida tivesse saudades dela e que estivesse "muito infeliz e com muito ciúme".

A polícia a informou de que não teria permissão para entrar mais na Suíça. Assim, as crianças foram levadas para a casa de Carolina na Ponte a Moriano, vendo as terras devastadas pelas janelas do trem e dormindo nos bagageiros. Edda não os via há quase 1 ano. Sabiamente, o boato de que Fabrizio havia tentado se matar – uma invenção – foi escondido dela. Mas Edda os achou rebeldes, desobedientes e muito relutantes no estudo, e logo começou a se sentir inquieta e desanimada na companhia deles. Os moradores locais sequer tentaram esconder a aversão à sua presença e as autoridades de Lucca recomendaram que pensassem em emigrar, para sua própria segurança. "Caro amigo", escreveu a Leonida. "Será que alguma vez terei um momento de trégua? Será que a andorinha algum dia terá um ninho?" Endereçava as cartas ao "querido e único comunista" e ao seu "noivo".

Depois de uma breve visita a Leonida em outubro, com o caso entre eles ainda mantido misteriosamente em segredo da imprensa pelos ilhéus, Edda foi a Ischia para ver a mãe. Elas não se encontravam ou se falavam desde a grande pressão feita por Rachele pela morte de Ciano. Edda achou que nunca mais se falariam, mas algo na pobreza de Rachele a comovia. A casinha continuava quase sem móveis, com portas que não fechavam e pedaços do teto caindo, apesar das garantias de Rachele de que, em comparação com os primeiros dias, agora era "toda rosas e flores". Ao ouvir a mãe falar com amargura sobre os últimos dias de Mussolini, Edda se sentiu culpada e triste pelo pai ter sofrido tanto com a ruptura entre eles. "E eu também chorei", disse a Leonida, acrescentando que Ellenica estava muito triste.

Romano estava começando a mostrar um genuíno talento como músico de jazz e, apesar de Anna Maria parecer fechada em si mesma e passar a maior parte do dia lendo revistas em quadrinhos, os dois fizeram amigos. Os ilhéus eram gentis com Rachele. Quando soube que sua cunhada Gina tinha se afogado num barco no lago Garda, Edda escreveu para a mãe: "No momento em que você começa a se levantar de novo, vem outro golpe de martelo [...] Se quiser ficar de pé, precisa se vestir de vermelho e cantar. E você nunca deve chorar, nem mesmo se o seu coração estiver explodindo".

Leonida nunca sairia de Lipari, e Edda e os filhos não tinham futuro lá. Houve mais algumas visitas, alguns encontros secretos no continente, mas o tom das cartas de Edda tornou-se ansioso. Leonida mandava cartões-postais amorosos, em inglês e em francês. Uma noite, Edda se encontrou com o irmão de Leonida, Giovanni, para jantar. Durante uma conversa fiada agradável sobre Lipari, ele deixou escapar que Leonida estava saindo com uma nova mulher. Edda sabia tudo sobre ciúme, dizendo frequentemente que havia domado esse sentimento anos antes, em Xangai, por causa de Ciano. Mas aquilo foi muito difícil de aceitar. Um dia escreveu a Leonida: "Venha comigo. Não jogue fora a felicidade que os deuses lhe ofereceram. Eles raramente dão tal presente. E nunca duas vezes. Saia da ilha. Deixe a família. Sua noiva. O amor não conhece arrependimentos". Edda nunca escrevera com tanta ternura. "Quero murmurar em seus lábios: eu te amo."

Por um tempo, a correspondência entre eles cessou. O cabelo de Edda começou a cair e, quando o ritmo da queda aumentou, seu cabeleireiro sugeriu raspar a cabeça antes de ficar totalmente careca. Sem o cabelo, a semelhança com o pai era surpreendente. Enviou uma mecha para Leonida, definindo-a como uma "relíquia", e começou a usar turbantes, que combinavam com seu belo rosto ossudo. Logo o cabelo voltou a crescer, com o que ela chamou de um "vigor neofascista". Mas Leonida continuou quase em silêncio. Uma "terrível barreira de gelo" parecia se erguer entre eles. "Dizem que o silêncio vale ouro; mas você exagera", escreveu para ele. E depois, "Está tudo escuro [...] tudo pesa nos meus ombros. Estou desesperadamente sozinha [...] Meus nervos estão tensos e meu coração treme."

A pausa não foi total. Eles continuaram a se escrever esporadicamente e até a se encontrar. Leonida se casou com a namorada, foi eleito vereador e entrou para a política. Muitos anos depois, como lembrança de seu caso de amor, ele escreveu numa parede de Lipari os versos da *Odisseia* em que Circe diz a Odisseu por que para ele é impossível retornar a Ítaca. Abaixo escreveu as palavras: "Para Ellenica – L.B".

Edda voltou para Capri. A barragem de minas ao redor da ilha fora retirada, os restaurantes tinham reaberto, os turistas estavam de volta, havia coquetéis na praça principal à noite e longos mergulhos na Gruta Azul.[9] A praça principal voltou a ser "*il salotto del mondo*". Nem todos receberam Edda e os filhos calorosamente, mas o leal Chantecler fez todo o possível para acolhê-los e o barman da Quisisana providenciou cadernetas de racionamento que o Estado se recusava a dar a ela. Edda disse a Leonida que estava começando a viver de novo, "até muito bem", embora um tanto entediada com o que chamava de uma "felicidade monstruosa". Mas Edda sempre desconfiou muito da felicidade. Como dizia, "*la felicità abbrutisce*" – a felicidade entorpece, atordoa, anestesia. "Lutar é viver."

CAPÍTULO 23

L'AQUILACCIA

Edda voltou a Roma no inverno de 1946, mas Roma no final dos anos 1940 era uma cidade pobre e raivosa, tentando se reconciliar com 20 anos de fascismo e 8 meses de ocupação nazista. Ainda havia *vendettas* a serem resolvidas e pouco tinha sido feito para reparar uma cidade empobrecida e castigada pela guerra. Famílias divididas entre o fascismo e o antifascismo tinham muito a resolver. Falando com um oficial britânico no campo onde estava sendo mantido pelos Aliados, Eugen Dollmann, ao descrever a sociedade romana no final dos anos 1930, observou que "nunca tinha conhecido um grupo social que tanto se prostituísse".[1] Edda disse a Leonida que, quando olhou para trás, só conseguia ver um deserto cheio de sepulturas; quando olhava para a frente, via uma tempestade sobre um mar agitado. Ela estava certa: haveria muitos períodos tempestuosos pela frente.

Vittorio, ainda foragido, preparava-se para deixar a Itália em busca de uma nova vida na Argentina. Houve um piquenique de despedida em família nas ruínas de Pompeia, com a presença de Rachele, Anna Maria, Romano e Edda. Eles não se encontravam desde a morte de Ciano e de Mussolini. Vittorio veio disfarçado, usando uma batina de padre e um boné de beisebol vermelho. O clima era de cautela. No autêntico estilo de Mussolini, pouco foi dito.

Para Edda, agora havia a questão de onde ela e os filhos iriam morar.[2] Os apartamentos da Via Angelo Secchi tinham sido confiscados e a vila em Capri ainda estava ocupada pelos Aliados. Edda deu início a uma série de ações judiciais contra o governo para recuperar suas propriedades. Já estava sofrendo, disse, de "fobia de advogado". Mas "*la figlia della povertà*", como seu pai a chamava, não era mais pobre, por mais que às vezes dissesse. Dizia-se que a quantia em dinheiro mandada por Mussolini com a venda de *Il Popolo d'Italia* chegava a 5 milhões de liras.

Roma vicejava de litígios. Como parte do seu programa de "*desfascistazione*", a comissão sobre ganhos ilícitos dos fascistas tinha retomado suas investigações e as famílias sobreviventes dos *gerarchi*, como a de Edda, lutavam para que ao menos parte de suas fortunas fosse devolvida. Tanto a viúva de Farinacci quanto os pais e a irmã de Claretta queriam recuperar as vilas, fazendas, prédios de apartamentos, ações, joias e obras de arte, escondidos em contas numeradas e empresas de fachada. Seus advogados tinham trabalho pelas próximas décadas.

Havia também a questão de perseguir o exército de espiões secretos, informantes e chantagistas que forneceram à OVRA tantas informações prejudiciais e incriminatórias, contribuindo muito para o mal-estar da Itália fascista. Em comparação com as denúncias apresentadas na Alemanha nazista ou na União Soviética, onde os informantes davam seus nomes, 80% das denúncias na Itália eram anônimas. Logo após a libertação de Roma, foram decretadas ordens de prisão para todos os agentes da OVRA e do serviço secreto. Foi elaborada uma lista de 815 nomes – não havia categoria, idade, classe ou ocupação que não estivessem representadas, de garotas de programa a generais, de porteiros a padres –, mas a maioria encontrou maneiras de se livrar, ajudada pelo fato dos tantos pseudônimos utilizados. Arquivos foram misteriosamente perdidos ou se extraviaram. No banco dos réus, as testemunhas mentiam, falsificavam, se esqueciam. No processo, somente 162 condenações foram aplicadas em toda a Itália, com muitos dos sentenciados logo libertados. No início de julho de 1946, a *Gazzetta Ufficiale* publicou uma lista de 622 nomes, com datas de nascimento e até endereços dos informantes; mas, no clima caótico da Itália do pós-guerra, poucos pareciam se importar. A anistia de Togliatti aos colaboradores fascistas, reduzindo a maioria das sentenças e suspendendo outras, foi mais um passo para o esquecimento nacional.

Em sua homenagem ao irmão Arnaldo, Mussolini escreveu que seria presunçoso imaginar que ele próprio seria deixado em paz após sua morte. "Em torno dos túmulos dos líderes dessas grandes transformações chamadas revoluções, não pode haver paz." A própria história dos seus restos mortais era macabra. Edda e Rachele se atormentavam por não saber onde Mussolini havia sido enterrado. Seus repetidos pedidos eram apenas com garantias de que seriam informados "assim que as paixões políticas tiverem se extinguido".

Então, em abril de 1946, Rachele leu em um jornal que o caixão do marido tinha sido enterrado na cova número 384 do cemitério de Musocco, nos arredores de Milão, mas sem um pedaço do cérebro, levado pelos americanos para pesquisas médicas. Mas isso foi apenas o começo. Depois, soube que o corpo de Mussolini havia sido desenterrado uma noite por extremistas fascistas indignados com o que chamavam de "canibalismo" perpetrado no cadáver do Duce, afirmando que não podiam deixá-lo onde se encontrava "por amor". O corpo em decomposição era pesado e, a certa altura, os ladrões do túmulo derrubaram o cadáver, sendo empurrado pelo cemitério num carrinho de mão, com a cabeça pendendo de lado. Também levaram uma das botas de Mussolini, para facilitar a identificação posterior. O cadáver passou vários meses numa casa na zona rural até seu dono ser preso, mas não antes de ter sido levado em sacos de borracha por dois monges que o enterraram numa caixa embrulhada numa lona sob o altar do mosteiro Certosa di Pavia. No devido tempo, os monges concordaram em devolver o corpo às autoridades, com a condição de que tivesse um enterro cristão apropriado. Mas a polícia voltou a esconder o corpo, sob o rótulo de "*Documenti Provinciali*", e todos os pedidos de devolução de Edda e Rachele foram recusados com a mesma justificativa: enterrar Mussolini em uma cova conhecida só se tornaria um pretexto para agitação política.

Além da batalha pela devolução do corpo do pai, Edda lidava com a repercussão dos diários de Ciano, agora disponíveis para publicação, mas também alvos de alguma confusão. Quando foi interrogado pelos americanos, em junho de 1945, dom Pancino disse que atuou como espião dos alemães para ajudá-los a obter os diários, em troca de dinheiro e promessa de promoção eclesiástica. Mas logo admitiu que isso era mentira. Na verdade, ele estava tentando conseguir os diários para Mussolini, para serem usados como instrumento de barganha nos últimos meses de Salò. O Duce também os considerava valiosos.

Quando os diários começaram a ser publicados, tanto em inglês como em italiano, a questão colocada por leitores e críticos – e nunca devidamente respondida – era até que ponto o próprio Ciano os havia adulterado, revisado e reescrito, ou substituído páginas a fim de se apresentar sob uma luz mais favorável.[3] Os que o conheceram se perguntaram como um homem que parecia tão frívolo poderia ter mantido um relato tão conciso e lúcido de anos tão cheios de incertezas e turbulências. E até que ponto fizera um jogo duplo, cortejando tanto o Eixo quanto os Aliados até a vitória se tornar clara? Certamente, o homem que emerge de suas páginas é mais simpático, mais sério e mais perspicaz que sua reputação; mas também é curiosamente indiferente ao grande número de baixas e às condições atrozes dos soldados italianos em uma guerra pela qual, como ministro das Relações Exteriores, teve de assumir pelo menos alguma responsabilidade.

Goebbels certa vez afirmou que quem de fato era o líder da conspiração contra Mussolini era Ciano, e não Grandi. Os diários sugerem o contrário. Ciano, nos primeiros dias totalmente subserviente aos desejos de Mussolini, parece realmente querer manter a Itália fora da guerra como aliada do Eixo; mas por ocasião do golpe não pensou nas consequências, nem para a Itália nem para si mesmo. O perspicaz e experiente François-Poncet, que conhecia e gostava de Ciano, acreditava que os diários eram fiéis aos acontecimentos e a uma "realidade interpretada por Ciano, ou seja, colorida por seus sentimentos e preconceitos".

Os diários, tão avidamente procurados tanto pelos Aliados quanto pelos alemães, tão desesperadamente valorizados por Edda como moeda de troca pela vida de Ciano, em última análise não continham grandes revelações. Não havia nada neles que pudesse ter mudado o curso da guerra. Mostraram, no entanto, a futilidade dos esforços feitos pelas democracias liberais ocidentais para separar a Itália da Alemanha. "Toda a triste estrutura da Europa pré-guerra está contida neles", escreveu Malcolm Muggeridge em uma longa introdução a uma edição em inglês. "Apaziguadores e apaziguados movimentando-se com a inevitabilidade de uma tragédia grega para uma ruína em comum." Mas, como um retrato de Mussolini, com todas as suas fúrias repentinas e sentimentalismo, seus caprichos e lampejos de astúcia e narcisismo, não tem igual. Os homens no seu entorno – "acéfalos, egoístas, covardes, corruptos e criminosos" – não aparecem bem. Ciano tinha orgulho de seus diários. Ele escrevia rapidamente, mas com muito cuidado e estilo. Deveriam ser seu testamento. Também impressionam por uma outra coisa: à parte um punhado de palpites fugazes, Edda não aparece em lugar nenhum de suas muitas centenas de verbetes.

Quando a publicação desencadeou uma fúria de hostilidade da imprensa em relação a Edda, ela insistiu para a mãe não falar com os jornalistas. Contudo, em fevereiro de 1946, Rachele, ainda em Ischia, concordou em conversar com um repórter chamado Bruno d'Agostini. E, quando começou a falar, não conseguiu parar. Durante 4 dias, desabafou tudo sobre sua vida, seus medos, suas lembranças, revivendo a própria infância e sua vida em Villa Torlonia e em Salò. "Meu marido parecia ser um leão", disse a d'Agostini, "mas na verdade, levando tudo em consideração, ele era '*un pover' uomo*", um pobre diabo.

A exemplo de Edda, Rachele logo foi autorizada a voltar a viver no continente.[4] Lutou para recuperar a Villa Carpena e, quando afinal conseguiu, fez questão de transformá-la num santuário do passado. Voltou a criar galinhas e coelhos, a falar romagnolo e, por algum tempo, dirigiu um restaurante onde servia *tagliatelle alla Rachele*. Pequena e aparentemente frágil, continuou forte e competente como sempre. Era conhecida pelos moradores locais como Donna Rachele.

Edda também recuperou algumas propriedades, concordando em pagar uma quantia ao governo para ter de volta os apartamentos na Via Angelo Secchi e a vila em Capri. Encontrou a vila dilapidada, suja e despojada de qualquer coisa de valor e tentou conseguir algum dinheiro, fazendo Chantecler vender o Collare dell'Annunziata de Ciano. Desafiadora como sempre, quando o município local decidiu renomear a via pública que levava à casa de Viale della Liberazione, saiu numa noite escura e removeu a placa.

Na primavera de 1947, a suprema corte da Itália absolveu Ciano postumamente de todos os crimes contra o Estado da Itália, afirmando que, ao contrário, ele se destacara na "luta contra os invasores alemães". Numa reviravolta notável, até improvável, Ciano foi totalmente "reabilitado" e seu nome adicionado às listas dos "mártires da guerra de libertação".

Edda tinha apenas 36 anos quando voltou a Roma. Os filhos ainda estavam em idade escolar. Jogava paciência, lia, fazia palavras cruzadas, viajava e tinha um yorkshire-terrier e um gato siamês, Pippo, a quem escrevia cartões-postais quando estava fora, instruindo a empregada a colocá-lo no chão para cheirar. Prometeu a si mesma fazer exercícios, mas logo desistiu. Dormia mal. "Escrevo, sonho, bebo, fumo", escreveu a Leonida. "Fico acordada até de madrugada. Tudo isso é ruim. Sobretudo para a pele, sem contar o coração e o fígado." Continuava muito supersticiosa em relação a gatos pretos, chapéus em cima de camas, guarda-chuvas dentro de casa e sal derramado, e se irritava com barulhos altos, brocas de perfuração e restrições de velocidade. Quando ficava com raiva, atirava coisas. Nunca aprendeu a cozinhar, mas suas duas empregadas preparavam refeições excelentes. Continuou sendo uma mãe de meio-período com os filhos, afirmando se ver mais como amiga deles e dizendo à sogra que queria que crescessem "cínicos e insensíveis", para se resguardarem de um mundo estranho e inóspito. Eles a chamavam de Edda, ou Eddazza, e às vezes de l'Aquilaccia, rainha das montanhas, capaz de voar mesmo depois de o mundo desabar ao seu redor.

Edda mudou muito pouco da Via Angelo Secchi: lá estavam as placas de porcelana azul de Pequim, as telas de Xangai, as peças de escultura romana e o retrato de Ciano pintado por Chirico. A tudo isso ela acrescentou gatos, em cerâmica e bronze, junto com o gato de pelúcia com olhos azuis de vidro a que se agarrou quando o navio da Cruz Vermelha onde estava foi afundado na Albânia. Não se casou de novo. Para se preparar para uma velhice serena, como definiu, aprendeu piano e começou a aprender russo e golfe, mas raramente ficava em alguma coisa por muito tempo. Edda manteve alguns amigos, com quem jogava gamão, canastra e *gin rummy*, enquanto outros atravessavam a rua para evitar cumprimentá-la. No convívio social, com os olhos frios e brilhantes de ironia, impressionava os ouvintes com sua memória prodigiosa. Ocasionalmente, falava bem de Hitler, dizendo que o maior erro do pai fora se deixar cair pela adulação do povo italiano. Devia estar realmente sozinha.

Em 9 de maio de 1944, o rei Victor Emanuel abdicou, depois de 46 anos no trono. Seu filho Umberto foi tenente-general do reino por 23 meses e rei por apenas 34 dias: em junho de 1946, os italianos votaram para decidir sobre a transformação da Itália em uma república: a proposta foi aprovada por 12,7 milhões de votos, contra 10,7 milhões. A princesa Mafalda, apanhada na rede da mudança de aliança da Itália em 1943, caiu nas mãos dos alemães e morreu em Buchenwald. O austero reizinho morreu logo depois da guerra no Egito, em 1947; a rainha Elena sobreviveu a mais 5 anos após a morte dele.

No final dos anos 1940, a Cinecittà estava novamente a pleno vapor, produzindo os filmes ambientados entre os pobres e oprimidos que definiriam os anos do pós-guerra, bem como superproduções como *Quo Vadis*, que exigiu a feitura de 32 mil figurinos. Mas não havia lugar no neorrealismo para as estrelas lânguidas e amuadas do final dos anos 1930, e a maioria desapareceu na obscuridade. A amante de Pavolini, Doris Duranti, tentou se suicidar, mas não conseguiu. Osvaldo Valenti e Luisa Manfrini, "o dândi e a camponesa", foram capturados e fuzilados pela Resistência por terem se envolvido na violência fascista de Salò. Luísa estava grávida de 2 meses.

Isabella Colonna, rainha do Petit Trianon de Ciano, assumiu suavemente o papel de rainha social da nova república. A aristocracia, como uma maré alta numa costa arenosa repleta de lixo, foi encoberta durante os anos do fascismo. Era como se nunca tivessem existido, assim como os Cianos, com toda sua vitalidade vulgar e fome de felicidade e sucesso. Como tantas outras coisas na Itália do pós-guerra, caíram no esquecimento. Muito poucos embarcaram na febre de publicações de memórias que se seguiu à guerra. O fascismo se transformou num pequeno espasmo da história que muitos preferiram esquecer.

Edda manteve sua regra sobre não falar com jornalistas, e ficava furiosa com os infindáveis vitupérios aos Mussolinis proferidos pelos motoristas, secretárias e empregadas que tinham trabalhado para eles. Disse à mãe que era como "cuspir veneno". Quando sua família mais distante começou a publicar memórias e autobiografias, ela permaneceu em silêncio. Fez o mesmo quando as revistas de fotografia tão queridas pelos italianos – como *Gente*, *Tempo*, *Epoca* e outras – publicaram inúmeras reportagens sobre a vida dos Mussolinis e dos Cianos. Só em 1959 ela cedeu e concordou em falar, para "pôr as coisas em ordem" e provar que não era e nunca fora uma "*pazza isterica*", louca histérica.[5] "Nós nunca gostamos de exibicionismo", disse em uma entrevista, "e menos ainda de sentimentalismo."

Até o fim dos seus dias, Edda recusou-se a acreditar que Ciano e os outros fuzilados com ele fossem traidores. Seu marido, diria, manteve a fé em suas convicções o tempo todo, apoiando o Pacto de Aço quando achou melhor para a Itália e lutando para manter a Itália fora da guerra quando passou a acreditar que o país não estava preparado para lutar. "Você não pode mudar o destino. Você raciocina, luta, se atormenta sobre o que é certo e errado. Você tenta fazer o melhor possível e às vezes comete erros." Como ela tinha sobrevivido? "Refletindo. Lendo. Acima de tudo, com orgulho." Disse que sempre quis ser diferente e que não fora feita para ser uma "mulherzinha perfeita e comum".

EPÍLOGO

No final de agosto de 1957, Edda recebeu um telefonema da polícia. Depois de 12 anos implorando, bajulando e discutindo, o primeiro-ministro democrata-cristão, Adone Zoli, cujos ancestrais eram romagnolos, finalmente concordou em devolver o corpo de Mussolini para ser enterrado no jazigo da família. Edda estava em Capri e partiu imediatamente com os filhos para Predappio. Rachele saiu de Ischia, onde ainda passava muito tempo, para se encontrar com a filha. As duas foram instruídas a manter a cerimônia de sepultamento no túmulo da família totalmente em segredo, a fim de evitar aglomerações, mas a notícia se espalhou. Quando Edda chegou à cripta em San Cassiano, encontrou o cemitério lotado de gente, muitos trazendo coroas e flores. Ao se aproximar, ouviu murmúrios: "*Il Duce è tornato!*", o Duce voltou.

O que se seguiu foi uma cerimônia macabra. Os restos mortais de Mussolini foram entregues embalados numa caixa de madeira, amarrada com tiras de metal. Quando movido, o caixote estremeceu. Ao abrir a tampa, a família descobriu um pequeno frasco de vidro com parte do cérebro de Mussolini, com o restante tendo sido levado em 1945 pelos americanos, para os criminologistas examinarem em Washington em busca de uma possível insanidade provocada pela sífilis.

Rachele tinha bordado uma mortalha funerária e insistiu em envolver o que restava do corpo de Mussolini antes de depositá-lo no seu local de descanso na cripta, marcada por um grande busto do Duce. Houve discursos e muitas lágrimas. Porém, a profecia de Mussolini, de que seu cadáver, assim como os de todos os líderes de grandes revoluções, não encontraria paz, provou-se verdadeira. Em 1966, um oficial americano bateu à porta da Villa Carpena e entregou a Rachele o segmento que faltava do seu cérebro, embrulhado em papel-celofane com a palavra "Negativo" carimbada. Nenhuma sífilis foi diagnosticada. Então, no Natal de 1971, uma bomba explodiu perto da cripta, causando grandes danos, mas deixando os restos mortais de Mussolini intactos. Em 2015, chegou a notícia de que um outro pedaço do cérebro estava à venda no eBay por 15 mil euros. Hoje, a cripta só é aberta nos aniversários do nascimento e morte de Mussolini e em 28 de outubro de cada ano, quando os fiéis, saudosistas dos dias em que o fascismo dirigia suas vidas, se reúnem em Predappio para lembrar a Marcha sobre Roma.

Edda viveu até 9 de abril de 1995, quando morreu depois de uma operação para remover um abscesso renal em uma clínica romana. Tinha 84 anos. No seu funeral, na Basilica del Sacro Cuore Immacolato di Maria, em Parioli, muitos enlutados fizeram a saudação fascista. Edda tentou, mas não conseguiu impedir que Dino De Laurentiis fizesse um filme sobre ela e Ciano, dizendo que "o filme pisa na nossa tristeza". Manteve-se impenitente quanto ao passado, dizendo que achava tremendamente hipócrita fingir, como muitos faziam, que nunca conhecera os líderes nazistas. "Hitler? Goering? Goebbels?", enumerava. "Eu conhecia todos eles." Ficava furiosa quando questionada sobre seu papel nos anos do fascismo da Itália, negando veementemente ter sido a *eminence grise* do pai, ou qualquer tipo de "árbitro na política internacional da Itália". Com o passar dos anos, admitiu que, mesmo assim, continuava se lembrando e pensando nas tragédias da sua vida. "Mesmo assim", acrescentou, "eu continuo a viver, não a vegetar [...] Algumas mulheres têm vocação para ser viúva. Eu não sou esse tipo de mulher."

Os filhos de Edda não foram muito felizes.[1] Fabrizio lidou com o estigma da sua ascendência emigrando para a Venezuela, onde ficou 9 anos longe da Itália para depois ingressar no Movimento Social Italiano, de tendência neofascista, fazendo campanha por uma cadeira no Parlamento com o slogan *"Eu sou filho de um fascista que cometeu um erro e pagou por isso"*. Suas ambições políticas não deram em nada, nem as do seu irmão Marzio, o mais sensível e imprevisível dos três filhos de Edda. Marzio se tornou um homem baixo, de cabelos castanhos, incrivelmente parecido com Mussolini, com uma voz grave e rouca. Sua esposa o deixou por seu irmão Fabrizio. Marzio bebia muito e morreu em abril de 1974, aos 36 anos. Raimonda, a irmã, também bebia muito. Em 1952, se casou com o filho de um proeminente ex-fascista e foi morar no Brasil, mas o casamento fracassou e ela costumava ser vista com a mãe em Capri. Raimonda morreu em 1998 e Fabrizio, em 2008. Nenhum dos dois teve filhos; Marzio teve dois filhos.

Os outros filhos de Mussolini se saíram um pouco melhor. Vittorio morou 11 anos em Buenos Aires, com mulher e dois filhos, trabalhando como jornalista, com têxteis e com seguros; mas seu casamento também acabou. Romano teve um sucesso modesto como músico de jazz, casou-se com a irmã de Sophia Loren em uma magnífica cerimônia em Predappio, com a presença de estrelas de cinema e antigos fascistas. Teve dois filhos. Quando seu casamento terminou em divórcio, casou-se de novo e teve uma terceira filha. Anna Maria, a mais nova, "mais amada e a mais sem sorte" da prole de Mussolini, rude e obstinada, mas também forte e combativa, construiu uma pequena carreira como entrevistadora. Em 1960, casou-se com Nando Pucci, um apresentador de programas de variedades, usando um longo véu e um vestido esvoaçante para cobrir sua leve deformidade física. Morreu aos 39 anos ao contrair catapora de uma de suas duas filhas pequenas. Foi Romano quem colocou em palavras o que via como o destino dos filhos de Mussolini: embora a Itália os tolerasse, havia limites claros para o que poderiam fazer antes que as portas se fechassem na cara deles.[2] Curiosamente, nenhum deles mudou de nome. Duas das filhas de Romano, as meias-irmãs Alessandra e Rachele, se engajaram em políticas de direita na Itália.

Rachele viveu até 1977, cozinhando, visitando o filho Bruno e a cripta do marido em San Cassiano todos os dias e falando mal de Claretta para qualquer um que perguntasse sobre o seu passado. Com o Palazzo Venezia e Rocca delle Caminate devolvidos ao Estado e Villa Torlonia ao príncipe, a Villa Carpena se tornou o local de reunião dos Mussolinis. Em 1957, a revista *Oggi* publicou a versão de Rachele de sua história, dividida em dezesseis episódios, vendendo 1 milhão de exemplares do original e muito mais do texto traduzido. Entre todos, os Mussolinis e os Cianos escreveram – ou alguém escreveu para eles – mais de uma dúzia de memórias e autobiografias: Rachele, quatro; Vittorio, três; Edda, duas; e Romano, uma. Fabrizio intitulou a sua de *Quando o vovô mandou fuzilar meu pai*. Seus descendentes ainda continuam seguindo a tradição.

O entorno mais amplo de Mussolini teve vidas previsivelmente incertas. Após o golpe de 1943, Bottai, geralmente considerado o mais culto dos *gerarchi*, passou de esconderijo em esconderijo, muitas vezes disfarçado de padre, antes de se alistar na Legião Estrangeira por uma questão de "redenção moral". Quando perdoado pelo Estado italiano por sua participação em crimes fascistas, voltou a Roma e seguiu carreira como jornalista. Grandi, o verdadeiro arquiteto do golpe contra Mussolini, ficou fora da guerra em Portugal e depois viveu 20 anos no Brasil. Em suas memórias, concluiu que o Duce foi um grande homem que cometeu erros imperdoáveis.

Margherita Sarfatti voltou a Roma em 1947, sendo tratada com frieza por muitos dos intelectuais que a bajularam durante seus anos como amante de Mussolini. Seu veredicto sobre Mussolini foi implacável: ele realmente foi um "bom tirano", responsável por uma genuína reforma social da Itália, mas, no final, transformou o fascismo em uma deformação grotesca e se degenerou em alguém tão solitário, tão vaidoso, cínico e melindroso que tornou sua ruína final inevitável.[3] Quanto a Claretta, seus restos mortais foram finalmente entregues à família em meados dos anos 1950, para serem enterrados no túmulo da família Petacci. Sua irmã, Myriam, quando autorizada a voltar da Espanha para a Itália, iniciou procedimentos para recuperar os volumosos diários e cartas de Claretta e dedicou parte da sua vida à construção de uma narrativa popular de que a irmã foi o único grande amor de Mussolini.

Nenhum dos dois amigos íntimos de Ciano sobreviveu por muito tempo. Raimondo Lanza di Trabia, o mestre do subterfúgio, foi encontrado morto em 1954 sob a janela do seu quarto no Hotel Eden, em Roma. Estava negociando a venda de suas minas de enxofre na Sicília e ninguém acreditou que tenha sido suicídio, mas sim os longos braços da máfia. Malaparte, cada vez mais aguerrido, continuou a escrever sobre a pobreza e opressão e publicou um romance de sucesso sobre Nápoles, *A pele*. Durante uma visita à China, foi diagnosticado com um câncer de pulmão e morreu em 1957, aos 59 anos.

A maioria dos alemães que serviram na Itália se safou facilmente. O general Wolff, cujas palavras podem ter persuadido Mussolini a não intervir para salvar a vida de Ciano, foi condenado a 4 anos de prisão em 1949, mas cumpriu mais 15, quando, na esteira do julgamento de Eichmann, foram reabertos processos contra nazistas culpados de crimes de guerra. A sentença de morte do marechal de campo Kesselring foi substituída para prisão perpétua, mas ele foi libertado em 1953. Hildegard Beetz se casou mais duas vezes depois de o primeiro marido ser morto na frente oriental. Fez de tudo para evitar os repórteres, mas acabou cedendo e se tornou assunto de notícias e tema de um livro.

Uma das histórias mais bizarras em relação a Churchill e Mussolini só foi finalmente enterrada cerca de 70 anos após a guerra.[4] Imediatamente após a libertação da Itália, surgiram rumores de que os dois líderes teriam trocado cartas que comprometiam Churchill e absolviam Mussolini, ao ofuscar seu papel na entrada da Itália na guerra. Falou-se de um baú de papéis, queimados por Romano, junto com outros, para não caírem em mãos erradas. No caso, os papéis existentes eram falsificações ou reconstruções baseadas em material falso. Na verdade, Churchill, e Mussolini só trocaram duas cartas: a de Churchill, rogando a Mussolini para ficar fora da guerra; e a de Mussolini, respondendo 2 dias depois que já estava decidido.

No fim da guerra, a Itália se encontrava política, econômica e socialmente exausta. Muitas centenas de milhares de pessoas ficaram desabrigadas, 250 mil hectares de terra estavam intensamente minados, havia fome no sul e os italianos sentiam-se traídos, rancorosos, infelizes, pobres e vingativos. Em 1947, o Plano Marshall começou a restaurar a infraestrutura arruinada da Itália.

Convinha a quase todos esquecer o passado, até mesmo aos guerrilheiros, que ansiavam por deixar para trás os terrores e as privações dos anos de guerra. A direita, em particular, queria retratar o quadro de um fascismo menos violento e de si mesmos como tendo se "dispersado lealmente", professando fidelidade a Mussolini por um lado, enquanto permaneciam céticos e distantes por outro. Houve uma corrida para erguer uma barreira para reduzir ao mínimo o escrutínio do *ventennio Fascista*.[5] A anistia de Togliatti, em 1946, ao permitir que alguns dos piores crimes ficassem impunes, efetivamente retardou o processo democrático. O fascismo foi ridicularizado como uma falsa religião, uma paródia de governo; o antifascismo era purificador e redentor.[6] O próprio Mussolini, com todos os seus bustos e estátuas, passou a ser visto como uma figura ridícula. Os "redimidos" reinventaram-se como intelectuais de esquerda. A linha entre a história e a memória, muito dolorosa e difícil de encarar, tornou-se tênue.

O que foi convenientemente esquecido, entretanto, foi que durante aqueles 20 anos Mussolini foi reverenciado por muitos, talvez pela maioria dos italianos, com uma devoção quase mística.[7] Sua genialidade foi entender que as pessoas realmente acreditam que a fé pode remover montanhas. "A ilusão é, talvez, a única realidade da vida", dizia ele, muito antes de chegar ao poder.[8] Mussolini soube falar com eles, jogar com seus lados ruins, suas fraquezas e crenças, com sua limitada educação política, sua tendência a intimidar, prevaricar e valorizar acima de tudo a aparência das coisas. O *mussolinismo* era um rito, uma liturgia. Enquanto as reformas sociais mudavam a vida de muitos italianos, eles desfrutavam da sensação de sucesso, dos triunfos esportivos, de férias remuneradas, da sensação de terem se juntado às grandes potências, da Itália pertencer a uma "aristocracia de saudáveis pessoas comuns", e não a uma nobreza decadente. Eles se orgulhavam de serem italianos. O erro de Mussolini foi se deixar seduzir por Hitler e acreditar que a fraca e empobrecida Itália poderia realmente ter qualquer influência sobre um país tão grande e poderoso como a Alemanha; ele interpretou mal a aversão dos italianos ao racismo e seu apego ao "*spirito Borghese*", os confortos e a segurança da vida burguesa. Eles não queriam ser guerreiros, novos homens ou procriadores de soldadinhos.

No entanto, como se viu, nem todos os italianos queriam deixar os anos fascistas para trás. A monarquia acabou, uma nova Constituição entrou em vigor, a Itália aderiu à OTAN e se tornou uma democracia e um país industrial bem-sucedido, mas a sensação de poder e direito vivenciada por toda uma geração que não conhecia nada além do fascismo era difícil de eliminar. Mesmo com o fim da guerra, um Movimento Social Italiano, de extrema-direita, foi formado por velhos fascistas que sobreviveram. Embora depois de 1950 o partido tenha mudado de nome e sido absorvido por outros agrupamentos, que se dissolveram e depois se reformularam em outras formas, o espírito do *mussolinismo* nunca desapareceu totalmente. A sorte desses partidos oscilou ao longo dos anos, mas nas eleições de março de 2018 houve ganhos para uma coalizão de centro-direita que reuniu os Fratelli d'Italia, o Lega e o Forza Italia, de Berlusconi. Das 630 cadeiras da Câmara dos Deputados de Roma, a coalizão ficou com 265; no Senado, deteve 137 das 315 cadeiras. Todos os candidatos de extrema-direita insistem que não pensam em retornar à política do fascismo. No entanto, muitos de seus piores aspectos – nacionalismo, xenofobia etc. – constam de suas agendas.

Durante os 50 anos que restaram a Edda desde o fim da guerra, ela se manteve resolutamente afastada da política italiana. Mas seu nome e sua presença permaneceram como balizas para a extrema-direita, especialmente depois que as revistas de fotografia começaram a publicar reportagens mostrando os Mussolinis e os Cianos sob uma luz mais amena e humana. Edda nunca deixou de acreditar no pai. Para os italianos que choravam pelo Duce, ela era tudo o que o fascismo poderia ter sido e, em suma, o que realmente era.

Entre as fotografias que mantinha no seu piano de cauda e em seu quarto, destacavam-se as fotos de Mussolini. Dizia a amigos que o odiava, "o odiava de verdade", e que só se podia sentir um ódio profundo e apropriado "por alguém que você realmente amou". Mas então, um dia, para um escritor que foi entrevistá-la, Edda afirmou que seu pai "foi o único homem que realmente amei".

AGRADECIMENTOS

Em primeiro lugar e acima de tudo, sou muito grata a Rachele Mussolini e a Gloria Ciano, bem como a Emma Moriconi, coautora com Edda Negri Mussolini de um livro de memórias de família, que me falaram sobre as famílias Mussolini e Ciano. A ajuda de Gloria Ciano, em particular, foi inestimável.

Também gostaria de agradecer calorosamente a Bill Savadove, que, quando eu não pude ir a Xangai, me forneceu pesquisas e informações cruciais sobre a cidade nos anos 1930 e me ajudou a localizar fontes difíceis. Na Alemanha, Gerd Stratmann e Ingrid von Rosenberg foram como sempre extremamente prestativos em todos os sentidos. Guillermo Gil me ajudou com as traduções do espanhol. Agradeço muito a todos.

Meus agradecimentos também a Jacqueline de Chollet, pela permissão para citar suas memórias não publicadas; a Benedetta Polk, pela permissão para citar os documentos do seu pai, Daniele Varè; e à família Di Robilant, por permitir citar as memórias não publicadas da sua avó.

As seguintes pessoas me ajudaram durante minha pesquisa e gostaria de agradecê-las: Giovanni Aldobrandini, Giuseppe Aprea, Catherine Bailey, Ludina Barzini, Peter Baring, Luciana Castellina, Mauro Canali, o falecido Nicola Caracciolo, Orsina Cerulli, Anna Chimenti, Aimee Corsini, Benedetta Craveri, Jonathon Dora Pamphilj, Santa Ercolani, Paul French, Gelasio Gaetani d'Aragona, Jon Halliday, Luigi Lembo, John Moorehead, David Macfadyen, Andrea di Robilant, Filippo di Robilant, Laudomia Pucci, princípe Ruspoli, Marcello Sorgi e Inigo Thomas.

Devido às restrições da Covid, o acesso a bibliotecas e arquivos foi extremamente limitado. Por isso, sou especialmente grata pela ajuda que recebi das seguintes pessoas e instituições, sem as quais não teria sido capaz de concluir este livro: Beatrice di Pinto, Marina Turchetti e Daniela Loyola e o Archivio Nazionale dello Stato, em Roma; Ignazio Pintus e o Archivio Cantonale de Bellinzona, em Ticino; Paola Busonero e o Ministero degli Affari Esteri, em Roma; Desirée di Stefano e a Biblioteca Nazionale Centrale di Roma; Carmelina Fiorentino e a Biblioteca do Centro Caprese Ignazio Cerio; Alan Brown e o Bodleian, Oxford; o pessoal da Biblioteca Minerva del Senato, em Roma; os Arquivos Nacionais, em Londres; a Biblioteca Britânica, em Londres; os Arquivos Federais Suíços, em Berna; os Arquivos da RAI, em Roma; a Biblioteca della Camera, em Roma; e a Biblioteca di Storia Moderna e Contemporanea, em Roma.

Fiz várias visitas à Villa Carpena, à casa da família Mussolini em Forlì, agora um museu, e gostaria de agradecer à sua diretora, Adele Grana, por toda a ajuda.

Richard Bosworth e Anne Chisholm gentilmente leram o manuscrito do livro e sou extremamente grata a eles. Também gostaria de agradecer aos meus companheiros de viagem durante minha pesquisa: Miles Morland, Michela Wrong, Guy Slater e Patricia Williams.

Todas as traduções do livro são de minha autoria.

Como sempre, meus mais calorosos agradecimentos vão para meus editores, Poppy Hampson, Jennifer Barth, Pamela Murray, Mary Gaule e Greg Clowes; à minha muito gentil editora de imagens, Jo Evans, e à editora de texto, Alison Tulett; bem como à minha maravilhosa agente, Clare Alexander.

BIBLIOGRAFIA SELECIONADA

Afeltra, G., *La spia che amò Ciano*, Milão, 1993.
Agnelli, S., *Vestivamo da marinara*, Roma, 1975.
Agostini, B. d', *Colloqui con Rachele Mussolini*, Roma, 1946.
Alatri, P., *Mussolini*, Roma, 2004.
Alfieri, D., *Dictators Face to Face*, Londres, 1954.
Anfuso, F., *Da Palazzo Venezia al lago di Garda*, Roma, 1950.
Ansaldo, G., *Il Giornalista di Ciano 1932-43*, Bolonha, 2000.
Ansaldo, G., *In viaggio con Ciano*, Roma, n.d.
Antonazzi, G., *Roma città aperta: la citadella sul Gianicolo*, Roma, 1983.
Aroma, N., d', *Mussolini segreto*, Roma, 1959.
Assia, E. d', *Il lampadario di cristallo*, Roma, 1992.
Bacci, A., *Mussolini, il primo sportivo d'Italia*, Roma, 2014.
Bastianini, G., *Uomini, Cose, Fatti: Memorie di un Ambasciatore*, Milão, 1959.
Balabanoff, A., *My Life as a Rebel*, Londres, 1938.
Begnac, Y. de, *Palazzo Venezia: Storia di un regime*, Roma, 1950.
Behan, T., *The Italian Resistance: Fascists, Guerrillas and the Allies*, Londres, 2009.
Benini, Z., *Il Carcere degli Scalzi*, Florença, 1994.
Benzoni, G., *La vita ribelle*, Bolonha, 1985.
Bertoldi, S., *Camicia Nera*, Milão, 1994.
Bertoldi, S., *I Tedeschi in Italia*, Milão, 1964.
Bertoldi, S., *L'Ultimo re, l'ultima regina*, Milão, 1992.
Bianda, R. et al., *Atleti in camicia nera: lo sport nell'Italia di Mussolini*, Roma, 1983.
Bilski, E. & Braun, E., *Jewish Women and their Salons*, Nova York, 2005.

Black, P., *Ernst Kaltenbrunner: Ideological Soldier of the Third Reich*, Princeton, 1984.
Bloch, M., *Ribbentrop*, Londres, 1992.
Bosworth, R. J. B., *Claretta: Mussolini's Last Lover*, Londres, 2017.
Bosworth, R. J. B., *Mussolini*, Londres, 2014.
Bosworth, R. J. B., *Mussolini's Italy: Life under the Dictatorship*, Nova York, 2006.
Bosworth, R. J. B., *Mussolini and the Eclipse of Italian Fascism*, New Haven, 2021.
Bosworth, R. J. B., *Whispering City: Modern Rome and its Histories*, New Haven, 2011.
Bottai, G., *Diario 1935-1944*, Milão, 1982.
Bottai, G., *Vent'anni e un giorno*, Milão, 1949.
Bottai, M.-G., *Giuseppe Bottai, mio padre*, Milão, 2015.
Broggini, R. & Vignanò, M., *I sentieri della memoria nel Locarnese*, Locarno, 2004.
Brunetta, G.-P., *Cent'anni di cinema italiano*, Roma, 2003.
Burdett, C., *Italian Travel Writing between the Wars*, Oxford, 2007.
Canali, M., *Le spie del regime*, Bologna, 2004.
Canali, M. & Volpini, C., *Mussolini e i ladri di regime*, Milão, 2019.
Caracciolo, N. (ed.), *La mia vita: Edda Mussolini*, Milão, 2001.
Caracciolo, N., *Tutti gli uomini del Duce*, Milão, 1982.
Carafoli, D. & Bocchini, G. P., *Il Vice-Duce: Arturo Bocchini capo della polizia Fascista*, Milão, 2003.
Casagrande, O., *Quando si spense la note*, Milão, 2018.
Caviglia, E., *Diario. Aprile 1925-Marzo 1945*, Roma, 1952.
Cerruti, E., *Ambassador's Wife*, Londres, 1952.
Charles-Roux, F., *Une grande ambassade à Rome, 1919-1925*, Paris, 1961.
Cianetti, T., *Memorie del carcere di Verona*, Milão, 1983.
Ciano, F., *Quando il nonno fece fucilare Papà*, Milão, 1991.
Ciano, G., *Diary. 1937-1943*, Londres, 2002.
Ciano, G., *Diplomatic Papers*, Londres, 1948.
Ciano, G., *Autobiografia*, Milão, 1983.
Collie, C., *The reporter and the Warlords*, Londres, 2013.
Colombo, P., *La Monarchia Fascista, 1922-40*, Bolonha, 2010.
Coote, C. R., *Italian Town and Country life*, Londres, 1925.
Cordova, R. (ed.), *Uomini e volti del Fascismo*, Roma, 1980.
Corner, P., *The Fascist Party and Popular Opinion in Mussolini's Italy*, Oxford, 2012.
Craig, G. A. & Gilbert, F., *The Diplomats 1919-39. Vol 2. The Thirties*, Nova York, 1965.
Curti, E., *Il chiodo a tre punte: schegge di memoria della figlia segreta del Duce*, Pavia, 2003.

Davis, M. S., *Who Defends Rome? The Forty-five Days: July 25-September 8 1943*, Londres, 1972.

Deakin, F. W., *The Brutal Friendship: Mussolini, Hitler and the Fall of Italian Fascism*, Londres, 1962.

Deakin, F. W., *The Last Days of Mussolini*, Londres, 1962.

Dodd, M., *My Years in Germany*, Londres, 1939.

Dogliani, P., *Il fascismo degli italiani: una storia sociale*, Milão, 2008.

Dogliani, P., *L'Italia Fascista – 1922-1940*, Milão, 1999.

Dolfin, G., *Con Mussolini nella tragedia*, Roma, 1949.

Dollmann, E., *The Interpreter*, Londres, 1967.

Douglas, N., *Siren Land*, Londres, 1911.

Dosi, G., *Il mostro e il detective*, Florença, 1973.

Ducci, R., *La bella gioventù*, Bolonha, 1996.

Duggan, C., *Fascist Voices: An Intimate History of Mussolini's Italy*, Londres, 2012.

Dulles, A., *The Secret Surrender*, Londres, 1966.

Dutton, D., *Anthony Eden: A Life and a Reputation*, Londres, 1997.

Emiliani, V., *Il fabbro di Predappio: vita di Alessandro Mussolini*, Bolonha, 2010.

Emiliani, V., *Il paese dei Mussolini*, Turim, 1984.

Fallaci, O., *L'Italia della dolce vita*, Milão, 2017.

Farrell, N. & Mazzuca, G., *Il compagno Mussolini*, Soveria Mannelli, 2013.

Fattorini, E., *Pio XI, Hitler e Mussolini: la solitudine di un papa*, Turim, 2007.

Felice, R. De, *Storia degli Ebrei Italiani sotto il Fascismo*, Turim, 1961.

Felice, R. De, *Mussolini il rivoluzionario 1883-1920*, Turim, 1965.

Felice, R. De, *Mussolini il Fascista 1: la conquista del potere 1921-1925*, Turim, 1966.

Felice, R. De, *Mussolini il Fascista 11: l'organizzazione dello stato Fascista 1925-1929*, Turim, 1986.

Felice, R. De, *Mussolini il duce 1: gli anni di consenso 1929-1936*, Turim, 1974.

Felice, R. De, *Mussolini il duce 11: lo stato totalitario 1936-1940*, Turim, 1981.

Felice, R. De, *Mussolini l'alleato 1: l'Italia in guerra 1940-1943*, Turim, 1990.

Felice, R. De, *Mussolini l'alleato 11: la guerra civile 1943-1945*, Turim, 1997.

Festorazzi, R., *Margherita Sarfatti: la donna che inventò Mussolini*, Vicenza, 2010.

Forcella, E., *La resistenza in convento*, Turim, 1999.

Forgacs, D. & Grindle, S. (eds), *Mass Culture and Italian Society from Fascism to the Cold War*, Bloomington, 2007.

François-Poncet, A., *Souvenirs d'une ambassade à Berlin*, Paris, 1947.

François-Poncet, A., *Souvenirs d'une ambassade à Rome*, Paris, 1961.

Franzinelli, M., *Il duce e le donne*, Milão, 2013.

Franzinelli, M., *I tentacoli dell'OVRA: Agenti, collaboratori e vittime della polizia politica Fascista*, Turim, 1999.

Franzinelli, M., *Squadristi, protagonisti e tecnici della violenza Fascista*, Milão, 2003.
Franzinelli, M., *Delatori: Spie e confidenti anonimi: l'arma segreta del regime Fascista*, Milão, 2012.
French, P., *City of Devils*, London, 2018.
Fromm, B., *Blood and Banquets: A Berlin Social Diary*, Londres, 1943.
Fucci, F., *Le polizie di Mussolini: la repressione dell'antiFascismo nel "ventennio"*, Milão, 1985.
Fucci, F., *Ali contro Mussolini*, Milão, 1978.
Galeotti, C., *Achille Starace e il vademecum dello stile Fascista*, Catanzaro, 2000.
Garnier, J.-P., *Excellences et plumes blanches*, Paris, 1961.
Gilmour, D., *The pursuit of Italy*, Londres, 2011.
Goebbels, J., *Diaries 1939-41*, Londres, 1982.
Goebbels, J., *Tagenbücher: 1897-1945*, Hamburgo, 1977.
Golsan, R. (ed.), *Fascism, Asthetics and Culture*, Londres, 1992.
Gooch, J., *Mussolini's War*, Londres, 2020.
Grandi, D., *Il mio paese: ricordi autobiografici*, Bolonha, 1985.
Gravelli, A., *Mussolini anecdotico*, Roma, n.d.
Grayling, A. C. & Whitfield, S., *China: A Literary Companion*, Londres, 1994.
Grazia, V. de, *The Perfect Fascist: A Story of Love, Power and Morality in Mussolini's Italy*, Harvard, 2020.
Grazia, V. de, *How Fascism Ruled Women, Italy 1922-1945*, Berkeley, 1992.
Grazia, V. de, *The Culture of Consent: Mass Organisation of Leisure in Fascist Italy*, Cambridge, 1981.
Grindle, S., Duggan, C. & Pieri, P., *The Cult of the Duce: Mussolini and the Italians*, Manchester, 2013.
Guariglia, R., *Ricordi 1922-1946*, Nápoles, 1950.
Guerri, G. B., *Italo Balbo*, Milão, 2013.
Guerri, G. B., *Giuseppe Bottai: Un Fascista Critico*, Milão, 1976.
Guerri, G. B., *Il Malaparte illustrato*, Milão, 1998.
Guerri, G. B., *Un amore Fascista: Benito, Edda e Galeazzo*, Milão, 2005.
Guerri, G. B., *Galeazzo Ciano: Una vita 1903-1944*, Milão, 1979.
Guerri, G. B., *L'Arcitaliano: Vita di Curzio Malaparte*, Milão, 1990.
Guerri, G. B., *Fascisti: Gli italiani di Mussolini*, Milão, 1995.
Guerri, G. B. (ed.), *Rapporto al Duce*, Milão, 1978.
Guspini, U., *L'Orecchio del regime: le intercettazioni telefoniche al tempo del Fascismo*, Milão, 1973.
Hagen, W., *La guerra delle spie*, Milão, 1952.
Hahn, E., *China to Me*, Nova York, 1944.
Hay, J., *Popular Film Culture in Fascist Italy*, Indiana, 1987.

Hassell, U. von, *Diaries 1938-1944*, Londres, 2011.
Hassell, F. von, *A Mother's War*, Bréscia, 1987.
Hazzard, S., *Greene on Capri*, Londres, 2000.
Heymann, C. D., *Poor Little Rich Girl: The Life and Legend of Barbara Hutton*, Londres, 1985.
Hibbert, C., *Benito Mussolini*, Londres, 2008.
Hitler's Table Talk, Londres, 1953.
Innocenti, M., *Le signore del Fascismo*, Milão, 2001.
Innocenti, M., *Edda contro Ciano: una storia di odio e amore*, Milão, 2003.
Innocenti, M., *Lui e loro: Mussolini e i suoi gerarchi*, Milão, 2012.
Innocenti, M., *Ciano il Fascista che sfidò Hitler*, Milão, 2013.
Insolera, I., *Roma Fascista nelle fotografie dell'Istituto Luce*, Roma, 2001.
Ivone, D., *Raffaele Guariglia tra l'ambasciata a Parigi e gli ultimi "passi" in diplomazia*, Nápoles, 2005.
Jebb, M., *Tuscan Heritage*, Londres, 1976.
Jocteau, J. C., *Nobili e nobiltà nell'Italia unita*, Roma, 1997.
Koon, T. H., *Believe, Obey, Fight: Political Socialization of Youth in Fascist Italy, 1922-43*, Londres, 1985.
Lamb, R., *Mussolini and the British*, Londres, 1997.
Lampson, Sir M., *The Killearn Diaries*, Londres, 1972.
Landy, M., *Fascism in Film*, Princeton, 1986.
Leone de Andreis, M., *Capri 1939: l'isola in bianco e nero*, Nápoles, 2002.
Leone de Andreis, M., *Capri 1943: c'era una volta la guerra*, Nápoles, 2007.
Leone de Andreis, M., *Capri 1950: vita dolce vita*, Nápoles, n.d.
Lessona, A., *Memorie*, Florença, n.d.
Luciolli, M., *Palazzo Chigi: anni roventi*, Milão, 1976.
Ludwig, E., *Talks with Mussolini*, Londres, 1932.
Luna, G. De, *Donne in oggetto: l'antiFascismo nella società italiana. 1922-39*, Turim, 1995.
Lupano, M. & Vaccari, A. (eds), *Una giornata moderna: moda e stile nell'Itália Fascista*, Bolonha, 2009.
Lussu, E., *Marcia su Roma*, Ontário, 1992.
Mack Smith, D., *Mussolini*, Londres, 1981.
Magistrato, M., *L'Italia a Berlino 1937-1939*, Milão, 1956.
McGaw Smith, H., *Secrets of the Fascist Era*, Illinois, 1975.
McLean, E. K., *Mussolini's Children: Race and Elementary Education in Fascist Italy*, Londres, 2018.
Malaparte, C., *Kaputt*, Milão, 2009.
Mangilli-Climpson, M., *Men of Heart: Red, White and Green. Italian Anti-Fascists in the Spanish Civil War*, Nova York, 1985.

Mannucci, E., *Il marchese rampante*, Milão, 1998.

Marinelli, M. & Adornino, G., *Italy's Encounter with Modern China: Imperial Dreams, Strategic Ambitions*, Londres, 2014.

Mayer, D., *La verità sul processo Verona*, Roma, 1945.

Megaro, G., *Mussolini in the Making*, Londres, 1938.

Money, J., *Capri: Island of Pleasure*, Londres, 1986.

Monticone, A., *Fascismo al microfono: radio e politica in Italia 1924-45*, Roma, 1978.

Moseley, R., *Mussolini's Shadow*, Londres, 1999.

Mussolini, B., *Pensieri pontini e sardi*, Roma, 2019.

Mussolini, E., *My Truth*, Nova York, 1976.

Mussolini, E. Negri, *Donna Rachele: mia nonna, la moglie di Benito Mussolini*, Bolonha, 2015.

Mussolini, Edvige, *Mio fratello Benito*, Florença, 1957.

Mussolini, R., *The Real Mussolini*, Farnborough, 1973.

Mussolini, R., *La mia vita con Mussolini*, Milão, 1948.

Mussolini, R., *Benito, il mio uomo*, Milão, 1958.

Mussolini, R., *Benito ed'io: una vita per l'Italia*, Paris, 1948.

Mussolini, Rachele, *Mia Nonna e il Duce*, Milão, 2011.

Mussolini, Romano, *Benito Mussolini: apologia per mio padre*, Bolonha, 1969.

Mussolini, V., *Vita con mio padre*, Milão, 1957.

Mussolini, V., *Mussolini: The Tragic Women in his Life*, Londres, 1973.

Navarra, Q., *Memorie del cameriere di Mussolini*, Milão, 1972.

Ortona, E., *Diplomazia di guerra: diari 1937-43*, Bolonha, 1993.

Ottaviani, G., *Cucina di guerra: ricette e rimedi al tempo del Fascismo*, Roma, 2014.

Ottaviani, G., *Il controllo della pubblicità sotto il MinCulPop*, Roma, 2016.

Packard, R. & E., *Balcony Empire: Fascist Italy at War*, Londres, 1943.

Page, E. N., *L'Americano di Roma*, Milão, 1950.

Papa, E. R., *Fascismo e cultura*, Veneza, 1974.

Patrizi, C., *Quegli anni*, Milão, 2007.

Pellegrinotti, M., *Sono stato il carceriere di Ciano*, Milão, 1975.

Pensotti, A., *Le Italiane*, Milão, 1999.

Petacci, C., *Verso il disastro: Mussolini in guerra: diari 1939-1940*, Milão, 2011.

Petacci, M., *Chi ama è perduto: mia sorella Claretta*, Guardolo di Trento, 1988.

Petacco, A., *Pavolini: l'ultima raffica di Salò*, Milão, 1982.

Petacco, A., *Come eravamo negli anni di guerra. 1940-45*, Novara, 1984.

Petacco, A., *Il prefetto di ferro*, Roma, 1975.

Petacco, A., *Riservato per il Duce: i segreti del regime conservati nell'archivio personale di Mussolini*, Milão, 1979.

Phillips, W., *Ventures in Diplomacy*, Londres, 1955.

Pirelli, A., *Taccuini 1922-43*, Bolonha, 1984.
Pizzo, R., *Panni sporchi a Cinecittà: scandali, misteri, amori e dolori della Hollywood italiana*, Florença, 2008.
Poliakov, L., *La condition des Juifs en France sous l'occupation italienne*, Paris, 1946.
Quazza, G. (ed.), *Fascismo e società*, Turim, 1973.
Rienzo, E. Di, *Ciano*, Roma, 2018.
Ripa di Meana, M. & Meccucci, G., *Virginia Agnelli: madre e farfalla*, Bolonha, 2010.
Rosengarten, F., *The Italian AntiFascist Press 1919-45*, Cleveland, 1968.
Sachs, H., *Music in Fascist Italy*, Londres, 1987.
Sandomenico, C., *Donne di Capri: passioni, arte, stravaganze*, Nápoles, n.d.
Sarazani, F., *Alla corte del Duce: l'aristocrazia romana e il Fascismo*, Roma, 2015.
Sarfatti, M., *Dux*, Milão, 1926.
Savio, F., *Cinecittà anni trenta*, Roma, 1979.
Schmidt, P., *Hitler's Interpreter*, Londres, 1951.
Schnapp, J. T., *Staging Fascism*, Stanford, 1996.
Scrivener, J., *Inside Rome with the Germans*, Nova York, 1945.
Seldes, G., *Sawdust Hitler*, Londres, 1935.
Senise, C., *Quando ero capo della polizia: 1940-43*, Roma, 1946.
Sergeant, H., *Shanghai*, Londres, 1991.
Sermoneta, V., Duchessa di, *Sparkle Distant World*, Londres, 1947.
Serrano Suñer, R., *Entre les Pyrénées et Gibraltar*, Genebra, 1947.
Settimelli, E., *Edda contro Benito*, Roma, 1952.
Sheridan, M., *Romans: Their Lives and Times*, Londres, 1994.
Shirer, W. L., *This is Berlin*, Londres, 1989.
Shirer, W. L., *Berlin Diary*, Londres, 1941.
Signoretti, A., *'La stampa' in camicia nera 1932-43*, Roma, 1967.
Simoni, L., *Berlino ambasciata d'Italia 1939-43*, Roma, n.d.
Sofri, G., *Gandhi in Italia*, Bolonha, 1988.
Sorgi, M., *Il grande dandy*, Milão, 2011.
Sorgi, M., *Edda Ciano e il communista*, Milão, 2009.
Spinosa, A., *I figli del Duce*, Milão, 1983.
Spinosa, A., *Alla corte del Duce*, Milão, 2000.
Spinosa, A., *Edda: una tragedia italiana*, Milão, 1993.
Stille, A., *Benevolence and Betrayal: Five Italian Jewish Families Under Fascism*, Londres, 1992.
Susmel, D. (ed.), *Carteggio Arnaldo-Benito Mussolini*, Florença, 1954.
Susmel, D., *Vita sbagliata di Galeazzo Ciano*, Florença, 1962.
Tamagna, F., *Italy's Interests and Policies in the Far East*, Nova York, 1941.

Tannenbaum, E. R., *The Fascist Experience: Italian Society and Culture 1922-45*, Londres, 1972.
Trevelyan, R., *Rome '44: The Battle for the Eternal City*, Nova York, 1981.
Treves, P., *What Mussolini Did to Us*, Londres, 1940.
Varè, D., *Laughing Diplomat*, Londres, 1938.
Vecchioni, D., *Le spie del Fascismo*, Florença, 2005.
Venè, G. F., *Coprifuoco*, Milão, 1989.
Venè, G. F., *Mille lire al mese*, Milão, 1988.
Venè, G. F., *Il processo di Verona*, Milão, 1963.
Verdone, M., *Feste e spettacoli a Roma*, Roma, 1993.
Vergani, O., *Ciano, una lunga confessione*, Milão, 1974.
Welles, S., *The Time for Decision*, Nova York, 1944.
Wood, F., *No Dogs and Not Many Chinese: Treaty Port Life in China 1843-1943*, Londres, 1998.
Woodhead, H. G., *A Journalist in China*, Londres, 1934.
Zachariae, G., *Mussolini si confessa*, Roma, 1948.
Zangrandi, R., *Il lungo viaggio attraverso il Fascismo*, Milão, 1962.
Zanotti-Bianco, U., *La mia Roma: diario 1943-44*, Roma, 2011.
Zucotti, S., *The Italians and the Holocaust: Persecution, Rescue and Survival*, Londres, 1987.
Zucotti, S., *Under his Very Windows: The Vatican & the Holocaust in Italy*, New Haven, 2000.

Artigos selecionados

Bosworth, R. J. B., 'Per necessità famigliare: hypocrisy and corruption in Fascist Italy', *European History Quarterly*, julho de 2000, v. 30.
Edwards, P. G., 'The Foreign Office and Fascism 1924-29', *Journal of Contemporary History*, 1970, v. 5.
Gentile, E., "La politica estera del partito Fascista 1920-1930", *Storia Contemporanea*. 1995, v. 26.
Giuliani, G. et al., "Tavola rotonda: vissualizzare la razza e costruire la bellezza in Italia 1922-2018", *Italian Cultural Studies*, 2018, v. 72.
Grindle, S., "Laughter Under Fascism: Humour and ridicule in Italy 1922-43", *History Workshop Journal*, 2015, v. 79.
Jocteau, G., "I nobili del Fascismo", *Studi Storici*, 2004, v. 3.
Kesevich, C., "The British Labour Press and Italian Fascism 1922-1925", *Journal of Contemporary History*, 1975, v. 10.
Lefebvre, F., "Dino Grandi, la 'carriera' e la 'Fascistizzazione' del Ministero degli Esteri", *Nuova Rivista Storica*, 2012, v. 2.

Luzzatto, S., "The political culture of Fascist Italy", *Contemporary European History*, 1999, v. 8.

Mallett, R., "Fascist Foreign Policy and Official Italian Views of Anthony Eden in the 1930s", *The Historical Journal*, 2000, v. 43.

Newham, F., "The White Russians of Shanghai", *History Today*, 2005, v. 55.

Niccoletti, A., "The Decline and Fall of Edda Ciano", *Collier's*, 20 e 27 abr. 1946.

Ortona, E., "L'esodo da Londra dell'ambasciata Italiana nel 1940", *Storia Contemporanea*, 1990, v. 21.

Serri, M., "The Redeemed: Intellectuals who Gained a Second Life" (1938-1948), *Telos*, 2007, n. 139.

Stone, M., "Staging Fascism: the Exhibition of the Fascist Revolution", *Journal of Contemporary History*, abr. 1993.

Zuccotti, S., "Pope Pius XII and the Rescue of Jews in Italy: Evidence of a Papal Directive?", *Holocaust and Genocide Studies*, 2004, v. 18.

Zuccotti, S., "L'Osservatore Romano and the Holocaust 1939-1945", *Holocaust and Genocide Studies*, 2003, v. 17.

Fontes selecionadas

A literatura sobre Mussolini, sua família e os anos fascistas é vasta e o Archivio Centrale dello Stato (ACS) de Roma tem um enorme acervo sobre o ditador e o fascismo de forma geral; em particular, a Segreteria particolare del Duce carteggio riservato e ordinario, Ministero dell'Interno; Ministero della Cultura Popolare. A seguir, os nomes dos historiadores cujos trabalhos foram mais consultados neste livro: R. J. B. Bosworth; Mauro Canali; F. W. Deakin; Christopher Duggan; Renzo De Felice; Mimmo Franzinelli; Giordano Bruno Guerri; Christopher Hibbert; Denis Mack Smith; Ray Moseley; Arrigo Petacco; Antonio Spinosa; Eugenio Di Rienzo. Os Mussolinis também foram escritores prolíficos. Livros do próprio Mussolini, da esposa Rachele, dos filhos Vittorio e Romano e das netas Rachele e Edda também foram usados, assim como, claro, as memórias de Edda Mussolini. As obras completas de Mussolini podem ser encontradas em 36 volumes em *Opera Omnia* (eds. E e D Susmel), publicadas entre 1951 e 1962.

NOTAS

Capítulo 1

1 Ver *Epoca*, 14 de setembro de 1974.
2 Rachele Mussolini, 1948, p. 10.
3 Ver Christopher Hibbert, *Benito Mussolini*, 2008.
4 Balabanoff, 1938.
5 Megaro, 1938, p. 75.
6 Edda Negri Mussolini, 2015, p. 50.
7 Ver Farrell & Mazzuca, 2013.
8 Megaro, 1938, p. 321.
9 Emiliani, 2010, p. 126.
10 Balabanoff, 1938, p. 107.
11 Spinosa, 1993.
12 Ver Bosworth, 2014.
13 Gilmour, 2011, p. 287.
14 Edvige Mussolini, 1957, p. 50.
15 Caracciolo, 2001, p. 101.
16 Como Rachele descreveu... Rachele Mussolini, 1958, p. 45.
17 Gilmour, 2011, p. 287.

Capítulo 2

1 Farrell & Mazzuca, 2013, p. 215.
2 Ver Edda Negri Mussolini, 2015.
3 Spinosa, 2000, p. 106.
4 Rachele Mussolini, 1958, p. 46.

5 Edda Negri Mussolini, 2015, p. 17.
6 Grindle *et al.*, 2013, p. 63.
7 Rachele Mussolini, 1948, p. 48.
8 Ver Caracciolo (ed.), 2001.
9 Ver Guerri, 2005.
10 Gilmour, 2011, p. 89.
11 Emiliani, 1984, p. 126.
12 Edda Negri Mussolini, 2015, p. 83.
13 Guerri, 2005, p. 21.
14 Ver Bosworth, 2017.
15 Farrell & Mazzuca, 2013, p. 251.
16 Ver Franzinelli, 2003.
17 Ver Edda Mussolini, 1977.
18 Tannenbaum, 1972, p. 76.
19 Spinosa, 2000, p. 35.
20 Ver Edda Mussolini, 1977.

Capítulo 3

1 Ver McLean, 2018.
2 Ver Insolera, 2001.
3 Ver Bosworth, 2011.
4 Antonio Munoz, *Roma di Mussolini*, 1935, p. 59.
5 Mack Smith, 1981, p. 58.
6 Lussu, 1992, p. 81.
7 Simonetta Falasca-Zamponi, "Of Story Tellers", *Social Science History*, 1º dez. 1998, p. 434.
8 Koon, 1985, p. 9.
9 Rachele Mussolini, 1948, p. 50.
10 Coote, 1925, p. 241.
11 Rachele Mussolini, 2011, p. 41.
12 Tannenbaum, 1972, p. 43.
13 Ver Vecchioni, 2005.
14 Papa, 1974, p. 268; ver também Festorazzi, 2010.
15 Spinosa, 2000, p. 34.
16 R. J. B. Bosworth, "Mussolini's Cultural Revolution", *Journal of Contemporary History*, jul./out. 1972.
17 Guerri, 1995, p. 106.
18 Treves, 1940, p. 12.
19 Richard Washburn Child (ed.), *Benito Mussolini: my autobiography*, 1928, p. 8.

20 Caracciolo (ed.), 2001, p. 7.
21 Ver Edda Negri Mussolini, 2015.
22 Vittorio Mussolini, 1957, p. 32.
23 Ver Vecchioni, 2005.
24 Carafoli & Padiglione, 2003, p. 47.
25 Ver Franzinelli, 2012; ver também Canali, 2004.
26 Ver Guspini, 1973.
27 Adriano del Pont, *I lager di Mussolini*, 1975, p. 35.
28 Spinosa, 1983, p. 39.

Capítulo 4

1 Edda estava... ACS Carta Riservata del Duce, F22b113.
2 Renata Broggini, *La Famiglia Mussolini: i colloqui di Edda Ciano con lo psichiatra Svizzero Répond,* n.d., p. 358.
3 *Chicago Daily News*, 24 jun. 1926.
4 Durante um verão, eles escreveram... Spinosa, 1983, p. 35.
5 Rachele Mussolini, 1958, p. 99.
6 Vittorio Mussolini, 1957, p. 36.
7 ACS Carta Riservata, F22b113.
8 *Il Corriere della Sera*, 23 jan. 1929.
9 Rachele Mussolini, 2011, p. 52.
10 Rachele Mussolini, 1973, p. 150.
11 Grindle *et al.*, 2013, p. 41.
12 Sarfatti, 1926, p. 10.
13 Bosworth, 2017, p. 64.
14 Ver Navarra, 1972; ver também Nino d'Aroma, *Mussolini segreto*, 1958, p. 208.
15 Ver Carafoli & Padiglione, 2003; ver também ACS. *Un' altra Italia nell'Italia del Fascismo*, 2006.
16 Ver Petacco, 1975.
17 Ver Dogliani, 2008; ver também Petacco, 1979 e 1982; Caracciolo, 1982.
18 Guerri, 1976, p. 107.
19 Bottai, 1982, p. 6.
20 Ver Grandi, 1985.
21 Bertoldi, 1992, p. 145.
22 Guerri, 1995, p. 148.
23 De Felice, 1974, p. 227.

Capítulo 5

1. Edda Negri Mussolini, 2015, p. 107.
2. Ver Zangrandi, 1962.
3. Ver Vittorio Mussolini, 1957.
4. *Prager Tagblat*, 23 jul. 1929.
5. Caracciolo (ed.), 2001, p. 30.
6. ACS Carta Riservata, F22b.
7. Ver Moseley 1999; Di Rienzo, 2018; Guerri, 1979.
8. Ver Festorazzi, 2010.
9. Ver Vergani, 1974.
10. Ver Varè, 1938; ver também papéis da família não publicados.
11. Ver Maria Rosa Oliver, *La vida cotidiana*, 1969.
12. Edda Mussolini, 1977.
13. Spinosa, 1993, p. 66.
14. Edda Negri Mussolini, 2015, p. 131.
15. Edvige Mussolini, 1957, p. 125.
16. Em seu diário... Rachele Mussolini, 1948, p. 71.
17. Guerri, 2005, p. 62.
18. Edda Negri Mussolini, 2015, p. 131.
19. ACS Carta Riservata, F22b113; ver também *Il Corriere della Sera*, 25 abr. 1930.
20. *Il Popolo*, 16 maio 1930.
21. *L'Illustrazione Italiana*, 4 maio 1930.
22. Ver Di Rienzo, 2018.
23. Ver Spinosa, 1983.
24. Angela Curti, *Oggi*, nov./dez. 1949.
25. Broggini, *La famiglia Mussolini*, n.d.

Capítulo 6

1. Spinosa,1983, p. 87.
2. Papéis da família de Varè.
3. Sergeant,1991, p. 19.
4. Ver Hahn, 1944.
5. Carte Riservate, b115.
6. Ministero degli Affari Esteri. Ministero Estero Rapporto 1870-1953, Busta 191.
7. Ver Wood, 1998.
8. Ministero degli Affari Esteri. Rapporto diplomático Cina-Busta 99; ver também Orazio Coco, "The penetration of Italian Fascism", *The International History Review*, 23 abr. 2020.

9 Ver French, 2018; ver também Julia Boyd, *A Dance with the Dragon*, 2012; Shirley Ann Smith, *Imperial Designs*, 2012.
10 Papéis da família.
11 Ver Woodhead, 1934.
12 *North China Herald*, 1º out. 1930.
13 Ver Pensotti, 1999.
14 Telegramas de 8 fevereiro de 1931 e de 1º de setembro de 1931.
15 Edda Negri Mussolini, 2015, p. 140.
16 Telegrama de 20 de abril de 1931.
17 ACS. Segreteria particolare del Duce, b115
18 ACS. Segreteria particolare del Duce.
19 Ver Tamagna, 1941.
20 *Oggi*, 10 set. 1931.
21 Edda Mussolini, 1977, p. 76.
22 Ministero degli Affari Esteri. Rapporto diplomático Cina-Pekino, Busta 100.
23 Ministero degli Affari Esteri. Rapporto diplomático Cina-Pekino, Busta 170.
24 Spinosa, 1983, p. 91.

Capítulo 7

1 Burdett, 2007, p. 34; Munoz, 1935.
2 Vittorio Mussolini, 1957, p. 57.
3 Ver Rachele Mussolini, 2011.
4 Sofri, 1988, p. 70.
5 Ver Navarra, 1972.
6 Ver Dogliani, 2008; ver também Tannenbaum, 1972.
7 *Gente*, 19 jun. 1973.
8 Bosworth, 2006, p. 210.
9 Ver Grindle *et al.*, 2013.
10 Emiliani, 1984, p. 77.
11 Ludwig, 1932, p. 26.
12 Ver Festorazzi, 2010.
13 Ver De Felice, 1974.
14 Ver Bosworth, 2017.
15 Ver Ortona, 1993.
16 Ver Vergani, 1974.
17 De Felice, 1974, p. 421.
18 Petacco, 1979, p. 147.
19 ACS Carta Riservata, b115.
20 Edda Mussolini, 1977, p. 114.

21 Guerri, 1979, p. 82.
22 Ver Elsa D'Annibale, "Ciano e la nascita del Ministero", *Nuova Rivista Storica*, mar./abr.
23 De Felice, 1974, p. 182; ver também "Today Italy. An American Enquiry", set. 1929.

Capítulo 8

1 Ver Sorgi, 2011.
2 Sermoneta, 1947, p. 94.
3 Colombo, 2010, p. 169.
4 Bertoldi, 1992, p. 58.
5 Sermoneta, 1947, p. 118.
6 Ripa di Meana & Meccucci, 2010, p. 24.
7 Ver Gian Carlo Jocteau, "I nobili del Fascismo", *Studi Storici*, jul./set. 2004.
8 Ver Page, 1950.
9 Ver Lupano & Vaccari, 2009.
10 Ver de Begnac, 1950.
11 Ver Ottaviani, 2016.
12 Ver Agnelli, 1975.
13 Guerri, 1998, p. 33; ver também p. 56, 112, 179.
14 Guerri, 1990, p. 102.
15 ACS Ministero dell'Interno. PolPol. Fasc. Pers. F320; ver também Ducci, 1996, p. 195.
16 Ver Malaparte, 2009.
17 Innocenti, 2001, p. 22; ver também Moseley, 1999.
18 ACS Ministero dell'Interno. PolPol. Fasc. Pers. 298.
19 ACS Ministero dell'Interno. PolPol. Fasc. Pers. 431.
20 Guerri, 2005, p. 140.
21 Ver Spinosa, 1993.
22 *Oggi*, 10 set. 1959.

Capítulo 9

1 Ver Ruth Ben Ghiat, *La cultura Fascista*, 2000.
2 McLean, 2018, p. 38.
3 Ver de Grazia, 1981 e 1992.
4 Ver Dogliani, 1999; ver também De Luna, 1995.
5 Ver Lupano & Vaccari, 2009.
6 Schnapp, 1996, p. 49.

7 Bacci, 2014, p. 56; ver também Patrizia Dogliani, "Sport & Fascism", *JMIS*, v. 5, out. 2000.
8 Ver Caracciolo, 1982; ver também Guerri, 2013.
9 Ver Galeotti, 2000.
10 Dollmann, 1967, p. 52.
11 Franzinelli, 1999, p. 147.
12 ACS Ministero dell'Interno, PolPol 241, p. 37.

Capítulo 10

1 De Felice, 1974, p. 569; ver também the *Observer*, 24 jul. 1932.
2 Sob as carteiras escolares... Vittorio Mussolini, 1957, p. 306.
3 Ver Leone de Andreis, 2002.
4 Ver Lamb, 1997.
5 Ver Packard, 1943.
6 Trevelyan, 1981, p. 342.
7 Caroline Moorehead, *Dunant's Dream*, 1998, p. 310.
8 Canali & Volpini, 2019, p. 84.
9 David MacFadyen (ed.), *Eric Drummond and his legacies*, 2019, p. 25.
10 Stephen Potter, *New Statesman*, 20 abr. 1935.
11 Gooch, 2020, p. 33.
12 4 jun. 1936.
13 Fromm, 1943, p. 192.
14 Moseley, 1999, p. 29.
15 Edda Mussolini, 1977, p. 143.
16 *Sächsische Volkszeitung*, 1 jul. 1936.
17 Spinosa, 1983, p. 117.
18 Vittorio Mussolini, 1957, p. 68.
19 François-Poncet, 1947, p. 265.
20 Moseley, 1999, p. 27.
21 Spinosa, 1983, p. 145.
22 Anfuso, 1950, p. 24.

Capítulo 11

1 F. L. D'Ovidio, "Dino Grandi", *Nuova Rivista Storica*, maio/jun. 2012.
2 Innocenti, 2012, p. 39.
3 ACS Min dell'Int, PolPol. Materia Ministero degli Esteri. Busta 169.
4 Sorgi, 2011, p. 113.
5 ACS.Min Dir Gen Pub Sic, PolPol. Fasc. Pers. 700.

6   Ver Bastianini, 1959.
7   Ramon Serrano Suñer, *Entre Hendaya y Gibraltar*, 1973, p. 325.
8   ACS Min dell'Int, PolPol. Ministero degli Esteri, Busta 169.
9   Phillips, 1955, p. 92.
10 von Hassell, 2011, p. ix.
11 Ver Page, 1950.
12 *Oggi*, 24 jun. 1947.
13 Vergani, 1974, p. 52.
14 Ver Heymann, 1985.
15 Money, 1986, p. 56.
16 Ver Norman Douglas, *Footnote on Capri*, 1992.
17 Ver de Leone Andreis, 2002.
18 Bertoldi, 1964, p. 233.
19 Ver Dosi, 1973.
20 ACS. Personale versamento.1973. Fasc Dosi b226.
21 Entrevista da autora com Giuseppe Aprea.
22 Guerri, 1990, p. 111.
23 Ver Sandomenico n.d.
24 ACS Min del Int, PolPol. Fasc. Pers. 205.
25 Quazza (ed.), 1973, p. 232.
26 Hay, 1987, p. 223.
27 Grindle *et al.*, 2013, p. 131.
28 Ver Brunetta, 2003; ver também Landy, 1986.
29 Ver Pizzo, 2008.
30 Ver Maria Casalini (ed.), *Donne e Cinema*, 2016; ver também Stephen Grindle & Michele Zegna, "Art, entertainment and politics", *Historical Journal of Film, Radio and TV*, v. 40, 2020.
31 De Luna, 1995, p. 266.
32 ACS Min dell'Int, PolPol. Fasc. Pers. 183.
33 Spinosa, 1983, p. 27.
34 Diário de Ciano, 27 ago. 1937.
35 Fromm, 1943, p. 221.
36 Schmidt, 1951, p. 73.
37 Dodd, 1939, p. 182.

Capítulo 12

1   Ver Guerri, 2005.
2   Ver Page, 1950.
3   Spinosa, 1993, p. 142.

4   De Felice, 1974, p. 807.
5   ACS Min dell'Int, PolPol. Materia, Busta 87.
6   ACS Min dell'Int, PolPol. Materia, Busta 87.
7   Bosworth, 2017, p. 68.
8   Innocenti, 2001, p. 48.
9   Canali & Volpini, 2019, p. 170.
10 Ver Rachele Mussolini, 2011.
11 ACS Min dell'Int, PolPol. Materia, Germania, Busta 41.
12 Lamb, 1997, p. 183.
13 Schmidt, 1951, p. 80.
14 Sachs, 1987, p. 190.
15 Felice, 1981.
16 Vittorio Mussolini, 1957, p. 319.

Capítulo 13

1   Sachs, 1987, p. 190.
2   Ver De Felice, 1961.
3   Tannenbaum, 1972, p. 242.
4   Koon, 1985, p. 153.
5   Ciano, Diário, 6 set. 1937.
6   Phillips, 1955, p. 121.
7   *Il Lambello*, 10-25 jun. 1941.
8   Bosworth, 2017, p. 68.
9   ACS MinCulPop. Gabinetto B, b196.
10 Dogliani, 2008, p. 306.
11 De Felice, 1981, p. 513.
12 Ver Craig & Gilbert, 1965.
13 Ver Malaparte, 2009.
14 Ciano, Diário, 13 maio 1938.
15 François-Poncet, 1947, p. 295.
16 Packard, 1943, p. 43.
17 Shirer, 1941, p. 123.
18 Ver Paul Stafford, "The Chamberlain-Halifax visit to Rome", *The English History Journal*, v. 98, 1983.
19 National Archives, PREM 1/327.
20 National Archives, FO 1011/204.
21 Ciano, Diário, 23 fev. 1938.
22 Guerri, 1995, p. 232.
23 Lamb, 1997, p. 253; ver também Bloch, 1992.

24 Ansaldo, 2000, p. 150.
25 Ansaldo, 2000, p. 150.
26 Patrizi, 2007, p. 180.
27 Guerri, 2005, p. 166.
28 De Felice, 1981, p. 802.

Capítulo 14

1 Spinosa, 2000, p. 284.
2 Vergani, 1974, p. 113.
3 Sermoneta, 1947, p. 174.
4 Sheridan, 1994, p. 103.
5 Festorazzi, 2010, p. 350.
6 National Archives, GFM 36/8.
7 François-Poncet, 1961, p. 173.
8 Packard, 1943, p. 80.
9 Welles, 1944, p. 90.
10 Ciano, Diário, 17 mar. 1940.
11 National Archives, GFM 36/7.
12 Varè, papéis da família.
13 Ciano, Diário, 10 maio 1940.
14 Caviglia, 1952, p. 337.
15 Vittorio Mussolini, 1957, p. 364.
16 Ver Ortona, 1993.
17 Petacco, 1984, p. 18.
18 ACS Segreteria Particolare del Duce. Carte Riservate, Busta 115.
19 Gooch, 2020, p. 70.
20 Sorgi, 2009, p. 53.
21 Spinosa, 1983, p. 167; ver também ACS Min. dell'Int, PolPol Fasc. Pers. 298.
22 Ver Pensotti, 1999.
23 ACS Segreteria particolare del Duce. Carta riservata, Busta 115.
24 ACS Min. dell'Int, PolPol. Fas. Pers. 298; ver também ACS SegreteriaParticolare del Duce. Carta riservata, Busta 115.
25 Nuto Revelli, *La guerra dei poveri*, 1979, p. 7.
26 Edda Negri Mussolini, 2015, p. 195.
27 Guerri, 1979, p. 625.

Capítulo 15

1. Ver Sermoneta, 1947.
2. Ver Hagen, 1952.
3. Ver Dollmann, 1967.
4. Cerruti, 1952, p. 174.
5. Bloch, 1992, p. 342.
6. Anfuso, 1950, p. 24.
7. Lamb, 1997, p. 190.
8. Malaparte, 2009, p. 408.
9. Dollmann, 1967, p. 139.
10. *Images*, 16 fev. 1942.
11. Petacco, 1982, p. 144.
12. Moseley, 1999, p. 133.
13. Ver Agnelli, 1975.
14. Mannucci, 1998, p. 75.
15. ACS Min.dell'Int, PolPol. Fasc. Pers. 431.
16. *Hitler's Table Talk*, 1953, p. 194.
17. Edda Mussolini, 1976, p. 126.
18. Inocenti, 2003, p. 115.
19. *Oggi*, 10 set. 1959.
20. Canali & Volpini, 2019, p. 166.
21. Ciano, Diário, 10 abr. 1942.

Capítulo 16

1. Lamb, 1997, p. 303.
2. National Archives, GFM 36/609.
3. Ciano, Diário, 8 fev. 1943.
4. Ortona, 1993, p. 252.
5. Dollmann, 1967, p. 56.
6. Pirelli, 1984, p. 401; ver também Corner, 2012, p. 268.
7. ACS Min.dell'Int, PopPol. Fasc. Pers. F320.
8. Franzinelli, 2012, p. 105.
9. Cordova, 1980, p. 192.
10. R. J. B. Bosworth, "Everyday Mussolinism", *Contemporary European History*, 2005, v. 14.
11. Spinosa, 2000, p. 293.
12. Ver Gabriella di Robilant, *Diari di Guerra*, memórias não publicadas.
13. National Archives, GFM 36/9.

14 Gooch, 2020, p. 411.
15 Senise, 1946, p. 122.
16 Ver de Felice, 1961; ver também Zucotti, 1987 e 2000.
17 Moseley, 1999, p. 153.
18 Poliakov, 1946, p. 61.
19 Corner, 2012, p. 288.
20 *The Goebbels Diaries*, 1982, 13 fev. 1941.
21 Vergani, 1974, p. 172.
22 Di Rienzo, 2018, p. 102.
23 ACS Min.dell'Int, PolPol. Fasc. Pers. 298.
24 Malaparte, 2009, p. 277.
25 Sermoneta, 1947, p. 199.
26 Benzoni, 1985, p. 108.
27 Bottai, 1949, p. 373.
28 Grandi, 1985, p. 623.
29 Deakin, 1962, p. 486.
30 Vittorio Mussolini, 1957, p. 393.

Capítulo 17

1 Spinosa, 1983, p. 191.
2 Edda Negri Mussolini, 2015, p. 209.
3 Garnier, 1961, p. 183.
4 Ver Scrivener, 1945.
5 Grindle et al., 2013, p. 201.
6 Davis, 1972, p. 208; ver também Venè, 1989.
7 Edvige Mussolini, 1957, p. 201.
8 *Il Corriere della Sera*, 28 ago. 1943.
9 Di Rienzo, 2018, p. 533.
10 Bloch, 1992, p. 380.
11 Edda Mussolini, 1976, p. 192.
12 Claudia Baldoli *et al.*, "Italian society under Anglo-American bombs", *The History Journal*, 2009, v. 52.
13 Papéis da família Varè.
14 Ver Agnelli, 1975.
15 ACS Min.dell'Int, PolPol. Fasc. Pers. 298.
16 *Gente*, 23 out. 1953.
17 Vittorio Mussolini, 1957, p. 189.
18 ACS Min.dell'Int, PolPol. Fasc. Pers. 298.
19 Ver Sermoneta, 1947.

20 Money, 1986, p. 214.
21 Rachele Mussolini, 1973, p. 266.
22 Afeltra, 1993, p. 34.
23 *The Goebbels Diaries*, 1948, p. 469.
24 Ver Anfuso, 1950.

Capítulo 18

1 Monticone, 1978, p. 240.
2 di Robilant, memórias não publicadas, p. 151; ver também Sermoneta, 1947, p. 217.
3 Trevelyan, 1981, p. 343.
4 Ver Forcella, 1999.
5 Zanotti-Bianco, 2011, p. 97.
6 Fabrizio Ciano, 1991, p. 84.
7 Afeltra, 1993, p. 49.
8 Ver Deakin, 1962.
9 Ver Dolfin, 1949.
10 Canali & Volpini, 2019, p. 57.
11 Ver Bloch, 1992.
12 Cordova, 1980, p. 231.

Capítulo 19

1 Vittorio Mussolini, *Epoca,* jun. 1958.
2 Moseley, 1999, p. 202.
3 Rachele Mussolini, 1948, p. 222.
4 *L'Illustrazione Italiana*, maio 1957; ver também Zachariae, 1948.
5 Pellegrinotti, 1975, p. 93.
6 Guerri, 2005, p. 236.
7 Hagen, 1952, p. 287.
8 Ver Venè, 1963; ver também Renzo Montagna, *Mussolini e il Processo di Verona,* 2001.
9 Carolina Ciano, *Gente*, 23 dez. 1957.
10 Ver Mannucci, 1998.
11 Ver Broggini & Marino, 2004.
12 Archives Bellinzona. Internati 22, 1943-945; Archives Berne. EP(D) 3EDP1943-45.269.
13 Entrevista da autora com o gerente do hotel.

Capítulo 20

1. Archives Berne. AFBE4320(B)1991/243 Dossier 1.
2. *Gente*, 9 jul. 1969.
3. Edda Mussolini, 1976, p. 248; ver também Fabrizio Ciano, 1991, p. 99.
4. *Daily Dispatch*, 25 jan. 1944.
5. *Daily Express*, 27 jan. 1944.
6. *Gente*, 23 out. 1957.
7. Serrano Suñer, 1947, p. 280.
8. *Oggi*, 23 set. 1954.
9. Ver Jebb, 1976.
10. ACS Min.dell'Int, PolPol. Fasc. Pers. 298.
11. Lampson, 1972, p. 278.
12. Antonazzi, 1983, p. 182.
13. Trevelyan, 1981, p. 265.
14. Ver Zuccotti, *The Italians and the Holocaust*, 1987; ver também Fattorini, 2007.
15. Ver De Felice, 1961.
16. Scrivener, 1945, p. 143.
17. Davis, 1972, p. 468.

Capítulo 21

1. Archives Berne. E4320 (B) 1991/242 Dossier 2.
2. Fabrizio Ciano, 1991, p. 106.
3. Relatório do dr. Répond, 15 set. 1944, em Broggini, *La famiglia Mussolini*, n.d.
4. ACS Segreteria Particolare del Duce. b122.
5. Ver McGaw Smith, 1975.
6. Papéis particulares de Frances de Chollet, entrevista da autora com Jacqueline de Chollet.
7. Archives Bellinzona, Internati 22. 1943-45.
8. Jacqueline de Chollet, memórias não publicadas.
9. US National Archives, OSS RG226 E124 Folder 1343.
10. US National Archives, OSS RG226 E124 Folder 1345.
11. Berne Archives. E4320. (B) 1991/243 Dossier 2, p. 323.
12. Carta de Edda Mussolini a Frances de Chollet, dezembro de 1944, Princeton University Library, Special Collections.
13. Lamb, 1997, p. 284.
14. Ver D'Agostini, 1946.
15. Edvige Mussolini, 1957, p. 227.
16. McGaw Smith, 1975, p. 171.

17 Petacco, 1982, p. 12.
18 *Gente*, 9 jul. 1969.

Capítulo 22

1 Ver Giorgio Pini & Duilio Susmel, *Dall'Impero alla Repubblica*, v. IV, 1953.
2 Rachele Mussolini, 2011, p. 158.
3 ACS Min.dell'Int. Div.Pubblica Sicurezza. Categoria B. Famiglia Mussolini.
4 Archives Bellinzona. Fondo internati italiani, 1943-45. SC 22 fasc.1.
5 Broggini, *La famiglia Mussolini*, n.d.; ver também Archives Berne. E4320 (B) 1991/243 97b.
6 *New York Times*, 10 jun. 1945.
7 ACS Min dell'Int. Div. Pubblica Sicurezza Categoria B, 15 dez. 1945.
8 Ver Sorgi, 2009.
9 Edwin Cerio, *L'Ora di Capri*, 2000, p. 64.

Capítulo 23

1 Ver Dollmann, 1956.
2 Ver Franzinelli, 2012.
3 Ver Ciano, Diary, 1937-1943, 2002; Ciano's Diplomatic Papers, 1948.
4 Entrevista da autora com Adele Grana.
5 Entrevista de Edda Mussolini a Anita Pensotti, *Oggi*, set. 1959; ver também entrevistas da RAI com Nicola Caracciolo, 1969.

Epílogo

1 Entrevista da autora com Gloria Ciano; Rachele Mussolini; Emma Moriconi.
2 Ver Romano Mussolini, *Il Duce Mio Padre*, 2004.
3 Ver Margherita Sarfatti, *Acqua Passata*, 1955, p. 355.
4 Entrevista da autora com Mimmo Franzinelli.
5 Serri, "The Redeemed", *Telos*, 2007; ver também Mimmo Franzinelli, *L'amnistia Togliatti*, 2006.
6 Ver Guerri, 1995.
7 Ver Dogliani, 2008.
8 Discurso de Mussolini em 18 de julho.

**Acreditamos
nos livros**

Este livro foi composto em Adobe Garamond Pro
e impresso pela gráfica Santa Marta para a Editora
Planeta do Brasil em março de 2025.